■2025年度高等学校受験用

慶應義塾志木高等学校

収録内容一覧

★この問題集は以下の収録内容となっています。また、編集の都合上、解説、解答用紙を省略させていただいている場合もございますのでご了承ください。

（○印は収録、一印は未収録）

入試問題と解説・解答の収録内容		解答用紙
2024年度	英語・数学・国語	○
2023年度	英語・数学・国語	○
2022年度	英語・数学・国語	○
2021年度	英語・数学・国語	○
2020年度	英語・数学・国語	○
2019年度	英語・数学・国語	○
2018年度	英語・数学・国語	○

★当問題集のバックナンバーは在庫がございません。あらかじめご了承ください。

●凡例●

【英語】

≪解答≫

〔　〕　①別解

②置き換え可能な語句（なお下線は置き換える箇所が２語以上の場合）

（例）I am〔I'm〕glad〔happy〕to～

（　）　省略可能な言葉

≪解説≫

1, 2…　本文の段落（ただし本文が会話文の場合は話者の１つの発言）

〔　〕　置き換え可能な語句（なお〔　〕の前の下線は置き換える箇所が２語以上の場合）

（　）　①省略が可能な言葉

（例）「（数が）いくつかの」

②単語・代名詞の意味

（例）「彼（＝警察官）が叫んだ」

③言い換え可能な言葉

（例）「いやなにおいがするなべにはふたをするべきだ（＝くさいものにはふたをしろ）」

//　訳文と解説の区切り

cf.　比較・参照

≒　ほぼ同じ意味

【数学】

≪解答≫

〔　〕　別解

≪解説≫

（　）　補足的指示

（例）（右図１参照）など

〔　〕　①公式の文字部分

（例）〔長方形の面積〕＝〔縦〕×〔横〕

②面積・体積を表す場合

（例）〔立方体ABCDEFGH〕

∴　ゆえに

≒　約、およそ

【社会】

≪解答≫

〔　〕　別解

（　）　省略可能な語

＿＿　使用を指示された語句

≪解説≫

〔　〕　別称・略称

（例）政府開発援助〔ODA〕

（　）　①年号

（例）壬申の乱が起きた（672年）。

②意味・補足的説明

（例）資本収支（海外への投資など）

【理科】

≪解答≫

〔　〕　別解

（　）　省略可能な語

＿＿　使用を指示された語句

≪解説≫

〔　〕　公式の文字部分

（　）　①単位

②補足的説明

③同義・言い換え可能な言葉

（例）カエルの子（オタマジャクシ）

≒　約、およそ

【国語】

≪解答≫

〔　〕　別解

（　）　省略してもよい言葉

＿＿　使用を指示された語句

≪解説≫

〈　〉　課題文中の空所部分（現代語訳・通釈・書き下し文）

（　）　①引用文の指示語の内容

（例）「それ（＝過去の経験）が～」

②選択肢の正誤を示す場合

（例）（ア，ウ…×）

③現代語訳で主語などを補った部分

（例）（女は）出てきた。

／　漢詩の書き下し文・現代語訳の改行部分

慶應義塾志木高等学校

所在地	〒353-0004 埼玉県志木市本町4-14-1
電　話	048-471-1361
ホームページ	https://www.shiki.keio.ac.jp
交通案内	東武東上線ほか 志木駅 徒歩7分

普通科

男子

くわしい情報は
ホームページへ

応募状況

年度	募集数		受験数	合格数	倍率
2024	推薦	40名	122名	47名	2.6倍
	一般	190名	1,080名	349名	3.1倍
	帰国	若干名	61名	24名	2.5倍
2023	推薦	40名	104名	46名	2.3倍
	一般	190名	1,015名	348名	2.9倍
	帰国	若干名	53名	22名	2.4倍
2022	推薦	40名	113名	48名	2.4倍
	一般	190名	1,053名	352名	3.0倍
	帰国	若干名	79名	30名	2.6倍

※自己推薦は書類選考実施につき，受験数の欄には応募数を記載。
※一般の募集人員には帰国生若干名を含む。

試験科目　（参考用：2024年度入試）

［自己推薦］第１次試験：書類選考
　　　　　　第２次試験：面接（１次合格者に実施）
［一般・帰国生］
　　　　　　第１次試験：国語，数学，英語
　　　　　　第２次試験：面接（１次合格者に実施）

教育方針

福澤諭吉の建学の精神を基盤とし，四つの目標をかかげ，教育に日々全力を尽くしている。

① 塾生としての誇りをもたせる
② 基礎的な学問を習得させる
③ 個性と能力をのばす教育をする
④ 健康を積極的に増進させる

本校の特色

本校のカリキュラムの中でも特長的なのが，第３学年で履修する「自由選択科目」（10単位選択）である。例年20以上の講座が開講されており，バラエティに富んだ授業が展開されている。

また，高大連携の試みとして，慶應義塾大学文学部の授業（オムニバス講座）や理工学部の授業（数学）を聴講できる制度がある。ここで認定された単位は，一定の要件を満たしていれば，該当学部進学後にも取得済みとみなされる。

施設・環境

交通至便の地にありながら，約120,000m²もの広大な敷地の中には，美しい森，竹林，柿畠などがある。自然の美しさ，都会のなかとは思えない閑静さ，澄んだ空気などは，いかなる施設にもまして本校の誇りとするところである。

主な施設は，普通教室棟，特別教室棟，メディア棟（コンピュータルーム・視聴覚教室など），図書館，ラグビー場，野球場，体育館兼講堂，サッカー場，ホッケー場，テニスコート，温水プール，弓道場，柔剣道場，実習農園・ビオトープなど。

進路状況

本校の卒業生は，学校長の推薦により，本塾大学のいずれかの学部に進学することが認められる。2024年３月卒業生の慶應義塾大学への進学状況は次の通りであった。

文学部	10名	理工学部	40名
経済学部	80名	総合政策学部	1名
法学部	74名	環境情報学部	3名
商学部	18名	看護医療学部	0名
医学部	7名	薬学部	1名

編集部注—本書の内容は2024年3月現在のものであり，変更されている場合があります。正確な情報は，学校のホームページ等で必ずご確認ください。

出題傾向と今後への対策　英語

出題内容

	2024	2023	2022
大問数	6	7	6
小問数	56	53	56
リスニング	×	×	×

◎大問は６～７題で，小問数は50～60問程度である。出題の構成は，長文読解３題，文法問題２～３題などである。2023年度からテーマ作文が出題されている。

2024年度の出題状況

Ⅰ 長文読解総合―物語

Ⅱ 長文読解総合―物語

Ⅲ 長文読解総合―エッセー

Ⅳ ことわざ

Ⅴ 誤文訂正

Ⅵ テーマ作文

解答形式

2024年度	記　述／マーク／併　用

出題傾向

高度な語句・文法の知識と，それらを総合した洗練された総合力が求められる問題となっている。長文は３題で，物語と説明文が多い。長文の設問は，内容真偽などの内容の理解を問うもののほか，英文の正確な理解を問う語形変化や整序結合などが頻出である。50語程度のテーマ作文は今後も継続して出題されるだろう。

今後への対策

数多くの英文を，速読を意識しながら読み，内容をできるだけ正確に把握できるように練習しておくこと。語彙や文法は，高校１年程度の内容まで体系だてて学習しておこう。英作文は，さまざまなテーマを想定しながら練習し，使える表現をまとめておくとよい。自分で書いた英文は必ず先生などに見てもらい，確認すること。

◆◆◆◆◆ 英語出題分野一覧表 ◆◆◆◆◆

分野		年度	2022	2023	2024	2025 予想※
音声	放送問題					
	単語の発音・アクセント				●	△
	文の区切り・強勢・抑揚					
語彙・文法	単語の意味・綴り・関連知識					
	適語(句)選択・補充		■	★		◎
	書き換え・同意文完成		■			◎
	語形変化		●	■	■	◎
	用法選択					
	正誤問題・誤文訂正				■	△
	その他		●		★	◎
作文	整序結合		■	★	●	◎
	日本語英訳	適語(句)・適文選択				
		部分・完全記述				
	条件作文					
	テーマ作文			●	●	◎
会話文	適文選択					
	適語(句)選択・補充					
	その他					
長文読解	内容把握	主題・表題				
		内容真偽	■	●	■	◎
		内容一致・要約文完成				
		文脈・要旨把握	■	●	●	◎
		英問英答	●		●	◎
	適語(句)選択・補充		■	★	★	◎
	適文選択・補充		●	■	■	◎
	文(章)整序					
	英文・語句解釈(指示語など)		●	●	●	◎
	その他(適所選択)					

●印：１～５問出題，■印：６～10問出題，★印：11問以上出題。
※予想欄　◎印：出題されると思われるもの。　△印：出題されるかもしれないもの。

出題傾向と今後への対策 数学

出題内容

2024年度 作 証 グ

大問７題，14問の出題。1は小問集合で，２問。2は二次方程式の応用問題で，コースタイムに関するもの。3は平面図形で，円周角を利用した角の大きさについて証明する問題。4は場合の数で，マス目状の道の進み方について問うもの。5は平面図形で，三角形の内部にできる図形の面積を問う計量題２問。6は関数で，放物線と直線に関するもの。図形の知識も要する。7は空間図形で，多面体から，頂点を含む立体を取り除いたときにできる立体の体積を問う計量題。

2023年度 作 証 グ

大問７題，15問の出題。1は小問集合で，３問。2は確率で，１枚のコインを６回投げたときの表，裏の出方について問うもの。3は平面図形で，三角形について問う計量題２問。4は平面図形で，台形を利用した証明問題。5は食塩水に関する方程式の応用。6は空間図形で，円柱の容器に球を３個入れた図について問うもの。7は関数で，放物線と直線に関するもの。特別な直角三角形を利用する問題もある。

作…作図問題　証…証明問題　グ…グラフ作成問題

解答形式

2024年度　記 述／マーク／併 用

出題傾向

大問５～７題の出題で，1は小問集合，2以降は各分野からの総合題となることが多い。関数，図形は必出。その他は方程式の応用や確率などからの出題。難度の高い問題が多いので，すばやく処理する能力が問われている。途中過程を書かせるものや，証明などがあり，記述，表現する力も問われている。作図が出題されることもある。

今後への対策

標準レベルの問題は確実にこなせるようにし，発展レベルの問題で応用力を養おう。問題を解く際は，すぐに答えを見たりせずに，ある程度時間をかけてじっくり考えるようにすること。また，できなかった問題は，時間をおいて改めて解き直すこと。

◆◆◆◆◆ 数学出題分野一覧表 ◆◆◆◆◆

分野	年度	2022	2023	2024	2025予想※
数と式	計算，因数分解		●		◎
	数の性質，数の表し方	●	●	●	◎
	文字式の利用，等式変形				
	方程式の解法，解の利用	●			△
	方程式の応用	■	●	■	◎
関　数	比例・反比例，一次関数				
	関数$y=ax^2$とその他の関数	■	★	★	◎
	関数の利用，図形の移動と関数			●	△
図　形	（平面）計　量	■	★	■	◎
	（平面）証明，作図	●	●	●	◎
	（平面）その他				
	（空間）計　量	■	★	■	◎
	（空間）頂点・辺・面，展開図				
	（空間）その他				
データの活用	場合の数，確率	★	■	■	◎
	データの分析・活用，標本調査				
その他	不 等 式				
	特殊・新傾向問題など				
	融合問題				

●印：１問出題，■印：２問出題，★印：３問以上出題。
※予想欄　◎印：出題されると思われるもの。　△印：出題されるかもしれないもの。

出題傾向と今後への対策 国語

出題内容

2024年度

一 小説
二 論説文
三 古文
四 文学史

課題文

一モーパッサン／太田浩一訳『車中にて』
二森　博嗣『科学的とはどういう意味か』
三頓阿『井蛙抄』

2023年度

一 小説
二 説明文
三 古文
四 説明文

課題文

一吉村　昭『羆嵐』
二武田尚子『チョコレートの世界史』
三紫式部『紫式部集』
四張文姫「沙上鷺」／吉川発輝『佐藤春夫の「車塵集」』

2022年度

一 論説文
二 古文
三 小説
四 国語の知識

課題文

一平田オリザ『演劇入門』
二『宇治拾遺物語』
三新美南吉『花をうめる』

解答形式

2024年度	記　述／マーク／併　用

（「記述」に丸印）

出題傾向

近年は，年によって多少出題内容に変動が見られるものの，現代文や古文の読解問題は，原則出題される。また，30～80字程度の記述式の解答を求める設問が出題されることがある。課題文は，分量がやや多い傾向にあり，内容も高度である。出題のねらいは，読解力・表現力ともに，応用力を見ることにあるといえよう。

今後への対策

広範囲にわたって高い学力が要求されているので，日頃から問題集でしっかりと勉強をしておく必要がある。また，問題集は，できるだけ高度なものを選ぶこと。50字以上の記述式解答が書けるように，記述解答の練習もやっておくように。漢字や語句などの国語の知識についても，しっかりと整理しておくこと。

◆◆◆◆◆ 国語出題分野一覧表 ◆◆◆◆◆

分野		年度	2022	2023	2024	2025 予想※
現代文	論説文 説明文	主題・要旨	●	●	●	◎
		文脈・接続語・指示語・段落関係	●		●	◎
		文章内容	●	●	●	◎
		表現	●		●	◎
	随筆 日記 手紙	主題・要旨				
		文脈・接続語・指示語・段落関係				
		文章内容				
		表現				
		心情				
	小説	主題・要旨				
		文脈・接続語・指示語・段落関係			●	△
		文章内容	●	●	●	◎
		表現	●	●	●	◎
		心情	●	●	●	◎
		状況・情景				
韻文	詩	内容理解		●		△
		形式・技法		●		△
	俳句 和歌 短歌	内容理解		●		△
		技法				
古典	古文	古語・内容理解・現代語訳	●		●	◎
		古典の知識・古典文法				
	漢文	(漢詩を含む)		●		△
国語の知識	漢字 語句	漢字	●	●	●	◎
		語句・四字熟語	●		●	◎
		慣用句・ことわざ・故事成語			●	△
		熟語の構成・漢字の知識				
	文法	品詞				
		ことばの単位・文の組み立て				
		敬語・表現技法	●			△
	文学史		●		●	◎
作文・文章の構成・資料					●	△
その他			●			△

※予想欄　◎印：出題されると思われるもの。　△印：出題されるかもしれないもの。

合格を勝ち取るための

本書の使い方

本書に掲載されている過去問をご覧になって，「難しそう」と感じたかもしれません。でも，大丈夫。ほとんどの受験生が同じように感じるのです。高校入試の出題範囲は中学校の定期テストに比べて広いですし，残りの中学校生活で学ぶはずの，まだ習っていない内容からも出題されているかもしれません。

ですから，初めて本書に取り組む際には，点数を気にする必要はありません。点数は本番で取れればいいのです。

過去問で重要なのは「間違えること」です。自分の弱点を知るために，過去問に取り組むのです。当然，間違った問題をそのままにしておいては意味がありません。

本書には，長年にわたって高校受験に関わってきたベテランスタッフによる詳細な解説がついています。間違えた問題は重点的に解説を読み，何度も解きなおしてください。時にはもう一度，教科書で復習するのもよいでしょう。

別冊として，抜き取って使える解答用紙を収録しました。表示してあるように拡大コピーをとれば，実際の入試と同じ条件で，何度でも過去問に取り組むことができます。特に記述問題では解答欄の大きさがヒントになる場合があります。そうした，本番で使える受験テクニックの練習ができるのも，本書の強みです。

前のページにある「出題傾向と今後への対策」もよく読んで，本校の出題傾向に慣れておきましょう。

2024年度 慶應義塾志木高等学校

【英　語】（60分）〈満点：100点〉

Ⅰ　次の英文を読んで後の問に答えなさい。

Silas Marner was a sad, lonely *weaver, his only friends were the bright gold coins that he earned for his weaving and kept hidden under the floorboards. Only at night, when he finished his work, did he spend time with them.

Dunstan Cass was always in need of money because of gambling and drinking. He drank some whisky from the bottle he kept in his pocket, and started down the country road. He kept thinking about Silas' money. There would certainly be enough for his own needs. Dunstan thought it would be easy to frighten the weaver a little, and then Silas would quickly agree to (①) him his money.

It was four o'clock in the afternoon, and the whole countryside was covered by a thick mist. Dunstan did not see anyone on his way back to the village. He knew he was getting close to the old *quarry, even though he could not see the road in front of him. Soon after he saw light coming from the weaver's cottage, he decided to knock on the door. 'Why not (②) the old man for the money now ?' he thought.

When he knocked loudly, there was no reply. When he pushed the door, it opened. (Ⅰ)Dunstan [of / front / in / a bright / which / himself / every / showed / found / corner of / fire] the small living-room. Silas Marner was not there. Dunstan was tired and cold, so he went quickly to sit by the warm fire. As he sat down, he saw a small piece of meat cooking over the fire. It was hanging from a large door key.

'So, the old man is cooking meat for his supper ?' wondered Dunstan. 'But where is he ? (Ⅱ)Why is his door unlocked ? Perhaps he went out to gather some wood for the fire, and fell into the quarry ! Perhaps he's dead !' This was an interesting new idea. 'And if he's dead, who receives the money he leaves ? Who would know that anybody had come to take it away ?' And the most important question of all — 'Where is the money ?'

(Ⅲ)[the weaver / that / him / excitement / could still / Dunstan's / be / forget / made] alive. He wanted Silas to be dead, and he wanted Silas' money. He looked round the cottage again. There was very little furniture : a bed, the weaving machine, three chairs and a table. Dunstan looked under the bed, but the money was not there. Then he (③) a place on the floor, near the weaving machine, where the floorboards looked different. By pulling up one of the boards, he discovered Silas' hiding place. He took out the two heavy bags (④) with gold, put the boards back and hurried to the door.

Outside, the rain was falling heavily, and he could not see anything at all. Carrying the heavy bags, he stepped forward into the darkness.

When Dunstan Cass left the cottage, Silas Marner was only a hundred meters away. He was walking home from the village, where he had gone to buy what he needed for his next day's work. His legs were tired, but he felt mostly happy. He was looking forward to supper-time, when he would take out his gold. Tonight he had extra reason to hurry home. He was going to eat meat, which was unusual for him. It would cost him nothing, because someone had given him a piece of meat as a present. He had left it cooking over the fire. The door key was needed to hold it safely in place, but he was not at all worried about leaving his gold in the cottage with the door unlocked. He could not imagine that a thief would find his way through the mist, rain and darkness to the little cottage.

When he reached his cottage and opened the door, he did not notice that anything was different. He (⑤) off his wet coat, and pushed the meat closer to the fire. As soon as he was warm again, he began to think about his gold. It seemed a long time to wait until after supper, when he usually took out the coins to look at. So he decided to take out his gold immediately, while the meat was [A] cooking.

But when he took up the floorboards near the weaving machine, and saw the empty hole, he did not understand the situation right away. His heart beat violently as his shaking hands felt all round the hole. There was nothing there! He put his hands to his head and tried to think. Had he put his gold in a different place, and forgotten about it? He searched his small cottage carefully, until he could not lie to himself any more. He had to accept the truth — his [B]!

He cried out wild and hopelessly, and stood [A] for a moment. Then he turned toward his weaving machine, and almost fell into the seat where he always worked. He touched the weaving machine to make sure it, too, had not been stolen. Now he was beginning to think more clearly. 'A thief has been here! If I can find him, he'll have to give back my gold! But I was only away for a short time, and there's no sign of anyone entering the cottage.' He wondered whether it was really a thief who had taken his money, or whether it was the same cruel God who had already destroyed his happiness once. But Silas (⑥) to suspect a thief, who would perhaps return the money. He began to think it must be Jem Rodney, who knew about Silas' money, and who sometimes visited the cottage. Silas felt stronger now that he thought he knew the thief. 'I must go and tell the police!' he said to himself. 'They'll make Jem give me back the money!' So he hurried out in the rain without a coat, and ran toward the Rainbow, a *public house.

［注］ *weaver　織工(weave　織る)　*quarry　採石場　*public house　パブ，酒場

問1．文中の(①)～(⑥)に入る最も適切な動詞を次の語群から選び，必要に応じて形を変えて答えなさい。ただし，同じものは2回以上使ってはならない。

〔ask / fill / lend / notice / prefer / throw〕

問2．下線部(Ⅰ)と(Ⅲ)が，それぞれ次の意味になるように［　］内の語句を並べ替えなさい。なお，文頭は大文字で始めること。

(Ⅰ)「気が付くとDunstanは小さな居間の隅々まで照らす明るい炎を前にしていた。」

(Ⅲ)「Dunstanは興奮のあまり，その織工がまだ生きているかもしれないということを忘れていた。」

問3．次の文は，下線部(Ⅱ)の理由を説明したものである。[ア]と[イ]に適切な日本語を補いなさい。

「Silasが[ア]を[イ]に使用していて，ドアを施錠することができなかったため。」

問4．2カ所ある[A]に入る最も適切な1語を答えなさい。

問5．[B]に入る英語を**3～5語**で書きなさい。

問6．本文の内容と一致するものを**全て**選び，番号で答えなさい。

1．Nobody seemed to be a good friend of Silas' except his coins.

2．Dunstan was going to kill the weaver when he visited his cottage.

3．The inside of Silas Marner's cottage was full of furniture.

4． Silas often had meat before taking out his coins to look at them.
5． Silas didn't immediately realize that someone broke into his cottage.
6． After much thought, Silas realized who the real thief was.

Ⅱ　次の英文を読んで後の問に答えなさい。

It started on a Monday morning.

It was nine thirty and Jay Kwan was in his office in Chinatown with his assistant Amy Trent. They were drinking coffee, still getting into the week. Jay took a pen and opened his appointment book (①) that day's page: Monday, October 20. There was nothing on the page.

"What's new ?" Jay asked Amy.

"Take a look at these," said Amy as she passed him some new case papers she'd prepared. She was new (①) Jay's office. She had just started a month ago, but Jay liked her already. She was quick, smart, and it looked as though she could be a good *private investigator. (Ⅰ)Jay's [investigation / someone / and / getting / he / good / was / needed / business / busy].

[A]. They were the usual kinds of cases: yet (②) missing person, a husband who was seeing (②) woman. Kwan's Investigation Agency was new, but business wasn't bad. He put the papers down and looked out of the third floor window. From his desk, he could see Stockton Street below. They called San Francisco the "cool gray city," a good name, Jay (Ⅱ)thought. It was October already, and there were leaves all over the sidewalks. It was foggy and cold, and the people at the street markets were wearing (ア) coats. Though Jay loved San Francisco, it wasn't his favorite time of year in the city, and it was a particularly hard season for a private investigator.

Like most investigators, Jay did 70 percent of his job on the street. (Ⅲ)Most people thought it was all done at a desk, but that wasn't true. Though there was some desk work, there was still a lot of work to do out of the office. Most days he spent on the street, watching and looking for people.

Suddenly, the telephone rang. Jay picked it (③).

"Kwan's Investigation Agency," he answered.

"Jay," said the voice. "It's Ken Fong here . . ."

"Mr. Fong !" Jay was surprised to hear his father's old friend.

"Jay . . .," said Ken Fong seriously, "it's your father . . ."

"What ? Is he OK ?"

"Yes, he's OK," said Ken Fong, "but there was a (イ) at the restaurant last night."

Jay listened for a few minutes, then said, "Thanks, Mr. Fong, I'll go and see him immediately."

[B]. Amy looked at him. Jay didn't say anything but jumped (③) and walked toward the door.

"What is it ?" asked Amy.

"Oh nothing . . . I'll tell you later. That was Ken Fong, a friend of my father. I have to go and see my father right now."

[C]. Would his father even talk to him ? He ran down Stockton Street all the way to The Golden Duck, his father's restaurant, on Grant Avenue.

[D]. Louie Kwan was getting old now ; he wanted to retire soon and he wanted his son, Jay, to manage The Golden Duck. Jay wasn't interested in being a restaurant manager. They'd had (Ⅳ)a big fight about it, and it was a year since they had spoken to each other last.

[E]. His father was there, preparing the vegetables for lunch as he always did. Louie Kwan didn't see his son. The old man held the large knife and cut the vegetables into thin pieces. Jay grew up watching his father do this. Now it gave him a sad feeling as he watched Louie. He loved him, but it was always so hard to talk to him. Jay took a deep (V)<u>breath</u>. Then he opened the kitchen door and walked in.

"Jay," his father said, smiling. Then he seemed to remember what had happened a year ago, and his face became serious. "What do you want ?"

"Father, I umm . . . Ken Fong told me what happened," said Jay. "He said there was a fire here last night."

His father carried on cutting the vegetables. The older man still didn't smile. "Ken !" he said. "It's not his business; he's so stupid."

"[F]," Jay answered.

"The fire damage is just there in the corner," his father said in a businesslike way. "But it's not too bad. I will have it repaired later. It's nothing to worry about."

［注］ ＊private investigator 私立探偵

問1．文中にそれぞれ2カ所ある（①）～（③）に入る最も適切な1語を答えなさい。

問2．下線部(I)が次の意味になるように，［ ］内の語句を並べ替えなさい。

「Jayの調査の仕事が忙しくなってきたので，彼はよい人材を必要としていた。」

問3．[A]～[F]に入る最も適切なものを選び，番号で答えなさい。ただし，同じものは2回以上使ってはならない。

1．Jay put the telephone down

2．It had been a whole year, thought Jay, as he ran toward his father's restaurant

3．He was just being a good friend to you, Father

4．Jay took a drink of his coffee and read the new cases for a few moments

5．Jay took his coat and ran down the stairs to the cold street, wondering what he was going to find

6．Jay arrived in the narrow street behind The Golden Duck and looked through the kitchen window

問4．下線部(II)と(V)の語の最も強く読まれる部分の発音と同じ発音を含む語をそれぞれ1つずつ選び，番号で答えなさい。

(II) 1．though 2．through 3．taught 4．rough

(V) 1．breathe 2．heal 3．weather 4．peace

問5．（ア）にhで始まる最も適切な形容詞を書きなさい。

問6．下線部(III)を日本語に直しなさい。その際，itの意味内容を明らかにすること。

問7．（イ）に入る最も適切な1語を文中から抜き出しなさい。

問8．下線部(IV)の理由を，句読点を含めて30字以上40字以内の日本語でわかりやすく説明しなさい。ただし，必ず「父」「息子」という言葉を使用すること。

問9．本文の内容に関する次の英語の質問に<u>**1～2文**</u>の英語で答えなさい。

Why did Jay have to go and see his father soon ?

III 次の英文を読んで後の問に答えなさい。

It was a cold February morning in 2010. I was seated at my desk in a seven-story building in Boston, very early, as usual, so I could get **a head start** on the day's work. It was still silent, a good hour before my coworkers would arrive. But on this particular Tuesday morning, I could not start because of a news story emailed to me — something about a soccer team in South Africa.

Opening ceremonies for the FIFA World Cup were still four months away at that point, yet my excitement was already growing. I was fifty-one years old, and a big soccer fan. I had only recently switched from soccer mom on the sidelines to chasing the ball myself. The video before me had been emailed by my friend Heather, who played keeper on my soccer team. The story was about a soccer club in the countryside of South Africa made up entirely of *grannies.

I clicked "play." On my computer screen appeared an older woman with a round brown face and several missing teeth. She was wearing a yellow shirt and a bandana. She was staring into the camera. "If I ran with you, I would beat you." I didn't doubt her; she spoke with confidence. "— even though I am eighty-three years old and have had six *strokes." Whaaaaaaat? "But soccer has really changed my life," she continued. "It's improved."

I forgot my work for a short time. Moving aside my papers, I bent forward to look carefully at the screen. The reporter explained that this old woman acting like a cool soccer player was part of a team of thirty-five women in South Africa, in their late forties to early eighties. They were lovingly called *the Grannies.

I saw a dusty field on which the women moved through their warm-up exercises. Loose-fitting shirts and below-the-knee skirts gave them freedom of movement. Beyond the dirt field, a few short trees and yellow grass grew. Another granny with very short-cut hair came into focus. "I like to play soccer because it helps us. We were sick, but now our cholesterol and our blood pressures have gone down. Even our doctors are amazed when we go for checkups. God bless the person who came up with this great idea."

With that, the Grannies started running. They chased the leather ball, kicking wildly and sending knee-high clouds of dust into the air. Caught up in the excitement, they paid no attention to the positions they were supposed to be playing. I knew this feeling well. I wasn't the only beginner on my team; like the Grannies, we were drawn to the ball like kids at a birthday party surrounding a *piñata. The ball was kicked again and again and finally found the net. Smiles blossomed across the Grannies' faces as they held each other in their arms. Loud cheers broke out on the sidelines from the crowd of fans.

The news reporter said that not everyone was supportive of the Grannies, but the women played on, even though community members complained. "Your place is at home watching the grandchildren," scolded the townsmen. The local churches didn't allow women to wear *trousers, on or off the field, so at first the Grannies played in skirts. Over time, as their confidence grew — and as their neighbors became used to seeing them play — the Grannies stopped following the unwritten traditional rules of "acceptable" sports clothes for women. Today they play in short pants. However, even some of the Grannies' friends still say, "It's bad for women to wear short pants." A few of their own grandchildren also say, "Grandma, you can't play soccer; you're too old." But not everyone feels that way. The camera moved to a teenager on the sidelines. "The Grannies play soccer so that they can be healthy and strong, it's great," he says with a smile.

The video ended, and I noticed that it was almost 7 a.m. I really should be getting to work . . . and yet . . . I couldn't. I went back and immediately replayed the video — two more times. An outside observer might conclude that these ladies and I had little in common. But it was not true. They had friendship with their teammates, just as we did. They developed confidence through practice, just as we did. We weren't so different, these Grannies and I.

I needed to start my work, so I turned my attention away from the Grannies. But I couldn't get them out of my head.

That day, I didn't know that I would be joining them on the field in fewer than six months.

［注］ *granny　おばあちゃん　*stroke　脳卒中　*the Grannies　グラニーズ(チームの愛称)
*piñata　ピニャータ(子供の誕生日などに使われる，中にお菓子などを詰めたくす玉のような人形)
*trousers　ズボン

問1．下線部の意味を説明しているものを選び，番号で答えなさい。

1．to start something you don't really want to do
2．to start something earlier or further ahead than someone else
3．to start something, especially a job, later in life than people generally do
4．to start something in a dishonest way in order to win or get an advantage

問2．次の1～5の各文について，(ア)と(イ)が2つとも本文の内容に合っている場合には○，2つとも間違っている場合には×で答えなさい。また，どちらか1つが合っている場合にはその合っている方の文の記号を答えなさい。

1．(ア) The author started playing soccer when she was a child.
(イ) A granny wearing a yellow shirt seemed confident about teaching soccer well.
2．(ア) The oldest member of the Grannies was younger than eighty years old.
(イ) A granny with short hair said she got healthy because she played soccer.
3．(ア) The soccer team which the author belonged to had no beginners.
(イ) Not all the members in the community supported the Grannies.
4．(ア) Some townsmen in the community thought the Grannies should be home taking care of their grandchildren.
(イ) The local churches didn't want women to wear trousers while playing soccer.
5．(ア) A few of the Grannies' grandchildren thought that they were too old to play soccer.
(イ) The author decided to play soccer with the Grannies when she watched their video for the first time.

Ⅳ　(ア)～(シ)の英文とほぼ同じ意味のものを1～18から選び，番号で答えなさい。ただし，同じものは2回以上使ってはならない。

(ア) Anything is better than nothing.
(イ) Here today, gone tomorrow.
(ウ) He who runs after two hares will catch neither.
(エ) It is no use crying over spilt milk.
(オ) Kill two birds with one stone.

(カ) Learn from the mistakes of others.
(キ) Let sleeping dogs lie.
(ク) Speak of the devil, and he will appear.
(ケ) The early bird catches the worm.
(コ) The nail that sticks up gets hammered down.
(サ) Two heads are better than one.
(シ) When in Rome, do as the Romans do.

1．二兎を追う者は一兎をも得ず	2．寝耳に水
3．噂をすれば影	4．類は友を呼ぶ
5．三人寄れば文殊の知恵	6．郷に入っては郷に従え
7．好事魔多し	8．人のふり見て我がふり直せ
9．人生朝露のごとし	10．枯れ木も山の賑わい
11．寝た子を起こすな	12．船頭多くして船山に上る
13．出る杭は打たれる	14．一石二鳥
15．首尾一貫	16．早起きは三文の徳
17．鬼の居ぬ間に洗濯	18．覆水盆に返らず

V　1～7の英文には，文法・語法上の誤りが含まれている。①～⑤の下線部から誤りを含むものを1つ選び，下線部全体を正しく書き直しなさい。なお，必要に応じて語数を増減させてもよい。

（例） ①My name ②is Taro Keio. ③I'm student at Keio Shiki Senior High School. Nice ④to meet you.

番号	書き直したもの
③	I'm a student

1．Thank you for your hospitality ①during I stayed in New York. Everything ②was interesting. Let me ③know when you ④come to Tokyo. I'm looking forward to seeing and ⑤talking with you again soon.

2．Because of technological development, robots ①have been used in many industries. For example, the fast-food restaurants ②which I often eat have food served ③by AI robots. This is a ④surprising innovation ⑤which was made in the last decade.

3．I'm sometimes ①spoken to by foreigners in English on ②my way back home. It's difficult to answer their questions ③easily, but I feel ④happy when I can make myself ⑤understand.

4．It's better ①not to take the train from 7:30 to 9:00 a.m. The trains are ②so crowded that some station staff ③may push you into the train. Foreign tourists often say ④this a unique part of Japanese culture, but I don't think ⑤it's good.

5．My brother is ①leaving Japan for Australia tonight. He is staying there for two ②months to study English at a language school. He is ③a little nervous because this is his first ④visit a foreign country without his family. I hope he'll ⑤enjoy himself and come back to Japan safely.

6．The other day I was ①taking the bus to go to Keio Shiki Senior High School. Somebody on the bus shouted ②suddenly. It made a baby ③cry, but he ④has stopped crying when his mother ⑤started to sing a song he liked.

7．I had final exams for my 10 classes last week. I ①had to take 10 exams ②in two days. The exam questions this year were quite different from ③that of last year. Three days ④later I received the results, and I ⑤was shocked to see them.

Ⅵ　あなたが中学3年の男子生徒の父親だとします。ある日，息子から以下のようなメッセージがあなたのスマートフォンに届きました。以下の注意事項に従い，［　　　］の返信文の続きを**40～55語**で書きなさい。なお，英語の学習を促す内容にすること。

Dad, to be honest, I don't want to study English anymore.
What do you think ?

I'm very glad you can express how you are feeling. However, I really think you should continue studying English because
［　　　　　　　　　　　　］

［注意事項］
・**必ず解答欄に語数を記入すること。**
・**解答欄にあらかじめ印字されている部分は語数として数えない。**
・符号（, / . / ? / ! / " / " / : / ; など）は1語として数えない。
・ハイフンでつながれた語（five-year-old など）は1語として数える。
・短縮形（I'm / can't など）は1語として数える。
・数字（2024 / 15など）は1語として数える。

【数　学】（60分）〈満点：100点〉

〔注意〕 1．図は必ずしも正確ではない。

2．**3** 以外の解答に際しては，当該の解答欄に考え方や途中経過をわかりやすくまとめ，解答は □ の中に記入すること。

3．解答の分母は有理化すること。また，円周率は π とすること。

1　次の問に答えよ。

(1)　4点A(1，6)，B(0，2)，C(5，2)，D(2，6)を頂点とする四角形ABCDを，y 軸を軸として1回転してできる立体の体積 V を求めよ。

(2)　$x^2+144=y^2$ をみたす自然数の組(x，y)をすべて求めよ。

2　登山地図などに書かれているコースの歩行時間を「コースタイム」という。傾斜率 s ($s \geqq 0$)の斜面を登るとき，距離 d kmのコースタイム T は，定数 a，b，c を用いて $T=\{(as^2+bs+c)\times d\}$ 分と算出されるとする。傾斜率0で距離2kmのコースタイムは40分，傾斜率0.1で距離1kmのコースタイムは26.5分，傾斜率0.2で距離1kmのコースタイムは36分となる。次の問に答えよ。ただし，$(傾斜率)=\dfrac{(標高差)}{(水平距離)}$ とする。

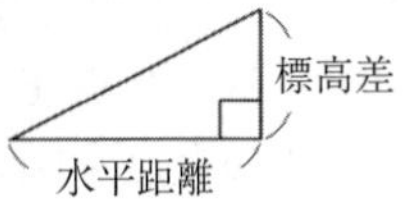

(1)　定数 a，b，c の値を求めよ。

(2)　傾斜率 s で距離9kmのコースタイムが324分であるとき，s の値を求めよ。

3　下図のように円周上に3点A，B，Pがあり，点Qは円の内部にある。このとき，∠APB＜∠AQBを証明せよ。ただし，2点P，Qは直線ABに対して同じ側にある。

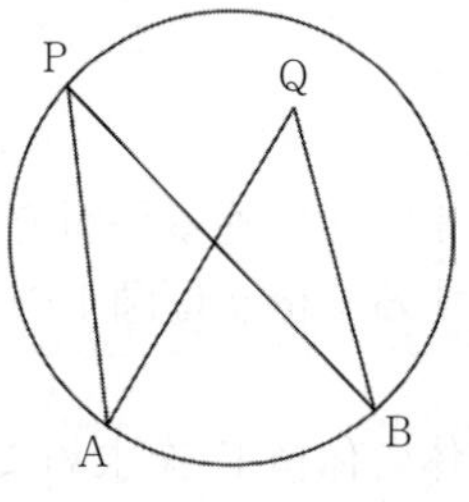

4　↑ と → の2種類の矢印が書かれたカードがたくさんあり，これらを左から順に並べてそれに従いA地点からマス目状の道を1つずつ進んでいく。ただし，進む道がない場合はその場に止まっているものとする。例えば ↑，↑，↑，↑ とカードを並べた場合にはC地点で止まっているものとする。次の問に答えよ。

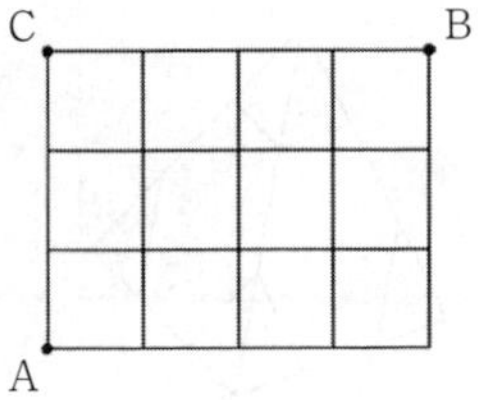

(1)　7枚のカードを並べたとき，B地点にたどり着いた。カードの並べ方は何通りあるか。

(2)　10枚目のカードを並べたとき，はじめてB地点にたどり着いた。カードの並べ方は何通りあるか。

5 下図の△ABC において AD：DB＝1：2，BE：EC＝2：3，CF：FA＝3：4 である。△ABC の面積を S とするとき，次の図形の面積を S を用いて表せ。

(1) 四角形 DBCF

(2) 線分 AE と線分 DF の交点を G とするとき，△DEG

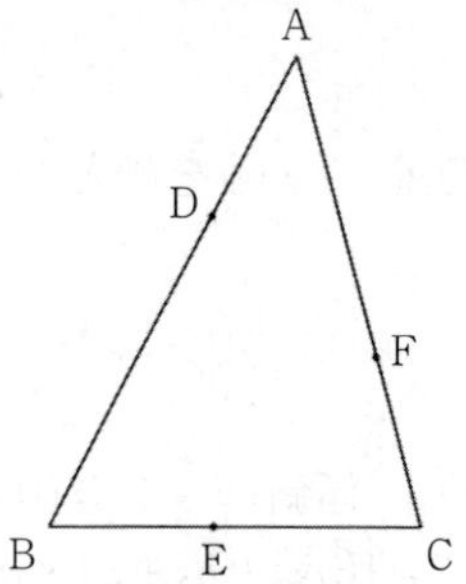

6 放物線 $y=\frac{1}{2}x^2$ がある。原点を O とし，放物線上に点 A (4，8) をとる。2 点(6，0)，(0，6)を通る直線を l とする。この放物線と直線 l の交点を図のように P，Q とする。次の問に答えよ。

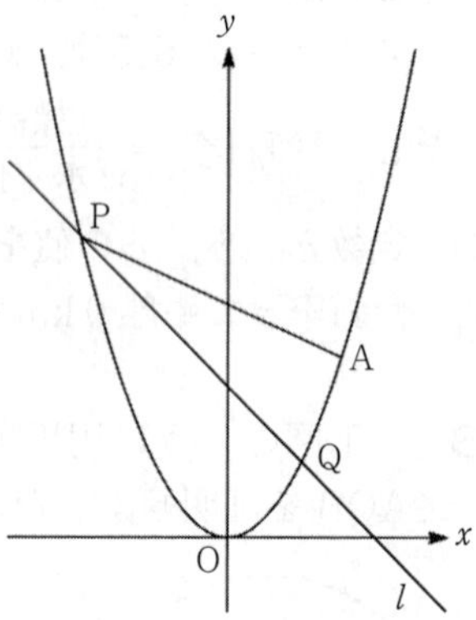

(1) 直線 l の方程式と点 P，Q の座標を求めよ。

(2) 直線 l 上に点 B，C をとって四角形 OCAB が長方形になるようにするとき，線分 BC の長さを求めよ。ただし，B の x 座標は C の x 座標よりも小さいものとする。

(3) (2)のとき，長方形 OCAB の面積 S_1 と四角形 OQAP の面積 S_2 を求めよ。

7 多面体の各頂点に集まる各辺を 3 等分する点のうち，頂点に近い方の点をすべて通る平面で立体を切り，頂点を含む角錐を取り除いて新しい立体を作る操作を[操作 1]とする。例えば図 1 の正四面体に[操作 1]をすると，図 2 のような立体ができる。次の問に答えよ。

(1) 図 3 のような 1 辺の長さが 9 の正八面体に[操作 1]をしたときにできる立体の体積 V_1 を求めよ。

(2) (1)でできた立体に対して，さらに[操作 1]をしたときにできる立体の体積 V_2 を求めよ。

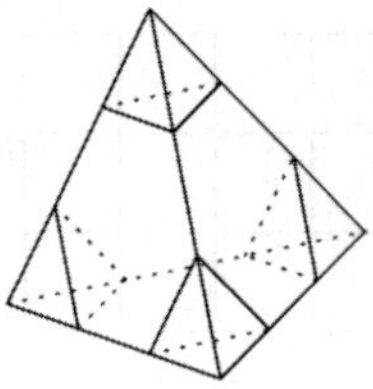
図 1

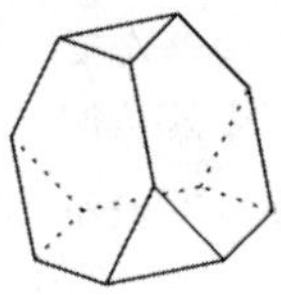
図 2

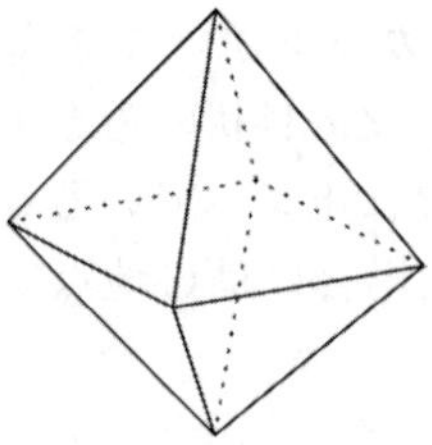
図 3

［H］

ますぐなるもの地面に生え、
するどき青きもの地面に生え、
凍れる冬をつらぬきて、
そのみどり葉光る朝の空路に、
なみだたれ、
なみだをたれ、
いまはや懺悔をはれる肩の上より、
けぶれる［H］の根はひろごり、
するどき青きもの地面に生え。

核心に触れないようにする心理を巧みに書き残しているよ。本人も自警団に関わったからリアル。最近、森達也監督の『福田村事件』が公開されNHKも特集を組んだし、今こそ考え続けたい問題かな。」

在校生「大学に進んで、縁を感じる文学者はいますか。」

卒業生「生誕百五十年を迎えた［D］の資料を図書館が多く所蔵していて、母から贈られた水晶の兎をはじめ遺品が展示されることもある。今、坂東玉三郎主演で『高野聖』等のシネマ歌舞伎が上映中。本当に美しく幻想的だった。」

在校生「出身作家だと、どうですか。」

卒業生「フランス文学科卒の遠藤周作が生誕百年で、長崎にある文学館からは記念論集が出た。代表作『［E］』は、キリスト教禁教後の宣教師と信者の苦悩を描いて国際的評価も高く、二〇一六年にはスコセッシが映画化したね。ノーベル賞候補にもなっていたそうだよ。」

在校生「三月には、ノーベル賞作家の［F］が亡くなりましたね。」

卒業生「民主主義を護持しつつ世界水準の作品に生涯打ち込んだことにまず驚嘆するし、障がいのある長男をモデルにした登場人物や出来事を取り上げ続けたことの意義は大きかったと思う。現在は多様なマイノリティに光を当てる機会がジャーナリズムや学問の場でも増えたけれど、先駆的で普遍的な試みだった。」

在校生「そうですね。文學界新人賞受賞で脚光を浴びた市川沙央《さおう》のデビュー作『［G］』は、先天性ミオパチーの当事者としての視差から、健常者の本好きに「読書文化のマチズモ」という一文を突き付け、読書をめぐるバリアフリーについて問題提起していました。」

卒業生「市川さんは、十代後半から［F］に傾倒していたって。文学の歴史を繙《ひもと》いてみると、差別や格差への憤りや深い悲しみ、変革への意志に言葉を与えていく果敢なプロセスでもあったんだと気付かされるよ。」

在校生「先輩、文学部でしたっけ。」

卒業生「志木高に入学して、お互いに刺激し合って、半学半教の気持ちで色んなことに手を伸ばせば、学部の垣根なんか関係ないよ。」

在校生「収穫できるんですね。」

卒業生「柿みたいにね。そういえば義塾は一貫校も含めマンドリンクラブが盛んだけど、口語自由詩を確立した萩原朔太郎は、予科在学中にマンドリンを習って清新な音楽性を詩に持ち込んだ。詩集『月に吠える』には『［H］』という詩が二篇収められていて、志木高にも馴染み深い風景を想起するよ。」

問一 ［B］～［D］に当てはまる作家名を次の選択肢から一つずつ選び、記号で答えなさい。

ア　芥川龍之介　　イ　有島武郎
ウ　泉鏡花　　エ　志賀直哉
オ　島崎藤村　　カ　太宰治
キ　谷崎潤一郎　　ク　永井荷風
ケ　樋口一葉　　コ　宮沢賢治

問二 ［E］・［G］に当てはまる作品名を選択肢から一つずつ選び、記号で答えなさい。

ア　神神の微笑　　イ　塩狩峠
ウ　沈黙　　エ　野火
オ　焼跡のイエス　　カ　インストール
キ　シンセミア　　ク　セバスチャン
ケ　ニムロッド　　コ　ハンチバック

問三 ［A］・［F］・［H］に当てはまる作家名・作品名を答えなさい。ただし、［A］は漢字四字、［F］は漢字五字、［H］は漢字一字で書くこと。なお、『［H］』の詩（二篇のうちの一篇）を以下に掲げる。

問一　傍線部Ａ「弟子どもこれかまへて上人に知らせじ」の内容として最も適切なものを次の選択肢から一つ選び、記号で答えなさい。

ア　弟子たちは西行に気付かれずに上人に引き渡そうと待ち構えていた

イ　弟子たちは上人が西行に決して気付かないようにしようとした

ウ　弟子たちは西行が来たことを暗に知らせようと上人に合図を送った

エ　弟子たちは上人に罪を負わせぬよう自分たちで制裁を加えようとした

オ　弟子たちは西行が警戒していることを上人は知らないと思っていた

問二　傍線部Ｂ「思ひつる事」とはどんなことか。十五字以内で答えなさい。ただし、解答欄の「～ということ。」につながるように答えること。

問三　傍線部Ｃ「つとめて」とはどのような時間帯か。最も適切な語句を漢字二字で答えなさい。

問四　□に入る最も適切なものを次の選択肢から一つ選び、記号で答えなさい。

ア　西行　イ　心源　ウ　弟子ども

エ　法師ども　オ　文覚

問五　文覚上人は西行と対面して、実際の西行がどのような人物だと思ったか。自分で具体的に考え、二十五字以内で答えなさい。ただし、解答欄の「～だと思った。」につながるように答えること。

四

以下の会話文は、二〇二三年度の収穫祭に遊びに来た本校のある卒業生と在校生とのやりとりである。後の問に答えなさい。

在校生「先輩、お久しぶりです。僕たちの代から新カリキュラムになったんですよ。」

卒業生「どんな科目になったの？」

在校生「国語だと二年からは『文学国語』と『古典探究』。三年自由選択科目も『ことばと文学』という独自路線ですね。」

卒業生「文学は大事だよ。例えば小説は、時代や社会の中で生じる問題や葛藤について、登場人物の試行錯誤を通して具体的に表すから、同じテーマを考えるにしても、数値を分析する手法とは異なる論理や、ニュアンスに分け入る気付きがあるよ。」

在校生「確かに、［Ａ］の『こころ』を読むと、日露戦争後に不安や空虚さを抱いていた学生たちが、先行する世代の登場人物たちから何かメッセージを受け取ろうとする感覚が伝わってきたかも。」

卒業生「そうそう。一九一〇年には、社会主義運動を弾圧する当局側の思惑から幸徳秋水たちが冤罪で処刑される大逆事件が起こった。当時、慶應義塾大学文学部教授だった［Ｂ］は、フランス国家が関わった冤罪事件であるドレフュス事件の際にはゾラが亡命してまで反対の論陣を張ったのに、同じく文学者でありながら告発に身を投じなかったことを恥じ、後に『花火』で大学を辞職する理由の一つに数えている。」

在校生「背景を知ると、大正期の文学も違って見えてきますね。短篇の旗手だった［Ｃ］には時代と距離を置くスマートな印象があるけど、社会に関わる発言もあるんですか。」

卒業生「今年は関東大震災から百年。直後には多くのデマが軍も関わって流れ、無辜《むこ》の朝鮮人や大杉栄・伊藤野枝たちの虐殺があった事実が知られている。［Ｃ］は連載中の『侏儒《しゅじゅ》の言葉』の中で、ある自警団員がそうした犯行を仄《ほの》めかしつつ

イ　筆者の少年時代に科学への憧れが強かったのは現在よりも経済的発展が見込まれたからである。

ウ　「脳の老化を防ごう」というコンセプトのゲームは大人の科学教育には一定の効果がある。

エ　好奇心を持った子供の質問に対して大人が精確には回答できないとき、コミュニケーションを大切にするために印象をしっかり伝える方がいい。

オ　「神様」「ご先祖様」などについて子供に教える場合は宗教の専門家に任せるべきである。

問十　次の文章は、筆者の考えている「正しい科学」についてまとめたものである。[ア]〜[エ]に入る最も適切な語句を本文中からそれぞれ抜き出して答えなさい。ただし、[ア]は二字、[イ]は八字、[ウ]と[エ]はそれぞれ五字で抜き出すこと。

> 私たちは、生活全般が[ア]を礎にして成立していることを知り、その上で[イ]によって豊かな科学精神が育まれることを自覚すべきである。そして、お互いに対話し検証し合いながら[ウ]を適切に選びとることによって、[エ]を目指し続けるのが正しい科学の姿である。

問十一　筆者の挙げていない「言葉」の効用を自分で一つ考え、二十字以内でわかりやすく述べなさい。ただし、解答欄の「言葉は〜できる。」につながるように答えること。

三

次の文章を読んで、後の問に答えなさい。

※1心源上人《しんげんしやうにん》語りて云はく、※2文覚上人《もんがく》は西行を憎まれけり。その故は、※3遁世の身とならば、一筋に仏道修行のほか他事あるべからず。※4数寄《すき》を立ててここかしこに※5うそぶきありく条、憎き法師なり。いづくにても見合ひたらば頭《かしら》を打ちわるべきよし、常の※6あらましにてありけり。弟子ども「西行は天下の名人なり。もしさることあらば珍事たるべし」と嘆きけるに、或時、※7高雄《たかを》法華会《ほけゑ》に西行参りて、花の陰など眺めありきける。A弟子どもこれかまへて上人に知らせじと思ひて、法華会も果て坊へ帰りけるに、庭に「物申し候はむ」といふ人あり。上人「たそ」と問はれたりければ、「西行と申す者にて候ふ。法華会※8結縁《けちえん》のために参りて候ふ。今は日暮れ候ふ。一夜この御庵室に候はんとて参りて候ふ」と言ひければ、上人内にて手ぐすねを引いて、B思ひつる事叶ひたる体《てい》にて、明り障子を開けて待ち出でけり。しばしまもりて「これへ入らせ給へ」とて入れて対面して、年頃承り及び候ひて見参《げんざん》に入りたく候ひつるに、御尋ね悦び入り候ふよしなど、ねんごろに物語して、※9非時《ひじ》など※10饗応《きやうおう》して、Cつとめてまた※11斎《とき》などすすめて帰されにけり。

弟子たち手を握りつるに、無為に帰しぬる事喜び思ひて、「上人はさしも西行に見合ひたらば、頭打ち割らむなど、御あらまし候ひしに、ことに心閑《しづ》かに御物語候ひつること、日ごろの仰せには違《たが》ひて候ふ」と申しければ、「あら※12言ふかひなの法師どもや。あれは文覚に打たれんずる者の面様《つらやう》か。[　　]をこそ打たんずる者なれ」と申されけると云々。

（頓阿《とんあ》『井蛙抄《せいあ》』より）

※1　心源上人…鎌倉時代初期の僧だとされる
※2　文覚上人…平安時代末期から鎌倉時代初期にかけての僧
※3　遁世…俗世を捨てて仏門に入ること
※4　数寄…風流、特にここでは和歌
※5　うそぶきありく…詠んでまわる
※6　あらまし…心づもり
※7　高雄法華会…高雄山神護寺での法華経法会
※8　結縁…仏の教えに触れ、仏と縁を結ぶこと
※9　非時…僧侶の食事
※10　饗応…酒食を出してもてなす
※11　斎…※9に同じ
※12　言ふかひなの…言う甲斐のない

選択するという基本的な仕組みを教えなければならない。ｅチュウショウ的だが、それが科学教育だと思う。（Ⅲ）

人間にはいろいろなタイプがある。全員が同じことに興味を持つなんて状況は不自然だ。それは子供でも同じであり、むしろ子供の方が大人よりもバラエティに富んでいる。幼稚園児を大勢部屋に集めれば、それがわかるだろう。みんなで一緒に遊ぶことはない。ある子は本を読み、ある子は走り回る。ほかの子が気になる子もいれば、周りはまったく目に入らず、自分の世界に没頭している子もいる。こういったところへ、「言葉」を持ち込み、全員が一緒になって行動する連帯感を育てることは、教育の一つの要素である。全員で歌をうたったり、踊ったり、劇をしたり、話し合ったり、という活動は、［Ｅ］性を養うためにも、集団の統制を取るためにも不可欠だ。（Ⅳ）

子供たちの時間の半分は、自由に好きなことをさせる。さらに、それぞれの子が勝手なことをしている状況を認識させる。そういった自由と他者の尊重から科学の心が生まれる。そして科学を推進させるために必要な［Ｆ］性、そして発想力というものも、やはりこの自由さから生まれるのではないか、と僕は感じる。（Ⅴ）

科学は発展しすぎた、科学が環境を破壊し、人間は本当の幸せを見失っている、という指摘はよく聞かれるところである。しかし、この場合の「科学」とは、そのまま「社会」や「経済」と言い換えてもほぼ同じ意味であり、単に諷刺的姿勢で、警告を発している気になっているだけの物言いである。言葉は何とでもいえる。しかし、言葉では何一つ解決しない。

科学の存在理由、科学の目標とは、人間の幸せである。したがって、もし人間を不幸にするものがあれば、それは間違った科学、つまり非科学にほかならない。そして、そうした間違いを防ぐものもまた、正しい科学以外にないのである。

（森　博嗣『科学的とはどういう意味か』より。一部の表現を改めている。）

問一　二重傍線部ａ～ｅのカタカナをそれぞれ漢字に直しなさい。

問二　［Ａ］に入る適切な言葉をひらがな四字で答えなさい。

問三　傍線部１「大人は、自分ではその『眉唾』加減を知っている」のはなぜか。その理由について述べている部分を本文中から五十字以上六十字以内で抜き出し、その最初と最後の五字を答えなさい。ただし、解答欄の「～から。」につながるように抜き出すこと。

問四　傍線部２「子供にいうことをきかせるための手っ取り早い方法」とあるが、それを文意に沿って言い換えるとどのような語句になるか。最も適切なものを漢字二字で答えなさい。

問五　［Ｂ］・［Ｃ］に入る最も適切な語句をそれぞれ漢字二字で答えなさい。

問六　傍線部３「社会の秩序」とあるが、筆者はどのような考え方を身に付ければそれを維持できると思っているか。それを端的に述べている箇所を本文中から二十字以上二十五字以内で抜き出し、その最初と最後の五字を答えなさい。ただし、解答欄の「～ということ。」につながるように抜き出すこと。

問七　［Ｄ］～［Ｆ］に入る最も適切な語句を次の選択肢から一つずつ選び、記号で答えなさい。

ア　一回　　イ　緊急　　ウ　偶然　　エ　芸術　　オ　国民
カ　社会　　キ　生産　　ク　特殊　　ケ　独創　　コ　法則

問八　次の一文は本文中の（Ⅰ）～（Ⅴ）のどこに入るのが適切か。記号で答えなさい。

「しかし、教育のすべてがそこにあるわけではない。」

問九　本文から読み取れる内容として合っているものを次の選択肢から一つ選び、記号で答えなさい。

ア　子供たちを非科学的な人間にしないようにするために、疑わしいことについて、親は責任を持って説明し教えなければならない。

ている人が思い出すだけのもので、このお墓は、それを思い出すためにあるのだよ」と説明すれば良い。

「悪いことをすると、バチが当たるよ」という言葉は、2子供にいうことをきかせるための手っ取り早い方法ではあるけれど、このように責任を神様に[B]していると、神様がいないとわかったときには、なにをしても見つからなければ叱られない、と考える子になるかもしれない。親は自分が悪者になりたくないから、神様に叱ってもらおうという心理が働く。しかし、はっきりと「私が許しません」と言えば済むことであり、悪いことをすれば不利益が自分自身に訪れることを教えれば良い。その不利益は、親が子供に与えることで感じさせるしかない。それが教育である。不利益というのは、なにかを取り上げられる、ということである。悪いことをしたから、今日はTVを見せてもらえない、くらいの感じか。「バチが当たりますよ」よりは、科学的であるし、これは、3社会の秩序維持の仕組みを教えることにもつながるだろう。

犬だってそうだが、人間ならばなおさら、自分の利益になるよう、できるだけ得をするように行動する。だから、科学的であることが得になる、ということがわかれば、子供は自然に科学的になるはずだ。「お父さんは算数ができなかったけど、こんなに立派になれたよ」というように、(そんなつもりはなくても)つい逆の指導をしてしまい、子供の才能をaツブすことがあるから気をつけたい。

子供の好奇心というのは、本当に大事な才能の表れだ。絶対にこれを無視してはいけない。子供の心は、好奇心として表れる。これを受け止めることでコミュニケーションが成り立つといっても良いくらいだ。

子供の質問に、大人はなかなか精確には答えられないだろう。そういうときには、いい加減なことを言わず、「わからない」「知らない」ということを正直に伝えることが大切である。そして、「わかったら、教えてね」とつけ加えれば良い。子供は、それをますます知りたくなるだろう。一所[C]に考えて、大人に教えてあげよう、と思うかもしれない。「そんなこと、どうだって良い」「そんなことを知って、どうするつもりか」という態度を絶対に取らないことが重要だ。

どうも、大人は子供に対して、「無邪気に自然の中でのびのびと走り回ってほしい」というようなbカタヨったイメージを抱きすぎているのではないか、と僕は感じる。部屋の中で本を読んでいる子供に、もっと外で遊ぼう、とcウナガす。知らず知らずのうちに、自分の不得意なものを子供から遠ざける。たとえば、ちょっとした都市にはたいてい科学館の類の施設がある。そういったところへ行くよりは、海へ魚を捕りにいく方がワイルドで望ましい、というイメージでつい強制してしまう。父親は特に、自分が子供のときに夢中になったものを自分の子供に押しつけがちだ。(Ⅰ)

ゲームは科学教育的にどうだろう? この頃は、学習的な方向性のゲームが少なくない。大人向けのものでも、頭を使って「脳の老化を防ごう」というコンセプトのゲームが流行っている。でもたいていは、単に記憶する、計算が速い、といった、いわゆるテスト感覚のものばかりだ。テストは、どうしても「言葉」の処理になる。言葉でなくても「図形」あるいは「記号」の処理能力が要求されるだけである。こういったものでは、基本的に新しい好奇心は生まれないので、(大人には良いかもしれないけれど)子供の科学教育には向かない、と僕は思う。(Ⅱ)

ではどうすれば良いのか? 僕たちが科学少年だった時代のように、これからの子供が科学にdミリョウされることは、おそらく無理だろう。それはそれで良いと思う。ただ、それを完全に無視しないこと。自分たちの生活のすべてが科学の上に成り立っていることを知ることが重要だ。数字をよく認識し、[D]性を見出し、そして、自分だけの判断ではなく、他者とコミュニケーションを精確に取り、その中で一つずつみんなで確かめながら、正しい情報を

オ　非常事態に直面した生徒の心を少しでも落ち着かせたかったから。

問六　傍線部C「神父はすっぱだかの小さな赤ん坊を両手に抱えて、おろおろしながら見つめていた」とあるが、このときの神父の気持ちとしてふさわしくないものを次の選択肢から二つ選び、記号で答えなさい。
ア　安堵《ど》　イ　歓喜　ウ　屈辱
エ　嫌悪　オ　困憊《ぱい》　カ　狼狽《ばい》

問七　傍線部D「神父はとり乱してしまい、自分がとりあげたばかりの赤ん坊を夫人にさしだしながら言った」とあるが、神父がとり乱してしまったのはなぜか。最も適当な理由を次の選択肢から一つ選び、記号で答えなさい。
ア　着飾った生徒の母親たちに会う段階になって、まるで下水口に入ったかのような自分の姿が恥ずかしく思われたから。
イ　出産に立ち会うのは初めての経験であり、果たして自分の介助が適切なものだったのか自信が持てなかったから。
ウ　女性と赤ん坊を残して下車するわけにはいかず、生徒たちの引率という本来の仕事を続けられなくなったから。
エ　人助けをしたことが母親たちの話題になり、尾ひれをつけて周囲に伝わることになると思うと照れくさくなったから。
オ　生徒が出産に立ち会った事情を母親たちに理解してもらわなければならないが、どう説明していいかわからなかったから。

問八　傍線部E「いいから、お食べなさい。訊くのはあとにして」とあるが、このときの母親の心情として最も適当なものを次の選択肢から一つ選び、記号で答えなさい。
ア　息子たちを出産の現場に立ち会わせた神父のことが腹立たしく、今は息子と話をする気持ちにもなれない。
イ　妊娠、出産の仕組みを息子に説明するのはためらわれるので、時間を稼ぐことで何とかやり過ごしたい。
ウ　女性が人目のある列車の中で赤ん坊を産むことになったのは気の毒で、話題にならないよう気を遣っている。
エ　出産を食事の場で話題にするのは紳士としてふさわしくないことを、息子に理解させようと苦心している。
オ　元気な子を産み育てるためには健康な身体が必要なので、息子に日々の食事の大切さを伝えようとしている。

問九　傍線部F「人をこばかにしたような顔で聞いていた」とあるが、ヴォラセルはこのやり取りのどんな点をこばかにしているのか。ブリドワ、母親についてそれぞれ二十五字以内で説明しなさい。ただし、解答欄の「〜点。」につながるように答えること。

問十　[ほ]に入る最も適当な語句を本文中から抜き出しなさい。

二　次の文章を読んで、後の問に答えなさい。

子供たちを非科学的な人間にしないようにするには、どうすれば良いか、ということを少し考えてみよう。歳を取れば、経験を積むことで、ある程度は非科学的なものを信じない、いわゆる免疫みたいなものができてくる。それに比べて、子供や若者は「染まり」やすい。超自然的なものを信じやすい傾向がある。特に、同年の友人たちの間でこういった「神秘」の話は盛り上がりやすいし、なかには、そういう体験談を[A]やかに話して注目を集めようとする者もいる。また大人が否定すればするほど反発するというのも若者の特徴である。だから、そうならないうちに、もっと小さいときから、「科学」の基本的な姿勢を、大人の責任としてしっかりと教える必要があるだろう。

たとえば、親は「神様」「ご先祖様」などと軽々しく口にしない方が良い。子供を脅かそうと、真剣な顔で言わないことだ。1大人は、自分ではその「眉唾」加減を知っているけれど、言葉や態度だけを見ている子供は、それを信じてしまうかもしれない。そういう言葉が出たときには、きちんと説明をする必要がある。お墓参りをするとき、「ここに死んだ人がいるわけではない。死んだ人は生きニュの奥さま方は、言うべきことばもなく、真っ青になって、おろおろと顔を見合わせるばかりだった。

その晩、子どもたちの帰省を祝って、三家族はいっしょに食事をした。だが、話は弾まず、父親も、母親も、それに子どもたちまでもが、なにやら気にかかることがあるようすだった。

だしぬけに、いちばん年少のロラン・ド・ブリドワが訊いた。

「ねえ、ママ、神父さまはどこであの赤ちゃんを見つけたの？」

母親は話をそらした。

「Eいいから、お食べなさい。訊くのはあとにして」

少年はしばらく黙っていたが、また尋ねた。

「だって、最初は、あのお腹の痛い奥さましかいなかったんだよ。神父さまは手品師なのかな。絨緞《じゅうたん》の下から金魚鉢を出す、※3ロベール・ウーダンみたいな」

「もう、たくさん。神さまがくださったのよ」

「だったら、神さまはあの子をどこにしまっておいたの？　ぼくはなにも見なかったよ。じゃあ、扉から入ってきたのかな？」

ブリドワ夫人はいらいらして、

「いいかげんにしてちょうだい。赤ちゃんはみんなキャベツから生まれるの。知っているでしょう」

「だけど、列車のなかにはキャベツなんてなかったもん」

するとF人をこばかにしたような顔で聞いていたゴントラン・ド・ヴォラセルが、にやにや笑いながら言った。

「いいや、キャベツはあったよ。ただ、見たのは［　ほ　］だけだったのさ」

（モーパッサン／太田浩一訳『宝石／遺産』より。一部の表現を改めている。）

※1　ロワイヤ…フランス中部、クレルモン＝フェランの南西にある温泉場。

※2　ウェルギリウス…古代ローマの詩人（前七〇～前一九年）。教訓詩『農耕詩』、叙事詩『アエネイス』などを残した。

※3　ロベール・ウーダン…フランスの有名なマジシャン（一八〇五～七一年）。自動人形の発明でも知られる。

問一　（Ⅰ）～（Ⅲ）に入る最も適当な漢字一字をそれぞれ答えなさい。

問二　［い］～［に］に入るセリフとして最も適当なものを次の選択肢から一つずつ選び、記号で答えなさい。

ア　「あ、あの……こ、子どもが……生まれそうで」

イ　「洗礼なら……お任せください、奥さま」

ウ　「ああ、どうしましょう、どうしましょう！」

エ　「いえ、どうぞおかまいなく、神父さま」

オ　「どうしよう、なにか……なにかできることは」

カ　「奥さま、奥さま……どうなさいました？」

問三　傍線部A「身も世もない」とはどのような意味か。次の空欄に入る最も適当な言葉を考え、甲は七字以内、乙は五字以内で答えなさい。ただし、甲では「身」、乙では「世」の一字をそれぞれ用いること。

［　甲　］も［　乙　］も考えていられない。

問四　本文中にある一行分の点線は、どのようなことを表していると考えられるか、二十五字以内で答えなさい。ただし、解答欄の「～様子。」につながるように答えること。

問五　傍線部B「ヴォラセルさん、動詞《従わない《デゾベイール》》を二十回書いてもらいます！」とあるが、なぜ神父はこのようなことを命じたのか。最も適当な理由を次の選択肢から一つ選び、記号で答えなさい。

ア　日頃からヴォラセルの反抗的な態度が気になっていたから。

イ　他の生徒に比べてヴォラセルの語彙力が著しく劣っていたから。

ウ　ウェルギリウスの詩を理解するのに最も重要な単語だから。

エ　言いつけを破って女性の様子を盗み見しているのに気づいたから。

やいていた。横たわって叫びつづけている女を、三人の生徒たちは呆気にとられて眺めていた。
　突然、女は両腕を頭の上にあげ、身をよじったかと思うと、わき腹を異様に震わせながら、のたうち始めた。
　このままでは死んでしまうかもしれない。神父はそう思った。手助けも介護もしないで見殺しにしていいものか。神父は覚悟を決めた。
「奥さま、お手伝いしましょう。といって、なにをしたらいいのかわかりませんが……ともあれ、できることはなんでもいたします。苦しんでいる人に手をさしのべるのが、わたしの務めですから」
　そう言って、少年たちのほうを向き、大声で言った。
「みなさん、扉のほうへ顔を向けて。うしろをふり返ったら、※2ウェルギリウスの詩を千行書いてもらいますよ」
　神父はみずから三つの窓ガラスをさげ、そこへ三人の頭をつっ込んで、首筋まで青いカーテンを引いてから、こうくりかえした。
「よろしいですか、ちょっとでも動いたら、夏休み中の遠足はお預けです。言いつけを守らなかったら容赦はしませんから、それを忘れないように」
　神父は法衣の袖をまくりあげて、若い女性のそばへ戻った。

　婦人はあいかわらず呻いていて、ときおり悲鳴をあげた。神父は顔を真っ赤にしながら女性を介抱し、励まし、力づけていたが、たえず顔をあげて子どもたちから目を離さなかった。三人は、ちらりとうしろをふり向いてはすぐに目をそらして、先生の行っている不思議な仕事を窺っていた。
「Bヴォラセルさん、動詞《従わない《デゾベイール》》を二十回書いてもらいます！」
「ブリドワさん、あなたは一カ月間、デザート抜きです」
　ふいに、若い女の悲痛なうめき声が止んだ。するとすぐ、仔犬か仔猫でも鳴いているかのような、弱々しい奇妙な声が聞こえてきた。
　三人の中学生は、てっきり生まれたての仔犬の声がしたのかと思って、いっせいにふりむいた。
　C神父はすっぱだかの小さな赤ん坊を両手に抱えて、おろおろしながら見つめていた。嬉しそうでもあり、弱りはてているようでもあって、笑っていいのか、泣いていいのかわからないように見えた。とにかく、目も口も頬もめまぐるしく動いて、なんとも言えない顔つきをしているので、頭が変になったのかと思ったほどだ。
　重大なニュースでも知らせるかのように、神父は生徒たちに向かって、
「男のお子さんです」
　そう言ったかと思うと、
「サルカーニュさん、網棚にある水の入った瓶をとってください。——けっこうです。——栓を抜いてもらえますか。——よろしい。——では、わたしの手の上に垂らしてください、ほんの数滴ですよ。——そうそう、けっこうです」
　そして、抱いている新生児の額にその水を垂らしながら、こう言った。
「父と子と精霊の御名《みな》により、汝に洗礼をほどこす、アーメン」
　列車はクレルモンの駅に入った。ブリドワ夫人の顔が昇降口に現れた。D神父はとり乱してしまい、自分がとりあげたばかりの赤ん坊を夫人にさしだしながら言った。
「途中、こちらのご婦人がちょっと具合が悪くなりまして」
　まるで、下水口から赤ん坊を拾ってきたのかと思えるほど、神父の髪は汗にまみれ、胸飾りは横にずれ、法衣はひどく汚れていた。神父はくり返し弁解した。「ご子息たちはなにもご覧になっておりません——ええ、まったく——その点は保証いたします。——お三方とも扉のほうを向いておりましたから。——保証いたしますとも——なにもご覧になっておりません」
　神父が車室からおりてきた。迎えに行った三人のほかに、もうひとり男の子をひき連れて。ブリドワ、ヴォラセル、それにサルカー

二〇二四年度　慶應義塾志木高等学校

【国語】（六〇分）〈満点：一〇〇点〉

〔注意〕字数指定のある設問においては、句読点などの記号をすべて一字と数えること。字数指定のない設問においては、解答欄に収まるように書くこと。

一　次に掲げるのは、モーパッサンの「車中にて」（一八八五年）の後半部である。パリの寄宿学校に通っているサルカーニュ、ヴォラセル、ブリドワの三人の男子中学生は、夏のあいだ家庭教師を務める神父の引率で帰宅することになった。以下の文章を読んで、後の問に答えなさい。

神父はまず子どもたちに、夏の二カ月間指導の任にあたることを言い聞かせた。それから、教師に敬意をはらうこと、指導の方針、教育の方法などについて、熱心に説教をはじめた。

神父は飾りけのない実直な男で、いくらかしゃべりすぎるきらいはあったが、教育については豊富なプランを持っていた。

神父の話は、隣の女の洩らした深いため息で中断された。神父がそちらを見やると、女は座席の隅に腰かけ、いくらか蒼ざめた顔で、じっと一点を見つめていた。神父はふたたび話しはじめた。

列車は全速力で走っていた。野原を過ぎ、森を抜け、橋の上をとおったり、橋の下をくぐったりしながら、がたごと揺れて車室の乗客全員を揺さぶった。

ルキュイール神父の説教が終わると、ゴントラン・ド・ヴォラセルは、※1ロワイヤや、そこでの気晴らしについて、神父にいろいろ質問を浴びせた。川はあるか、釣りはできるか、前年のように馬に乗れるか、といったようなことだ。

若い女性がいきなり「ああっ！」と叫んだ。急いで抑えたが、苦痛に耐えかねて思わず声をあげてしまったらしい。

神父が心配して尋ねた。

「奥様、お加減が悪いのでは？」

婦人は答えた。「いいえ、だいじょうぶです、神父さま。ちょっと痛みを感じただけで、なんでもございません。二、三日まえから少し体調をくずしておりましたので、列車に揺られて疲れたのでしょう」見ると、顔色は真っ青だった。

なおも神父は言った。「なにかお役に立てることがございましたら、奥さま……」

「いえ、どうぞおかまいなく、神父さま。ありがとうございます」

神父はまた生徒たちを相手にしゃべりだし、教育や指導の方針について語った。

何時間かが過ぎ、列車はときどき停まってはまた動きだした。若い女性はいまは眠っているとみえ、座席の隅でじっと動かずにいた。もう昼を過ぎたというのに、女はなにも食べていなかった。《だいぶ具合が悪いようだ》と神父は思った。

あと二時間たらずでクレルモン＝フェランに着こうというとき、きゅうに女が苦しみだした。座席からずり落ちそうになりながら、必死に両手で身体を支えている。（Ⅰ）を血走らせ、（Ⅱ）をしかめて、［　い　］とくり返すばかりだ。

神父はあわててそばに寄り、［　ろ　］

女は小さな声で、［　は　］と言ったかと思うと、こんどは恐ろしい叫びをあげ始めた。（Ⅲ）も張り裂けんばかりの、長い、A身も世もないといった叫びだった。その鋭い、ぞっとするような叫び声は、魂の苦悶と肉体の苦痛を訴えているかのような、まがまがしい響きをおびていた。

神父は途方にくれて、女のまえに突っ立ったまま、どうすることもできずにいた。どうことばをかけたものか、なにをしたらいいのかわからず、［　に　］と、顔じゅうを真っ赤にしながらつぶ

2024年度／慶應義塾志木高等学校

英語解答

Ⅰ 問1 ① lend ② ask
③ noticed ④ filled
⑤ threw ⑥ preferred

問2 (Ⅰ) found himself in front of a bright fire which showed every corner of
(Ⅲ) Dunstan's excitement made him forget that the weaver could still be

問3 ア (例)ドアの鍵
イ (例)肉をつるすため

問4 still

問5 gold had been stolen

問6 1，5

Ⅱ 問1 ① to ② another ③ up

問2 investigation business was getting busy and he needed someone good

問3 A…4 B…1 C…5 D…2
E…6 F…3

問4 (Ⅱ)…3 (Ⅴ)…3

問5 heavy

問6 (例)ほとんどの人は，探偵の仕事が全て机の上で済むと思っていた

問7 fire

問8 (例)父は自分の経営するレストランを息子に継がせたがったが，息子が拒否したから。(37字)

問9 (例) Because an old friend of his father's told him that there had been a fire at his father's restaurant on the previous night.

Ⅲ 問1 2

問2 1…× 2…(イ) 3…(イ) 4…○
5…(ア)

Ⅳ (ア) 10 (イ) 9 (ウ) 1 (エ) 18
(オ) 14 (カ) 8 (キ) 11 (ク) 3
(ケ) 16 (コ) 13 (サ) 5 (シ) 6

Ⅴ 1 ① while
2 ② where〔at/in which〕
3 ⑤ understood 4 ④ this is
5 ④ visit to 6 ④ stopped
7 ③ those

Ⅵ (例) you will have many chances to use English in the future. While you are at high school or at college, you might want to go and study abroad. Then, the ability to use English will help you. In addition, you will be able to enjoy reading websites and listening to foreign music in English. (54語)

Ⅰ〔長文読解総合―物語〕

≪全訳≫❶サイラス・マーナーは，悲しく孤独な織工であり，彼の唯一の友達は，機織り仕事で稼いで床板の下に隠してある輝く金貨だけだった。彼は仕事を終えた夜にだけ，金貨とともに時間を過ごしていた。❷ダンスタン・キャスは，ギャンブルと酒のせいで，いつも金に困っていた。彼はポケットに入れておいたボトルからウイスキーを飲むと，田舎道を歩き始めた。彼はサイラスの金について考え続けていた。自分が必要な分は十分あるに違いない。ダンスタンは，あの織工を少しばかり怖がらせるのは簡単で，そうすれば，サイラスはすぐに彼に金を貸すことに同意するだろう，と考えていた。❸時刻は午後4時，田舎全体が濃い霧に覆われていた。ダンスタンは村に戻る途中，誰にも会わなかった。目の前の道は見えなかったが，古い採石場に近づいていることはわかった。明かりが織工の小屋から出ているのが見えるとすぐに，彼はドアをノックすることにした。「今，あの老人に金を要求すればよいで

はないか」と彼は考えた。❹彼は大きな音を立ててノックしたが，返事はなかった。ドアは押すと開いた。気がつくとダンスタンは小さな居間の隅々まで見える明るい炎を前にしていた。サイラス・マーナーはそこにいなかった。ダンスタンは疲れており，寒かったので，すぐに暖かい火のそばに座った。彼が座ると，小さな一切れの肉が火の上で焼けているのが見えた。肉は大きなドアの鍵からぶら下がっていた。❺「ということは，あの老人は夕食のために肉を焼いているのか？」とダンスタンは思った。「しかし，彼はどこにいるのだ？　なぜドアは鍵がかかっていないんだ？　ひょっとすると，彼は火にくべる薪を集めに出かけて，採石場に落ちたのかもしれないぞ！　ひょっとすると，彼は死んでいるのかもしれない！」　これは興味深い新たな考えだった。「そして，もし彼が死んでいるとしたら，彼が残した金は誰が受け取るんだ？　誰かがその金を取りに来たことを，誰が知るだろう？」　そして，最も重要な疑問は，これだ――「その金はどこにあるのか」❻ダンスタンは興奮のあまり，その織工がまだ生きているかもしれないということを忘れていた。彼はサイラスが死んでいることを望んでいたし，サイラスの金が欲しかった。彼は小屋をもう一度見回した。家具はほとんどなかった。ベッド，機織り機，椅子３脚，テーブル１つだけだった。ダンスタンはベッドの下を見たが，金はそこにはなかった。そして，機織り機の近くの床の，床板が違って見える場所に気づいた。床板を１枚はがすと，彼はサイラスの隠し場所を発見した。彼は金貨でいっぱいの２つの重い袋を取り出し，床板を戻し，ドアへと急いだ。❼外では雨が激しく降っていて，彼は全く何も見えなかった。重い袋を運びながら，彼は暗闇の中に足を踏み入れた。❽ダンスタン・キャスが小屋を出たとき，サイラス・マーナーはほんの100メートル先にいた。彼は村から家に歩いて戻っており，村で次の日の仕事に必要なものを買いに行っていたのだ。彼の足は疲れていたが，概ね幸せな気分だった。金貨を取り出せる夕食の時間が楽しみだったのだ。今夜は，家に急ぐ特別な理由があった。彼にしては珍しく，肉を食べる予定だったのだ。誰かが彼に肉をプレゼントとしてくれたので，彼にはお金は全くかからなかった。肉は火の上で焼いたままだった。ドアの鍵が肉を安全に固定するために必要だったが，ドアに鍵をかけずに小屋に金貨を置きっぱなしにしていることには全く心配していなかった。泥棒が霧と雨と暗闇の中を通り抜けて，この小さな小屋にたどり着くだろうとは，彼には想像できなかった。❾彼は小屋に着き，ドアを開けたとき，何かが変わっていることに気づかなかった。彼はぬれたコートをさっと脱ぎ，肉を火の方に押し寄せた。彼は体が再び温まるとすぐに，金貨について考え始めた。ふだん金貨を取り出して見ていた夕食後まで待つのは長い時間に思えた。そこで彼は，肉をまだ焼いている間に，すぐに金貨を取り出すことに決めた。❿しかし，機織り機の近くの床板をはずし，空っぽの穴が目に入ったとき，彼はすぐには状況が理解できなかった。彼の心臓は激しく鼓動し，震える手で穴の周りの至る所を探った。しかし，そこには何もなかった！　彼は両手を頭に当て，考えようとした。金貨を別の場所に置いて，そのことを忘れてしまったのだろうか。彼は小さな小屋を念入りに探したが，ついには，これ以上自分にうそをつけなくなった。彼は真実を受け入れなければならなかった。彼の金は盗まれたのだ！⓫彼は激しく絶望的に泣き叫び，少しの間じっと立っていた。そして，機織り機の方に向き直り，いつも仕事をしている椅子に倒れ込みそうになった。彼は機織り機を触って，それもまた盗まれていたのではないことを確認した。今，彼はもっとはっきりと考え始めていた。「泥棒がここに来たんだ！　もし私が泥棒を見つけられたら，泥棒は私の金貨を返さなければならないだろう！　しかし，私は短い時間しか留守にしていなかったし，誰かが小屋に入った形跡もない」　本当に泥棒が彼の金を奪ったのか，それとも，かつて彼の幸福をすでに破壊したのと同じ残酷な神の仕業なのか，と彼は考えた。しかしサイラスは，泥棒だと考えることを好んだ，というのも泥棒ならもしかしたら金を返してくれるかもしれないからだ。彼は，自分の金について知っていて，ときどき小屋を訪れていたジェム・ロドニーに違いないと思い始めた。サイラスは，自分が泥棒を知っていると思ったので，強気になった。「警察に言いに行かなくては！」と彼は心の中で自分に言い聞かせた。「警察がジェムに私に金を返させるだろう！」　そこで彼は雨の中，コートも着ずに急いで外に出て，レインボーというパブに向かって走った。

問１＜適語選択・語形変化＞①‘lend＋人＋物’「〈人〉に〈物〉を貸す」の形。agree to ～「～することに賛成する」の‘～’に入るのは動詞の原形。　②‘Why not＋動詞の原形…?’「なぜ～しないのか，～したらよいではないか」≒‘Why don’t you＋動詞の原形…?’　‘ask＋人＋for＋物事’「〈人〉に〈物事〉を要求する」　③この前に looked round ～「～を見回した」, looked under ～「～の下を見た」とあり，ダンスタンがサイラスの金を探している場面であることから判断できる。notice「～に気づく」　④(be) filled with ～ で「～でいっぱい」。ここは過去分詞 filled で始まる語句が前の名詞 the two heavy bags を修飾する形(過去分詞の形容詞的用法)。　⑤throw off ～ で「(服など)をさっと脱ぐ」という意味。前後の文に合わせて過去形にする。throw－threw－thrown　⑥prefer to ～ で「～することを好む」。前後の文に合わせて過去形にするが，r を重ねることに注意する。この後にある suspect は「～がしたのではないかと疑う」という意味。

問２＜整序結合＞(Ⅰ)‘find ～self＋前置詞句〔～ing〕’の形で「自分が(ある場所〔状態〕)にいるのに気づく」という意味を表せるので，「気が付くと明るい炎を前にしていた」は，found himself in front of a bright fire とまとまる(in front of ～「～の前で」)。残りは which を主格の関係代名詞として使って a bright fire「明るい炎」を先行詞とする関係詞節をつくる。　(Ⅲ)語群の Dunstan’s, made から「ダンスタンの興奮が，彼に～ということを忘れさせた」と読み換えて，‘make＋目的語＋動詞の原形’「～に…させる」の形をつくる。　forget (that) ～「～ということを忘れる」

問３＜文脈把握＞ドアに鍵がかかっていなかった理由は，第４段落最後の２文および第８段落第７～９文からわかる。肉を焼いている間，同じ場所につるしておくために鍵を使っていたのである。hang from ～「～からぶら下がる，～につるしてある」　in place「決まった場所に」

問４＜適語補充＞最初の空所は「まだ，いまだに」の意味の副詞。２つ目の空所は「静止した」という意味の形容詞。　stand still「じっと立つ」

問５＜適語句補充＞ダッシュ(—)の後には，直前の語句の補足説明が続くので，ここには the truth「真実」の具体的な内容が入る。３文後の it(＝the weaving machine), too, had not been stolen「機織り機もまた盗まれていたのではない」という表現がヒントになっている。

問６＜内容真偽＞１．「金貨以外には，誰もサイラスの良き友ではないようだった」…○　第１段落第１文に一致する。　except「～を除いて，～以外に」　２．「ダンスタンは織工の小屋を訪れたとき，彼を殺すつもりだった」…×　第３段落最終文参照。金を要求しようとは考えていたが，殺そうとはしていない。　３．「サイラス・マーナーの小屋の中は家具でいっぱいだった」…×　第６段落第４文参照。家具はほとんどなかった。　４．「サイラスは金貨を取り出して見る前に，肉を食べることが多かった」…×　第８段落第６文参照。肉を食べる機会はめったになかった。unusual「普通ではない，珍しい」　５．「サイラスは誰かが自分の小屋に押し入ったことにすぐには気づかなかった」…○　第９段落第１文に一致する。　６．「よく考えた後，サイラスは本当の泥棒が誰なのか気づいた」…×　第11段落後ろから５文目参照。ジェム・ロドニーが盗んだと思っているが，実際に盗んだのはダンスタン・キャスである。

Ⅱ〔**長文読解総合―物語**〕

≪**全訳**≫❶それは，ある月曜日の朝に始まった。❷９時30分，ジェイ・クワンは，アシスタントのエイミー・トレントとチャイナタウンのオフィスにいた。2人はコーヒーを飲みながら，新たな1週間を始めようとしていた。ジェイはペンを取り，スケジュール帳のその日のページ，10月20日月曜日のページを開いた。そのページには何も書かれていなかった。**3**「何かあった？」とジェイはエイミーに尋ねた。**4**「これを見てください」と，用意していた新しい事件の書類を彼に手渡しながら，エイミーは言った。彼女はジェイのオフィスの新人だった。彼女は1か月前に仕事を始めたばかりだが，ジェイはすでに彼女を気に入っていた。彼女は頭の回転が良く，賢く，優秀な私立探偵になれそうだった。ジェイの調査の仕事が忙しくなってきたので，彼はよい人材を必要としていた。**5**$_{\text{A}}$ジェイはコーヒーを飲んで，少しの間，新たな事件に目を通していた。それらは，よくある類《たぐい》の事件だった。また新たな行方不明者，別の女性と会っている夫。クワン探偵事務所はできたばかりだが，事業は好調だった。彼は書類を置き，3階の窓から外を眺めた。彼のデスクからは，ストックトン通りが真下に見えた。人々はサンフランシスコを「クールな灰色の街」と呼んでおり，いい名前だ，とジェイは思った。もう10月で，歩道の至る所に葉っぱが落ちていた。霧がかっていて寒く，露店の人たちは厚手のコートを着ていた。ジェイはサンフランシスコが大好きだったが，今は街の1年の中で彼のお気に入りの季節ではなく，私立探偵にとっては特につらい季節だった。**6**大半の探偵と同様に，ジェイも仕事の70パーセントは路上で行っていた。大半の人は，探偵の仕事は全て机の上で済むと思っていたが，それは正しくなかった。デスクワークもあったが，オフィスの外でしなければならない仕事がいまだにたくさんあった。ほとんどの日を彼は路上で過ごし，人を観察したり捜したりしていた。**7**突然，電話が鳴った。ジェイは受話器を取った。**8**「クワン探偵事務所です」と彼は答えた。**9**「ジェイ」と声が言った。「こちらはケン・フォンだ…」**10**「フォンさん！」とジェイは父の旧友の声を聞いて驚いた。**11**「ジェイ…」とケン・フォンはまじめに言った。「君のお父さんのことなんだが…」**12**「何ですか？　父は大丈夫ですか？」**13**「ああ，大丈夫だ」とケン・フォンは言った。「だが，昨夜レストランで火事があったんだよ」**14**ジェイは数分間話を聞いた後，「ありがとう，フォンさん，すぐに父に会いに行きます」と言った。**15**$_{\text{B}}$ジェイは受話器を置いた。エイミーは彼を見た。ジェイは何も言わずに，跳び上がって，ドアの方へ歩いていった。**16**「どうしたんですか？」とエイミーは尋ねた。**17**「いや，何でもない…。後で話すよ。今の電話は父の友人のケン・フォンさんだったんだ。今すぐ父に会いに行かないといけない」**18**$_{\text{C}}$ジェイはコートを取り，自分は何を知ることになるだろうと思いながら，階段を駆け下りて冷たい通りに出た。父はそもそも自分と話すだろうか？　彼はストックトン・ストリートを駆け抜け，グラント・アベニューにある父のレストランのゴールデン・ダックへ向かった。**19**$_{\text{D}}$父のレストランに向かって走りながら，ジェイは丸1年たった，と思った。ルイ・クワンはもう高齢になりつつあった。彼はまもなく引退したがっており，息子のジェイにゴールデン・ダックを経営してもらいたいと思っていた。ジェイはレストランのマネージャーになることには興味がなかった。2人はそのことで大げんかをし，最後にお互いに話をしてから1年がたっていた。**20**$_{\text{E}}$ジェイはゴールデン・ダックの裏の細い道に到着し，厨房《ちゅうぼう》の窓越しにのぞいた。父親はそこにおり，いつものように昼食の野菜の準備をしていた。ルイ・クワンは息子を見ていなかった。この老人は大きな包丁を持ち，野菜を薄切りにしていた。ジェイは父親がこんなことをするのを見ながら育った。今，彼は父を見ながら，悲しい気持ちになった。彼は父を愛していたが，父に話しかけるのはいつもとても難しかった。ジェイは深呼吸をした。そして，厨房のドアを開け，中に入った。**21**「ジェイ」と，父親はほほ笑みながら言った。それから，彼は1年前に起こったことを思い出したようで，真剣な表情になった。「何の用だ？」**22**「父さん，えっと…ケン・フォンさんが何が起きたかを僕に教えてくれたんだ」とジェイは言った。「昨夜，ここで火事があったって」**23**父親は野菜を切り続けていた。この老人はまだ笑わなかった。「ケンか！」と彼は言った。

「あいつには関係ないことだ。あの愚か者め」**24**「F彼は父さんのよき友人であろうとしただけだよ，父さん」とジェイは答えた。**25**「火災の被害は，ちょうどそこの隅っこだ」と父は事務的な口調で言った。「でも，それほどひどくはない。後で修理してもらうよ。何も心配することはないさ」

問1＜適語補充＞①'open ～ to … page'「～の…ページを開く」　be new to ～「～にとって新しい，～の新人である」　②前にコロン(:)があるので，2つの空所を含む部分は，その前の the usual kinds of cases「よくある類の事件」の具体的な内容になることから考える。 yet another ～「さらにもう1つ〔1人〕の～」　missing person「行方不明者」　③pick ～ up で「～を拾い上げる，取り上げる」。pick the telephone up で「受話器をとる」＝「電話に出る」という意味。　jump up「跳び上がる」

問2＜整序結合＞「忙しくなってきた」は'get＋形容詞'「～(の状態)になる」の現在進行形で was getting busy と表す。「よい人材」は'-one/-thing＋形容詞'の語順で someone good とする。

問3＜適文選択＞A．直後の文の主語 They が4の the new cases を受けている。ここでの case は「事件」の意味。　*cf.* murder case「殺人事件」　B．この前までが第7段落でとった電話の内容になっているので，ここで通話を終えたのだとわかる。put the telephone down で「受話器を置く」＝「電話を切る」。　C．直前の文から，父に会いに行こうとしていることがわかる。5は，オフィスを出て行く様子を表している。　'run down *A* to *B*'「*A*を駆け下りて*B*に出る」　D．まだ，父のレストランに向かっている場面。同じ段落の最終文に it was a year since ～「～から1年がたっていた」とあることも手がかりとなる。　E．直後の文の His father was there から，レストランに着いたことがわかる。　F．3の主語 He が前文の he と同じ Ken (Fong)を指していると考えられる。

問4＜単語の発音＞

(Ⅱ)　thought[θɔ́ːt]　1．though[ðóu]　2．through[θrúː]　3．taught[tɔ́ːt]　4．rough[rʌ́f]

(Ⅴ)　breath[bréθ]　1．breathe[bríːð]　2．heal[híːl]　3．weather[wéðə*r*]　4．peace[píːs]

問5＜適語補充＞同じ文の前半に It was foggy and cold とあることから，人々は暖かい服装をしていたと考えられる。heavy には「(服が)厚手の」という意味がある。heavy coats で「厚手のコート」　*cf.* heavily clothed「厚着をした」

問6＜英文和訳＞it は前文の his job を受けている。his job とは，ここまでの内容から，private investigator「私立探偵」だとわかる。it と all は同格で「それは全て」という意味。

問7＜適語補充＞前の晩に父のレストランで起きたことは第22段落第2文で明らかになる。空所部分でケンが言った内容を，ここで父に説明している。

問8＜文脈把握＞a big fight about it とあるので，it が指す直前2文の内容を字数以内でまとめる。「わかりやすく」とあるので，自分の言葉を使ってまとめるとよい。　manage「～を経営する」

問9＜英問英答＞「なぜジェイはすぐに父親に会いに行かなければならなかったのか」―「(例)父の旧友から，その前夜に父のレストランで火事があったことを伝えられたから」　第13，14段落参照。ジェイが父親のところに行ったのは，父親の経営するレストランで火事があったと聞いたからである。父の様子を心配して，会いに行ったのだと考えられる。解答例では第13段落の直接話法を間接話法に置き換え(was→had been，last night→on the previous night)ている。

Ⅲ〔長文読解総合―エッセー〕

≪全訳≫**1**2010年2月の寒い朝のことだった。私はボストンにある7階建てのビルで，その日の仕事を早くから始められるように，いつものように朝早くに自分のデスクに向かって座っていた。まだ静かで，同僚たちが到着するまでたっぷり1時間もあった。しかし，この特別な火曜日の朝，私にメールされてきたニュース記事，南アフリカのサッカーチームに関する記事のせいで，私は仕事を始められなかった。❷FIFAワールドカップの開会式はその時点ではまだ4か月も先だったが，私の興奮はすでに高まっていた。私は51歳で，大のサッカーファンだった。私はつい最近，サイドラインの外側にいるサッカー好きのママから，自分でボールを追いかける立場へと変わったばかりだった。私の目の前にある動画をメールしてくれたのは友人のヘザーで，彼女は私のサッカーチームのキーパーだった。そのニュースは，南アフリカの田舎にある，おばあちゃんたちだけで構成されたサッカークラブに関するものだった。❸私は「再生」をクリックした。私のパソコンの画面に現れたのは，茶色の丸顔で，歯が数本欠けている年配の女性だった。彼女は黄色いシャツを着て，バンダナをつけていた。彼女はカメラを見つめていた。「もし私があなたと一緒に走ったら，あなたを打ち負かすわよ」　私は彼女を疑わなかった。彼女は自信を持って話していたのだ。「たとえ私が83歳で，6回も脳卒中になったことがあってもね」何ですって？　「でも，サッカーは私の人生を変えたわ」と彼女は続けた。「私の人生は良くなったの」❹私は少しの間，仕事を忘れた。新聞を脇にどけ，前かがみになって画面を注意深く見た。リポーターの説明によると，かっこいいサッカー選手のように振る舞っているこのおばあちゃんは，40代後半から80代前半の女性35人で構成された南アフリカのチームの一員だった。彼女たちは愛情を込めてグラニーズと呼ばれていた。❺私が目にしたのはほこりっぽいグラウンドで，そこで彼女たちはウォーミングアップ中だった。ゆったりとしたシャツと膝下丈のスカートを着て，彼女たちは自由に動いていた。土のグラウンドの向こうには，数本の短い木と黄色い草が生えていた。とても髪の短い別のおばあちゃんにレンズのピントが合った。「私たちの役に立つから，私はサッカーをするのが好きなの。私たちは病気だったけど，今ではコレステロールと血圧が下がっているわ。健康診断に行くと，お医者さんでさえ驚いているのよ。このすばらしいアイデアを思いついた人に神のご加護がありますように」❻そう言うと，グラニーズは走り出した。革のボールを追いかけ，やみくもに蹴り，膝の高さまで砂ぼこりを巻き上げた。興奮に巻き込まれ，彼女たちは自分がプレーすべきポジションは気にしていなかった。私はこの感覚をよく知っていた。私は，チームで唯一の初心者だったわけではなかった。グラニーズと同じように，私たちも誕生日パーティーでピニャータを囲む子どもたちのように，ボールに引き寄せられていた。ボールは何度も何度も蹴られ，ついにネットに入った。グラニーズはお互いに抱き合いながら，笑顔の花を咲かせていた。大きな歓声がサイドラインで大勢のファンから沸き上がった。❼ニュースレポーターによれば，全員がグラニーズを応援していたわけではなかったが，地域の人々が文句を言っても，彼女たちはサッカーを続けた。「お前たちの居場所は，家で孫の子守りをすることだ」と町の男たちはしかった。地元の教会は，グラウンドの中でも外でも，女性がズボンを履くことを許可していなかったので，最初はグラニーズはスカートでサッカーをしていた。やがて，彼女たちの自信が深まり，近所の人たちも彼女たちがサッカーをするのを見慣れると，グラニーズは女性に「容認される」スポーツウェアという伝統的な不文律に従うことをやめた。現在，彼女たちは半ズボンでサッカーをしている。しかし，グラニーズの友人の一部でさえも，いまだに「女性が半ズボンを履くのは悪いことだ」と言っている。彼女たちの孫の何人かも「おばあちゃん，サッカーはできないよ。年を取りすぎているよ」と言っている。しかし，全員がそう感じているわけではない。カメラは，サイドラインにいるティーンエイジャーへと移った。「グラニーズは，健康で丈夫でいられるようにサッカーをしているんだ。すばらしいことだよ」と彼は笑顔で言った。❽動画が終わり，もうすぐ午前7時であることに私は気づいた。本当に仕事を始めなければならないのに…，でも…，できなかった。私は戻って，すぐに動画を再生した。あと2回も。彼女たちと私にはほとんど共通点がないと部外者は結論づけるかもしれない。しかし，それは正しくなかった。彼女たちには，私たちと全く同じように，チームメイトとの友情があった。彼女たちは，私たちと全く同じように，練習を通して自信をつけていった。私たち，つまり，グラニーズと私は，そんなに違っていなかった。❾私は仕事を始める必要があったので，グラニーズから注意をそらした。しかし，グラニーズのことが頭から離れなかった。❿その日，私は半年もしないうちに彼女たちの現場に加わることになるとは知らなかった。

問１＜語句解釈＞get a head start on ～ で「～を先取りする，～よりさい先のよいスタートを切る」という意味。この意味を表すのは２.「他の誰かよりも早く，または一足先に何かを始めること」。前にある so は「～するように」の意味の接続詞。文脈から意味を推測する。　dishonest「不正な」

問２＜内容真偽＞**１**．(ア)「筆者は子どものときにサッカーを始めた」…×　第２段落第２，３文参照。サッカーを始めたのは最近である。　(イ)「黄色いシャツを着たおばあちゃんは，サッカーを上手に教える自信があるようだった」…×　第３段落参照。サッカーを教えているわけではない。
２．(ア)「グラニーズの最年長のメンバーは80歳より若かった」…×　第３段落第７文および第４段落第３文参照。80代のメンバーもいる。　(イ)短髪のおばあちゃんは，サッカーをしたから健康になったと言った」…○　第５段落第４～最終文に一致する。　**３**．(ア)「筆者が所属していたサッカーチームには初心者がいなかった」…×　第６段落第５文参照。筆者は初心者で他にも初心者はいた。　(イ)「地域の人たち全員がグラニーズを応援していたわけではなかった」…○　第７段落第１文に一致する。　**４**．(ア)「地域の町の男たちの中には，グラニーズは家で孫の面倒をみるべきだと考えていた」…○　第７段落第２文に一致する。　(イ)「地元の教会は，女性にサッカーをするときにズボンを履いてほしくなかった」…○　第７段落第３文に一致する。　'allow＋人＋to ～'「〈人〉が～することを許す」　**５**．(ア)「グラニーズの孫の何人かは，彼女たちはサッカーをするには年を取りすぎていると思った」…○　第７段落第７文に一致する。　(イ)「筆者はグラニーズの動画を初めて見たとき，グラニーズと一緒にサッカーをすることに決めた」…×　最終段落参照。初めて動画を見たときは，自分がグラニーズに加わるとは思っていなかった。

Ⅳ〔ことわざ〕

(ア)「どんなものでも，何もないよりはましだ」≒10.「枯れ木も山の賑わい」
(イ)「今日ここにいて，明日いなくなる」≒９.「人生朝露のごとし」　「朝露」は，はかないことのたとえ。
(ウ)１.「二兎を追う者は一兎をも得ず」　hare「野ウサギ」
(エ)「こぼれたミルクについて泣いても無駄だ」≒18.「覆水盆に返らず」　It is no use ～ing「～しても無駄である」
(オ)「１つの石で２羽の鳥を殺す」≒14.「一石二鳥」
(カ)「他人の失敗から学べ」≒８.「人のふり見て我がふり直せ」
(キ)「寝ている犬は寝かせておけ」≒11.「寝た子を起こすな」　'let＋目的語＋動詞の原形'「～に…させる」　lie「横になる」
(ク)「悪魔の話をすると，悪魔が現れる」≒３.「噂をすれば影」
(ケ)「早起きした鳥は，虫を捕まえる」≒16.「早起きは三文の徳」
(コ)「突き出ている釘は，金づちで打たれる」≒13.「出る杭は打たれる」
(サ)「２つの頭は１つよりも良い」≒５.「三人寄れば文殊の知恵」
(シ)「ローマにいるときは，ローマ人のするようにせよ」≒６.「郷に入っては郷に従え」

Ⅴ〔誤文訂正〕

1．during は前置詞なので，後ろに文の形は続かない。接続詞の while が正しい。　「私がニューヨークに滞在中のご厚意に感謝します。全てが興味深かったです。東京に来るときはお知らせください。またすぐにお会いして，お話できるのを楽しみにしています」

2．I often eat at〔in〕 the fast-food restaurants という関係なので，関係代名詞の which ではなく，関係副詞の where，または‘前置詞＋関係代名詞’の at〔in〕 which が正しい。　「技術の発展により，ロボットは多くの産業で使用されている。例えば，私がよく食事をするファストフード店は，料理をAIロボットに提供させている。これは最近10年で起こった驚くべき技術革新だ」

3．make ～self understood で「～の言いたいことを理解してもらう」という意味。easily は「容易に，すぐに」。「私はときどき帰り道で外国人に英語で話しかけられる。彼らの質問にすぐに答えるのは難しいが，自分の言いたいことが伝わったときはうれしく思う」

4．say は後ろに‘目的語＋補語’の形はとらない。say (that) ～「～だと言う」の形で使うのが普通なので，④を this is に直す。「朝７時半から９時の電車には乗らない方がいい。電車がとても混んでいるので，一部の駅員があなたを電車に押し込むかもしれない。これは日本文化の独特なところだと外国人観光客はよく言うが，私はこれが良いとは思わない」

5．④の visit は名詞で使われているので，目的地の前には to が必要。　「私の兄〔弟〕が今夜，日本を出発してオーストラリアに向かう。彼は語学学校で英語を学ぶために，現地に２か月間滞在する予定だ。これが家族抜きでの外国への初めての訪問なので，彼は少し緊張している。彼が楽しんで，無事に日本に戻ってくることを私は願っている」

6．現在完了形は，明確に過去を示す語句(ここでは when his mother started to sing a song he liked)と一緒には使えない。前後の内容と同様，過去の内容なので過去形にする。　「先日，私は慶應志木高校に行くためにバスに乗っていた。バスで誰かが突然叫んだ。それで赤ちゃんは泣いたが，母親が赤ちゃんの好きな歌を歌い始めると，赤ちゃんは泣きやんだ」

7．３文目は「今年の試験問題」と「昨年の試験問題」を比べているので，③の that は前の The exam questions this year に合わせて，those でなければならない(those=the exam questions)。「先週，10個の授業の期末試験があった。２日間で試験を10個受けなければならなかった。今年の試験問題は，昨年の試験問題とはかなり違っていた。３日後，結果を受け取り，それを見てショックだった」

Ⅵ〔テーマ作文〕

≪全訳≫お父さん，正直に言うと，僕はもう英語を勉強したくないんだ。どう思う？／気持ちを伝えてくれて，とてもうれしいよ。でも，英語の勉強は続けるべきだと私は本当に思うんだ，なぜなら(例)将来，英語を使う機会はたくさんあるからね。高校や大学に行っている間に，留学をしたくなるかもしれない。そのとき，英語を使えると役に立つよ。それに，英語でウェブサイトを読んだり，洋楽を聴いたりして楽しめるようになるんだよ。

＜解説＞英語を勉強したくないという息子に，英語の勉強を続けるべき理由を書く。「40～55語で書く」「英語の学習を促す内容にする」「解答欄に語数を記入する」といった条件を忠実に守ること。１文が長くなりすぎないように心がけたい。　(別解例) I'm afraid your future opportunities in Japan will be limited without English. You might think you need English only in foreign countries, but it's not true. For example, some universities in Japan are planning to start programs whose courses are offered only in English. I think English is important even in Japan. (52語)

2024年度／慶應義塾志木高等学校

数学解答

1 (1) $\dfrac{152}{3}\pi$

(2) $(x,\ y)=(5,\ 13),\ (9,\ 15),\ (16,\ 20),\ (35,\ 37)$

2 (1) $a=150,\ b=50,\ c=20$　(2) 0.2

3 (例)BQをQの方に延長した直線と円との交点をRとし，点Aと点Rを結ぶ。$\overset{\frown}{\mathrm{AB}}$に対する円周角だから，$\angle\mathrm{APB}=\angle\mathrm{ARQ}$……①　△AQRで内角と外角の関係から，$\angle\mathrm{ARQ}+\angle\mathrm{RAQ}=\angle\mathrm{AQB}$……②　①，②より，$\angle\mathrm{APB}+\angle\mathrm{RAQ}=\angle\mathrm{AQB}$……③　$\angle\mathrm{RAQ}$は0°より大きいので，③より，$\angle\mathrm{APB}<\angle\mathrm{AQB}$

4 (1) 35通り　(2) 120通り

5 (1) $\dfrac{17}{21}S$　(2) $\dfrac{2}{25}S$

6 (1) 直線 l…$y=-x+6$
$\mathrm{P}(-1-\sqrt{13},\ 7+\sqrt{13})$，
$\mathrm{Q}(-1+\sqrt{13},\ 7-\sqrt{13})$

(2) $4\sqrt{5}$

(3) $S_1=12\sqrt{10},\ S_2=12\sqrt{13}$

7 (1) $216\sqrt{2}$　(2) $214\sqrt{2}$

1〔独立小問集合題〕

(1)**＜関数—体積—回転体＞**右図で，CDの延長とy軸の交点をE，DAの延長とy軸の交点をFとする。A(1, 6)，D(2, 6)より，ADはx軸に平行であり，B(0, 2)，C(5, 2)より，BCもx軸に平行だから，FD⊥〔y軸〕，BC⊥〔y軸〕である。これより，四角形ABCDをy軸を軸として1回転してできる立体は，△EBCを1回転させてできる円錐から，△EFDと△BFAをそれぞれ1回転させてできる2つの円錐を除いた立体となる。2点C，Dの座標より，直線CDの傾きは$\dfrac{2-6}{5-2}=-\dfrac{4}{3}$だから，その式は$y=-\dfrac{4}{3}x+b$とおけ，点Cを通ることより，$2=-\dfrac{4}{3}\times5+b$，$b=\dfrac{26}{3}$となる。切片が$\dfrac{26}{3}$なので，$\mathrm{E}\left(0,\ \dfrac{26}{3}\right)$である。よって，BC＝5，$\mathrm{EB}=\dfrac{26}{3}-2=\dfrac{20}{3}$より，△EBCを1回転させてできる円錐の体積は$\dfrac{1}{3}\times\pi\times5^2\times\dfrac{20}{3}=\dfrac{500}{9}\pi$である。また，FD＝2，$\mathrm{EF}=\dfrac{26}{3}-6=\dfrac{8}{3}$，FA＝1，BF＝6－2＝4より，△EFD，△BFAを1回転させてできる円錐の体積は，それぞれ，$\dfrac{1}{3}\times\pi\times2^2\times\dfrac{8}{3}=\dfrac{32}{9}\pi$，$\dfrac{1}{3}\times\pi\times1^2\times4=\dfrac{4}{3}\pi$である。以上より，求める立体の体積$V$は，$V=\dfrac{500}{9}\pi-\dfrac{32}{9}\pi-\dfrac{4}{3}\pi=\dfrac{152}{3}\pi$となる。

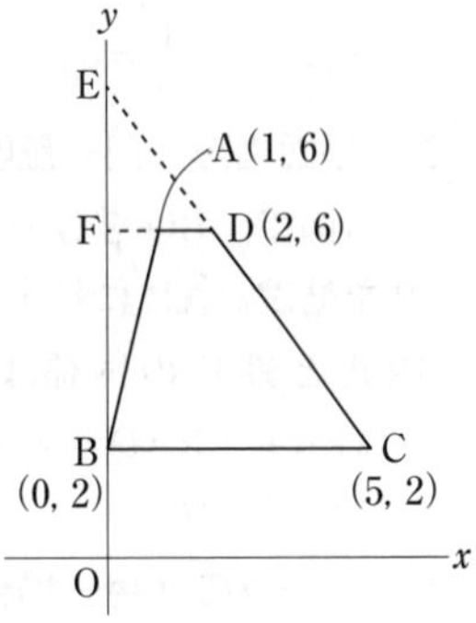

(2)**＜数の性質＞**$x^2+144=y^2$より，$y^2-x^2=144$，$(y+x)(y-x)=144$となる。x，yは自然数だから，$y+x>0$であり，$y-x>0$となる。$y+x$，$y-x$は自然数となり，$y+x>y-x$であるから，$y+x$，$y-x$の組は，$(y+x,\ y-x)=(144,\ 1),\ (72,\ 2),\ (48,\ 3),\ (36,\ 4),\ (24,\ 6),\ (18,\ 8),\ (16,\ 9)$が考えられる。$y+x$が偶数のとき，$x$，$y$はともに奇数か，ともに偶数だから，$y-x$は偶数となる。これより，$(y+x,\ y-x)=(144,\ 1),\ (48,\ 3),\ (16,\ 9)$は適さない。$y+x=72$……①，$y-x=2$……②のとき，①－②より，$x-(-x)=72-2$，$2x=70$，$x=35$となり，①＋②より，$y+y=72+2$，$2y=74$，$y=37$となる。同様にして，$y+x=36$，$y-x=4$のとき，$x=16$，$y=20$，$y+x=24$，$y-x=6$のとき，$x=9$，$y=15$，$y+x=18$，$y-x=8$のとき，$x=5$，$y=13$となる。以上より，求める$x$，$y$の組は，$(x,\ y)=(5,\ 13),\ (9,\ 15),\ (16,\ 20),\ (35,\ 37)$である。

2〔数と式―二次方程式の応用〕

≪基本方針の決定≫(1)　傾斜率，距離，コースタイムの値を，式に当てはめてみる。

(1)＜***a*，*b*，*c*の値**＞コースタイムT分は，傾斜率sと距離$d$kmを用いて，$T=(as^2+bs+c)\times d$(分)と表せるので，傾斜率0で距離2kmのコースタイムが40分のとき，$s=0$，$d=2$，$T=40$を代入して，$40=(a\times 0^2+b\times 0+c)\times 2$が成り立ち，$2c=40$，$c=20$となる。これより，コースタイム$T$は，$T=(as^2+bs+20)\times d$(分)となる。同様に考えて，傾斜率0.1で距離1kmのコースタイムが26.5分より，$26.5=(a\times 0.1^2+b\times 0.1+20)\times 1$が成り立ち，$0.01a+0.1b=6.5$，$a+10b=650$……①となる。傾斜率0.2で距離1kmのコースタイムが36分より，$36=(a\times 0.2^2+b\times 0.2+20)\times 1$が成り立ち，$0.04a+0.2b=16$，$a+5b=400$……②となる。①－②より，$10b-5b=650-400$，$5b=250$，$b=50$であり，これを①に代入して，$a+500=650$，$a=150$である。

(2)＜***s*の値**＞(1)より，$T=(150s^2+50s+20)\times d$となる。傾斜率$s$で距離9kmのコースタイムが324分であることより，$324=(150s^2+50s+20)\times 9$が成り立つ。これを解くと，$150s^2+50s+20=36$，$75s^2+25s-8=0$より，解の公式を利用して，$s=\dfrac{-25\pm\sqrt{25^2-4\times 75\times(-8)}}{2\times 75}=\dfrac{-25\pm\sqrt{3025}}{150}=\dfrac{-25\pm 55}{150}$となり，$s=\dfrac{-25+55}{150}=\dfrac{1}{5}$，$s=\dfrac{-25-55}{150}=-\dfrac{8}{15}$となる。$s\geqq 0$だから，求める傾斜率$s$は，$s=\dfrac{1}{5}=0.2$である。

3〔平面図形―円―証明〕

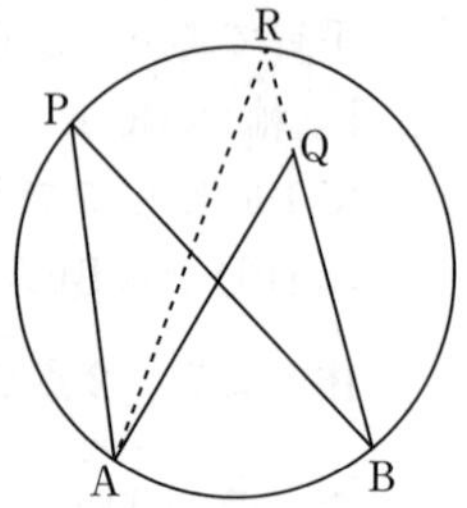

右図で，BQをQの方に延長した直線と円との交点をRとし，点Aと点Rを結ぶ。$\overset{\frown}{\mathrm{AB}}$に対する円周角より，∠APB＝∠ARQとなり，△AQRで内角と外角の関係より，∠ARQ＋∠RAQ＝∠AQBである。よって，∠APB＋∠RAQ＝∠AQBとなる。この式から，∠APB＜∠AQBがいえる。解答参照。

4〔データの活用―場合の数〕

≪基本方針の決定≫(1)　[↑]のカード，[→]のカードをそれぞれ何枚並べればよいかを考える。　(2)　9枚目まで並べたときにたどり着いている地点と，このときの並べてある[↑]のカード，[→]のカードの枚数を考える。

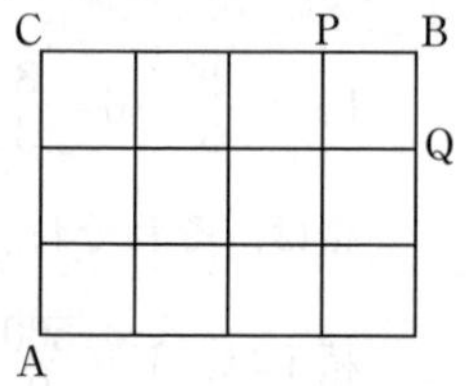

(1)＜**場合の数**＞右図で，B地点は，A地点から，上に進む道を3つ，右に進む道を4つ進んだ地点だから，A地点からB地点までは，少なくとも3＋4＝7(つ)の道を進む。よって，7枚のカードを並べてB地点にたどり着くとき，7枚のカードは，[↑]のカードが3枚，[→]のカードが4枚である。3枚の[↑]のカードを，何枚目と何枚目と何枚目に並べるかを考える。3枚の[↑]のカードをa，b，cと区別すると，aは1枚目，2枚目，……，7枚目の7通りあり，bはa以外のところだから残りの6通り，cはa，b以外のところだから残りの5通りある。これより，a，b，cの並べ方は$7\times 6\times 5=210$(通り)となる。a，b，cは同じ[↑]のカードだから，例えば，1枚目，2枚目，3枚目にしたときの$(a,\ b,\ c)$＝(1枚目，2枚目，3枚目)，(1枚目，3枚目，2枚目)，(2枚目，1枚目，3枚目)，(2枚目，3枚目，1枚目)，(3枚目，1枚目，2枚目)，(3枚目，2枚目，1枚目)の6通りは同じ並べ方となる。他の場合においても，同じ並べ方が6通りずつあるので，3枚の[↑]のカードの並べ方は$210\div 6=35$(通り)となる。よって，空いている4か所に[→]のカードを並べるので，3枚の[↑]のカードと4枚の[→]のカードの並べ方も35通りあり，求めるカードの並べ方は35通りとなる。

(2)＜**場合の数**＞右上図のように，B地点の1つ左の地点をP，下の地点をQとする。10枚目のカードを並べたとき初めてB地点にたどり着くので，9枚目まで並べたところでは，P地点かQ地点にたどり着いている。P地点にたどり着くには，$\boxed{\rightarrow}$のカードを3枚と，$\boxed{\uparrow}$のカードを3枚以上並べればよいから，9枚目まで並べてP地点にたどり着くとき，$\boxed{\uparrow}$のカードは9−3=6(枚)，$\boxed{\rightarrow}$のカードは3枚である。そこで，3枚の$\boxed{\rightarrow}$のカードを，何枚目と何枚目と何枚目に並べるかを考える。(1)と同様に，3枚の$\boxed{\rightarrow}$のカードを区別すると，並べ方は9×8×7=504(通り)あるが，この中には同じものが6通りずつあるので，3枚の$\boxed{\rightarrow}$のカードの並べ方は504÷6=84(通り)となる。空いている6か所に$\boxed{\uparrow}$のカードを並べるので，6枚の$\boxed{\uparrow}$のカードと3枚の$\boxed{\rightarrow}$のカードの並べ方も84通りあり，10枚目は$\boxed{\rightarrow}$のカードを並べる1通りなので，このときの並べ方は84×1=84(通り)ある。また，Q地点にたどり着くには，$\boxed{\uparrow}$のカードを2枚と，$\boxed{\rightarrow}$のカードを4枚以上並べればよいから，9枚目まで並べてQ地点にたどり着くとき，$\boxed{\uparrow}$のカードは2枚，$\boxed{\rightarrow}$のカードは9−2=7(枚)である。そこで，2枚の$\boxed{\uparrow}$のカードを，何枚目と何枚目に並べるかを考える。2枚の$\boxed{\uparrow}$のカードを区別すると，並べ方は9×8=72(通り)あるが，入れかわったものも同じだから，同じものが2通りずつあることになり，2枚の$\boxed{\uparrow}$のカードの並べ方は72÷2=36(通り)となる。空いている7か所に$\boxed{\rightarrow}$のカードを並べるので，2枚の$\boxed{\uparrow}$のカードと7枚の$\boxed{\rightarrow}$のカードの並べ方も36通りあり，10枚目は$\boxed{\uparrow}$のカードを並べる1通りなので，このときの並べ方は36×1=36(通り)ある。以上より，求める場合の数は84+36=120(通り)となる。

5〔平面図形―三角形〕

≪基本方針の決定≫(2)　△DEFの面積を求め，FG：GDを考える。

(1)**＜面積＞**右図で，点Dと点Cを結ぶ。△ADC，△DBCは，底辺をそれぞれAD，DBと見ると高さが等しいから，面積の比は底辺の比と等しくなる。底辺の比はAD：DB＝1：2だから，△ADC：△DBC＝1：2であり，△ADC$=\dfrac{1}{1+2}$△ABC$=\dfrac{1}{3}S$，△DBC＝△ABC−△ADC$=S-\dfrac{1}{3}S=\dfrac{2}{3}S$となる。同様にして，CF：FA＝3：4より，△DCF：△ADF＝3：4だから，△DCF$=\dfrac{3}{3+4}$△ADC$=\dfrac{3}{7}\times\dfrac{1}{3}S=\dfrac{1}{7}S$となる。よって，四角形DBCFの面積は，△DBC＋△DCF$=\dfrac{2}{3}S+\dfrac{1}{7}S=\dfrac{17}{21}S$となる。

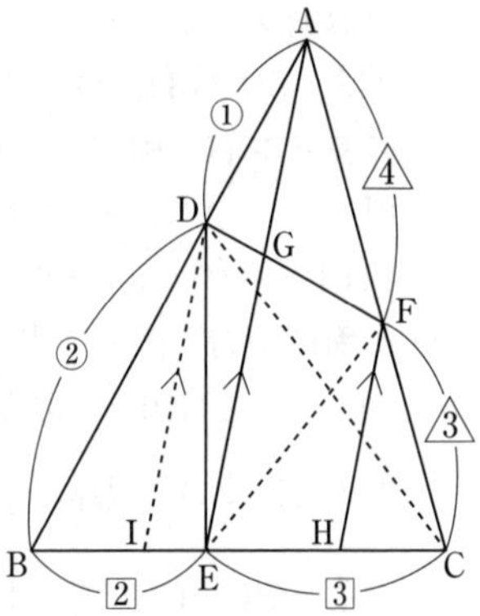

(2)**＜面積＞**右上図で，点Eと点Fを結び，点F，点Dを通りAEに平行な直線と辺BCの交点をそれぞれH，Iとする。(1)と同様に考えると，△DBE：△DEC＝BE：EC＝2：3だから，△DBE$=\dfrac{2}{2+3}$△DBC$=\dfrac{2}{5}\times\dfrac{2}{3}S=\dfrac{4}{15}S$となる。また，△ABE：△AEC＝BE：EC＝2：3より，△AEC$=\dfrac{3}{2+3}$△ABC$=\dfrac{3}{5}S$であり，△ECF：△AEF＝CF：FA＝3：4だから，△ECF$=\dfrac{3}{3+4}$△AEC$=\dfrac{3}{7}\times\dfrac{3}{5}S=\dfrac{9}{35}S$となる。(1)より，〔四角形DBCF〕$=\dfrac{17}{21}S$だから，△DEF＝〔四角形DBCF〕−△DBE−△ECF$=\dfrac{17}{21}S-\dfrac{4}{15}S-\dfrac{9}{35}S=\dfrac{2}{7}S$と表せる。次に，FH∥AEより，CH：HE＝CF：FA＝3：4であり，EC$=\dfrac{3}{2+3}$BC$=\dfrac{3}{5}$BCだから，HE$=\dfrac{4}{3+4}$EC$=\dfrac{4}{7}\times\dfrac{3}{5}BC=\dfrac{12}{35}$BCとなる。同様にして，AE∥DIより，EI：IB＝AD：DB＝1：2であり，BE＝BC−EC＝BC$-\dfrac{3}{5}$BC$=\dfrac{2}{5}$BCだから，EI＝

$\frac{1}{1+2}\mathrm{BE}=\frac{1}{3}\times\frac{2}{5}\mathrm{BC}=\frac{2}{15}\mathrm{BC}$となる。よって，FH∥AE∥DIより，FG：GD＝HE：EI＝$\frac{12}{35}\mathrm{BC}$：$\frac{2}{15}\mathrm{BC}$＝18：7となるから，△FEG：△DEG＝18：7となる。したがって，△DEG＝$\frac{7}{18+7}$△DEF＝$\frac{7}{25}\times\frac{2}{7}S=\frac{2}{25}S$と表せる。

6　〔関数―関数 $y=ax^2$ と一次関数のグラフ〕

≪基本方針の決定≫(2)　長方形の対角線の長さは等しい。　(2)　△OBC，△OPQの底辺をそれぞれBC，PQと見たときの高さを考える。

(1)**＜直線の式，座標＞**右図で，直線lは2点(6, 0)，(0, 6)を通るので，傾きは$\frac{0-6}{6-0}=-1$，切片は6である。よって，直線lの式は$y=-x+6$となる。これより，2点P，Qは放物線$y=\frac{1}{2}x^2$と直線$y=-x+6$の交点である。2式からyを消去して，$\frac{1}{2}x^2=-x+6$より，$x^2+2x-12=0$，$x=\frac{-2\pm\sqrt{2^2-4\times1\times(-12)}}{2\times1}=\frac{-2\pm\sqrt{52}}{2}=\frac{-2\pm2\sqrt{13}}{2}=-1\pm\sqrt{13}$となる。よって，点Pの$x$座標は$-1-\sqrt{13}$，点Qの$x$座標は$-1+\sqrt{13}$である。$y$座標は，それぞれ，$y=-(-1-\sqrt{13})+6=7+\sqrt{13}$，$y=-(-1+\sqrt{13})+6=7-\sqrt{13}$となるので，P$(-1-\sqrt{13},\ 7+\sqrt{13})$，Q$(-1+\sqrt{13},\ 7-\sqrt{13})$である。

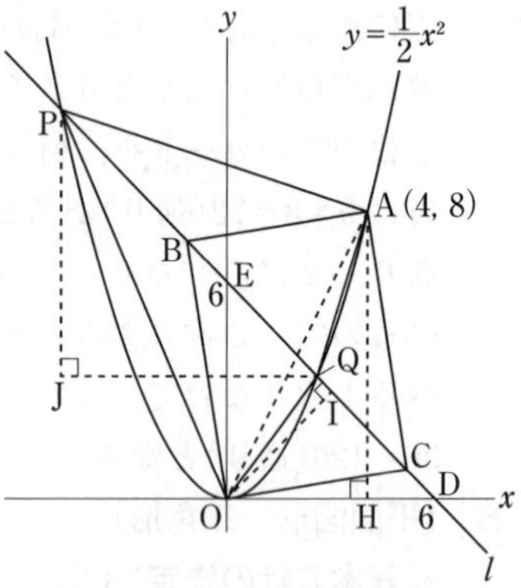

(2)**＜長さ＞**右上図で，四角形OCABは長方形だから，BC＝OAである。点Aからx軸に垂線AHを引くと，A(4, 8)より，OH＝4，AH＝8となるから，△OAHで三平方の定理より，OA＝$\sqrt{\mathrm{OH}^2+\mathrm{AH}^2}=\sqrt{4^2+8^2}=\sqrt{80}=4\sqrt{5}$となる。よって，BC＝OA＝$4\sqrt{5}$である。

(3)**＜面積＞**右上図で，点OからBCに垂線OIを引く。点(6, 0)をD，点(0, 6)をEとすると，OD＝OE＝6，∠DOE＝90°だから，△ODEは直角二等辺三角形となり，∠ODE＝45°である。OI⊥DEなので，△ODIも直角二等辺三角形であり，OI＝$\frac{1}{\sqrt{2}}\mathrm{OD}=\frac{1}{\sqrt{2}}\times6=3\sqrt{2}$となる。よって，△OBC＝$\frac{1}{2}\times\mathrm{BC}\times\mathrm{OI}=\frac{1}{2}\times4\sqrt{5}\times3\sqrt{2}=6\sqrt{10}$となるので，$S_1$＝〔長方形OCAB〕＝2△OBC＝$2\times6\sqrt{10}=12\sqrt{10}$である。次に，点Pを通り$y$軸に平行な直線と点Qを通り$x$軸に平行な直線の交点をJとすると，∠PJQ＝90°となり，JQ∥ODより，∠PQJ＝∠ODE＝45°となる。これより，△JPQは直角二等辺三角形である。2点P，Qのx座標がそれぞれ$-1-\sqrt{13}$，$-1+\sqrt{13}$より，QJ＝$(-1+\sqrt{13})-(-1-\sqrt{13})=2\sqrt{13}$である。よって，PQ＝$\sqrt{2}\mathrm{QJ}=\sqrt{2}\times2\sqrt{13}=2\sqrt{26}$となり，△OPQ＝$\frac{1}{2}\times\mathrm{PQ}\times\mathrm{OI}=\frac{1}{2}\times2\sqrt{26}\times3\sqrt{2}=6\sqrt{13}$となる。ここで，△OBC，△ACBの底辺をBCと見ると，△OBC＝△ACBより高さは等しい。したがって，△OPQと△APQも，底辺をPQと見たときの高さは等しいので，△OPQ＝△APQとなり，S_2＝〔四角形OQAP〕＝2△OPQ＝$2\times6\sqrt{13}=12\sqrt{13}$となる。

7　〔空間図形―多面体〕

≪基本方針の決定≫(1)　取り除く角錐は四角錐である。　(2)　取り除く角錐は三角錐である。

(1)**＜体積＞**次ページの図で，正八面体の6個の頂点をA，B，C，D，E，Fとすると，正八面体ABCDEFは，合同な2つの正四角錐A-BCDEと正四角錐F-BCDEを合わせた立体と見ることができる。点Aから平面BCDEに垂線AHを引くと，点Hは正方形BCDEの対角線BD，CEの交点と一致する。AB＝CB，AD＝CD，BD＝BDより，△ABD≡△CBDだから，AH＝CHである。四角形BCDEは正方形だから，△CDEは直角二等辺三角形であり，$CE=\sqrt{2}CD=\sqrt{2}\times9=9\sqrt{2}$となる。これより，$AH=CH=\frac{1}{2}CE=\frac{1}{2}\times9\sqrt{2}=\frac{9\sqrt{2}}{2}$だから，正四角錐A-BCDEの体積は，$\frac{1}{3}\times$〔正方形BCDE〕$\times AH=\frac{1}{3}\times9\times9\times\frac{9\sqrt{2}}{2}=\frac{243\sqrt{2}}{2}$となり，正八面体ABCDEFの体積は，2〔正四角錐A-BCDE〕$=2\times\frac{243\sqrt{2}}{2}=243\sqrt{2}$である。また，辺AB，辺AC，辺AD，辺AEを3等分する点のうち頂点Aに近い方の点をそれぞれ，P，Q，R，Sとすると，［操作1］で取り除く角錐のうち，頂点Aを含むものは，四角錐A-PQRSである。四角錐A-PQRSと正四角錐A-BCDEは相似であり，相似比はAP：AB＝1：3だから，体積比は〔四角錐A-PQRS〕：〔正四角錐A-BCDE〕$=1^3:3^3=1:27$となる。よって，〔四角錐A-PQRS〕$=\frac{1}{27}$〔正四角錐A-BCDE〕$=\frac{1}{27}\times\frac{243\sqrt{2}}{2}=\frac{9\sqrt{2}}{2}$である。［操作1］で取り除く頂点B，C，D，E，Fをそれぞれ含む角錐の体積も同様に$\frac{9\sqrt{2}}{2}$なので，正八面体ABCDEFに［操作1］をしたときにできる立体の体積は，〔正八面体ABCDEF〕－6〔四角錐A-PQRS〕$=243\sqrt{2}-6\times\frac{9\sqrt{2}}{2}=216\sqrt{2}$となる。

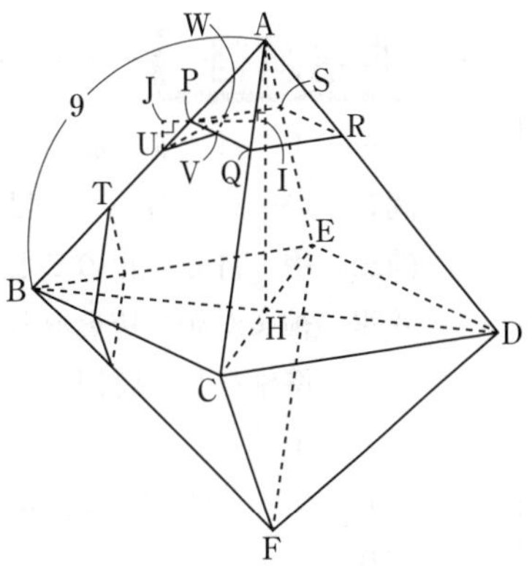

(2)＜**体積**＞右上図で，辺ABを3等分する点のうち頂点Bに近い方の点をTとし，線分PT，線分PQ，線分PSを3等分する点のうち点Pに近い方の点をそれぞれU，V，Wとする。このとき，(1)でできた立体に対して［操作1］で取り除く角錐のうち，点Pを含むものは，三角錐P-UVWである。点A，点Uから平面PQRSに垂線AI，UJを引く。四角錐A-PQRSと正四角錐A-BCDEが相似であることより，四角形PQRSは正方形だから，$\angle QPS=90^\circ$である。また，相似比は1：3だから，$PQ=\frac{1}{3}BC=\frac{1}{3}\times9=3$となり，$PV=\frac{1}{3}PQ=\frac{1}{3}\times3=1$となる。同様に，PW＝1である。さらに，△API∽△UPJとなるから，AI：UJ＝AP：UPである。AI：AH＝1：3だから，$AI=\frac{1}{3}AH=\frac{1}{3}\times\frac{9\sqrt{2}}{2}=\frac{3\sqrt{2}}{2}$であり，$PT=\frac{1}{3}AB=\frac{1}{3}\times9=3$より，$UP=\frac{1}{3}PT=\frac{1}{3}\times3=1$となる。したがって，$\frac{3\sqrt{2}}{2}:UJ=3:1$が成り立ち，$UJ\times3=\frac{3\sqrt{2}}{2}\times1$より，$UJ=\frac{\sqrt{2}}{2}$となるので，〔三角錐P-UVW〕＝〔三角錐U-PVW〕$=\frac{1}{3}\times$△PVW$\times UJ=\frac{1}{3}\times\left(\frac{1}{2}\times1\times1\right)\times\frac{\sqrt{2}}{2}=\frac{\sqrt{2}}{12}$となる。取り除く点Q，R，Sを含む角錐も同様であり，正八面体ABCDEFから頂点B，C，D，E，Fを含む角錐を取り除いてできた頂点のところでも，同様な角錐を4個ずつ取り除くので，(1)でできた立体に対して［操作1］で取り除く角錐は，三角錐P-UVWと合同のものが$4\times6=24$(個)である。(1)より，正八面体ABCDEFに対して［操作1］をしてできる立体の体積は$216\sqrt{2}$だから，求める立体の体積は，$216\sqrt{2}-24$〔三角錐P-UVW〕$=216\sqrt{2}-24\times\frac{\sqrt{2}}{12}=214\sqrt{2}$となる。

国語解答

一 問一　Ⅰ　目　Ⅱ　顔　Ⅲ　喉

問二　い…ウ　ろ…カ　は…ア　に…オ

問三　甲　自分自身のこと　乙　世間体

問四　神父が赤ん坊を取り上げるための準備をして時間がたつ(25字)［様子。］

問五　エ　　問六　ウ，エ　　問七　オ

問八　イ

問九　ブリドワ　出産について無知で，幼児のようなことを言っている(24字)［点。］

母親　質問を適当にはぐらかそうとして必死になっている(23字)［点。］

問十　神父さま

二 問一　a　潰　b　偏　c　促

d　魅了　e　抽象

問二　まことし

問三　歳を取れば～できてくる［から。］

問四　方便

問五　B　転嫁　C　懸命

問六　悪いことを～身に訪れる［ということ。］

問七　D…コ　E…カ　F…ケ

問八　(Ⅳ)　　問九　ア

問十　ア　科学　イ　自由と他者の尊重

ウ　正しい情報　エ　人間の幸せ

問十一　(例)［言葉は］意思や感情を表現したり他人に伝えたり［できる。］

三 問一　イ

問二　西行に出会ったら頭をたたき割る［ということ。］

問三　早朝　　問四　オ

問五　優れた歌人であり，法師としても風格のある立派な人物(25字)［だと思った。］

四 問一　B…ク　C…ア　D…ウ

問二　E…ウ　G…コ

問三　A　夏目漱石　F　大江健三郎

H　竹

一〔小説の読解〕出典：モーパッサン／太田浩一訳『車中にて』(『宝石／遺産』所収)。

問一＜慣用句＞Ⅰ．目が充血して真っ赤になることを，「目を血走らせる」という。　Ⅱ．苦痛や不満などにより顔にしわを寄せることを，「顔をしかめる」という。　Ⅲ．大きな声を上げる様子を，「喉も張り裂けんばかり」という。

問二＜文脈＞女が，自分でもどうしたらよいのかわからず，うろたえているので(…い)，神父は，女の「そば」に駆け寄り，どうしたのかと尋ねた(…ろ)。すると，女は「小さな声」で，急に子どもが生まれそうになったことを伝え，叫び声を上げた(…は)。神父は「どうことばをかけたものか，なにをしたらいいのかわからず」にいたが，できることはないかと考えた(…に)。

問三＜慣用句＞「身も世もない」は，我が身のことも世間体も考えてなどいられない，という意味。激しい悲しみや苦しみによって，普通ではいられないさまを表す。

問四＜表現＞前では，神父は，女が子どもを産み落としそうになっていることを知って，三人の少年たちの視線を他の方へ向けた後，「法衣の袖をまくりあげて」その女性のそばへ行っている。後では，女は「あいかわらず呻《うめ》いて」いて，神父は「女性を介抱し，励まし」つつも，子どもたちから目を離さないでいる。ここでは，神父が，赤ん坊を取り上げる準備をして時間が経過したことが表現されている。

問五＜文章内容＞神父は，三人の少年たちに「扉のほうへ顔を向け」るよう命じ，「うしろをふり返った」場合は，罰として「ウェルギリウスの詩を千行」書かせると言った。それでも少年たちが「ちらりとうしろをふりむいてはすぐに目をそらして，先生の行っている不思議な仕事を窺《うかが》っていた」ため，そのことに気づいた神父は，新たな罰を科した。

問六＜心情＞赤ん坊が生まれ，神父は「嬉《うれ》しそうでもあり，弱りはてているようでもあって，笑っていいのか，泣いていいのかわからないよう」であった(イ・オ…○)。神父は，取り上げた赤ん坊を抱えて「おろおろ」しながらも(カ…○)，無事に赤ん坊が生まれて安心したのである(ア…○)。

問七＜文章内容＞神父は，昇降口に現れた少年たちの母親に，ただ「ご子息たちはなにもご覧になっておりません～なにもご覧になっておりません」と「くり返し弁解」することしかできなかった。神父は，赤ん坊を取り上げたことをどう説明すればよいか，わからなかったのである。

問八＜心情＞神父が車中で赤ん坊を取り上げたことを知った少年たちの母親は，その場では「言うべきことばもなく，真っ青になって，おろおろと顔を見合わせるばかり」だった。晩の食事の席についても話は弾まず，皆それぞれに「なにやら気にかかることがあるようす」だった。そのとき「いちばん年少」の少年が，「神父さまはどこであの赤ちゃんを見つけたの？」と出産に関することを尋ねたため，母親は，「話をそらし」，その話を「あと」に回した。

問九＜文章内容＞「いちばん年少」のブリドワは，出産について何も知らず，手品によって赤ん坊が現れたなど，まるで幼児が言うようなことを言って母親を困らせていた。母親も，「神さまがくださった」とか「赤ちゃんはみんなキャベツから生まれるの」などと，幼児に話すようなことを言った。

問十＜文章内容＞女の出産に立ち会い，赤ん坊を取り上げたのは，神父である。少年たちは扉の方を向いていてその場面を見ていないことになっており，赤ん坊が生まれてくるのを見ていたのは，神父だけということになる。

二〔**論説文の読解―教育・心理学的分野―教育**〕出典：森博嗣『科学的とはどういう意味か』「科学とともにあるという認識の大切さ」。

≪本文の概要≫子どもたちに，「科学」の基本的な姿勢を，大人の責任として教える必要がある。大人は子どもに，神様やご先祖様などを持ち出さず，悪いことをすれば不利益が自分自身に訪れることを教えればよい。また，子どもの好奇心を，絶対に無視してはいけない。大人は，子どもの質問に精確に答えられないときには，「わからない」「わかったら，教えてね」と言えばよい。言葉や図形や記号の処理能力が要求されるだけでは好奇心は生まれないので，学習系のゲームも，子どもの科学教育には向かない。子どもが自分たちの生活の全てが科学のうえにあることを知ることが，重要である。数字をよく認識し，法則性を見出し，他者とコミュニケーションを精確に取って，皆で検証しながら正しい情報を選択するという基本的な仕組みを教えることが，科学教育である。言葉は，連帯感や社会性を育てるが，科学の心は，自由と他者の尊重から生まれ，独創性や発想力も自由から生まれる。科学の目標は人間の幸せであり，人間を不幸にする非科学の間違いを防ぐのも，正しい科学である。

問一＜漢字＞a．音読みは「潰滅」などの「カイ」。　b．音読みは「偏食」などの「ヘン」。
c．音読みは「催促」などの「ソク」。　d．「魅了」は，人の心をひきつけ，夢中にさせること。
e．「抽象的」は，観念によってとらえられていて，具体性がないさま。

問二＜語句＞言動がいかにも本当らしく感じられるさまを，「まことしやか」という。

問三＜文章内容＞大人は，非科学的な話が信用できないことを，ある程度は了解している。「歳を取れば，経験を積むことで，ある程度は非科学的なものを信じない，いわゆる免疫みたいなものができてくる」のであり，この「免疫みたいなもの」があるので，大人は，非科学的な話の「『眉唾』

加減」がわかる。

問四＜文章内容＞「悪いことをすると，バチが当たるよ」というときの「バチ」を当てるのは，神や仏である。「悪いこと」をした子どもをしかるのに神や仏を利用すれば便利ではあるが，それは便利な手段・方法だというだけで，科学的な思考とは無縁である。何かの目的があって利用する都合のよい手段のことを，「方便」という。

問五＜文章内容＞B．悪いことをした子どもをしかるために「悪いことをすると，バチが当たるよ」と言うのは，親が「自分が悪者になりたくないから，神様に叱ってもらおう」と考えて，子どものしつけの責任を神様になすりつけることである。罪や責任を他人になすりつけることを，「転嫁」という。　C．大人に質問して「わからない」「知らない」と言われ，さらに「わかったら，教えてね」とつけ加えられると，子どもは，その質問の答えを「ますます知りたく」なり，一生懸命考えて大人に教えてあげようと思うかもしれない。「一生懸命」は，「一所懸命」ともいう。

問六＜文章内容＞子どもが何か悪いことをしたら，親は，はっきりと「私が許しません」と言って，「悪いことをすれば不利益が自分自身に訪れること」を教えればよい。その「不利益」は，例えば「悪いことをしたから，今日はTVを見せてもらえない，くらいの感じ」で，子どもに感じさせればよい。このようにすれば，子どもは「悪いことをすれば不利益が自分自身に訪れる」という考え方を身につけることになり，「社会の秩序」の維持につながる。

問七＜表現＞D．科学は，対象に何らかの法則があることを見出そうとする営みである。　E．「全員で歌をうたったり，踊ったり，劇をしたり，話し合ったり，という活動」は，「全員が一緒になって行動」することの価値を学ばせ，社会的な態度を身につけさせる。　F．「科学を推進させるため」には，独自の考えを持って新しいものを生み出す姿勢が必要である。

問八＜文脈＞子どもたちがそれぞれ好き勝手なことをしているところへ，「言葉」を用いて「全員が一緒になって行動する連帯感を育てることは，教育の一つの要素」であり，そのような活動は，「社会性を養うためにも，集団の統制を取るためにも不可欠」である。しかし，「教育のすべてがそこにあるわけ」ではなく，子どもに「自由に好きなことをさせ」て「それぞれの子が勝手なことをしている状況を認識させる」という「自由と他者の尊重」から，「科学の心」が生まれる。

問九＜要旨＞「子供たちを非科学的な人間にしないようにする」ために，親は，よくわかっていないことを非科学的な話で片づけるようなことはせずに，「『科学』の基本的な姿勢」を「大人の責任としてしっかりと教える」必要がある(ア…○)。「僕」が「科学少年だった時代」には「子供が科学に魅了されること」はあったが，その理由は述べられていない(イ…×)。脳の老化を防ぐためのゲームは，「大人には良いかもしれない」が，「子供の科学教育には向かない」し，大人にとっても科学教育とはならない(ウ…×)。好奇心を持った子どもの質問を受けとめることでコミュニケーションが成り立つが，質問に「精確には答えられない」場合には，「『わからない』『知らない』ということを正直に伝えること」が大事である(エ…×)。「神様」「ご先祖様」などとは「軽々しく口にしない」方がよく，「そういう言葉が出たときには，きちんと説明をする必要」がある(オ…×)。

問十＜主題＞「自分たちの生活のすべてが科学の上に成り立っていることを知ることが重要」であり(…ア)，「自由と他者の尊重」から「科学の心」が生まれる(…イ)。子どもには，「数字をよく認識し，法則性を見出し，そして，自分だけの判断ではなく，他者とコミュニケーションを精確に取り，その中で一つずつみんなで確かめながら，正しい情報を選択するという基本的な仕組み」を教えなければならない(…ウ)。科学は，そのようにして「人間の幸せ」を目指していくものである(…エ)。

問十一＜作文＞本文には，言葉の効用として，「全員が一緒になって行動する連帯感を育てる」ということが出ているので，これ以外の例を挙げることになる。情報や意思や感情の表現・伝達などが言葉で可能になること，複雑で微妙な感情や思考内容も言葉なら表現できること，また，混沌としているものを切り分けて理解しやすくすることも，言葉の効用といえる。

三〔古文の読解―評論〕出典：頓阿『井蛙抄』六二。

≪現代語訳≫心源上人が語って言うには，文覚上人は西行を憎まれていた。その理由は，遁世の身となったなら，一筋に仏道修行(に励むべきで，それ)以外の他のことはあってはならない。(それなのに)数寄心を起こしてここかしこに(歌を)よんでまわるなど，憎い法師である。どこでも出会ったら頭をたたき割ろうということが，いつもの心づもりであった。／弟子たちが「西行は天下に名の知れた名人だ。もしそのようなことがあったら珍事となるだろう」と嘆いていたところ，あるとき，高雄の法華会に西行が参り，花の陰などを物思いにふけりながら(歌をよんで)歩いていた。弟子たちは注意して(西行が来ていることを)上人に知らせまいと思って，法華会も終わって坊へ帰ったところ，庭に「ごめんください」と言う人がいた。上人が「誰か」とお尋ねになると，「西行と申す者でございます。法華会結縁のために参りました。今日はもう日が暮れました。一晩この御庵室に泊まりたいと思って参りました」と言ったので，上人は(部屋の)中で準備を整えて，思ったことがかなった様子で，明かり障子を明けてお出になった。しばらく見守り(上人は)「ここへお入りください」と言って(西行を)入れて対面して，長年(おうわさを)お聞きしてお目にかかりたいと思っておりましたので，おいでくださったのは喜ばしいことですなど，ていねいに話をして，食事などをもてなして，早朝また食事など勧めてお帰しになった。／弟子たちは(心配して)手を握っていたが，無事に帰したことを喜ばしく思って，「上人はあれほど西行に出会ったら，頭をたたき割りたいなどと，計画なさっていたのに，とりわけ心静かにお話をなさったのは，ふだんおっしゃっていることと違っています」と申したところ，「なんと言うかいのない法師たちだろう。あの者は文覚に打たれる者の顔つきか。〈文覚〉を打つような者だ」と申されたということである。

問一＜古文の内容理解＞文覚上人が出会ったら頭をたたき割りたいと言っていた西行が，法華会に来ていたので，弟子たちは，文覚上人が西行に気づかないようにしようと構えていた。

問二＜古文の内容理解＞文覚上人は，西行に出会ったら頭をたたき割ろうと思っていた。そこへ西行がやってきたため，文覚上人は，かねてのその思いがかなったという様子になった。

問三＜古語＞「つとめて」は，早朝のこと。

問四＜古文の内容理解＞文覚上人は，西行に会って話をし，西行が頭をたたき割るべき人物ではないとわかった。むしろ西行は，自分を打つ者であろうと，文覚上人は思った。

問五＜古文の内容理解＞文覚上人が言うには，西行は，文覚が言うような憎むべき法師ではなく，むしろ自分のような者を「打つ」に違いない者である。文覚上人は，西行に対して優れた，立派な人物だと感じたのであろう。

四〔文学史〕

問一． B．『花火』は，大逆事件を回想し，ゾラのような勇気がなかったことに羞恥を感じたことが書かれている永井荷風の随筆。　C．『侏儒の言葉』は，芥川龍之介の随筆・警句集。　D．『高野聖』は，泉鏡花の小説。

問二． E．『沈黙』は，遠藤周作の小説。　G．『ハンチバック』は，市川沙央のデビュー作。

問三． A．『こころ』は，夏目漱石の小説。　F．2023年になくなったノーベル文学賞作家は，大江健三郎で，小説『個人的な体験』は，障がい者の子を持った実体験に基づいている。　H．萩原朔太郎の詩集『月に吠える』には，凍える冬にまっすぐに生えていく竹をよんだ詩が二篇《へん》ある。

Memo

Memo

Memo

2023年度 慶應義塾志木高等学校

【英　語】(60分)〈満点：100点〉

I　次の英文を読んで後の問に答えなさい。

Jonathan Harker is a lawyer and lives in London. Part of his work is to find houses in England for rich people who live in foreign countries. At the beginning of 1875, he received a letter from Transylvania, a country in Eastern Europe. The letter was from a rich man called *Count Dracula. He wanted to buy a house near London and asked Jonathan to help him. After a long journey, Jonathan arrived at the count's castle to talk about the business. The count was friendly and polite and showed Jonathan to his room just before the sky grew light.

Jonathan slept late the next morning. He (1) breakfast ready for him in the dining room. There was no sign of the count, so Jonathan decided to look round the castle. Many doors were locked, but one was open. Inside there was a large library. Jonathan was surprised that there were English books on the shelves and English newspapers on the desks. He spent the rest of the day there, reading happily.

In the late afternoon the count walked in.

'I am glad that you have found your way here,' he said. 'Since I decided to buy a house in England, I have tried to learn about English life. I am sorry that I only know the language from books. I hope to talk with you, Mr Harker, and to learn it better. And now, let's get to business.'

Dracula sat down opposite Jonathan and continued: 'Tell me about the house that your company has bought for me in England. (I)There [on / I / my / some / that / name / papers / put / be / must / will]. Of course, I would like to know everything.'

'The house is called Carfax,' Jonathan began to explain. 'It's to the north of London. It has a lot of land. Most of the land is covered (あ) trees, so it's quite dark. The house is large and old, with few windows. Next to it, there's an old empty church that also (2) to the house. I'm afraid you will find Carfax a lonely house. Your only neighbour is a doctor who looks after a small hospital.'

'I am glad that the house is old,' replied the count. 'I come from an old family and I do not like to live in a house (い) history. And the darkness does not (3) me. I am an old man, and I often think about death. I do not fear darkness.'

He wrote his name on the papers and walked out of the room. Jonathan followed him into the dining room. Dinner was (4), but again the count did not eat. 'I went out to eat today,' he told Jonathan. 'I am not hungry.'

That evening and the following ones passed in the same way as the first. Then one day, about a week after he arrived, a strange thing happened. Jonathan was standing (う) his window. He was shaving in front of a little mirror from his travelling bag.

Suddenly he heard a quiet voice in his ear say, 'Good morning.' (II)Jonathan jumped with fear and cut himself on the neck. The count was standing next to him. Jonathan looked in the mirror again, but he could only see himself.

'Why can't I see him in the mirror ?' He thought.

He turned again, and saw a strange, hungry look in Dracula's eyes. The count was watching the small stream of blood coming out of the cut on Jonathan's neck.

Without thinking, Jonathan lifted his hand to the blood. As he did that, he touched the little silver cross around his neck. The count's face (5). His eyes shone red and he began to shake. Then, without a word, he picked up the mirror and threw it out of the window. There was a long silence, then Jonathan heard the crash of broken glass on the rocks far below. The count turned angrily, 'I will not have mirrors in my house,' he shouted. Then, seconds later, he said more softly, 'Try not to cut yourself. (Ⅲ)It is more dangerous in this country than you think.'

When the count left the room, Jonathan looked out of the window (え) his broken mirror. The ground was a long way down. For the first time he realized that he wanted to go home. 'But will he let me leave ?' he thought. (Ⅳ)'Am I really his guest ? Or am I, perhaps, his prisoner ?'

［注］ count 伯爵

【出典】 STOKER,B; PEARSON ENGLISH READERS LEVEL 3: DRACULA, 2008
Reprinted by permission of Pearson Education Limited

問１．(１)～(５)に入る最も適切な動詞を次の語群から選び，必要ならば形を変えて答えなさい。ただし，同じものは２度以上使ってはならない。

〔worry / find / wait / change / belong〕

問２．下線部(Ⅰ)が「私が名前を書かなくてはいけない書類がいくつかあることでしょう。」という意味になるように［ ］内の語句を並べ替えなさい。

問３．(あ)～(え)に入る最も適切なものを下の選択肢の中からそれぞれ１つずつ選び，番号で答えなさい。ただし，同じものは２度以上使ってはならない。

1．by　2．with　3．without　4．at　5．of

問４．下線部(Ⅱ)の理由を日本語で説明しなさい。

問５．下線部(Ⅲ)について，今回 Jonathan を救ったものは何か。本文中から４語で抜き出しなさい。

問６．下線部(Ⅳ)について以下の質問に２文以内の英語で答えなさい。

Why did Jonathan feel that he might be a prisoner ?

Ⅱ 次の英文を読んで後の問に答えなさい。

Mixed martial arts (MMA) is a hybrid combat sport that uses techniques from boxing, wrestling, judo, jujitsu, karate, Muay Thai (Thai boxing), and so on. Although it was at first thought to be a violent and dangerous sport without rules, MMA has tried to clear its *no-holds-barred image and has become one of the fastest-growing professional sports worldwide since the early 21st century. MMA events are held in many countries and in all 50 U.S. states.

MMA was believed to (1) back to the ancient Olympic Games in 648 BC, when pankration—the martial training of Greek armies—was thought to be the combat sport of ancient Greece. The bloody contest combined wrestling, boxing, and street fighting. Kicking and hitting a downed opponent were allowed ; only biting and eye gouging were banned. A match ended when one of the fighters gave up or fell *unconscious. In some cases, fighters died during matches. Pankration became one of the most popular events of the ancient Olympics.

In 393 AD, Roman emperor at the time, Theodosius I, banned the Olympic Games and ended pankration as a popular sport. However, this style of fighting later came back in the 20th century in Brazil as a combat sport, *vale tudo* ("anything goes"). It was popularized by the brothers Carlos and Hélio Gracie, who began a jujitsu school in Rio de Janeiro in 1925. They gathered attention by announcing the “Gracie Challenge” in area newspapers, saying (I)“If you want a broken arm or rib, contact Carlos Gracie.” The brothers would take on all challengers, and their matches, which looked like those of pankration, became so popular that they had to be moved to large soccer stadiums for more people.

MMA first came to the attention of many in North America after the Gracie family decided to introduce its trademark Brazilian jujitsu in the United States in the 1990s. As the top fighter of the family, Royce Gracie, Hélio’s son, attended a 1993 tournament in Denver, Colorado, that came to be called UFC 1. The Ultimate Fighting Championship (UFC), an organization named after the event, became the (2) promoter of MMA events. The earliest aim of the UFC events was to have matches with fighters of different styles—such as wrestler against boxer and kickboxer against judoka. At first, the only rules were no biting and no eye gouging. Matches ended when one of the fighters gave up or one corner threw in the towel. Royce Gracie became the champion of UFC 1, which was held in a *caged ring at Denver’s McNichols Arena. As the UFC’s first cable television pay-per-view event, the tournament attracted 86,000 viewers. That number increased to 300,000 by the third event.

The UFC at first marketed its product as a no-holds-barred sport in which anything could (3). Its violence angered many, including politicians like John McCain, who claimed the sport should be banned. In 2001 new UFC management created rules to make the sport less dangerous. It added weight classes, rounds, time limits and more fouls. The UFC no longer featured violent street fighters. Newer fighters were more skilled as boxers, wrestlers, and martial arts *practitioners, and they were (4) to train hard and remain in peak condition to perform well. In the United States the sport came under strict rules by the same bodies that governed the sport of boxing, including the Nevada State Athletic Commission and the New Jersey State Athletic Control Board. Even McCain, who opposed MMA, accepted in 2007 that the sport had made great progress.

Although the UFC had difficulty earning money in its early years, it eventually (5) into a highly *profitable organization. Between 2003 and 2006, legendary fights between two of the sport’s biggest stars, Randy Couture and Chuck Liddell, helped elevate MMA and the UFC.

［注］ no-holds-barred 制限なしの，厳しい　unconscious 無意識の　caged フェンスで囲まれた
practitioner 実践者　profitable 利益になる

【出典】Reprinted with permission from Encyclopædia Britannica, © 2023 by Encyclopædia Britannica, Inc.

問１．（１）～（５）に入る最も適切な動詞を次の語群から選び，必要ならば形を変えて答えなさい。ただし，同じものは２度以上使ってはならない。

〔happen / lead / force / date / develop〕

問２．下線部(I)の発言でGracie兄弟が意図したこととして本文の内容と一致するものを以下から１つ選び，番号で答えなさい。

1．The Gracie brothers wanted to make pankration popular and get it back in the Olympic Games.

2．They believed that nobody could beat them and tried to make sure of that in public.

3．They needed more cases that showed jujitsu techniques could be helpful to heal severe injuries.

4．Carlos Gracie wanted to provide chances for young doctors to learn medical treatment for broken arms or ribs.

問3．The UFC は批判を避けるために MMA をどのような競技に変えようとしたのか。本文中から2語で抜き出しなさい。

問4．次の英文のうち本文の内容と一致するものをすべて選び，番号順に答えなさい。

1．MMA was created in Thailand by mixing Muay Thai and other martial arts, such as judo, jujitsu, and karate.

2．MMA has tried to clear its negative image and has increased in popularity around the world.

3．Historically speaking, MMA was thought to start in ancient Greece but it was completely different from what it is now because it had no rules then.

4．In ancient Greece, a match was never stopped until one of the fighters lost his life.

5．Thanks to the Gracie family, jujitsu was introduced to Brazil from America.

6．It was the Gracie family that made MMA popular in the 20th century by making use of mass media.

7．The UFC's first event on cable TV got more than 80,000 viewers, but some people disliked its violence and wanted to ban it.

8．In the 1990s, the UFC achieved great success but it didn't continue in the 2000s because of the absence of new talents like Royce Gracie.

Ⅲ それぞれ内容が異なる【A】～【D】の英文の（1）～（6）に入る最も適切なものを選択肢から選び，記号で答えなさい。ただし，同じものは2度以上使ってはならない。

【A】 Would you like to be the best version of yourself? The version that is kind, hopeful, and thankful? It is easy to look at others and think they are doing better than you. However, you don't really know if they are. Each of us is dealing with challenges, so it is important to do the best you can. Your thoughts and actions impact your level of hope. Do small things every day to be your best self, and increase your level of self-care by being more *optimistic. Be kind to yourself and others—go out of your way to do something kind for another person. Listen well, and pay attention to what other people say to you without cutting in. (1)

【B】 Humans have been trained for thousands of years to think about the negative. (2) Even now, we still focus on what's going wrong, what's missing, and what might go wrong in the future. Being more thankful for what you have is a way of building more *resilience and strength. Noticing the good things in your life, and the source of those good things, creates a high level of *gratitude and is linked to life, happiness and hope. When you take the time to shift your attention to what's working in your life, more of your needs can be met. Gratitude tones down the alarm system in your brain; this reduces your feelings of stress, and creates a feeling of happiness. Gratitude balances out negativity. (3)

【C】 Everyone loves to be listened to. When you listen carefully, you become much more valuable to others because they like to feel heard. When someone feels heard, they feel more respected and liked. It is not just listening to another person until you feel you understand them—it is so that they feel well listened to. (4) When people feel heard and understood, they feel more valued and hopeful about the future. When you really listen to someone, they are more likely to listen to you, as listening develops deep trust.

【D】 Stories about wars and the pandemic are on your screens and in newspapers all the time.

(5) Stress about work, study, family, and money can also wear you down. (6) If you pay attention to what you think and believe, you can develop resilience. When you become aware of stress, take deep breaths and think about something great that has happened. Focusing on positive feelings will help you let go of the stress. You are stronger than you think you are.

［注］ optimistic 楽観的な　resilience 回復力　gratitude 感謝の気持ち

〈選択肢〉

ア．Listening well is a great way to become the best you can be.

イ．You cannot control what happens outside of your life.

ウ．It also builds awareness of what you want in your life, rather than what you don't want.

エ．This kept us safe in the past when we needed to be aware of danger and threats.

オ．The feeling of being understood connects us to that person.

カ．These events can make you feel worried and sad about the state of the world.

Ⅳ　日本文とほぼ同じ意味を表すように［ ］内の語句を並べ替えて英文を完成し，各文の①と②に入る最も適切なものを記号で答えなさい。ただし，不要な語句が１つ含まれている。なお，文頭に来るものも小文字になっている。

1．過去のことを心配するのはやめて，現在を楽しもう。

( )(①)( )( )(②)( )( ) the present.

［ア worrying　イ past　ウ the　エ and　オ enjoy　カ let　キ stop　ク about］

2．いつ新しい車を買うつもりなのか教えてもらえますか。

( ) you (①)( )( )( )(②)( )( ) buy a new car ?

［ア going　イ tell　ウ to　エ when　オ are　カ you　キ me　ク teach　ケ could］

3．川崎は以前，僕の父が住んでいた都市です。

Kawasaki is ( )(①)( )( )( )(②).

［ア my father　イ used　ウ live　エ a city　オ to　カ is　キ where］

4．彼女は僕のことを２時間以上待っていたようだ。

She seems ( )( )(①)( )( )(②) for ( )( ) two hours.

［ア have　イ for　ウ being　エ than　オ to　カ waiting　キ more　ク been　ケ me］

5．このソフトウェアを使えば，以前の２倍の速度でデータを処理できます。

( )(①)( ) to process ( )(②)( )( ) as before.

［ア enables　イ twice　ウ we　エ this software　オ data　カ fast　キ as　ク us］

6．僕は彼に会うと必ず兄さんのことを思い出す。

I (①)( ) him ( )(②)( ) my brother.

［ア remember　イ thinking　ウ see　エ without　オ can't　カ of］

7．彼の決心を変えようとしても無駄ですよ。

It is (①)( )(②)( )( ) his mind.

［ア not　イ use　ウ to　エ trying　オ no　カ change］

8．窓を開けたままにして寝ると風邪をひくよ。

You'll catch a cold (　　)(　　)(①)(　　)(②)(　　)(　　) sleep.
［ア keep　イ are　ウ left　エ the windows　オ you　カ if　キ open　ク while］

9．病気になって初めて健康の価値がわかるのです。
It is (　　)(①)(　　)(　　)(②) you (　　) the value of your health.
［ア realize　イ that　ウ until　エ get sick　オ not　カ you　キ when］

10．日本で過ごしたことのある人なら誰でも，ラーメンの人気を知っている。
(　　)(　　)(①)(　　) any time (　　) Japan knows (　　)(②)(　　)(　　).
［ア popular　イ is　ウ who　エ has　オ in　カ how　キ spent　ク anyone　ケ ramen　コ if］

V　次の各組の文の(　)に共通して入る1語を，与えられたアルファベットから始めて書きなさい。

1．(ア) The (p　　) is that nobody can be sure what the correct answer actually is.
(イ) Even if you know it is a toy gun, you must not (p　　) it at your friend.

2．(ア) We are going to (p　　) the film on the wall so that everybody can enjoy it.
(イ) The president successfully launched a (p　　) to reform the management system.

3．(ア) Imagination is a (m　　)—the more you use it, the stronger it gets.
(イ) A heart attack happens when a part of the heart (m　　) doesn't get enough blood.

4．(ア) He is old and walks with a (s　　).
(イ) If you (s　　) to it, you will make it.

5．(ア) The prisoner spent 5 years digging a tunnel that ended up in the (g　　) room.
(イ) The museum should hire someone to (g　　) the famous painting.

Ⅵ　次の(　)に入る最も適切な語を，以下の表から選び，記号(A1～H3)で答えなさい。ただし，同じ行のもの(同じアルファベットを含む記号)は２度以上使ってはならない。なお，文頭に来るものも小文字になっている。

1. The information is readily (　　) on the Internet.
2. Language games are usually intended to encourage student-to-student (　　).
3. (　　) sources such as solar energy and water-power are used to run this factory.
4. After the party, we each went back to our (　　) rooms to go to bed.
5. I need some (　　) information to solve this problem.
6. My first (　　) of England was of a grey and rainy place.
7. Russia's (　　) of Ukraine has had a big impact on global food supply.
8. (　　) is the ability to invent a new future from raw materials of the past and present.

〔表〕

A1	impressed	A2	impressive	A3	impression
B1	respect	B2	respective	B3	respectful
C1	invader	C2	invasive	C3	invasion
D1	access	D2	accessible	D3	accessibility
E1	add	E2	additional	E3	addition
F1	interact	F2	interactive	F3	interaction
G1	create	G2	creative	G3	creativity
H1	sustainably	H2	sustainable	H3	sustainability

Ⅶ　もしあなたが作家(a writer)だとしたら，何についての文章を書きますか。大まかな内容とそれを書きたいと思った理由について40語以上，55語以内の英語で書きなさい。解答欄の[If I]に続けて書き始めること。なお，書き終わったら，以下の注意事項に従い，語数を解答欄に記入すること。

[注意事項]
・印刷されている[If I]は語数に含めない。
・符号(,／.／?／!／“／”／:／; など)は１語として数えない。
・ハイフンでつながれた語(five-year-old など)は１語として数える。
・短縮形(I'm／can't など)は１語として数える。
・数字(2023／15など)は１語として数える。

【数　学】（60分）〈満点：100点〉

〔注意〕1．図は必ずしも正確ではない。

2．**4** 以外の解答に際しては，当該の解答欄に考え方や途中経過をわかりやすくまとめ，解答は □ の中に記入すること。

3．解答の分母は有理化すること。また，円周率はπとすること。

1　次の問に答えよ。

(1)　図のように同一円周上の7点を結んだ図形がある。印を付けた7つの角の和を求めよ。

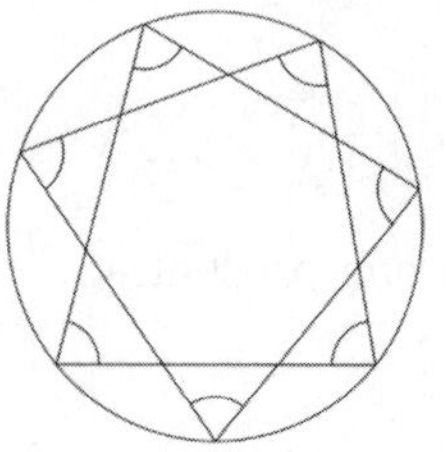

(2)　$\sqrt{2023n}$ が整数となる正の整数nのうち，2番目に小さいnの値を求めよ。

(3)　$x=\dfrac{7}{3+\sqrt{2}}$ のとき，$(x-1)(x-2)(x-4)(x-5)$ の値を求めよ。

2　1枚のコインを6回投げるとき，次の確率を求めよ。

(1)　表が1回以上出る確率

(2)　表が連続して3回以上出る確率

3　AB＝13，BC＝15，CA＝14である△ABCについて，次の問に答えよ。

(1)　頂点Aから辺BCに垂線を引き，辺BCとの交点をHとするとき，BHの長さを求めよ。

(2)　3点A，B，Cを通る円の半径Rを求めよ。

4　AD∥BC，AC＝DBである四角形ABCDにおいて，AB＝DCであることを証明せよ。

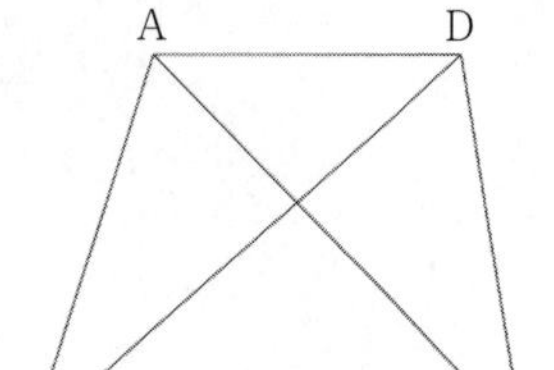

5　5％の食塩水が100ｇ入った容器A，4％の食塩水が100ｇ入った容器B，空の容器Cがある。容器A，Bからそれぞれxｇ，$2x$ｇを取り出し，容器Cに入れてよくかき混ぜ，また，容器A，Bにそれぞれ水をxｇ，$2x$ｇ加えた。さらに，容器A，Bからそれぞれxｇ，$2x$ｇを取り出し，容器Cに入れてよくかき混ぜたところ，容器Cの食塩水の濃度が4％になった。このとき，xを求めよ。

6　図のように，半径が4の2つの球A，Bと，半径が6の球Cが円柱の容器に入っている。3つの球はそれぞれ互いに接し，容器の底面と側面にも接している。球A，B，Cと容器の底面との接点をそれぞれA′，B′，C′とする。次の問に答えよ。

(1)　A′C′ の長さを求めよ。

(2)　△A′B′C′ の面積を求めよ。

(3)　容器の底面の半径 r を求めよ。

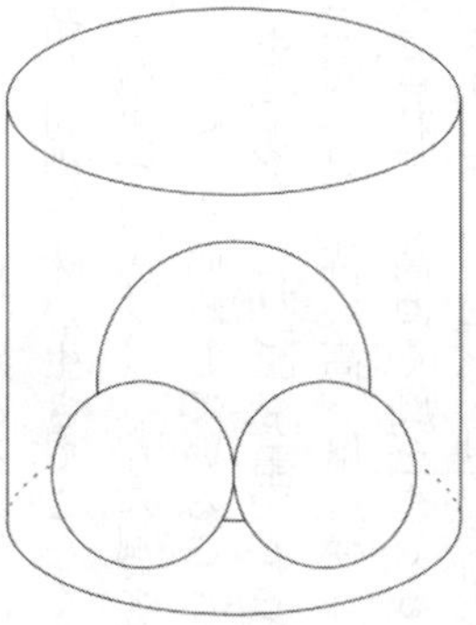

7　原点をOとする座標平面上において，放物線 $y=\sqrt{3}x^2$ と直線 l：$y=\sqrt{3}x+n\ (n>0)$ との交点をA，Bとし，直線 l と y 軸との交点をNとする。△AONと△BONの面積比が4：1であるとき，次の問に答えよ。

(1)　2点A，Bの座標と n の値を求めよ。

(2)　x 座標が正である点Cで，△ABCが正三角形となる点Cの座標を求めよ。

(3)　$\angle APB=60°$ となる x 軸上の点Pの x 座標を求めよ。

に又は無駄に」といったような意味にとると、詩全体のバランスがとれなくなって、転結二句の意味が生きてこなくなる。ここでは、羽ばたいているのは「無駄ではなく」、ただ風を待っている。言いかえれば［　5　］ことを暗喩していることと理解すべきである。従って、「鼓翼」を「あだに打つ」と訳すことはできない。

なお、原詩の転結二句「只　待　高　風　便　非　無　雲　漢　心」に対して、春夫はこれを「高ゆく風をまてるらむ　こころ雲ゐに［2］」と、やはり起承の二句と同じように、［4］調の音数律で訳している。起承の二句の訳文よりは好訳である。しかし、問題が全くないではない。たとえば、原詩の転句は肯定文であるのに対して、訳文は推量で表している。

また、原詩の結句は、二重否定になっていて、肯定的な意志を表している。訳文は淡い願望となっている。

（吉川発輝『佐藤春夫の『車塵集』』より）

問一　［1］・［2］に入る最も適当な語句を下の選択肢から一つずつ選び、記号で答えなさい。

［1］　ア　羽　　イ　啼　　ウ　禽　　エ　鳳　　オ　雛

［2］　ア　あこがれて　　イ　ききほれて
　　　ウ　しのばれて　　エ　みたされて
　　　オ　わかたれて

問二　［3］・［4］に入る最も適当な語を考え、［3］は季節を表す漢字一字で、［4］は漢字二字で記しなさい。

問三　本文中の［5］に入る適当な内容の語句を考え、十字以上十五字以内で記述しなさい。

問二　傍線部B「花の色は薄きを見つつ薄きとも見ず」の解釈として最も適当なものを次の選択肢から一つ選び、記号で答えなさい。

ア　永遠に変わることのない自然の美しさを感じます。
イ　季節とともに移ろっていく時の流れを感じます。
ウ　自然とは対照的な人の世の薄情さを感じます。
エ　ただ一人取り残されるわが身のつらさを感じます。
オ　私を思ってくれるあなたの心の温かさを感じます。

問三　傍線部C「朝顔の露とあらそふ世を嘆くかな」とあるが、これについて解説した次の文章の空欄に入る語をそれぞれ一語で考えて答えなさい。

> 「朝顔の露とあらそふ世を嘆くかな」とは、この世の中で、まるで「朝顔の露」のように人間の [1] が [2] ものであることを嘆いた表現である。

問四　傍線部D「若竹の生ひゆく末を祈るかな」とあるが、これはどのようなことを祈った比喩表現か。それについて解説した次の文章の空欄に入る語句を考えて、十字以上十五字以内で記述しなさい。

> 「若竹の生ひゆく末を祈るかな」とは、若竹のように [　　] ことを祈る比喩表現である。

四

次の文章のうち、[A]は唐代に活躍した張文姫の漢詩、[B]は佐藤春夫による翻訳アンソロジー『車塵集』所収の訳詩、[C]は吉川発輝による比較研究の一部である。よく読んで、後の問に答えなさい。

[A]「沙上鷺」張文姫

沙　頭　一　水　[1]
鼓　翼　揚　清　音
只　待　高　風　便
非　無　※1雲　漢　心

※1　雲漢…ここでは「大空」の意。

[B]「白鷺《しらさぎ》をうたひて」佐藤春夫・訳

はまべにひとり白鷺の
あだに打つ羽音《はね》もすずし
高ゆく風をまてるらむ
こころ雲ゐに [2]

[C]

『車塵集』の底本となったのは、『名媛詩帰』であろうが、原詩は韻律が特に美しい。起承二句と承結の二句がそれぞれ同じ脚韻を踏んでいる。声調も、語呂もともによく調和されていて、景と情を高く歌いあげている、格調高い一篇の詩である。読んでみていやみがなく、起句から水辺と白鷺とを配して初 [3] のすがすがしい漂いを思わせる。訳者もよくその詩想を汲んで、訳詩集の「[3] の部」に収めている。

原詩の起承の二句を見ると、

沙　頭　一　水　[1]
鼓　翼　揚　清　音

と吟じて、水辺で一人楽しく羽ばたいている白鷺を配置して何かを象徴している。これに対して、訳文は「はまべにひとり白鷺の　あだに打つ羽、音もすずし」と、起承二句とも同じように [4] 調で訳してある。韻律も語呂もよく、一見名訳のようであるが、よく吟味してみると、原詩の意を十分に伝えていないことに気が付く。言ってみれば、起句の訳文はまだいいが、承句はあと一歩がほしいものである。また理屈を言えば、「沙頭」を「はまべ」と訳して、一見適訳のようであるが、仔細《しさい》に分析すると、ここでは「水辺」が適訳ではないかと思われる。また、承句の「あだに打つ羽音もすずし」とあるが、これも名訳のようであるが、「あだ」を「いたずら

ア　開発　　イ　価格　　ウ　興味　　エ　景気
オ　需要　　カ　種類　　キ　善悪　　ク　宣伝
ケ　調理　　コ　予算　　サ　流入　　シ　労働

問六　[6] に入る最も適当な語句を本文中から抜き出して答えなさい。

問七　[7]〜[9] に入る最も適当な漢字一字をそれぞれ答えなさい。

問八　傍線部C「カカオの多様な効能を筋道をたてて説明することは難しく」とあるが、なぜ難しいのか。その理由を述べた次の解説文の空欄に入る最も適当な語句を、[1] は本文中から十五字以上二十字以内で抜き出し、[2]・[3] はそれぞれ二字熟語を考えて答えなさい。

> [1] ことはない体液病理説に、多様な性質を持つカカオを当てはめようとすると [2] 的に [3] するから。

問九　本文から読み取れる内容として誤っているものを次の選択肢から二つ選び、記号で答えなさい。

ア　ある産品が論争になるということは、それだけ社会の関心が高いことを意味している。
イ　砂糖が食品として定着するまでの間には、食品ではないと断定されたこともあった。
ウ　十八世紀メキシコのイエズス会は、おいしいクリオロ種を輸出したくはなかった。
エ　新来の産品が「薬品か、食品か」決着するまで、貴族たちは事態を静観していた。
オ　体液病理説では、病気を治すために四つの体液のバランスを整えようとする。
カ　ヨーロッパ諸国の医学界で、ココアは「冷・乾」か「熱・湿」かという論争が起こった。

三

次の文章は『紫式部集』所収の和歌三首とその詞書《ことばがき》である。よく読んで、後の問に答えなさい。

※1八重山吹を折りて、※2ある所にたてまつれたるに、一重の花の散り残れるを※3おこせ給へりけるに

折からをAひとへにめづるB花の色は薄きを見つつ薄きとも見ず

※4世の中の騒がしきころ、朝顔を、※5同じ所にたてまつるとて

消えぬ間の身をも知る知るC朝顔の露とあらそふ世を嘆くかな

世を常なしなど思ふ※6人の、※7幼き人の悩みけるに、から竹といふもの瓶にさしたる女房の祈りけるを見て

D若竹の生ひゆく末を祈るかなこの世をうしといとふものから

※1　八重山吹…バラ科の落葉高木。春に黄色の花が咲く。
※2　ある所にたてまつれたるに…「ある高貴な人に差し上げたところ」の意。
※3　おこせ給へりけるに…「(私宛ての和歌に添えて)送ってくださったので」の意。
※4　世の中の騒がしきころ…疫病が流行した長保三年(一〇〇一年)頃のこと。紫式部の夫・宣孝もこの疫病が原因で亡くなったと考えられている。
※5　同じ所にたてまつる…「例の高貴な人に差し上げる」の意。
※6　人…作者・紫式部のこと。
※7　幼き人の悩みけるに…「(紫式部の)幼い娘が病気になった時に」の意。

問一　傍線部A「ひとへに」は、「一重に」の他にもう一つの意味が込められている。その意味として最も適当なものを次の選択肢から一つ選び、記号で答えなさい。

ア　あなたのために　　イ　ただ一度　　ウ　単純に
エ　ひたすらに　　オ　他人事のように

カカオをはじめとする新来の産品は、体液病理説にもとづいて、「熱」「冷」と「乾」「湿」の四通りのいずれに該当するか、分類が試みられた。体液病理説によれば、ある一つの物産は、四通りのいずれか一つだけに該当する。二つ以上に該当することはありえなかった。

ところが新来の産品をめぐって、体液病理説に混乱が生じた。たとえばカカオには「冷・乾」と「熱・湿」の両方の性質が見られた。正反対の性格である。それまで、体液病理説では、同一物が正反対の性格を兼ね備えることはなく、学説的にそのようなものはありえなかった。新来の産品のなかには、体液病理説の四つのカテゴリーにうまくはまらないものが出てきたのである。ちなみに、カカオの「冷・乾」は、ポリフェノールの苦味・渋味を表現し、「熱・湿」は脂肪分が多く、ミネラルに富む点を表現したものだろうと考えられている。

スペイン、メキシコ、ポルトガル、イタリア、フランスの医者の間で、ココアは「冷・乾」か、「熱・湿」かをめぐって論争が生じた。処方を必要とする状況が正反対なので、医者にとっても重大事である。

たとえば、スペイン・セビリヤ出身で、メキシコに移住した医師フアン・デ・カルデナスは、一五九一年出版の自著に次のような見解を記した。カカオは本質的に「[7]・乾」である。摂りすぎると、体液の循環が悪くなり、cユウウツ質が増す。摂りすぎを節制しなければならない。栄養に富み、脂肪が多い点は「[8]・湿」である。かすかな苦味も感じられ、これは「熱・[9]」を示唆している。この苦味成分は、胃の消化を促進する。カカオには、異なる三つの性格が認められる。すぐれた薬材なので利用したほうがよい。ココアに加えるdコウシン料で調整して、カカオの三つの性格のうちのいずれかを際だたせるように処方するとよい。

体液病理説にもとづく医学観では、Cカカオの多様な効能を筋道をたてて説明することは難しく、その後も医者の論争は続いた。やがて、医学そのものが体液病理説を脱して、血液循環説へと移行していった。

カカオ、ココアの受容をめぐって、このように聖職者や医者が介在して、長期にわたる論争を繰り広げた。カカオに関心が集まり、社会的にeシントウしつつあったことの反映だったといえよう。

（武田尚子『チョコレートの世界史』より）

※1 クリオロ種…中米オアハカ等に産するカカオの一種。
※2 フォラステロ種…南米グアヤキル等に産するカカオの一種。
※3 四旬節…キリストの苦難を記念して修養する四十日間。
※4 カカオマス…カカオ豆を炒《い》って皮などを除き、すりつぶしたもの。

問一 二重傍線部a～eのカタカナを漢字に直しなさい。

問二 [1]に入る最も適当な語句を次の選択肢から一つ選び記号で答え、[2]に入る最も適当な語句を本文中から二字以内で抜き出して答えなさい。

[1] ア 飲料　イ 固体　ウ 嗜好品
エ 食品　オ 調味料

問三 傍線部A「戒律違反」とあるが、ここでいう「戒律」の具体的内容を十五字以上二十字以内で答えなさい。ただし、解答欄の「～ということ。」につながるように答えること。

問四 傍線部B「宗教的批判」とあるが、本文中から読み取れる宗教的批判として最も適当なものを次の選択肢から一つ選び、記号で答えなさい。

ア 食品に薬効はないので、薬品として用いるのは邪道だ。
イ 新来の産品から良種のみを買い占めることは貪欲である。
ウ 美味に慣れた聖職者は堕落している。
エ 未知への興味から新奇な物産を食するのは悪いことだ。
オ ローマ教皇の判断が正しく、医者の主張は間違っている。

問五 [3]～[5]に入る最も適当な語句を次の選択肢からそれぞれ選び、記号で答えなさい。ただし、同じ記号は二度以上用いてはならない。

ココアの美味に驚嘆したことが文献にも記されている。イエズス会はクリオロ種の原産地にも農園を所有していたので、美味だったのはクリオロ種だったのかもしれない。ちなみに、十八世紀のスペインでは中米メキシコのソコヌスコ・タバスコ産のカカオが好まれ、南米グアヤキル産は苦味が強すぎるということで、豆のランクは低かった。クリオロ種と※2フォラステロ種に対する評価の違いがよく表れている。

カトリック修道会の教団運営の資金源として、カカオは不可欠のものだった。ここで論争になったのが、ココアは「薬品か、食品か」「飲み物（液体）か、食べ物（固体）か」という問題である。カトリックには、春のイースター（復活祭）前の※3四旬節などに断食する習慣があった。「薬品」であれば断食中も摂取「可」、「食品」は「不可」だった。また、「液体」は摂取「可」、固体は「不可」だった。

ココアをめぐる宗教的論争は「薬品か、食品か」「液体か、固体か」だった。カカオが栄養価に富み、健康増進に効果的であることは、経験的に認められていた。※4カカオマスを湯に溶いて、泡立てたドロドロの状態は、液体、固体のどちらにもあてはまりそうだった。栄養が不足する断食期間に、滋養に富むココアを摂取できるほうがカトリック教徒たちには好ましい。一五六九年にローマ教皇ピウス五世は、実際にココアを味わって、「［1］」であり、断食中に摂取して「［2］」という判断を示した。

しかし、「脂肪分に富み、体温を上昇させる効果がある」等を根拠に、食品であると主張し、A戒律違反を批判する医者が跡を絶たなかった。「薬品か、食品か」という論争は十六〜十七世紀にほぼ一〇〇年間にわたって続いた。砂糖を入れたココアは実際に美味に感じられ、ココアの機能を「薬品」に限定する社会的合意を形成することには無理があったといえよう。

このように、十七世紀に「薬品か、食品か」を問われた新来の産物はカカオに止《とど》まらない。十七世紀には茶、コーヒー、ジャガイモ、トウモロコシ、タバコ、トマトなど、新世界から到来した産品が増えた。社会のなかで新奇な物産をどのようなカテゴリーに位置づけるべきか論争が起きた。未知の味にaユウワクされて口にすることを、「悪」とみなす宗教的規範も強かった。エデンの園の「リンゴ」が、人間の原体験として重要な意味を持つ宗教的環境であったから致し方ない。

新来の産物はおもに二つの論争を経て、食品として徐々に受け入れられていった。宗教的論争と医学的論争である。砂糖も同様の過程をたどった。十二世紀に『神学大全』を記したイタリアの神学者トマス・アクィナスは、「砂糖は消化促進に効果がある。薬品である、食品ではない」という結論を述べた。医学的に権威があったイタリア・サレルノの医学校の医学書にも、砂糖に薬効があることが記されていた。

医学的権威に拠《よ》って「薬品」として認められることは、B宗教的批判に対抗する手段になった。結論が出ない論争に、聖職者や医者がbエンエンと関わり続けている間に、貴族層は新来の味を試し、美味に慣れていった。［3］が増し、新来の産品の［4］量が増えて、［5］がいくぶん低下し、新来の味は貴族層から市民層に広がっていった。

カカオは実際に栄養価に富み、薬効があったから、「薬品」として着実に定着していった。当時の医学理論にもとづくと、カカオの薬効はおおよそ次のようなものだった。

中世のヨーロッパでは、体液病理説という医学観で、病気の診断が下され、薬が処方された。体液病理説は、古代ギリシャのヒポクラテスが創始し、ガレノスが発展させたといわれている。人体には、血液、粘液、黄胆汁、黒胆汁の四つの体液があり、バランスが良ければ健康、崩れて病気になる。四つの体液は、「熱」「冷」と「乾」「湿」の組み合わせ四通りのいずれかに分類される。病気を直すには、原因と［6］の薬品が処方された。「熱・乾」がまさって病気が起きている場合は、「冷・湿」の薬が処方された。

銀四郎にとって人に危害を加えた羆を斃すのは己の使命であり、［ 1 ］さえ得られれば十分であったのに、区長がその［ 2 ］に反する言動をとって、銀四郎を立腹させてしまった以上、『［ 3 ］ない』と判断したから。

問六 傍線部E「視線を蓆の上に落していた」とあるが、この時の六線沢の男たちの心境として最も適当なものを次の選択肢から選び、記号で答えなさい。

ア　家族が殺害された者たちには気の毒だが、銀四郎への謝礼金は負担してもらいたいと考えている。

イ　簡単に羆を仕とめたにもかかわらず、自分たちに金銭を要求してくる銀四郎に怒りを覚えている。

ウ　銀四郎の言いなりになって、貧しい自分たちから金を集めようとする区長に、内心では失望している。

エ　区長の提案をもっともだと理解しつつも、貧しい生活から金銭を拠出するのは厳しいと感じている。

オ　酒乱の銀四郎にむしり取られるのは悔しく、僅かな金にも困る自分たちの生活を惨めに思っている。

問七 傍線部F「区長は、かれの体が闇の中にとけこんでゆくのを身じろぎもせず見送っていた」とあるが、本文から読み取れる区長の人となりとして適当なものを次の選択肢から二つ選び、記号で答えなさい。

ア　区長として村人たちを威圧する一方で、外部の者には卑屈な態度で取り入ろうとする打算的な人物。

イ　孤独な者に寄り添う優しさを持っているが、周囲の顔色をうかがわずにいられない優柔不断な人物。

ウ　村落の者の生活を守る責任を強く感じており、そのために自ら困難を引き受けようとする正義漢。

エ　たとえ理不尽な暴力を振るわれたとしても、近しい間柄でありさえすれば許してしまう人格者。

オ　羆に対する恐怖にとらわれるあまり、周囲の反対を押し切って素行の悪い者にすがりついた臆病者。

カ　人とのやりとりで不器用な点はあるが、異なる価値観を持つ者を理解しようとする度量の広い人物。

二 次の文章は、ココアが西洋に広がっていく歴史について述べたものである。カカオに砂糖を加えてココアとして口にする習慣は、十六～十七世紀にスペインから他のヨーロッパ諸国へ広まっていった。よく読んで、後の問に答えなさい。

スペイン・ポルトガル・イタリア・フランスなどカトリック諸国で、初期のカカオ消費者になったのは、聖職者や貴族である。カトリックの各修道会は、新世界で布教活動を展開、カトリックの勢力範囲を拡大し、本国の勢力を維持することに貢献した。本国に輸入されたカカオは高価で、入手できるのは貴族層に限られていた。

一六九三年にイエズス会の宣教師がメキシコのバリャドリード(現モレリア)にあったコレジオ(修道会の教育・学術施設)で、本国スペインの修道会宛に発信した報告の書簡がある。そこには、当地のイエズス会はカカオ農園を二つ経営し、合わせて一九万本のカカオの木を所有していること、カカオを売却して得た収入で、現地のコレジオを経営し、学院の施設拡充の費用も捻出していること等が記されている。一七〇四、一七〇七、一七五一年にも、メキシコ内の他の拠点から本国へ宛てた書簡に、イエズス会が経営していたカカオ農園の状況が報告され、本国の教団維持費を納付していたことがわかる。※1クリオロ種の原産地オアハカにも、イエズス会が経営するカカオ農園があった。現地のイエズス会は、布教機関としての機能のほかに、現地産品の生産・交易に積極的に関与し、資金を作る経済的機能も担っていた。

現地のカカオ農園から本国の教団本部に、カカオの実物も納入されていたのだろう。一七二一年にスペインのイエズス会教団施設で、銀四郎は、無言のまま焼酎を飲んでいたが、やがて手をのばすと金をつかんで懐に押しこんだ。そして、銃を手に立ち上ると部屋の隅に近寄り、革袋に雪をつめてその中に羆の胆嚢《たんのう》を納めた。

かれは、銃を肩にかけ、焼酎の入った一升瓶をつかんで土間におりた。そして、板戸を荒々しくあけると外に出た。

区長は、窓の垂れ蓆のすき間から外をうかがった。ほの白く雪のひろがった校庭を、銀四郎が肩をいからせて歩いてゆく。おそらく銀四郎は、瓶の酒を飲みながら鬼鹿村まで夜の山中を歩いてゆくのだろう。

F区長は、かれの体が闇の中にとけこんでゆくのを身じろぎもせず見送っていた。

（吉村　昭『羆嵐』より）

問一 [い]・[ろ]・[は] に入る語句として最も適当なものを、それぞれ下の選択肢から選び、記号で答えなさい。

[い]　ア　ぎこちない　イ　豪放な　ウ　寒々しい
　エ　控え目な　オ　朗らかな

[ろ]　ア　媚びるような　イ　探るような
　ウ　蔑むような　エ　寂しい
　オ　鋭い

[は]　ア　期待に満ちた　イ　刺すような　ウ　澄んだ
　エ　ぼんやりとした　オ　弱々しい

問二 傍線部A「いつの間にか茶碗を蓆の上に置いたまま酒を注がせるようになった」とあるが、銀四郎はなぜこのような行動をとったのか。その理由を述べた次の解説文の空欄に入る最も適当な語句を、それぞれ下の選択肢から選び、記号で答えなさい。

> 銀四郎自身は自分の信念に従って困難な役割を果たしたにもかかわらず、村人たちは自分に対して [1] だけでその場をやり過ごそうとしている。その振る舞いを [2] だと感じ始めているから。

[1]　ア　あぐねる　イ　うそぶく　ウ　おもねる
　エ　たばかる　オ　みまかる

[2]　ア　奇妙　イ　残酷　ウ　失礼
　エ　卑怯　オ　無知

問三 傍線部B「立ち上るとかれの傍に坐った」とあるが、この時の区長の心境として最も適当なものを次の選択肢から選び、記号で答えなさい。

ア　銀四郎に恐れをなしている村人たちに対して、銀四郎と対等な立場であることを示したい。

イ　クマの高価な胆の所有権を認めることで、一刻も早く銀四郎をこの村から追い出したい。

ウ　世話役として改めて感謝を示すことで、荒れそうな兆候が見えた銀四郎をなだめたい。

エ　羆に殺された者たちを話題にすることで、銀四郎の関心を少しでも酒から逸らせたい。

オ　見返りを上乗せしてきそうな銀四郎に対して、口火を切ることで交渉を有利に進めたい。

問四 傍線部C「不思議にも憤りを感じなかった」とあるが、区長はなぜ腹を立てなかったのか。その理由を述べた次の解説文の空欄に入る最も適当な語句を、本文中から [1] は四字、[2] は二字で抜き出しなさい。

> 銀四郎が酒を飲んで荒れるのは、 [1] を身近に感じながらも銃一挺《ちょう》を頼りに狩猟して生きざるを得ない [2] から恢復《かいふく》する術であることを、区長は理解しているから。

問五 傍線部D「わかった。金を集める」とあるが、区長がこのように応答したのはなぜか。その理由を述べた次の解説文の空欄に入る最も適当な語句を、[1]・[2] は本文中から三字以上五字以内で抜き出し、[3] は十五字以上二十字以内で考えて記述しなさい。

りするな。それですませようとするきさまらのずるさがいやだ。おれは、大人しく鬼鹿《おにしか》へ帰るつもりでいたが、その気持は失《う》せた。村中の金をここへ出せ。もしもおれに礼を言いたいと言うなら、金を出せ」

　銀四郎は、怒声を浴びせかけると口に近づけた茶碗をかみくだいた。

　区長は眼を薄くあけた。

　羆を仕とめるまでの銀四郎は殊勝な態度をとっていたが、眼前のかれは、人に忌み嫌われる酒乱の男にもどっている。腰に蛮刀をさし傍に銃を置くかれが、酔いに乱れた頭でどのようなことをするか予測もつかなかった。

　区長は、羆を仕とめた折にふりむいた銀四郎の顔を思い起していた。その顔には血の気がなく、区長は初めて羆撃ちの名手といわれているかれが、死の恐怖とたたかいながら羆と対したことを知った。

　その顔を眼にした区長は、かれの生活をのぞき見たように思った。銀四郎が羆に対して非力な存在であることを自覚しながら、銃一挺《ちょう》を頼りに羆を斃して生きてきたことに気づき、銀四郎に物悲しさも感じた。

　銀四郎が酒を飲んで荒れるのは、胸に巣食う悲哀をいやすためにちがいない。殊に前日仕とめた羆は銀四郎にとって類のない恐しい存在であったはずで、一層酔いが深いのかも知れなかった。

　金銭を銀四郎にさし出すのは、当然のことに思えた。警察官も百数十名の他町村の者たちも羆を斃す力はなく、羆は銀四郎個人によって仕とめられた。銀四郎は、自分の体が羆の爪で引き裂かれ骨をくだかれて食いつくされる恐怖にさらされながら、照準を定め引金をひいたにちがいない。羆はかれの死を賭した行為によって仕とめられたものであり、それに対して報酬をあたえ、感謝の意をしめすべきであった。

「Dわかった。金を集める」

　区長は、深くうなずくと腰を上げた。そして、六線沢の男たちを手招《てまね》ぎして隣接の教室に入っていった。そこには、女や老人たちがひっそりと身を寄せ合って坐っていた。

　かれは、男たちに説いた。銀四郎は、殺害された六名の村人たちの報復を果《はた》したクマ撃ちであり、感謝の意を謝礼という形でしめす必要がある。もしも羆を斃すことができず逃走を許したら、六線沢の者たちは羆の再来におびえ土地を放棄しなければならなかっただろう。銀四郎の行為は、村落の者全員の生活を救ったのである。

「被害者の出た家をのぞく十二戸の家から、等分に金を出して銀四郎に贈るべきだ」

　かれは、言った。

　六線沢の男たちは、E視線を蓆の上に落していた。かれらは、乏しい耕地で得た物でかろうじて生きている。現金収入はほとんどなく、漁師町に出稼ぎに行って得た金も、灯油その他の生活必需品の購入に費され、金銭的な余裕は皆無に近かった。

　しかし、かれらは区長の言葉を素直にうけいれた。到底対抗できぬ羆を仕とめてくれた銀四郎に出来るかぎりの謝礼を支払うのが義務だ、と思った。

　かれらは、低い声で話し合い、一戸で三円の金を出すことに定《き》めた。そして、或《あ》る者は自分の懐中から、他の者は妻のもとに行って肌身につけている金銭を奪いとるように持ってくると、区長の前にさし出した。

　区長は、それに胴巻から出した四円を加えて隣室にもどった。

「四十円が集った。受取ってくれ」

　区長が、金をさし出した。

　銀四郎は、床に置かれた金に眼を据えると、

「足りない」

と、即座に言った。

　区長はうなずくと、

「それではおれが十円足す。これで納得してくれ」

と言って、頭をさげた。

二〇二三年度 慶應義塾志木高等学校

【国語】（六〇分）〈満点：一〇〇点〉

〔注意〕字数指定のある設問においては、句読点などの記号をすべて一字と数えること。字数指定のない設問においては、解答欄に収まるように書くこと。

一 次の文章をよく読んで、後の問に答えなさい。

〈あらすじ〉大正四年、北海道北西部の苫前《とままえ》村六線沢《ろくせんさわ》の村落に巨大な羆《ひぐま》が出現し、住人が襲われた。銃を持たない村人たちは隣接する三毛別《さんけべつ》の区長に助けを求めた。区長は、三毛別の住人を指揮して救援に乗り出したが、更に被害を拡大させてしまう。区長は六線沢の住人を三毛別に退避させたうえで、警察の出動を要請した。ところが、警察の最新の装備をもってしても羆を斃《たお》すことはできなかった。そこで区長は、腕は確かだが素行の悪さで知られている猟師の銀四郎に助けを請うことにした。質屋《しちや》に入っていた銀四郎愛用の鉄砲を、区長が代わりに五十円を支払い彼の元に返した。そしてついに、銀四郎は羆を仕とめることに成功した。

日が没し、六名の死者のささやかな通夜が営まれた。分教場にはランプがともり、焼酎《しょうちゅう》がはこびこまれた。また、女や子供には米飯が出され、子供たちは、飯を少しずつ箸でつまんでは口にはこんでいた。

男たちは、焼酎をくみ合った。かれらは、遺族たちとともに銀四郎に近づくと、手をついて感謝の言葉を口にした。銀四郎は、焼酎をみたした茶碗《ちゃわん》をかたむけながらかすかにうなずいていた。

男たちの間ににぎわいが増し、［い］笑い声も起るようになった。

かれらは、時折り銀四郎の顔に［ろ］眼を向けていた。酔いが銀四郎を変化させはしないかと恐れはじめていた。

男たちは、銀四郎の茶碗に酒が少《すく》なくなると、一升瓶を手に近づいた。銀四郎はそれを無言でうけていたが、Aいつの間にか茶碗を蓆《むしろ》の上に置いたまま酒を注《つ》がせるようになった。

男たちは、銀四郎の口がゆがみ、細い眼に［は］光がうかびはじめているのに気づいた。

かれらの口数は、次第に少なくなった。笑い声も絶え、身を寄せ合って酒をふくんでいた。

区長も銀四郎の表情をうかがっていたが、B立ち上るとかれの傍に坐《すわ》った。

「こうやって通夜ができるのもあんたのおかげだ。みな、感謝している。お礼をしたいが、どのようにしたらよいかおれたちにはわからない。とりあえずクマの胆《い》はあんたが持っていって欲しい」

かれは、銀四郎の茶碗に焼酎を注ぎ入れながら言った。

「クマの胆?」

銀四郎が、かれの顔に眼を据えた。と同時に、茶碗の中の焼酎が区長の顔に浴びせかけられた。

区長は、眼に激しい痛みを感じ顔を掌《て》でおおった。

「冗談を言うんじゃねえ。クマの胆は、クマを仕とめた者がもらうのだ。持っていっていいとはなんだ。仕来りを知らぬのか」

銀四郎は、ころがった茶碗を拾うと荒々しく焼酎をみたした。

男たちは、顔色を変えて銀四郎の表情をうかがった。

区長は、銀四郎の粗暴な行為にC不思議にも憤りを感じなかった。

かれは、腰にたらした手拭《てぬぐい》をぬきとると、顔をぬぐった。

「おれが悪かった。なにか不満があるのか。欲しいものがあるなら言ってくれ」

区長は、痛む眼をかたく閉じたまま言った。

「きさまらは、ずるい。ぺこぺこ頭をさげたりおべっかをつかった

2023年度／慶應義塾志木高等学校

英語解答

Ⅰ 問1　1　found　2　belongs
3　worry　4　waiting
5　changed

問2　will be some papers that I must put my name on

問3　あ…2　い…3　う…1　え…4

問4　(例)突然耳元で「おはよう」とささやく声が聞こえたから。

問5　the little silver cross

問6　(例) Because he felt that the count would not let him leave although he wanted to go home.

Ⅱ 問1　1　date　2　leading
3　happen　4　forced
5　developed

問2　2　問3　less dangerous

問4　2，6，7

Ⅲ 1　ア　2　エ　3　ウ　4　オ
5　カ　6　イ

Ⅳ 1　①…ア　②…イ
2　①…イ　②…オ
3　①…キ　②…ウ
4　①…ク　②…ケ
5　①…ア　②…イ
6　①…オ　②…イ
7　①…オ　②…エ
8　①…イ　②…キ
9　①…ウ　②…イ
10　①…エ　②…ア

Ⅴ 1　point　2　project
3　muscle　4　stick
5　guard

Ⅵ 1　D2　2　F3　3　H2
4　B2　5　E2　6　A3
7　C3　8　G3

Ⅶ (例) (If I) were a writer, I would write about George Boole, a nineteenth-century British mathematician. Without his study, we would not have the computer today. I would describe him as a self-taught scholar, who was born poor and unable to have higher education. I would like to encourage my readers not to give up under any circumstances. (55語)

Ⅰ〔長文読解総合―物語〕

≪全訳≫❶ジョナサン・ハーカーは弁護士で，ロンドンに住んでいる。彼の仕事の1つは，外国に住む裕福な人々のためにイングランドで屋敷を見つけることだ。1875年の初頭，彼は東ヨーロッパの国トランシルバニアから手紙を受け取った。その手紙は，ドラキュラ伯爵という金持ちからだった。彼はロンドンの近くに屋敷を買いたがっており，ジョナサンに手助けを頼んできたのだ。長い旅の後，ジョナサンは仕事の話をするために伯爵の城に到着した。伯爵は気さくで礼儀正しく，空が明るくなる直前にジョナサンを彼の部屋へ案内した。❷ジョナサンは翌朝遅くまで寝た。彼は，食堂に自分のために朝食が用意されているのに気づいた。伯爵は不在のようだったので，ジョナサンは城を見て回ることにした。多くの扉に鍵がかかっていたが，1つは開いていた。その中には広い図書室があった。ジョナサンは，棚には英語の本，机には英語の新聞があることに驚いた。その日の残りはそこで楽しく読んで過ごした。❸午後遅くなって，伯爵が入ってきた。❹「ここでの過ごし方を見つけられたようでよかったですよ」と彼は言った。「イングランドに屋敷を買うことにしたので，英国の生活について知ろうと思いましてね。本からの言葉しか知らなくて申し訳ない。ハーカーさん，あなたと話して英語をもっとよく知りたいと思っているんですよ。さて，それでは仕事の話をしましょう」❺ドラキュラはジョナサンの向かいに座ってこう続けた。「御社が私のためにイングランドに買った屋敷について教えてください。私が名前を書かなくてはいけない書類がいくつかあることでしょう。もちろん，全て知っておきたいと思います」❻「そのお屋敷はカーファクスと呼ばれています」とジョナサンは説明を始めた。「ロンドンの北にあります。土地は広いです。土地の大部分は木々で覆われていますので，かなり暗いです。お屋敷は広くて古く，窓はほとんどありません。隣には，これもお屋敷に属している古い無人の教会があります。カーファクスを孤立したお屋敷とお思いになるのではと心配しています。隣人といえば，小さな医院を営む医師だけです」❼「屋敷が古いのは歓迎ですよ」と伯爵は答えた。「古い家系の家の出なので，歴史のない家に住むのは好みません。それに，暗さも私には気になりません。年寄りですから，よく死について考えます。暗さは怖くありませんよ」❽彼は書類に名前を書き，部屋を出ていった。ジョナサンは彼について食堂へ行った。夕食が用意されていたが，またしても伯爵は食べなかった。「今日は外で食べてきたのです」と彼はジョナサンに言った。「腹は減ってませんよ」❾その夜もそれに続く幾晩も，最初の夜と同じように過ぎた。そしてある日，彼が到着してから約1週間後，奇妙なことが起きた。ジョナサンは窓のそばに立っていた。旅行かばんから出した小さな鏡の前で彼はひげをそっていた。❿不意に，耳元で「おはよう」と言う静かな声が聞こえた。ジョナサンはぎょっとして跳び上がり，首を切ってしまった。伯爵が彼の横に立っていた。ジョナサンはもう一度鏡をのぞき込んだが，自分しか映っていなかった。⓫「なぜ彼を鏡で見ることができないのだろう」と彼は思った。⓬彼は再び振り向き，ドラキュラの目に奇妙な飢えた表情を認めた。伯爵はジョナサンの首の切り傷から流れ出る小さな出血をじっと見ていた。⓭無意識に，ジョナサンは手を上げて血を覆おうとした。そうしたとき，彼は首にかけた小さな銀の十字架に触れた。伯爵の顔つきが変わった。その目は赤く光り，彼は震え始めた。そして一言も言わず，鏡を取り上げると窓から投げ捨てた。長い静寂があり，それからジョナサンにははるか下の岩に当たったガラスが割れる音が聞こえた。伯爵は腹を立てた様子で向き直った。「私の屋敷に鏡は入れないぞ」と彼は叫んだ。そして数秒後，もっと穏やかにこう言った。「切り傷をつくらないようにしなさい。この国では，それはあなたが思うより危険なのです」⓮伯爵が部屋を出ていくと，ジョナサンは窓から割れた鏡を見た。地面はずっと下にあった。初めて，彼は家に帰りたいと実感した。「しかし彼は私を帰らせてくれるだろうか」と彼は思った。「私は本当に彼の客人なのだろうか。それとも，もしかしたら私は彼に捕らえられた身なのか」

問1＜適語選択・語形変化＞1．直後の ready に着目する。‘find＋目的語＋形容詞’「～が…だとわかる」の形である。前後の文に合わせて過去時制にする。　find－found－found　2．belong to ～で「～に属している」。対話中における‘現在の状態’なので現在時制になるが，先行詞の an old empty church に合わせて3単現の s をつける。　3．2文後に I do not fear darkness. という同様の意味の文がある。　worry「～を悩ませる」　4．食堂へ行くと，夕食が「待っていた」。be waiting で「用意されている」という意味を表せる。　5．直後で His eyes shone red と，「顔つきが変わった」様子が具体的に説明されている。

問2＜整序結合＞「書類がいくつかあることでしょう」を There will be some papers とし，papers「書類」を修飾する「私が名前を書かなくてはいけない」を関係代名詞節で表す。名前を書くのは書類の上なので，put my name on となる(on の目的語は先行詞の papers)。

問3＜適語選択＞あ．be covered with ～「～で覆われている」　い．「古い家系の家(＝歴史のある家柄)の出なので，歴史のない家に住むのは好まない」という文脈である。　う．stand by ～「～のそばに立つ」　え．out of the window「窓から」を除いて考える。

問４＜文脈把握＞恐怖で跳び上がった理由は前文に書かれているので，その内容をまとめる。heard a quiet voice ... say ... は‘知覚動詞＋目的語＋動詞の原形’「〜が…するのを聞く〔見る，感じる〕」の形である。

問５＜要旨把握＞ジョナサンの首から流れる血を飢えた目で見つめていたドラキュラ(第12段落)だったが，ジョナサンが「小さな銀の十字架」に触れると，顔つきが変わり震え始めている。十字架がジョナサンを守ったのである。

問６＜英問英答＞「なぜジョナサンは自分がとらわれの身かもしれないと感じたのか」―「帰りたいのに伯爵が帰らせてくれないのではないかと感じたから」　prisoner には「囚人」のほか，「捕らえられた〔自由を奪われた〕人」という意味がある。ジョナサンは直前で，この城から離れることを伯爵が許してくれないのではないかという不安を吐露していることから考えるとよい。

Ⅱ〔**長文読解総合―説明文**〕

≪全訳≫❶総合格闘技(MMA)は，ボクシング，レスリング，柔道，柔術，空手，ムエタイ(タイ式ボクシング)などの技術を混合させた格闘技だ。当初はルールのない暴力的で危険なスポーツと思われていたが，MMAはその禁じ手なしのイメージを払拭しようと努め，21世紀初頭以来世界で最も急成長するプロスポーツの１つになってきた。MMAの試合は多くの国で，そしてアメリカ合衆国の全50州で開催されている。❷MMAの起源は紀元前648年の古代オリンピックまでさかのぼると信じられていた。当時は，ギリシャ軍の軍事訓練であるパンクラチオンが古代ギリシャの格闘技だと考えられていた。この流血を伴う競技は，レスリング，ボクシング，ストリートファイトを組み合わせたものだった。ダウンした相手を蹴ったり殴ったりすることが認められ，かみつくことと目に親指を突っ込むことだけが禁じられていた。試合は，戦士の一方がギブアップするか意識を失って倒れるかしたときに終了した。試合中に戦士が死んでしまうこともあった。パンクラチオンは，古代オリンピックで最も人気のある競技の１つになった。❸紀元393年，当時のローマ帝王テオドシウスⅠ世がオリンピックを禁じ，人気のあるスポーツとしてのパンクラチオンを終わらせた。しかし，この形式の格闘は後に20世紀のブラジルで格闘技のバーリトゥード(「何でもあり」)として復活した。それは，1925年にリオデジャネイロで柔術の学校を始めたカルロスとエリオのグレイシー兄弟によって広められた。彼らは地域の新聞に「折れた腕やあばらが欲しければ，カルロス・グレイシーまで連絡を」と書かれた「グレイシー・チャレンジ」を告知することで注目を集めた。兄弟は全ての挑戦者と対戦し，パンクラチオンの試合のように見えた彼らの試合はとても人気になったので，彼らはより多くの人々のために広いサッカー場へ移動しなくてはならなかった。❹MMAは，1990年代にグレイシー家がそのトレードマークであるブラジリアン柔術をアメリカで紹介することに決めた後，まず北米の多くの人に知られるようになった。一家のトップファイターとして，エリオの息子であるホイス・グレイシーは，コロラド州デンバーで開催された1993年のトーナメントに出場した。このトーナメントはUFC１と呼ばれるようになった。アルティメット・ファイティング・チャンピオンシップ(UFC)はそのイベントにちなんで名づけられた団体だが，MMAのイベントの主要なプロモーターとなった。UFCイベントの初期の目的は，レスラー対ボクサー，キックボクサー対柔道家といった，異なるスタイルの格闘家たちと試合をすることだった。当初，ルールはかみつかないことと親指を目に突っ込まないことだけだった。試合は，格闘家の一方がギブアップするか，一方のコーナーがタオルを投げ入れるかすると終了した。ホイス・グレイシーはUFC１のチャンピオンになった。それは，デンバーのマクニコルズ・アリーナの，フェンスで囲まれたリングで行われた。UFCの最初のケーブルテレビペイパービューイベントとして，そのトーナメントは８万6000人の視聴者を引きつけた。その人数は第３回のイベントまでに30万人まで増えた。❺UFCは当初，商品を何でも起こりうる禁じ手なしのスポーツとして売り込んだ。その暴力性は多くの人を怒らせた。その中にはジョン・マケインのような政治家も含まれており，彼はそのスポーツは禁じられるべきだと主張した。2001年，新しいUFC経営陣は，そのスポーツを危険の少ないものにするためにルールをつくった。それは，体重別階級，ラウンド，時間制限，それにさらにいくつかの反則を追加した。UFCはもう暴力的なストリート・ファイターを出場させなかった。新しい格闘家たちは，ボクサーやレスラー，格闘技の実践者としてより熟練しており，いいパフォーマンスをするためにハードなトレーニングをして最高のコンディションを保つように強いられた。アメリカでは，このスポーツはボクシング競技を監督するのと同じ団体(ネバダ州アスレチック・コミッションやニュージャージー州アスレチック・コントロール・ボードを含む)の厳格な支配下に置かれた。MMAに反対していたマケインでさえ，2007年にはそのスポーツがすばらしい進化を遂げたと認めた。❻UFCは初期の数年間は興行的に成功するのに苦労したが，ついには大いに利益をもたらす団体に発展した。2003年から2006年にかけては，そのスポーツの最大のスターのうちの2人，ランディ・クートゥアとチャック・リデルによる伝説的な試合が，MMAとUFCの地位を上げるのに貢献した。

問1＜適語選択・語形変化＞1．date back to ～「(起源などが)～にさかのぼる」　2．leading「主要な」　3．no-holds-barred「禁じ手なしの」は，何をしてもいい，つまり「何でも起こりうる」ということ。　4．be forced to ～「～するように強いられる」　5．発足当時はお金を稼ぐことに苦労していたが，利益をもたらす団体に「発展した」という文脈である。

問2＜文脈把握＞ブラジルで格闘技のバーリトゥードが人気になった経緯について説明している部分。下線部の後に続く記述から，「グレイシー・チャレンジ」と銘打った「折れた腕やあばらが欲しければ，カルロス・グレイシーまで連絡を」という広告の意図は，グレイシーの強さを証明し，世間にアピールすることだったと推測できる。この内容に一致するのは，2.「彼らは誰も彼らを負かすことはできないと信じており，そのことを公の場で確認したかった」。

問3＜要旨把握＞第5段落第2，3文参照。make the sport less dangerous は‘make＋目的語＋形容詞’「～を…(の状態)にする」の形。

問4＜内容真偽＞1.「MMAはタイで，ムエタイと柔道，柔術，空手といった他の格闘技を混ぜ合わせることによってつくられた」…×　第1段落参照。「タイでつくられた」という記述はない。　2.「MMAはよくないイメージを払拭するように努め，世界中で人気を増大してきた」…○　第1段落第2文に一致する。　3.「歴史的に言えば，MMAは古代ギリシャで始まったと考えられたが，当時はルールが1つもなかったため，現在のものとは完全に異なっていた」…×　第2段落第3文参照。　ban「～を禁止する」　4.「古代ギリシャでは，戦士の一方が命を失うまで試合は決して止められなかった」…×　第2段落最後から3文目参照。一方がギブアップするか，気を失って倒れるかすれば終了した。　5.「グレイシー家のおかげで，柔術はアメリカからブラジルに伝えられた」…×　第4段落第1文参照。グレイシー家はブラジリアン柔術をアメリカで紹介した。　6.「20世紀にマスメディアを利用してMMAを人気のあるものにしたのはグレイシー家だった」…○　第3段落の内容に一致する。　7.「ケーブルテレビで放映したUFCの第1回のイベントは8万人を超える視聴者を獲得したが，一部の人はその暴力性を嫌い，それを禁じたいと思った」…○　第4段落最後から2文目および第5段落第2文に一致する。　8.「1990年代にUFCは大きな成功を収めたが，それは2000年代には続かなかった，なぜならホイス・グレイシーのような新しい才能のある人が不在だったからだ」…×　第6段落参照。2000年代に入っても，大スターが伝説的な試合を行いさらなる発展に貢献した。

Ⅲ〔長文読解─適文選択─説明文〕

【A】≪全訳≫最高バージョンの自分になりたい？　親切で有望で感謝に満ちたバージョンに？　他人を見て彼らが自分よりうまくやっていると思うのはたやすい。しかし，彼らがそうしているかどうか，本当にはわからない。私たちは一人ひとりが難題に取り組んでいるのだから，自分にできる最善を尽くすことが重要だ。思考と行動は，希望のレベルに影響を与える。最高の自分になるために毎日小さなことをし，そしてより楽観的になることによって自分をケアするレベルを上げること。自分自身と他人に親切にし，他人には何か無理でも親切なことをしようと努めること。他人があなたに言うことをさえぎらず，よく聞いて注意を払うこと。1よく聞くことは自分がなれる最高の自分になるすばらしい方法だ。

＜解説＞1．アは前文の Listen well という助言を補完する内容になっている。

【B】≪全訳≫人間は何千年もの間，否定的な側面について考える訓練を受けてきた。2このことはかつて，私たちが危険や脅威に気づく必要があったときに私たちを安全に保っていた。今でも，私たちはうまくいかないことや失われたもの，将来うまくいかないかもしれないことに焦点を当ててしまう。今持っているものにもっと感謝をすることは，より回復力や強さを高める方法だ。人生のよいことやそうしたよいことの源に気づくことは，高いレベルの感謝の気持ちを生み，人生や幸福，希望に結びついている。時間を取って人生でうまくいっていることに注意を向ければ，あなたが求めていることのより多くがかなうだろう。感謝の気持ちは，脳内の警報システムを和らげ，このことはストレスの感情を減らし，幸せの感覚を生み出す。感謝の気持ちは否定的な側面を相殺する。3それはまた，人生であなたが何を望んでいないかということではなく，何を望んでいるかに対する意識を深めるのだ。

＜解説＞2．エの主語 This が前文の内容を受けていることを読み取る。否定的に考えることで，言い換えれば最悪を想定することで，これまで危険や脅威から身の安全を守ってきたといえる。　3．ウの主語 It が前文の Gratitude を受けていることを読み取る。前文に加えて感謝の気持ちを持つことの利点について述べた文である。

【C】≪全訳≫人は誰でも，耳を傾けてもらうことが大好きだ。じっくりと話を聞いているとき，あなたは他人にとってずっと重要な存在になる。というのは，彼らは聞いてもらえていると感じることが好きだからだ。聞いてもらえていると感じるとき，彼らはより尊重され好かれていると感じる。単にあなたが彼らの言うことを理解したと感じるまで相手の話を聞くということではない，それは彼らがよく耳を傾けてもらっていると感じるためなのだ。4理解されているという感覚は，私たちをその人と結びつける。人は聞いてもらえて理解されていると感じると，より評価され，将来に希望が持てると感じる。本当に誰かの話に耳を傾けているとき，相手もあなたの話により耳を傾けるだろう。聞くことは深い信頼を育てるからだ。

＜解説＞4．オの being understood は，この文章のキーワードの１つである。

【D】≪全訳≫戦争やパンデミックに関する話は常に画面や新聞に出ている。5これらの出来事は，世界情勢についてあなたを不安にさせ，悲しませることがある。仕事や学業，家族やお金に関するストレスもまたあなたを参らせることがある。6あなたは自分の生活の外で起きることをコントロールすることはできない。もし自分が思っていることや信じていることに注意を払えば，あなたは回復力を養うことができる。ストレスに気づいたら，深呼吸をして，すでに起きているすばらしいことについて考えるといい。前向きな感情に焦点を当てることは，ストレスを手放す助けとなる。あなたは自分が思っているよりも強いのだ。

＜解説＞5．カの These events が前文の wars and the pandemic を受けていると考えられ，これはまた，カの about the state of the world にもつながる。　6．自分ではコントロールできないことではなく，自分が思ったり信じたりしていることに注意を向ける，という次の文とのつながりを読み取る。

Ⅳ〔整序結合〕

1．「過去のことを心配するのはやめて」は，stop ～ing「～するのをやめる」を使って Stop worrying about the past とする。「現在を楽しもう」は enjoy the present。不要語は let。 worry about ～「～を心配する」 Stop worrying about the past and enjoy the present.

2．「教えてもらえますか」は Could you tell me ～？で表せる（teach は学問などを教える場合に用いられるのでここでは不可）。'～' の部分に「（あなたは）いつ新しい車を買うつもりなのか」を '疑問詞＋主語＋動詞…' の間接疑問で表せばよい。 Could you tell me when you are going to buy a new car？

3．「僕の父が住んでいた都市」は，where を関係副詞として使い，a city を先行詞とする関係詞節をつくる。「住んでいた」は「かつて住んでいた」と考え，used to live とする。不要語は is。 used to ～「以前は～だった」 Kawasaki is a city where my father used to live.

4．「（今まで）～していたようだ」は，seem to ～「～のように思われる」と現在完了進行形を組み合わせた seem to have been ～ing で表せる。不要語は being。 wait for ～「～を待つ」 She seems to have been waiting for me for more than two hours.

5．「このソフトウェアを使えば～できます」を「このソフトウェアは私たちが～することを可能にする」と考え，'enable＋人＋to ～'「〈人〉が～することを可能にする」の形で This software enables us to ～ とする。「～の２倍の…」は 'twice as … as ～'。不要語は we。 This software enables us to process data twice as fast as before.

6．「…すると必ず～する」は「～せずには…できない」と考え，'can't … without ～ing' の形を使う。「～を思い出す」は，空所の数に合わせてここでは think of ～ を用いる。不要語は remember。 I can't see him without thinking of my brother.

7．「～しても無駄だ」は，It is no use ～ing で表せる。不要語は not。 It is no use trying to change his mind.

8．「窓を開けたまま」は語群にあるのが leave ではなく left なので「窓が開けられたまま」と考え 'leave＋目的語＋形容詞'「～を…のままにしておく」の受け身で the windows are left open とまとめる。'keep＋目的語＋形容詞' でも同様の意味を表せるが，その場合，if you keep the windows open while you sleep となり，you が足りなくなる。 … if the windows are left open while you sleep.

9．「～して初めて…」は，'It is not until ～ that …' で表せる。不要語は when。 It is not until you get sick that you realize the value of your health.

10．「～の人なら誰でも」は，anyone who ～。「過ごしたことのある」は '経験' を表す現在完了を用いて has spent とする。「ラーメンの人気」は「いかにラーメンが人気があるか」と考える。「いかに，どれほど」という '程度' の意味を表す how は直後に形容詞〔副詞〕を伴うことに注意。不要語は if。 Anyone who has spent any time in Japan knows how popular ramen is.

Ⅴ〔適語補充―共通語〕

1．(ア)「問題点，要点」の意味の名詞。 「問題は，何が本当に正しい答えなのか誰も確信できないことだ」 (イ)「～を向ける」の意味の動詞。 「たとえおもちゃの銃だと知っていても，それを友人に向けてはいけない」 'point ～ at …'「～を…に向ける」

2．(ア)「～を映写する，投影する」の意味の動詞。　「私たちは誰もが楽しめるように壁に映画を映写するつもりだ」　(イ)「計画，プロジェクト」の意味の名詞。「社長は経営体制を改革する計画をうまく開始した」

3．(ア)「想像力は筋肉だ，使えば使うほど強くなる」　(イ)「心臓発作は心筋の一部が十分な血流を得られないときに起きる」　muscle「筋肉」　スペルに注意。

4．(ア)「杖」の意味の名詞。「彼は年を取っていて，杖をついて歩く」　(イ)「諦めなければ成功するだろう」　stick to ～ で「～を最後までやり抜く」という意味。　make it「成功する」

5．(ア)「守衛，看守」の意味の名詞。「その囚人はトンネルを掘るのに5年間を費やし，最終的に守衛室に出た」　(イ)「～を守る，保護する」の意味の動詞。「美術館は有名な絵画を守るために誰かを雇うべきだ」

Ⅵ〔適語選択〕

1．「情報はインターネットで簡単にアクセスできる」　accessible＝access＋ible(「～できる」の意味を表す接尾辞 able の異形)

2．「言語のゲームはたいてい，生徒対生徒のやり取りを促進するように意図されている」　interaction「交流，やり取り」　interact「交流する」　interactive「相互に作用する，双方向の」

3．「太陽エネルギーや水力のような持続可能なエネルギー源がこの工場を稼働させるのに使われている」　sustainable「持続可能な」　sustainability「持続可能性」

4．「パーティーの後，私たちはそれぞれの部屋に戻って寝た」　respective「それぞれの，各自の」　respectful は「礼儀正しい」という意味。

5．「この問題を解くのに，何か追加の情報が必要だ」　additional「追加の」

6．「イングランドの私の第一印象は，灰色で雨の多い場所のそれだった」　first impression「第一印象」　impressive「印象的な」　impressed「感動して」

7．「ウクライナへのロシアの侵攻は，世界の食糧供給に大きな影響を与えている」　invasion「侵攻」　invasive「侵略的な」

8．「創造力とは，過去や現在の素材から新しい未来を発明する能力だ」　creativity「創造力」　creative「創造的な」

Ⅶ〔テーマ作文〕

「もし作家(a writer)だとしたら」という‘現在の事実に反する仮定’なので，仮定法過去を使って，If I were a writer, I would write … と書き始める。a novelist ではなく a writer とあるので，内容は小説のようなフィクションに限定する必要はない。設問文の指示に従い，最後に語数を書くこと。（別解例）(If I) were a writer, I would write horror stories. Some of Japanese horror stories have been turned into movies in Hollywood. I would be delighted if my books were sold in the United States and someday we were able to enjoy my original stories on the big screens.（47語）

数学解答

1 (1) 540°　(2) 28　(3) −2

2 (1) $\frac{63}{64}$　(2) $\frac{5}{16}$

3 (1) $\frac{33}{5}$　(2) $\frac{65}{8}$

4 (例) △ABC と△DCB において，仮定より，AC＝DB……①　共通な辺より，BC＝CB……②　点Aを通り DB に平行な直線と辺 CB の延長との交点をEとすると，AE∥DB……③　AD∥BC より，AD∥EB……④　③，④より，四角形 AEBD は平行四辺形　平行四辺形の対辺は等しいので，AE＝DB……⑤　①，⑤より，AE＝AC……⑥　⑥より，△AEC は二等辺三角形だから，∠AEB＝∠ACB……⑦　③より，平行線の同位角は等しいから，∠AEB＝∠DBC……⑧　⑦，⑧より，∠ACB＝∠DBC……⑨　①，②，⑨より，2組の辺とその間の角がそれぞれ等しいから，△ABC≡△DCB　合同な図形の対応する辺だから，AB＝DC

5 $\frac{200}{21}$

6 (1) $4\sqrt{6}$　(2) $16\sqrt{5}$

(3) $\frac{91+46\sqrt{5}}{19}$

7 (1) $A\left(\frac{4}{3},\ \frac{16\sqrt{3}}{9}\right)$，$B\left(-\frac{1}{3},\ \frac{\sqrt{3}}{9}\right)$，$n=\frac{4\sqrt{3}}{9}$

(2) $\left(3,\ \frac{\sqrt{3}}{9}\right)$　(3) $\frac{12\pm8\sqrt{3}}{9}$

1 〔独立小問集合題〕

(1)＜平面図形―角度＞右図のように，各点A～Nを定める。印のついた7個の角の和は，∠A＋∠C＋∠E＋∠G＋∠I＋∠K＋∠M であり，これは，7個の三角形△NAB，△BCD，△DEF，△FGH，△HIJ，△JKL，△LMN の内角の和の合計から，○印の7個の角の合計と△印の7個の角の合計をひいて求められる。7個の三角形の内角の和の合計は 180°×7＝1260° である。また，○印の7個の角の合計は，七角形 BDFHJLN の外角の和であるから，360° であり，同様にして，△印の7個の角の合計も360° である。よって，求める角の和は 1260°−360°×2＝540° となる。

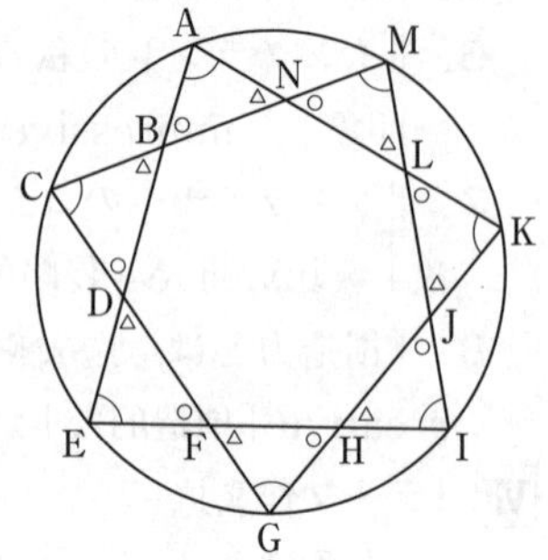

(2)＜数の性質＞$\sqrt{2023n}=\sqrt{7\times17^2\times n}$ だから，これが整数となる正の整数 n は，a を正の整数として，$n=7\times a^2$ と表せる。2番目に小さい n は，$a=2$ のときであり，$n=7\times2^2=28$ となる。

(3)＜数の計算＞$x=\frac{7}{3+\sqrt{2}}=\frac{7\times(3-\sqrt{2})}{(3+\sqrt{2})\times(3-\sqrt{2})}=\frac{7(3-\sqrt{2})}{9-2}=\frac{7(3-\sqrt{2})}{7}=3-\sqrt{2}$ となるので，与式＝$\{(3-\sqrt{2})-1\}\{(3-\sqrt{2})-2\}\{(3-\sqrt{2})-4\}\{(3-\sqrt{2})-5\}=(-\sqrt{2}+2)(-\sqrt{2}+1)(-\sqrt{2}-1)(-\sqrt{2}-2)=(-\sqrt{2}+1)(-\sqrt{2}-1)\times(-\sqrt{2}+2)(-\sqrt{2}-2)=(2-1)\times(2-4)=1\times(-2)=-2$ となる。

2 〔データの活用―確率―コイン〕

≪基本方針の決定≫(1)　6回とも裏が出る場合以外の場合である。　(2)　何回目から3回以上連続で表が出るかで場合分けをして考えるとよい。

(1)＜確率＞1枚のコインを投げるとき表，裏の2通りの出方があるから，6回投げるときの表，裏の出方は全部で 2×2×2×2×2×2＝64(通り)ある。このうち，表が1回以上出る場合は，6回とも裏が出る場合以外の場合である。6回とも裏が出る場合は1通りだから，1回以上表が出る場合は

$64-1=63$(通り)であり，求める確率は$\dfrac{63}{64}$となる。

(2)＜確率＞コインを投げるのは6回なので，表が連続して3回以上出ることが2度以上繰り返されることはない。64通りの表，裏の出方のうち，表が連続して3回以上出るのは，表が出るのが1回目からか，2回目からか，3回目からか，4回目からである。1回目から連続して表が3回以上出るとき，1回目，2回目，3回目が表であればよいから，1回目，2回目，3回目の出方は表の1通り，4回目，5回目，6回目の出方は表，裏の2通りより，$1\times1\times1\times2\times2\times2=8$(通り)ある。2回目から連続して表が3回以上出るとき，1回目が裏，2回目，3回目，4回目が表であればよいから，1回目は裏の1通り，2回目，3回目，4回目は表の1通り，5回目，6回目は表，裏の2通りより，$1\times1\times1\times1\times2\times2=4$(通り)ある。3回目から連続して表が3回以上出るとき，2回目が裏，3回目，4回目，5回目が表であればよいから，1回目は表，裏の2通り，2回目は裏の1通り，3回目，4回目，5回目は表の1通り，6回目は表，裏の2通りより，$2\times1\times1\times1\times1\times2=4$(通り)ある。4回目から連続して表が3回以上出るとき，3回目が裏，4回目，5回目，6回目が表であればよいから，1回目，2回目は表，裏の2通り，3回目は裏の1通り，4回目，5回目，6回目は表の1通りより，$2\times2\times1\times1\times1\times1=4$(通り)ある。以上より，表が連続して3回以上出る場合は$8+4+4+4=20$(通り)だから，求める確率は$\dfrac{20}{64}=\dfrac{5}{16}$である。

3〔平面図形―三角形〕

≪基本方針の決定≫(1)　△ABH，△AHCで三平方の定理を用いる。　(2)　三角形の相似を利用する。

(1)**＜長さ―三平方の定理＞**右図で，$\mathrm{BH}=x$とおくと，$\mathrm{HC}=\mathrm{BC}-\mathrm{BH}=15-x$となる。AH⊥BCだから，△ABHで三平方の定理より，$\mathrm{AH}^2=\mathrm{AB}^2-\mathrm{BH}^2=13^2-x^2=169-x^2$と表せ，△AHCで三平方の定理より，$\mathrm{AH}^2=\mathrm{CA}^2-\mathrm{HC}^2=14^2-(15-x)^2=-x^2+30x-29$と表せる。よって，$169-x^2=-x^2+30x-29$が成り立つ。これを解くと，$30x=198$，$x=\dfrac{33}{5}$となるので，$\mathrm{BH}=\dfrac{33}{5}$である。

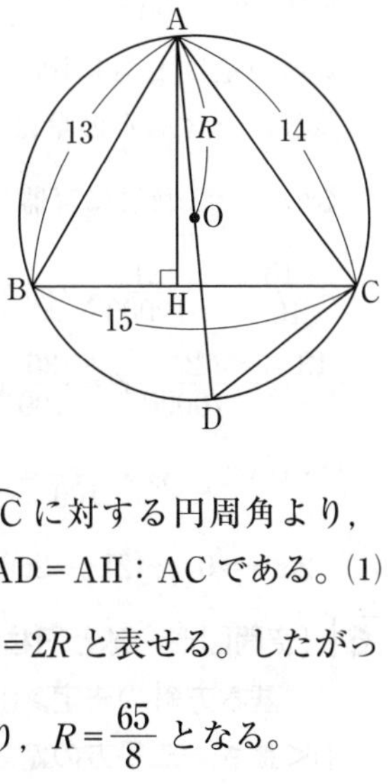

(2)**＜長さ―相似＞**右図で，3点A，B，Cを通る円の中心をOとし，線分AOの延長と円Oの周との交点をDとする。線分ADが円Oの直径より，$\angle\mathrm{ACD}=90^\circ$だから，$\angle\mathrm{AHB}=\angle\mathrm{ACD}=90^\circ$である。また，$\overset{\frown}{\mathrm{AC}}$に対する円周角より，$\angle\mathrm{ABH}=\angle\mathrm{ADC}$である。よって，△ABH∽△ADCとなるから，AB：AD＝AH：ACである。(1)より，$\mathrm{AH}=\sqrt{169-x^2}=\sqrt{169-\left(\dfrac{33}{5}\right)^2}=\sqrt{\dfrac{3136}{25}}=\dfrac{56}{5}$となり，$\mathrm{AD}=2\mathrm{OA}=2R$と表せる。したがって，$13:2R=\dfrac{56}{5}:14$が成り立つ。これを解くと，$2R\times\dfrac{56}{5}=13\times14$より，$R=\dfrac{65}{8}$となる。

4〔平面図形―台形―証明〕

右図1で，△ABC≡△DCBであることがいえると，対応する辺より，AB＝DCとなる。AC＝DB，BC＝CBであるから，∠ACB＝∠DBCがいえればよい。点Aを通りDBに平行な直線と辺CBの延長との交点をEとすると，AD∥EBであるから，四角形AEBDは平行四辺形であり，AE＝DBとなる。よって，AC＝DBより，AE＝ACとなるので，∠AEB＝∠ACBである。また，AE∥DBより，同位角は等しいので，∠AEB＝∠DBCである。解答参照。

図1

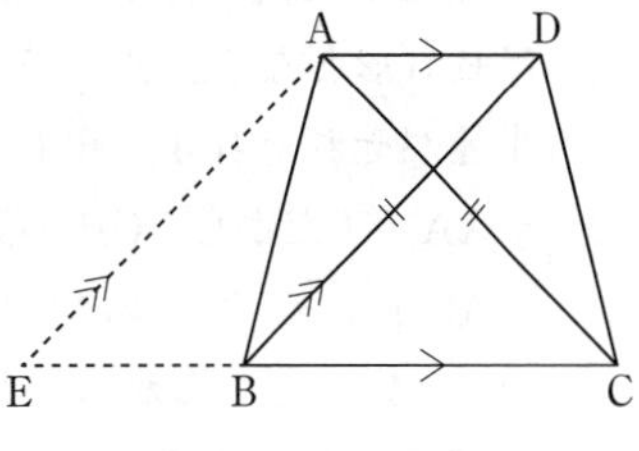

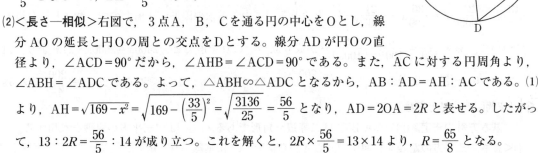

(別解例)右図2のように，点A，点Dから辺BCに垂線を引き，交点をそれぞれH，Iとする。△ABCと△DCBにおいて，仮定より，AC＝DB……①　共通な辺より，BC＝CB……②　また，∠AHI＝∠DIH＝90°……③　AD∥BCより錯角は等しいので，∠HAD＝∠AHB＝90°……④　③，④より，四角形AHIDは長方形だから，AH＝DI……⑤　△AHCと△DIBで，①，③，⑤より，直角三角形の斜辺と他の1辺がそれぞれ等しいので，△AHC≡△DIB　合同な図形の対応する角より，∠ACB＝∠DBC……⑥　①，②，⑥より，2組の辺とその間の角がそれぞれ等しいので，△ABC≡△DCB　合同な図形の対応する辺だから，AB＝DC

図2

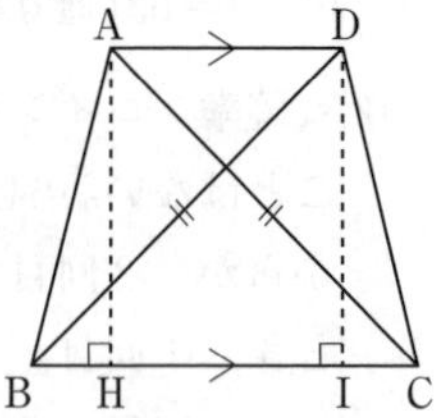

5〔数と式―二次方程式の応用〕

≪基本方針の決定≫容器Cに入った食塩水の量と，それに含まれる食塩の量をxを用いて表す。

＜解説＞はじめ，容器Aには5％の食塩水100g，容器Bには4％の食塩水100gが入っているので，それぞれの食塩水に含まれている食塩の量は，容器Aの方が$100\times\frac{5}{100}=5$(g)，容器Bの方が$100\times\frac{4}{100}=4$(g)である。容器Aからxg，容器Bから$2x$gを取り出して容器Cに入れるので，容器Cに入れる食塩水の量は$x+2x=3x$(g)となる。また，容器Cに入れる食塩水の量は，容器A，容器Bから，それぞれ，100g中のxg，$2x$gだから，容器Cに入れた食塩水に含まれる食塩の量は，$5\times\frac{x}{100}+4\times\frac{2x}{100}=\frac{13}{100}x$(g)である。このとき，容器A，容器Bに残っている食塩水に含まれる食塩の量は，それぞれ，$5-\frac{5x}{100}$g，$4-\frac{8x}{100}$gである。次に，容器A，容器Bにそれぞれ水をxg，$2x$g入れるので，食塩水の量はともに100gとなる。容器Aからxg，容器Bから$2x$gを取り出して容器Cに入れるので，容器Cの食塩水の量は全部で$3x+x+2x=6x$(g)となる。また，100g中のxg，$2x$gを取り出しているので，2回目に容器Cに入れた食塩水に含まれる食塩の量は，$\left(5-\frac{5x}{100}\right)\times\frac{x}{100}+\left(4-\frac{8x}{100}\right)\times\frac{2x}{100}=\frac{13}{100}x-\frac{21}{10000}x^2$(g)であり，容器Cに入っている食塩水に含まれる食塩の量は，全部で$\frac{13}{100}x+\frac{13}{100}x-\frac{21}{10000}x^2=\frac{26}{100}x-\frac{21}{10000}x^2$(g)と表せる。この食塩水の濃度が4％なので，含まれる食塩の量について，$6x\times\frac{4}{100}=\frac{26}{100}x-\frac{21}{10000}x^2$が成り立つ。これを解くと，$2400x=2600x-21x^2$より，$21x^2-200x=0$，$x(21x-200)=0$　$\therefore x=0,\ \frac{200}{21}$　$0<2x<100$より，$0<x<50$だから，$x=\frac{200}{21}$である。

6〔空間図形―球と円柱〕

≪基本方針の決定≫(2)　△A′B′C′は二等辺三角形である。　(3)　三平方の定理を利用する。

(1)＜長さ―三平方の定理＞右図1で，点Aから線分CC′に垂線AHを引く。点A′，点C′はそれぞれ球A，球Cが容器の底面と接する点だから，∠AA′C′＝∠HC′A′＝90°であり，四角形AA′C′Hは長方形となる。よって，A′C′＝AHである。球Aと球Cは接し，半径がそれぞれ4，6より，AC＝4＋6＝10となる。また，HC′＝AA′＝4だから，CH＝CC′－HC′＝6－4＝2である。したがって，△ACHで三平方の定理より，$\mathrm{AH}=\sqrt{\mathrm{AC}^2-\mathrm{CH}^2}=\sqrt{10^2-2^2}=\sqrt{96}=4\sqrt{6}$となるから，$\mathrm{A'C'}=\mathrm{AH}=4\sqrt{6}$である。

図1

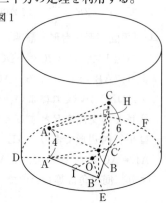

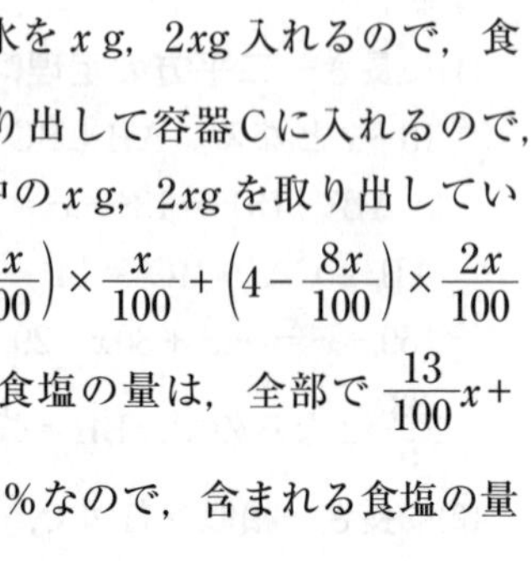

(2)＜面積―三平方の定理＞右図1で，点Bから線分CC′に垂線を

引くと，球A，球Bの半径が等しいので，この垂線は線分 CC′ と点Hで交わり，(1)と同様にして，$B'C'=BH=4\sqrt{6}$ となる。また，四角形 AA′B′B は長方形となり，球Aと球Bは接しているので，$A'B'=AB=4+4=8$ である。△A′B′C′ は $A'C'=B'C'$ の二等辺三角形だから，点 C′ から辺 A′B′ に垂線 C′I を引くと，点 I は線分 A′B′ の中点となり，$A'I=B'I=\frac{1}{2}A'B'=\frac{1}{2}\times 8=4$ となる。△A′C′I で三平方の定理より，$C'I=\sqrt{A'C'^2-A'I^2}=\sqrt{(4\sqrt{6})^2-4^2}=\sqrt{80}=4\sqrt{5}$ となるから，$\triangle A'B'C'=\frac{1}{2}\times A'B'\times C'I=\frac{1}{2}\times 8\times 4\sqrt{5}=16\sqrt{5}$ である。

(3)＜**長さ―三平方の定理**＞3つの球A，B，Cは互いに接し，いずれも円柱の容器の底面と側面に接していることから，前ページの図1で，円柱の容器の底面の中心をOとし，OA′，OB′，OC′ の延長と底面の円の周との交点をそれぞれD，E，Fとすると，A′D，B′E，C′F は球A，球B，球Cの半径と等しくなり，$A'D=B'E=4$，$C'F=6$ となる。また，△A′B′C′ は $A'C'=B'C'$ の二等辺三角形だから，4点 I，O，C′，F は一直線上に並ぶ点となる。右図2で，$OC'=x$ とすると，$OD=OF=r$ より，$r=OF=OC'+C'F=x+6$，$OA'=OD-A'D=r-4=(x+6)-4=x+2$ となる。(2)より，$C'I=4\sqrt{5}$ だから，$OI=C'I-OC'=4\sqrt{5}-x$ となる。よって，△OA′I で三平方の定理 $A'I^2+OI^2=OA'^2$ より，$4^2+(4\sqrt{5}-x)^2=(x+2)^2$ が成り立つ。これを解くと，$16+80-8\sqrt{5}x+x^2=x^2+4x+4$，$-8\sqrt{5}x-4x=-92$，$2\sqrt{5}x+x=23$，$(2\sqrt{5}+1)x=23$，$x=\frac{23}{2\sqrt{5}+1}$ となり，$\frac{23}{2\sqrt{5}+1}=\frac{23(2\sqrt{5}-1)}{(2\sqrt{5}+1)(2\sqrt{5}-1)}=\frac{46\sqrt{5}-23}{20-1}=\frac{46\sqrt{5}-23}{19}$ となるから，$x=\frac{46\sqrt{5}-23}{19}$ である。したがって，$r=x+6=\frac{46\sqrt{5}-23}{19}+6=\frac{91+46\sqrt{5}}{19}$ である。

図2

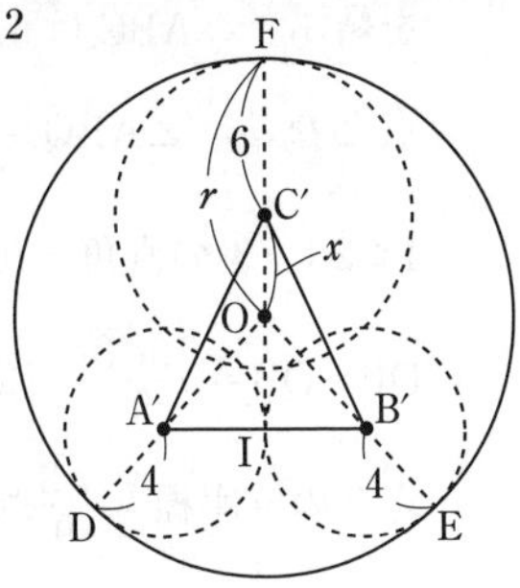

7 〔**関数―関数 $y=ax^2$ と一次関数のグラフ**〕

≪**基本方針の決定**≫(2)　直線 AB の傾きに着目する。　(3)　∠ACB＝∠APB である。

(1)＜**座標，切片**＞右図で，$n>0$ だから，放物線 $y=\sqrt{3}x^2$ と直線 $y=\sqrt{3}x+n$ の交点は，一方の x 座標が正，もう一方の x 座標が負である。△AON：△BON＝4：1だから，点Aの x 座標が正，点Bの x 座標が負である。△AON，△BON の底辺を辺 ON と見ると，高さの比が4：1となるから，$t>0$ として，点Aの x 座標は $4t$，点Bの x 座標は $-t$ とおける。点A，点Bは放物線 $y=\sqrt{3}x^2$ 上にあるので，$y=\sqrt{3}\times(4t)^2=16\sqrt{3}t^2$，$y=\sqrt{3}\times(-t)^2=\sqrt{3}t^2$ より，$A(4t,\ 16\sqrt{3}t^2)$，$B(-t,\ \sqrt{3}t^2)$ となる。よって，直線 AB の傾きは，$\frac{16\sqrt{3}t^2-\sqrt{3}t^2}{4t-(-t)}=\frac{15\sqrt{3}t^2}{5t}=3\sqrt{3}t$ と表せる。直線 AB の傾きは $\sqrt{3}$ だから，$3\sqrt{3}t=\sqrt{3}$ が成り立ち，$t=\frac{1}{3}$ となる。

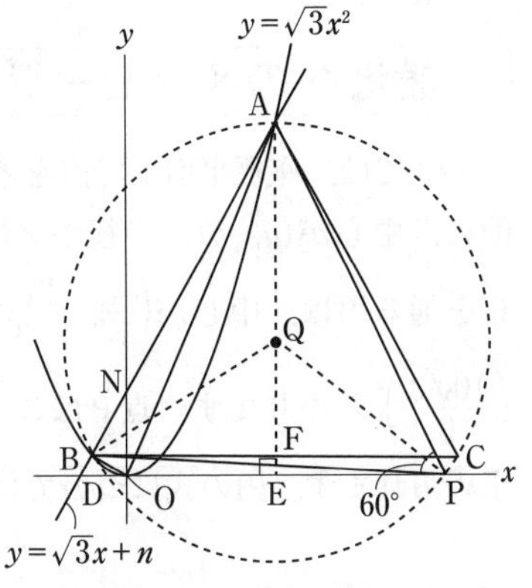

$4t=4\times\frac{1}{3}=\frac{4}{3}$，$16\sqrt{3}t^2=16\sqrt{3}\times\left(\frac{1}{3}\right)^2=\frac{16\sqrt{3}}{9}$，$-t=-\frac{1}{3}$，$\sqrt{3}t^2=\sqrt{3}\times\left(\frac{1}{3}\right)^2=\frac{\sqrt{3}}{9}$ となるから，$A\left(\frac{4}{3},\ \frac{16\sqrt{3}}{9}\right)$，$B\left(-\frac{1}{3},\ \frac{\sqrt{3}}{9}\right)$ である。また，直線 $y=\sqrt{3}x+n$ は点Aを通るから，$\frac{16\sqrt{3}}{9}=\sqrt{3}\times\frac{4}{3}+n$ より，$n=\frac{4\sqrt{3}}{9}$ となる。

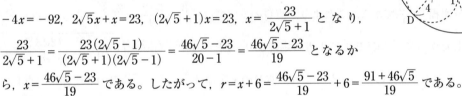

(2)＜**座標**＞前ページの図で，直線ABとx軸の交点をDとし，点Aからx軸に垂線AEを引く。直線ABの傾きが$\sqrt{3}$より，DE：AE$=1:\sqrt{3}$だから，△ADEは3辺の比が$1:2:\sqrt{3}$の直角三角形であり，∠ADE$=60°$である。△ABCが正三角形であるとき，∠ABC$=60°$だから，∠ABC＝∠ADEである。よって，BC∥〔x軸〕となり，(1)より，点Bのy座標は$\dfrac{\sqrt{3}}{9}$だから，点Cのy座標も$\dfrac{\sqrt{3}}{9}$である。次に，辺BCと直線AEの交点をFとすると，BC⊥AEだから，点Fは辺BCの中点となる。2点A，Bのx座標はそれぞれ$\dfrac{4}{3}$，$-\dfrac{1}{3}$だから，$\mathrm{BF}=\dfrac{4}{3}-\left(-\dfrac{1}{3}\right)=\dfrac{5}{3}$となり，$\mathrm{BC}=2\mathrm{BF}=2\times\dfrac{5}{3}=\dfrac{10}{3}$となる。したがって，点Cの$x$座標は$-\dfrac{1}{3}+\dfrac{10}{3}=3$となる。以上より，$\mathrm{C}\left(3,\ \dfrac{\sqrt{3}}{9}\right)$である。

(3)＜**x座標—三平方の定理**＞前ページの図で，△ABCが正三角形より，∠ACB$=60°$であり，∠APB$=60°$だから，∠ACB＝∠APBである。よって，4点A，B，C，Pは1つの円の周上にあるので，点Pは，3点A，B，Cを通る円とx軸の交点となる。この円の中心をQとし，点Qと2点B，Pを結ぶ。△ABCは正三角形だから，図形の対称性より，点Qは∠ABCの二等分線と線分AFの交点となる。$\angle\mathrm{ABQ}=\angle\mathrm{QBC}=\dfrac{1}{2}\angle\mathrm{ABC}=\dfrac{1}{2}\times60°=30°$，∠QFB$=90°$より，△QBFは3辺の比が$1:2:\sqrt{3}$の直角三角形である。(2)より，$\mathrm{BF}=\dfrac{5}{3}$だから，$\mathrm{QB}=\dfrac{2}{\sqrt{3}}\mathrm{BF}=\dfrac{2}{\sqrt{3}}\times\dfrac{5}{3}=\dfrac{10\sqrt{3}}{9}$となり，$\mathrm{QP}=\mathrm{QB}=\dfrac{10\sqrt{3}}{9}$である。また，$\mathrm{QF}=\dfrac{1}{2}\mathrm{QB}=\dfrac{1}{2}\times\dfrac{10\sqrt{3}}{9}=\dfrac{5\sqrt{3}}{9}$となり，点Bの$y$座標が$\dfrac{\sqrt{3}}{9}$より，点Fの$y$座標も$\dfrac{\sqrt{3}}{9}$である。これより，点Qの$y$座標は$\dfrac{\sqrt{3}}{9}+\dfrac{5\sqrt{3}}{9}=\dfrac{2\sqrt{3}}{3}$となり，$\mathrm{QE}=\dfrac{2\sqrt{3}}{3}$である。したがって，△QEPで三平方の定理より，$\mathrm{EP}=\sqrt{\mathrm{QP}^2-\mathrm{QE}^2}=\sqrt{\left(\dfrac{10\sqrt{3}}{9}\right)^2-\left(\dfrac{2\sqrt{3}}{3}\right)^2}=\sqrt{\dfrac{192}{81}}=\dfrac{8\sqrt{3}}{9}$となる。点Aの$x$座標が$\dfrac{4}{3}$より，点Eの$x$座標は$\dfrac{4}{3}$なので，点Pの$x$座標は，点Eの$x$座標より大きい方が$\dfrac{4}{3}+\dfrac{8\sqrt{3}}{9}=\dfrac{12+8\sqrt{3}}{9}$，点Eの$x$座標より小さい方が$\dfrac{4}{3}-\dfrac{8\sqrt{3}}{9}=\dfrac{12-8\sqrt{3}}{9}$となる。

＝読者へのメッセージ＝

[7](3)では，座標平面上で円を考えました。座標平面上の円もx，yの式で表すことができます。一般的に，中心が$(a,\ b)$，半径がrの円を表す式は，$(x-a)^2+(y-b)^2=r^2$と表せます。[7](3)の3点A，B，Cを通る円は，中心が$\left(\dfrac{4}{3},\ \dfrac{2\sqrt{3}}{3}\right)$，半径が$\dfrac{10\sqrt{3}}{9}$だから，この円を表す式は$\left(x-\dfrac{4}{3}\right)^2+\left(y-\dfrac{2\sqrt{3}}{3}\right)^2=\left(\dfrac{10\sqrt{3}}{9}\right)^2$となります。点Pはこの円と$x$軸の交点ですので，これに$y=0$を代入しても点Pの$x$座標は求められます。円の式については，高校で詳しく学習します。

2023年度／慶應義塾志木高等学校

国語解答

一 問一 い…エ ろ…イ は…イ

問二 1…ウ 2…エ 問三 ウ

問四 1 死の恐怖 2 悲哀

問五 1 クマの胆 2 仕来り

3 報酬として金銭を与え，感謝の意を示すしか

問六 エ 問七 ウ，カ

二 問一 a 誘惑 b 延々 c 憂鬱

d 香辛 e 浸透

問二 1…ア 2 可

問三 断食期間に固体の食品を摂取してはならない［ということ。］

問四 エ

問五 3…オ 4…サ 5…イ

問六 正反対

問七 7 冷 8 熱 9 乾

問八 1 同一物が正反対の性格を兼ね備える

2 論理 3 矛盾

問九 ウ，エ

三 問一 エ 問二 オ

問三 1 命 2 はかない

問四 幼い娘がすくすくと成長していく

四 問一 1…ウ 2…ア

問二 3 夏 4 七五

問三 ただチャンスを待っている

一〔小説の読解〕出典；吉村昭『羆嵐』。

問一＜表現＞い．「通夜」の席であるため，笑い声も遠慮がちであった。 ろ．男たちは，「酔いが銀四郎を変化させはしないか」と様子をうかがっていた。 は．銀四郎は，「茶碗を蓆の上に置いたまま酒を注がせるように」なり，やがてその口はゆがんで目つきが鋭くなってきた。

問二＜文章内容＞銀四郎は，男たちの「ぺこぺこ頭をさげたりおべっかをつかったり」するだけで「すませようとする」態度を（…１），「ずるい」と感じていた（…２）。

問三＜心情＞区長は，銀四郎がしだいに不機嫌になってきていることに気づき，とりあえず区長という立場から銀四郎に「感謝」の気持ちを示して，何とか銀四郎をなだめようと思ったのである。

問四＜文章内容＞区長は，羆を仕とめたときの銀四郎の顔を見て，銀四郎が「死の恐怖とたたかいながら羆と対したこと」を知った（…１）。そして，区長は，羆に対して「非力な存在であることを自覚しながら，銃一挺を頼りに羆を斃して」生きてきた銀四郎に「物悲しさ」も感じ，「銀四郎が酒を飲んで荒れるのは，胸に巣食う悲哀をいやすためにちがいない」と理解した（…２）。

問五＜文章内容＞区長は，銀四郎を怒らせ，「大人しく鬼鹿へ帰るつもりでいた」という銀四郎に「金を出せ」と言わせてしまった。銀四郎が怒ったのは，「クマの胆は，クマを仕とめた者がもらう」のが「仕来り」として当然のことであるのに（…１），区長がその「仕来り」に反して「持っていって欲しい」という言い方をしたためである（…２）。区長は，銀四郎が「死の恐怖とたたかいながら羆と対したこと」を知っているため，彼の言い分を聞いて「金銭を銀四郎にさし出すのは，当然のこと」であり，「死を賭した行為」によって羆を仕とめたことに対して「報酬をあたえ，感謝の意をしめすべき」だと思ったのである（…３）。

問六＜心情＞区長は「被害者の出た家をのぞく十二戸の家から，等分に金を出して銀四郎に贈るべきだ」と言った。六線沢の男たちは「金銭的な余裕は皆無に近かった」ため，区長の考えをすぐには承諾できなかったが，理解はできるため，反対もせず，しばらく黙っていたのである。

問七＜文章内容＞区長は，羆の被害から村人を守ろうとして銀四郎に助けを請い，銀四郎の鉄砲を自分が質屋に五十円を「代わりに」支払って取り戻させたが，さらに，銀四郎が謝礼の金額に納得しないと，区長自らが「おれが十円足す。これで納得してくれ」と言って頭を下げた（ウ…○）。また，

区長は，不機嫌になり始めたらしい銀四郎と自ら話したものの，不用意な言い方で銀四郎を逆上させてしまうなど，決して器用な人物とはいえないが，それでも，「人に忌み嫌われる酒乱の男」の銀四郎について「銀四郎が酒を飲んで荒れるのは，胸に巣食う悲哀をいやすためにちがいない」などと考え，素行の悪さで知られている銀四郎を理解しようとした(カ…○)。

二〔**説明文の読解—文化人類学的分野—文化**〕出典；武田尚子『チョコレートの世界史』「すてきな飲み物ココア」。

≪本文の概要≫カトリック諸国で初期のカカオ消費者になったのは，聖職者や貴族である。カトリックの各修道会は，新世界で布教活動を展開するとともに，現地でカカオ農園を経営して現地産品の生産・交易に積極的に関与した。ここで論争になったのが，ココアは「薬品か，食品か」「液体か，固体か」という問題だった。十七世紀に「薬品か，食品か」を問われた新来の産物は多く，新来の産物は，主に宗教的論争と医学的論争を経て，食品として徐々に受け入れられていった。聖職者や医者が，この論争に延々と関わり続ける間に，貴族層は，新来の味に慣れ，やがてそれは市民層にも広がっていった。カカオは，栄養価に富み，薬効があったため，薬品として定着していった。しかし，当時の体液病理説では，ココアの多様な効能を筋道を立てて説明することは難しく，その後も医者の論争は続いた。カカオ，ココアの受容を巡って長期にわたる論争が繰り広げられたことは，カカオに人々の関心が集まり，社会的に浸透しつつあったことの反映だったといえよう。

問一＜漢字＞a．人を惑わせて，好ましくない状態にさそい込むこと。　b．いつどの時点で終わるかわからないまま長く続くさま。　c．気がふさぐこと。　d．「香辛料」は，辛味や香りなどを飲食物につける調味料のこと。　e．しみとおること，また，人々に行きわたること。

問二＜文章内容＞ココアは「液体，固体のどちらにもあてはまりそう」だった。「断食期間に，滋養に富むココアを摂取できるほうがカトリック教徒たちには好ましい」こともあり，ピウス五世は，ココアは「飲料」であり(…1)，したがって断食期間中に摂取「可」という判断を示した(…2)。

問三＜文章内容＞ピウス五世は，ココアを断食中に摂取してよいと判断した。しかし，ココアは「食品」であり，したがって，ピウス五世の判断は，断食中に「食品」は摂取「不可」とするカトリックの戒律に背反している，と主張する医者があとを絶たなかった。

問四＜文章内容＞十七世紀に「新世界から到来した産品」が増え，「社会のなかで新奇な物産をどのようなカテゴリーに位置づけるべきか」の論争が起きたのは，「未知の味に誘惑されて口にすることを，『悪』とみなす宗教的規範」が強かったからである。

問五＜文章内容＞貴族層が「新来の味を試し，美味に慣れていった」その過程で，「新来の味」の求めは増え(…3)，それに伴って「新来の産品」はより多く入ってくるようになった(…4)。そうなると，値段は少し下がり(…5)，市民層も「新来の味」を買えるようになった。

問六＜文章内容＞「病気を直す」には，例えば「『熱・乾』がまさって病気が起きている場合は，『冷・湿』の薬」が処方されるというように，病気の原因と「正反対」の薬品が処方された。

問七＜文章内容＞カカオには「異なる三つの性格」が認められ，「ポリフェノールの苦味・渋味」を表現する「冷・乾」が本質で(…7)，「脂肪分」が多いのは「熱・湿」の性質である(…8)とされた。さらに，かすかな苦みは「熱・乾」の性質を示すと考えられた(…9)。

問八＜文章内容＞1．体液病理説では，「同一物が正反対の性格を兼ね備える」ことはなく，「学説的にそのようなものはありえなかった」のである。　2・3．カカオには「『冷・乾』と『熱・湿』」という正反対の性質があった。これに従うと，体液病理説の論理は(…2)，矛盾，もしくは破綻してしまうことになった(…3)。

問九＜要旨＞十八世紀，オアハカのイエズス会は，「現地産品の生産・交易に積極的に関与」していた(ウ…×)。新来の産物は主に宗教と医学上での「論争を経て，食品として徐々に受け入れられて」いき，砂糖もはじめは「薬品である，食品ではない」とされたり，医学書に「薬効がある」ことが記されたりしていた(イ…○)。「新来の産品」が「薬品か，食品か」を問われて聖職者や医者が論争を続ける間に，貴族層は「新来の味を試し，美味に慣れて」いった(エ…×)。体液病理説では人体の四つの体液について，「バランスが良ければ健康，崩れて病気になる」とされ，「病気を直すには，原因と正反対の薬品」が処方された(オ…○)。「スペイン，メキシコ，ポルトガル，イタリア，フランスの医者の間」で，「ココアは『冷・乾』か，『熱・湿』か」を巡る論争が生じた(カ…○)。カカオ，ココアの受容を巡って「長期にわたる論争」が繰り広げられたのは，「カカオに関心が集まり，社会的に浸透しつつあったことの反映」だといえる(ア…○)。

三〔**和歌の鑑賞**〕出典；紫式部『紫式部集』。

≪現代語訳≫八重山吹を折って，ある高貴な人に差し上げたところ，一重の花が散らずに残っているのを送ってくださったので

今の時節の花の美しさがひたすら感じられる一重の花の色は，薄い色を見ていても薄いとは思いません(私を思ってくれるあなたの心の温かさを感じます)。

世の中が騒がしい頃，朝顔を，例の高貴な人に差し上げるといって

我が身も死ぬまでのはかない身だとよく知っていながら，朝顔が露と(消えるのを)争う(ように人がなくなっていく)この世のはかなさを嘆くことです。

この世は無常だなどと思っている私が，幼い娘が病気になったときに，から竹というものを瓶にさした女房が祈っているのを見て

若竹のように幼い娘がすくすくと成長していくことを祈りますよ。(私自身は)この世をつらいと感じていとわしく思っているけれど。

問一＜和歌の内容理解＞「ひとへに」は，ひたすらに，という意味。この和歌の「ひとへに」には，(送られてきた)一重咲きの花に，という意味と，ひたすらに，という意味が掛けられている。

問二＜和歌の内容理解＞作者が八重山吹を折ってある人に差し上げたところ，その人から一重咲きの花が送られてきた。それを受けて，作者は，その花をひたすらに美しいと感じるといい，その花の色は薄いけれども，その花を送ってくれたあなたの私を思う心は決して薄くはないとよんでいる。

問三＜和歌の内容理解＞「朝顔」の花の命も「露」も，はかないもので，争うように消えていく。ちょうどそのように，この疫病の広がりの中，人の命もはかなく消えていくというのである。

問四＜和歌の内容理解＞作者は，幼い娘が病気になったとき，この娘が成長していく末が無事であってほしいと祈った。若竹の生長は，その娘の成長をたとえたものである。

四〔**説明文の読解―芸術・文学・言語学的分野―文学**〕出典；張文姫「沙上鷺」(佐藤春夫『車塵集』所収)／吉川発輝『佐藤春夫の「車塵集」―中国歴朝名媛詩の比較研究―』「唐朝の名媛・女流詩人」。

問一．1＜漢詩の技法＞「起承二句と承結の二句」が「脚韻」を踏むよう，音読みが「-in」になる字が入る。「禽」は，鳥のこと。　**2＜詩の内容理解＞**白鷺が，今にも大空へ向かって飛び立とうとしているかのように羽ばたいている様子は，空に強く心をひかれていると見なせ，「淡い願望」が表されている。

問二．3＜文章内容＞白鷺が水辺で羽ばたく「すがすがしい」光景は，初夏のものである。

4＜詩の技法＞「はまべにひとり白鷺の」も「あだに打つ羽音もすずし」も「高ゆく風をまてるらむ」も，七音と五音で構成されており，七五調である。

問三＜文章内容＞白鷺が水辺で「羽ばたいている」のは，「ただ風を待っている」，つまり，飛び立つのに適した風が吹いてくるのを待っているということである。

Memo

Memo

Memo

2022年度 慶應義塾志木高等学校

【英　語】（60分）〈満点：100点〉

I　次の英文を読んで後の問に答えなさい。

It was Monday morning and I stood at the end of the road, waiting for the trucks to arrive. Although it was June, I had to stamp my feet to keep [ア]. My mother noticed how cold I looked, so she (A) me her button blanket.

I loved that blanket and I (B) it tightly around my shoulders. Like all our traditional button blankets, Mom's was made of pieces of black and red wool cloth, sewn together. What made it [イ] was that my great-grandmother had sewn the shape of an eagle onto it and drawn the outline of the bird with pearl-white buttons. The sign of the eagle was like a family symbol. Mom had been given the blanket by her mother. It had been passed from mother to daughter for three generations.

Twenty-two of us — some from our *tribe, as well as our friends and supporters from the town of Johnson Bay — formed a line blocking the road. (I)That [and tallest / the / the / to / way / trees / oldest / was / save / only] in the world. They grew in a valley (C) "Big Tree Country."

For thousands of years, we Nuu-chah-nulth have lived near that valley on an island off Canada's west coast. Trees in the valley had never been cut down for wood because the valley was so [ウ] from roads and from big cities. Two years ago, the government had sold the right to cut down trees in Big Tree Country. The government had never asked us or anyone else about it when it sold the right to the company, Island Forest Products. The company had promised to bring jobs to our community. Now Island Forest Products was building a road to the valley so that it could cut the forest down.

Today, we had to stop them. We had taken some boards and made a small traffic barrier. Several people held up signs saying "Save Big Tree Country," "Stop Cutting Down the Trees," and "Make this Forest a Park."

A TV news crew had come from the city to record what we were doing. (II)That would help us, I thought. The sun was shining on the forest valley. I could hear the birds singing in the trees. Maybe people watching the news would see what we were going to lose if this forest were cut down.

I was getting nervous. When were the people going to come to cut down the trees?

I looked over at Shane Barnett, one of the people from Johnson Bay helping to block the road. Some people think he's my boyfriend, but he's just my best friend. We went to the same high school, the only one in town, and now we spend a lot of time together at college.

"What do we do when those people come here to cut down trees?" I asked.

Shane (D) to notice how worried I looked, so he put away the smartphone he had been checking. Then, as if he were a politician announcing something very important, he (E) his hand through his wavy hair. He adjusted the funny-looking black glasses on his nose and he cleared his throat.

"We'll put up a big traffic sign that says 'Road Closed.' That'll make them turn around and go back home."

(Ⅲ)I laughed at the joke. "If the truck drivers know how to read," I said.

［注］ ＊tribe 部族

問１．ア ～ ウ に入る最も適切なものをそれぞれ選び，番号で答えなさい。

ア １．hard　２．warm　３．cool　４．busy

イ １．different　２．kind　３．difficult　４．possible

ウ １．absent　２．far　３．free　４．long

問２．(A)～(E)に入る最も適切な動詞を次の語群から選び，必要ならば形を変えて答えなさい。ただし，同じものは一度しか使ってはならない。

〔call / lend / run / seem / tie〕

問３．下線部(Ⅰ)が，以下の日本文の意味を表すように，［ ］内の語句を並べ替えなさい。

「それは，世界で最も古くて背の高い木々を救う唯一の方法だった。」

問４．下線部(Ⅱ)のように考えられる理由を日本語で答えなさい。

問５．下線部(Ⅲ)の理由として最も適切なものを１～６から一つ選び，番号で答えなさい。

１．Because Shane's black glasses looked very funny.

２．Because Shane's smartphone was turned off.

３．Because the traffic sign would never make the truck drivers turn around.

４．Because the traffic sign was turned over.

５．Because the truck drivers would follow the traffic sign.

６．Because the truck drivers were not going to come.

問６．本文の内容に関する次の英語の質問に**１～３文の英語で**答えなさい。

What were the twenty-two people doing at the road and why?

Ⅱ 次の英文を読んで後の問に答えなさい。

If a nation has a capitalistic economy, it means that each person can own things. In a capitalistic society, the government does not own everything. For example, if you want to go to the store to buy something, you can go to any store you want and you can make your own choice about who to buy from. Also, if you buy something large, such as a house or a piece of land, it belongs to you. Not all governments work this way. In some countries, people are not allowed to have their own land at all. (ア)The government owns all the land and people cannot own their own things.

When you live in a capitalistic country, you can buy from someone or sell to someone without the government limiting your activities as long as it is something that is legal to buy or sell. However, (イ)most countries that have capitalism are not completely "free" economies. The government has some controls on its economy to make things smoother. Because of this, the United States is a "mixed economy."

"Capital" means something that has a value that everyone realizes. Money that can be ＊invested is one type of capital and it is the same as any type of thing that has value, such as jewelry. In fact, anything that others think has value and can be used to make people rich is capital. ①Some inventors have *patents that [and that / are / can / they / to become / use / valuable] rich so these patents are a form of capital. Tools and machines, as well as land and houses, are also valuable things that can make people rich so they are thought to be capital too.

Capitalism has two important ideas : supply and demand. Supply means an amount of something that can be used, while demand means the amount of a product that people want. These two are connected to each other and they will have a strong effect on price. Imagine you wanted to buy one of *Leonardo da Vinci's notebooks full of his inventions. He did not write too many of these and Leonardo is very famous so one of his notebooks would have great value. Because of Leonardo's greatness and the fact that it is a rare item, ②one of his notebooks would not only be of great value, but it would also be a good *investment since no more of these notebooks could be produced. Bill Gates, one of the richest people in the world, bought one of these for about ③$30,000,000.

Now imagine you are a young inventor and you want to write your own inventor's notebook. You go to the stationery store and you see a lot of blank notebooks on the shelf. The price of one of these notebooks might be $1.75. That is because there are a very large number of them around us. Lots of ＿＿＿＿ of a product that everyone has means the price goes down. Of course, if you fill it with valuable sketches of future inventions and you become famous, your notebook may someday be valuable too. So, supply and demand will set the price in a capitalistic economy. The government does not set the price.

In 1776, a *philosopher named Adam Smith published a book about economy. In this book, he showed his ideas of an economy based on a "free market" system. He was explaining the rules of capitalism, even though ④the word "capitalism" was not part of the language until more than 100 years after the book was published.

In a capitalistic system, people can choose to sell or rent their things to someone else. You can buy, rent, or borrow something from someone else. The government does not control these activities. (ウ)You can buy or sell without getting permission from anyone. You can also choose to employ whomever you want as long as they are able to do a job and they accept the pay you offer. Workers in a capitalistic society are employed in order to earn money. If you are a worker in a free economy, you can choose the company you decide to work for.

Many countries around the world have economies with capitalistic systems. However, they are different from the *ideal capitalism that Adam Smith showed in his book. The United States government has many rules to protect the economy. There are also laws to keep the public safe from being tricked out of their money and keep working conditions safe. In a capitalistic society, each person can own things and gain more money by working hard and smart. Most capitalistic countries today have a mixed economy. They have free markets, but there are some government controls that prevent the disadvantages of capitalism such as (エ)the control of all or most of a business activity by a single company, (オ)terrible working conditions either physical or mental, or (カ)problems with unfair earnings.

［注］ *invest　投資する　　*patent　特許権　　*Leonardo da Vinci　レオナルド・ダ・ヴィンチ
*investment　投資　　*philosopher　哲学者　　*ideal　理想的な，理論上の

問１．下線部①が「発明家の中には，価値があり，金持ちになるために使うことができる特許権を持っている者もいる」という意味になるように[　]内の語句を並べ替えなさい。

問2．下線部②のように考えられる理由を日本語で説明しなさい。
問3．下線部③の読み方を解答欄に合うように英語で答えなさい。
問4．［　］に入る最も適切なものを1～5から一つ選び，番号で答えなさい。

1．supply　2．demand　3．price　4．value　5．capital

問5．下線部④を日本語に直しなさい。ただし，"capitalism" はそのまま表記すること。
問6．下線部(ア)～(カ)に最も関連のあるものを1～6から一つずつ選び，番号で答えなさい。

1．Companies in a capitalistic society sometimes get very large. When this happens, it is difficult for other companies to challenge those huge companies.
2．In some countries, all the land and businesses are controlled by the government. In this type of economy, the citizens cannot make their own choice.
3．If some important businesses in the country begin to crash, the government has rules that save the economy from a total breakdown.
4．There is a lot of economic freedom in a society that believes in capitalism. People on both the buying and selling side of the economy are free to do what they want.
5．Sometimes in a capitalistic society only a few people can get a lot of money and others cannot.
6．Managers or owners sometimes put their workers in unsafe environments in order to make more money.

Ⅲ　次の英文を読んで後の問に答えなさい。

Scientists have discovered an unusual trick used by Asian honeybees to protect their *hives from giant *hornets. The discovery shows how clever the bees are, and could give *beekeepers a new way to protect bees.

The discovery was made by scientists studying honeybees in Vietnam. Like bees in much of Asia, these bees are always being attacked by giant hornets. They are called "pirates" because of their habits. They attack and steal from other insects, in particular bees. To get their own food, they use only their powerful *jaws. A *sting with poison is used only for self-defense against large animals and people. The hornets can attack hives, cutting off the heads of the bees, and using younger bees for food.

This problem has been going on for a long time in Asia, so the honeybees there have developed some ways of fighting back. For example, by coming together to form a ball around the hornet and beating their wings very quickly, the bees can raise the temperature high enough to kill the hornet. This is called "heat balling."

By studying honeybees in Vietnam for hundreds of hours, the scientists found something completely new. After the bees were attacked by giant hornets, the bees began collecting small bits of animal *dung and used it to protect their hive.

The bees use dung from many kinds of animals, including pigs, cows, and buffaloes, but they seem to prefer the bad-smelling dung that comes from chickens. Although it smells bad, the honeybee flies around collecting dung not with its legs but with its mouth. When it gets back to the hive, it paints the dung around its entrance.

"I was shocked," said lead scientist Heather Mattila, "Because bees have been known for being clean."

But there's a good reason for such a dirty act — hives with a lot of dung make the bees' enemy, the giant hornet, go away.

The researchers recorded over 300 giant hornet attacks on the beehives. They learned that the dung painted around the entrances greatly reduces the time that the hornet spends at the entrance.

The dung also stopped almost all the hornets from biting on the hive to make the entrance larger — something they have to do to get inside. They can still be outside, hunting bees and carrying them away, but they're not able to do that next step before getting into the hive.

When the giant hornets attack a hive, they mark it with a special *chemical. To see if the hornet attacks cause the bees to use dung, the scientists marked a hive with this special chemical. The bees soon began to put dung around the entrance, even though [　　　　　　].

The scientists don't know why the dung works to keep the hornets away. It could be that the dung smell hides the normally sweet smell coming from the hive. It's also possible that the bad smell drives them away. It certainly seems to protect the hive from the hornets.

Asian honeybees have had a long time to develop methods for fighting giant hornets. That's not true in Europe and North America.

Recently, the first Asian giant hornets were discovered in the US and Canada. Asian giant hornets are a close relative of the giant hornets that the researchers studied.

Scientists are now working hard to protect the bees in the US and Canada from the giant hornets. If they don't, honeybees there could soon be in trouble.

The new information about dung protection could help. If scientists can find out why the dung drives off the hornets, they may be able to find a way to help protect bees that can't protect themselves.

［注］ *hive 巣，巣箱　*hornet スズメバチ　*beekeeper 養蜂家　*jaw あご
*sting 針　*dung ふん　*chemical 化学物質

問１．次の１～６の各文について，(ア)と(イ)が二つとも本文の内容に合っている場合には○，二つとも間違っている場合には×で答えなさい。また，どちらか一つが合っている場合にはその合っている方の文の記号を答えなさい。

1．(ア) In Vietnam, giant hornets are always attacking honeybees.
(イ) Hornets are called "pirates" because they attack large animals to steal something from them.

2．(ア) Hornets attack beehives and even eat younger bees.
(イ) Honeybees can kill giant hornets by throwing heated balls at them.

3．(ア) Bees use dung from many kinds of animals, but they don't like dung from chickens.
(イ) While honeybees are collecting dung, they use both their legs and mouths.

4．(ア) Heather Mattila was surprised to find that bees weren't as clean as she thought.
(イ) Hornets spend less time around the entrance to the hives painted with dung.

5．(ア) The scientists have already discovered the reason why the hornets stayed away from the hives with dung.
(イ) Honeybees in Europe and North America don't have a good way to fight back against hornets.

6．(ア) Asian giant hornets have been in the US for a long time.

(イ) Studying more about dung protection may be able to increase the chances of bees' survival in the US.

問2．下線部が表すものとして最も適切な箇所を**文中から9語で抜き出し**，その最初と最後の1単語をそれぞれ書きなさい。

問3．［　　］に入る最も適切なものを次の1～5から一つ選び，番号で答えなさい。

1．the hornets already started getting into the hive
2．it was too late to protect themselves
3．the dung smelled bad
4．there weren't really any hornets
5．they had no dung around them

Ⅳ　日本文とほぼ同じ意味を表すように[　]内の語句を並べ替えて英文を完成し，各文の①と②に入る最も適切なものを記号で答えなさい。ただし，文頭に来るものも小文字になっている。

1．君はこの制服を着て，彼らといっしょに歩くだけでいい。
[ア．and walk　イ．all　ウ．do　エ．have　オ．is　カ．this uniform　キ．to　ク．wear　ケ．with them　コ．you].
＿①＿ ＿＿ ＿＿ ＿＿ ＿＿ ＿②＿ ＿＿ ＿＿ ＿＿ ＿＿.

2．こんな面白い試合は観たことがない。
[ア．ever　イ．exciting　ウ．game　エ．have　オ．I　カ．is　キ．most　ク．the　ケ．this　コ．watched].
＿＿ ＿①＿ ＿＿ ＿＿ ＿＿ ＿＿ ＿②＿ ＿＿ ＿＿ ＿＿.

3．私の両親は北海道に行くと必ずそのホテルに泊まります。
My [ア．at the hotel　イ．go　ウ．Hokkaido　エ．parents　オ．never　カ．staying　キ．to　ク．without].
My ＿＿ ＿①＿ ＿＿ ＿＿ ＿＿ ＿②＿ ＿＿ ＿＿.

4．僕は3年ぶりにバスケットボールをしました。
I [ア．basketball　イ．the first　ウ．for　エ．in　オ．time　カ．three years　キ．played].
I ＿＿ ＿＿ ＿①＿ ＿＿ ＿＿ ＿②＿ ＿＿.

5．探すようにお願いしておいた本は見つかりましたか。
[ア．asked　イ．for　ウ．found　エ．have　オ．I　カ．look　キ．the book　ク．you to　ケ．you]?
＿＿ ＿＿ ＿＿ ＿＿ ＿①＿ ＿＿ ＿＿ ＿＿ ＿②＿?

Ⅴ　次の各組の文がほぼ同じ意味になるように(　)内に最も適切な英単語を1語入れなさい。ただし，指定された文字があるときはそれから始めること。

1．I have five books and you have fifteen books.
You have (　　) (　　) as many books as I do.

2．She doesn't know which bus she should take.
She has no (　　) which bus (　　) take.

3．I became a baseball fan when I was a child, and I still like it.
I (　　) (　　) a baseball fan since I was a child.

4. Only one student can run faster than I can in my class.
I am the (　　) (　　) runner in my class.

5. My sister can't speak English, and she can't speak Chinese, either.
My sister speaks (　　) English (　　) Chinese.

6. When will they send the letter to him?
When will the letter (　　) (　　) to him?

7. My brother is proud of being a student of this school.
My brother is proud (　　) (　　) is a student of this school.

8. Do you know the author of this book?
Do you know (　　) (　　) this book?

9. It will take you ten minutes on foot to get to the park.
Ten minutes' walk will (b　　) (　　) to the park.

10. He was sitting, and his friends were all around him.
He (s　　) (s　　) by his friends.

Ⅵ　各文の(　)に入る最も適切なものを下の選択肢の中からそれぞれ一つずつ選び，記号で答えなさい。ただし，同じ記号を**何度使用してもよい**。文頭に来るものも小文字になっている。

1. All the students have to (①) part (②) the meeting.　If not, they will be marked absent.
2. Judging from the bad relationships between those two nations, a war may (①) (②) at any time.
3. The nurse had to (①) (②) late in order to take care of the patient.
4. (①) yourself (②) anything on the table.　You can enjoy the food and drinks as you like.
5. What does UN (①) (②)?　— The United Nations.
6. We have just (①) out (②) sugar.　Somebody must go and buy some.
7. There is a lot of information on the Internet.　We have to (①) true information (②) false.
8. My house faces the big street.　I can't (①) up (②) the noise.
9. (①) the word (②) in the dictionary when you don't know the meaning of it.
10. Mind your own business.　You have nothing to (①) (②) the matter.

[選択肢]

あ. break	い. do	う. help	え. look	お. put
か. run	き. stand	く. stay	け. take	こ. tell
さ. for	し. from	す. in	せ. of	そ. out
た. to	ち. up	つ. with		

【数　学】（60分）〈満点：100点〉

〔注意〕 1．図は必ずしも正確ではない。

2．$\boxed{7}$ 以外の解答に際しては，当該の解答欄に考え方や途中経過をわかりやすくまとめ，解答は $\boxed{}$ の中に記入すること。

3．解答の分母は有理化すること。また，円周率は π とすること。

$\boxed{1}$ (1) x の2次方程式 $x^2-(4t-1)x+4t^2-2t=0$ の2解を α，β とする。3辺の長さが5，α，β である三角形が直角三角形であるとき，t の値を求めよ。

(2) 自然数 x，y，z を素数とする。$z=80x^2+2xy-y^2$ をみたす (x, y, z) の組のうち，z の値が2番目に小さい組を求めよ。

$\boxed{2}$ 点Oを原点とする座標平面上で，放物線 $y=2x^2$ と y 切片が5の直線 l とが2点A，Bで交わっており，Aの x 座標が -1 である。放物線上の点P，y 軸上の点Qを，$\mathrm{AP} /\!/ \mathrm{QB}$，$\mathrm{AQ} /\!/ \mathrm{PB}$ となるようにとる。次の問いに答えよ。

(1) 3点B，P，Qの座標を求めよ。また，四角形APBQの面積 S を求めよ。

(2) 点C(3, 0)を通り，四角形OPBAの面積を2等分する直線の方程式を求めよ。

$\boxed{3}$ 半径4の円Oの外部の点Pから，この円Oに引いた2つの接線と円Oとの接点をA，Bとする。線分PA上に点Q，線分PB上に点Rを，線分QRが円Oに接するようにとる。$\mathrm{PA}=8$ とし，$\mathrm{PQ}=x$，$\mathrm{PR}=y$ とするとき，次の問いに答えよ。

(1) 点Qから直線OPに垂線を引き，直線OPとの交点をQ′とするとき，PQ′とQQ′の長さを x を用いた式で表せ。また，QRの長さを x，y を用いた1次式で表せ。

(2) $y=3$ のとき，x の値を求めよ。

$\boxed{4}$ 立方体の6つの面をぬり分けるとき，次の場合のぬり分け方は何通りあるか。ただし，回転して一致するぬり分け方は同じとみなす。

(1) 赤，青，黄，緑，黒，白の6色をすべて使う場合

(2) 赤，青，黄，緑，黒の5色をすべて使い，隣り合う面は異なる色をぬる場合

(3) 赤，青，黄，緑，黒の5色をすべて使う場合

$\boxed{5}$ あるコーヒー豆は価格を x％値上げすると，販売量(g)が $\dfrac{3}{4}x$％減少するという。次の問いに答えよ。

(1) 価格を20％値上げしたときの販売額(円)は，値上げする前の販売額の何％になるか。

(2) 200gあたりの価格を1,600円に値上げしたが，販売額の増減がなかったという。値上げする前の200gあたりの価格を求めよ。

6　図のような1辺の長さが2の正八面体ABCDEFがあり，辺AB上の点P，辺AC上の点QをAP：PB＝AQ：QC＝2：1となるようにとる。正八面体ABCDEFを，次のような平面で切るとき，切り口の面積を求めよ。

(1)　△DEFに平行で体積を2等分する平面

(2)　線分PQを含み体積を2等分する平面

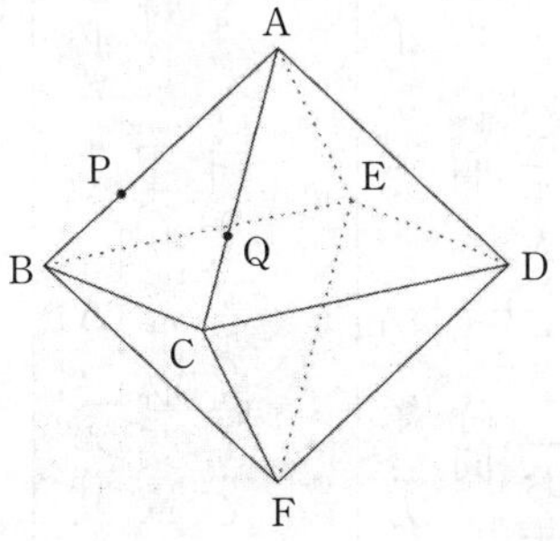

7　図のように線分ABに関して同じ側に点P，Qがある。このとき，PR＋QRの長さが最も短くなるような線分AB上の点Rと，∠ASP＝$\frac{1}{2}$∠BSQとなる線分AB上の点Sを，定規とコンパスを用いて作図せよ。ただし，作図に用いた線は消さないでおくこと。

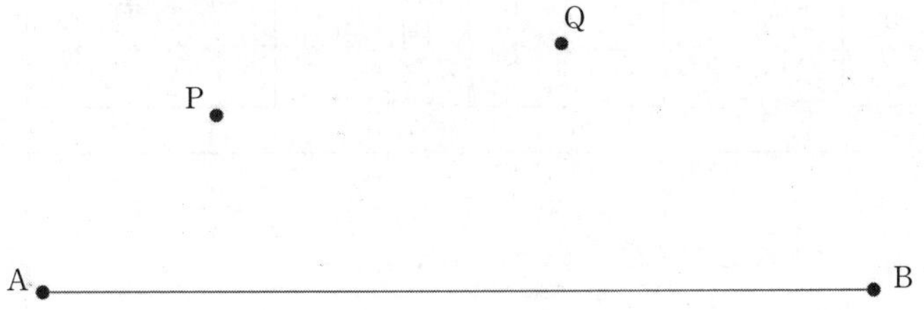

①「ジュースの余り」と「ジュースの残り」

> 「余り」が必要量や［A］の許容量よりも多いことを指すのに対し、「残り」は必要量に関係なく、任意に［B］や量を区切り、その時点でまだあるものすべてを指す。

ア　能力　イ　筋力　ウ　総合力　エ　精神力
オ　空間　カ　瞬間　キ　時間　ク　行間

②「観客はせいぜい二千人だ」と「お年玉はたかだか三万円だ」

> 「せいぜい」がある限度内において［C］することであるのに対し、「たかだか」は対象を傍観し［D］する気持ちが含まれている。

ア　抵抗　イ　行動　ウ　活躍　エ　努力
オ　黙視　カ　直視　キ　無視　ク　軽視

③「つい嘘をついてしまった」と「うっかり遅刻してしまった」

> 「つい」が［E］や本能から自然にそうなってしまうのに対し、「うっかり」は［F］からそうしてしまうことである。

ア　景気　イ　習慣　ウ　風潮　エ　論理
オ　不可能　カ　不注意　キ　不条理　ク　不誠実

のけ、ばかだな。」といった。「あれ、うそだったよ、ツルあ、なにもいけやせんだっただ。」

私は、ああそうだったのか、と思った。心に憑いていたものがとれたように感じて、ほっとした。

それからのち、常夜燈の下は、私にはなんの魅力もないものになってしまった。ときどきそこで遊んでいて、ここにはなにもかくされてはいないのだと思うと、⑤しらじらしい気持ちになり、美しい花がかくされているのだと思いこんでいた以前のことを、なつかしく思うのであった。

林太郎が私に真実を語らなかったら、私にはいつまでも、常夜燈の下のかくされた花の思いはたのしいものであったかどうか、それはわからない。

ツルとはその後、同じ村にいながら、長い間交渉を絶っていたが、私が中学を出たとき、折があって手紙のやりとりをし、あいびきもした。しかし彼女は、それまで私が心の中でそだてていたツルとは、たいそうちがっていて、ふつうの、おろかな虚栄心のつよい女であることがわかり、ひどい幻滅をあじわったのは、ツルがかくしたように見せかけたあの花についての事情と、なにか似ていてあわれであった。

（新美南吉『花をうめる』より。一部の表現を改めている。）

※1　秋葉さんの常夜燈　秋葉神社へ参拝する有志で建立した燈籠。

問一　傍線部①とはどのような遊びか。本文から読み取れる範囲で、三十五字以内でわかりやすく説明しなさい。ただし、文末は、「～という遊び」につながる形にすること。

問二　傍線部②の台詞はどういう意味か。十字以内でわかりやすく答えなさい。ただし、文末は「～ということ」につながる形にすること。

問三　傍線部③とあるが、「ツルはそうしなかった」のはなぜか。ツルの真意を、次の文の空欄を埋める形で十八字以内で答えなさい。

ツルは□から。

問四　傍線部④について、次の各問に答えなさい。

(一)　この二文間で用いられている修辞法を何というか。漢字で答えなさい。

(二)　この場面における(一)の効果はどのようなものか。本文の内容をふまえて、次の文章の空欄を埋める形でそれぞれ十五字以内で答えなさい。

□甲□よりも□乙□ことを強調する効果。

問五　本文中の空欄にあてはまる文を考え、十字以内で答えなさい。

問六　傍線部⑤に最も近い意味の熟語を本文中から抜き出して答えなさい。

四

次の各問に答えなさい。

問一　次の①～③は江戸時代以前に作られたなぞなぞである。その答えをそれぞれ漢字一字で答えなさい。

①　紅の糸腐りて虫となる
②　風呂の中に床《とこ》がある
③　山の上に復《ま》た山あり

問二　「回文」とは「上から読んでも下から読んでも同音で、意味のある言葉になっている表現」のことである。次の①～③が回文となるよう、空欄にあてはまる語をひらがな一字で答えなさい。

①　うら□い□らう
②　る□に何□る
③　□き月□

問三　次の①～③の傍線部の意味はそれぞれどのようにちがうか。それを説明した解説文の空欄にあてはまる語を後の語群から一つずつ選び、記号で答えなさい。

問五　傍線部④とはどういうことか。次の文章はその解説文である。空欄[A]～[D]にあてはまる語句を本文中から抜き出して答えなさい。ただし、[A]と[C]と[D]はそれぞれ二字、[B]は七字とする。

> 鮒にとって後で[A]に放してもらうことは全く意味がなく、今日の[B]を得ることが重要だったように、私（荘子）にとって後で[C]をもらうことは全く意味がなく、今日の[D]を得ることが重要だということ。

三

次の文章を読んで、後の問に答えなさい。

ある日の日暮れどき、私たちは①この遊びをしていた。私に、とうふ屋の林太郎に、織布工場のツルさんの三人だった。※1秋葉さんの常夜燈の下でしていた。私たちは、三人同い年だった。ツルは女だから、さすがに花をうまくあしらい、美しいパノラマを造る。で、また彼女は、それをつくり、私たちに見せるのがすきだった。で、はじめのうち、林太郎と私のふたりが鬼で、ツルのかくした花をさがしてばかりいた。

私は、ツルのつくった花の世界のすばらしさに、おどろかされた。かの女は、花びらをひとつずつ用い、草の葉や、草の実をたくみに点景した。ときには、おびの間にはさんでいる小さいきんちゃくから、砂つぶほどの南京玉を出し、それを花びらの間に配した。まるで花園に星のふったように。そしてまた、私はツルがすきだった。

遊びにはおのずから遊びの終わるときがくるものだが、最後に、ツルと林太郎とふたりで花をかくし、私が鬼になった。「よし。」といわれて、私はさがしても見あたらない。「もっとむこうよ、もっとむこうよ。」とツルがいうままに、そのあたりをなでまわるが、どうしても見あたらない。林太郎はにやにやわらって、常夜燈にもたれて見ている。林太郎は、ただ、ツルの花をうずめるのを見ていただけにそういない。「②お茶わかしたよ。」と、とうとう私はかぶとをぬいだ。すれば、ツルのほうで、意外のところから、③花のありかを指摘して見せるのが当然なのだが、ツルはそうしなかった。「そいじゃ、あしたさがしな。」といった。

私は残念でたまらなかったので、また地びたをはいまわったが、ついに見つからなかった。で、その日は家に帰った。たびたび常夜燈の下の広くもない地びたを眼にうかべた。そのどこかに、ツルがつくったところの、この世のものならぬ美しさを秘めた花のパノラマがあることを思った。その花や、南京玉のありさまが、手にとるように、とじた眼に見えた。

朝起きるとすぐ、私は常夜燈の下へいってみた。そして、ひとりでツルのかくした花をさがした。息をはずませながら、まるで金でもさがすように。だが、ついに見つからなかった。

それから以後、たびたび思いだしてはそこへ行ってさがした。花はもうしおれはてているだろうということは、すこしも考えなかった。いつでも眼をとじさえすれば、ツルのかくした花や南京玉が、水のしたたる美しさで、薄明かりの中にうかぶのであった。だれか他の者に見つけ出されると困るので、私は、ひとりのときにかぎって、そこへさがしにいった。

遊び相手がなくて、ひとりさびしくいるとき、常夜燈の下にツルのかくしたその花があるという思いは、私を元気づけた。④そこへかけつけ、さがしまわる間の希望は、なににもかえ難かった。いくらさがしても見つからない焦燥もさることながら。

ところがある日、私は林太郎に見られてしまった。私が例のように常夜燈の下をすみからすみまでさがしまわっていると、いつのまにきたのか、林太郎が常夜燈の石段にもたれて、とうもろこしをたべていた。私は林太郎に見られたと気づいた瞬間、ぬすみの現行をおさえられたように、びくっとした。私はとっさのまに、ごまかそうとした。

だが林太郎は、私の心の底まで、つまり[　　　]ということまで、見すかしたようににやにやとわらって、「まださがしとる

二　次の文章を読んで、後の問に答えなさい。

今は昔、もろこしに荘子といふ人ありけり。家いみじう貧しくて、今日の食物絶えぬ。隣に※1かんあとうといふ人ありけり。それがもとへ、今日食ふべき料の粟をこふ。

あとうが曰く、「①今五日ありておはせよ。②千両の金を得むとす。それを奉らむ。いかでか、やむごとなき人に、今日参るばかりの粟をば奉らむ。返す返すおのが恥なるべし」と言へば、荘子の曰く、「昨日、道をまかりしに、あとに呼ばふ声あり。返り見れば、人なし。ただ車の輪跡のくぼみたる所にたまりたる少水に、鮒《ふな》一ふためく。なにぞの鮒にかあらむと思ひて、寄りて見れば、少しばかりの水に、いみじう大なる鮒あり。『なにぞの鮒ぞ』と問へば、鮒の曰く、『我は※2河伯神の使ひに、※3江湖へ行くなり。それが飛びそこなひて、この溝に落ち入りたるなり。喉渇き、死なむとす。我を助けよと思ひて、呼びつるなり』と言ふ。答へて曰く、『我、今二三日ありて、江湖もとといふ所に、遊びしに行かむとす。そこにもて行きて放さむ』と言ふに、魚の曰く、『③さらにそれまで、え待つまじ。ただ今日※4一提《ひとさげ》ばかりの水をもて、喉をうるへよ』と言ひしかば、さてなむ助けし。④鮒の言ひしこと、我身に知りぬ。さらに今日の命、物食はずは、生くべからず。後の千の金、さらに益なし」とぞ言ひける。

それより、後の千金と云ふ事、※5名誉せり。

（『宇治拾遺物語』より。一部の表現を改めている。）

※1　かんあとう　ここでは人名。後の「あとう」はこの人物を指す。
※2　河伯神　河の神。
※3　江湖　大きな川や湖。後の「江湖もと」はこれに同義。
※4　一提ばかりの水　提一杯ほどの水。「提」は、取っ手と注ぎ口のある、酒や水を入れる容器。
※5　名誉せり　「有名になった」の意。

問一　この文章の出典である『宇治拾遺物語』と同じジャンルの古典文学作品を次の中から二つ選び、記号で答えなさい。

ア　新古今和歌集　　イ　源氏物語
ウ　古今著聞集　　エ　古事記
オ　今昔物語集　　カ　竹取物語
キ　徒然草　　ク　平家物語
ケ　枕草子　　コ　万葉集

問二　傍線部①の意味として最も適切なものを次の中から選び、記号で答えなさい。

ア　今から五日後に歩いてお越しください
イ　今から五日後にいらっしゃいます
ウ　もう五日間の時間の余裕がありますよ
エ　もう五日経ってからお出でください
オ　もう五日前に差し上げましたよ

問三　傍線部②について、「あとう」がこのように述べたのはなぜか。その説明として最も適切なものを次の中から選び、記号で答えなさい。

ア　荘子ほどの尊い人に、今日召し上がるだけの粟を差し上げるのは恥ずかしいことだと思ったから。
イ　荘子ほどの優れた人が、今日すぐにでも粟を食べたいというのは恥ずかしいことだと思ったから。
ウ　病気に苦しむ荘子に、今日食べるだけの粟をお渡しするのは気が引けることだと思ったから。
エ　今日食べるだけの粟しか与えられないのは、荘子のプライドを傷つけてしまうと思ったから。

問四　傍線部③の現代語訳として最も適切なものを次の中から選び、記号で答えなさい。

ア　今からそれまで待つつもりはない
イ　きっとそれまでなら待てるだろう
ウ　決してそれまで待つことはできない
エ　さらにそれまで本気で待とう
オ　再びそれまで待たなくてはならないのか

さて、では私たちを取り巻く時代状況はどうだろう。例えばテレビにおいては、他人の不幸を題材にするワイドショーのようなドラマが頻出しているように見受けられる。当然、このような刺激性の強い娯楽は、過激化の一［F］をたどる。ブラウン管の向こうで行われている出来事は、どんどん7絵空事になっていき、私たちの精神の揺れ動きとは8ムエンの、ただの見せ物になっていく。

そこで私は、いまこそ、演劇を支える諸要素を完全に社会に開くことによって、観客に演劇への参加の可能性を保証するべきだと考えている。私はこれを、「アートリテラシー」と呼んでいる。

（平田オリザ『演劇入門』より。一部の表現を改めている。）

※1 コロス 古代ギリシャの合唱歌。また、その合唱隊。

問一 二重傍線部1～8のカタカナは漢字に直し、漢字はその読みをひらがなで書きなさい。漢字は楷書ではっきり書くこと。

問二 空欄［A］と［B］に入る最も適切な語を次の中から一つずつ選び、記号で答えなさい。

ア 肯定　イ 共感　ウ 創造
エ 一般　オ 批判　カ 対話

問三 波線部について、演劇への参加が「アテネ市民の義務であった」のはなぜか。その理由について述べた次の文の空欄にあてはまる語を本文中から四字で抜き出して答えなさい。

> 演劇に参加することは、［　　　］の仕組みを多角的に捉えるために必要であるから。

問四 空欄［C］に入る最も適切な語を次の中から選び、記号で答えなさい。

ア 漫然　イ 超然　ウ 当然
エ 毅然　オ 自然　カ 天然

問五 空欄［D］と［F］にはそれぞれ漢字一字が入る。最も適切なものを次の中から一つずつ選び、記号で答えなさい。ただし、［D］はア～オ、［F］はカ～コの中から選ぶこと。

ア 貫　イ 環　ウ 管　エ 還　オ 巻
カ 都　キ 図　ク 徒　ケ 戸　コ 途

問六 空欄［E］に入る最も適切な語を次の中から選び、数字で答えなさい。

1 コミュニケーション　2 マニュアル
3 プロパガンダ　4 シンパシー
5 テクノロジー

問七 本文には次の甲と乙の二つの文が抜けている。それぞれの文が入る最も適切な箇所を本文中の【Ⅰ】～【Ⅵ】から選んで答えなさい。

甲
> 例えば、何かの台詞を聞いたときに、「お、ここは遠いイメージから入ってきたな」などと思われたら、作家としては、あまりいい気分ではない。

乙
> これらの表現形態においては、観客は、参加するものとしての視点を奪われている。

問八 次のア～エの文のうち、本文の内容に合っていないものを一つ選び、記号で答えなさい。

ア 芸術の自殺行為だという意見は「芸術の秘密は作家の側が持ち、観客は純粋に楽しむべき」という芸術観に基づいている。
イ 参加する視点から演劇に関わる責任意識が、芸術にひそむ騙す力について見識を深める。
ウ 演劇に参加することと観ることの両方の経験が、社会の現実を理解する契機となる。
エ 江戸期の歌舞伎とローマ帝政時代の剣闘試合がただの見せ物でないのは、観客に参加の可能性が開かれていたからだ。

二〇二二年度 慶應義塾志木高等学校

【国　語】（六〇分）〈満点：一〇〇点〉

〔注意〕　字数指定のある設問においては、すべて句読点を一字分と数えること。字数指定のない設問においては、解答欄に収まるように書くこと。

一　次の文章を読んで、後の問に答えなさい。

「メディアリテラシー」という言葉をご存じだろうか。リテラシーとは「読み書きの能力」のことである。メディアリテラシーとは、人間がメディアによって情報を［A］的に読み取ったり、［B］的に表現するための複合的な能力を指す。【Ⅰ】

例えばカナダでは、「テレビがいかに人を1騙すか」を、テレビの側から情報開示していくことが法律で定められているという。同じ死体でも、カメラのアングルによって、2キョウアクな殺人事件にも見えれば病死体にも見えるといったことを、テレビ局が放送を通じて伝えていくわけだ。

同様に私は、「演劇がいかに人を騙すか」というからくりを、すべての人に知ってもらった上で、演劇を鑑賞してほしいと願っている。全国でワークショップを開いたり、戯曲の講座を担当したりするのも、この願いが原動力となっている。【Ⅱ】

これは芸術の自殺行為だという意見も、もちろんあるだろう。

私自身、戯曲講座を始めた頃には、正直なところ、大きな3イワ感があった。このようなことを書いたり喋ったりすることは、私が戯曲を組み立てる上で行っているさまざまな操作を種明かしすることに等しいからだ。手品を見せる前に種を明かされているのだから、講座の生徒たちは、次に私の芝居を観るときには興ざめしてしまうのではないかと思ったのだ。【Ⅲ】

だが、演劇は手品ではない。いや逆に、演劇とはすべての手の内をさらけ出したところから始まる芸術なのではないかと、私は最近考えている。【Ⅳ】

古代ギリシャ、アテネで開かれていた演劇祭には、毎年数百人のアテネ市民が※1コロスとして参加していたという。この参加はアテネ市民の義務であった。持ち回りで舞台に出演した市民は、翌年には観客として演劇祭に参加していたのだ。

そこでは、演劇の見方は、明らかに現代社会とは異なっていただろう。例えば観客は、

「何だ、今年はへただな。去年の俺たちのほうがうまかったぜ」

とか、

「おぉ、今年はなかなかのもんだ。来年の俺たちも気が抜けないな」

といった思いで、演劇祭の客席に座っていたのだろう。

江戸期における歌舞伎も同様だったのではないだろうか。歌舞伎を支えた江戸の庶民たちは、歌舞伎を観客としてただ［C］と観ていたわけではなく、日本舞踊や浄瑠璃の習得を通じて、確かにそこに参加していたのだ。本当の歌舞伎の舞台に上がることはなくとも、歌舞伎を支える諸要素については習熟し、そこに参加する者の視点で、彼らは客席に座っていた。【Ⅴ】

逆に、演ずる側と観る側が、完全に4カクリされている例としては、ローマ帝政時代にコロッセオで行われた5ドレイによる剣闘試合や6モウジュウとの死闘、近代帝国主義の産物であるオペラ、あるいは共産主義政権下におけるサーカスといったものが挙げられるだろう。【Ⅵ】

こう見てくると、演劇が観客の側にも参加するものとして捉えられる状況は、ある種の市民社会（それが、特定の階層に強く限定されたものであっても）においてであると言えるかもしれない。逆に、全体主義国家では、愚民化政策の一［D］として、芸術は参加するものとしてではなく、［E］や単純な娯楽の道具として存在してきた。

英語解答

Ⅰ
問1　ア…2　イ…1　ウ…2
問2　A　lent　B　tied　C　called　D　seemed　E　ran
問3　was the only way to save the oldest and tallest trees
問4　(例)ニュースを見る人たちは，森の美しい自然を見て，この森が切り倒されたら私たちが何を失うのかわかってくれるだろうから。
問5　3
問6　(例)They were blocking the road in order to stop a company from cutting down the trees in the valley. They want to save their forest.

Ⅱ
問1　are valuable and that they can use to become
問2　(例)偉大なダ・ヴィンチが書いたというだけでなく，彼が書いたノートは再生不能で希少なため，将来価値が上がる可能性があるから。
問3　thirty million　問4　1
問5　(例)capitalismという単語が英語に含まれたのは，この本が出版されて100年以上たってからだった。
問6　(ア)…2　(イ)…3　(ウ)…4　(エ)…1　(オ)…6　(カ)…5

Ⅲ
問1　1…(ア)　2…(ア)　3…×　4…○　5…(イ)　6…(イ)
問2　最初…biting　最後…larger
問3　4

Ⅳ
1　①…イ　②…オ
2　①…カ　②…オ
3　①…オ　②…ク
4　①…ウ　②…エ
5　①…オ　②…イ

Ⅴ
1　three times　2　idea, to
3　have been　4　second fastest
5　neither, nor　6　be sent
7　that he　8　who wrote
9　bring you　10　sat surrounded

Ⅵ
1　①…け　②…す
2　①…あ　②…そ
3　①…く　②…ち
4　①…う　②…た
5　①…き　②…さ
6　①…か　②…せ
7　①…こ　②…し
8　①…お　②…つ
9　①…え　②…ち
10　①…い　②…つ

Ⅰ〔長文読解総合―物語〕

≪全訳≫❶月曜日の朝，私は道路の終点に立ってトラックが来るのを待っていた。6月だったが，私は暖かくしているために足踏みをしなければならなかった。母は私が寒そうにしているのに気づいて，自分のボタンブランケットを私に貸してくれた。❷私はそのブランケットが大好きで，肩にしっかりと巻きつけて結んだ。他の全ての伝統的なボタンブランケットのように，母のブランケットは黒と赤のウールの布を縫い合わせてつくられていた。それが他と違うところは，曽祖母がワシの形を縫いつけ，その鳥の輪郭を真珠色のボタンで描いていたことだ。ワシの印は家族のシンボルのようなものだった。母は母の母からその毛布を譲り受けた。それは，母から娘へ3世代にわたって受け継がれてきたものだった。❸私たち22人――私たち部族とジョンソンベイの町の友人や支援者たち――は，道路をふさいで列をつくった。それは，世界で最も古くて背の高い木々を救う唯一の方法だった。それらは「ビッグ・ツリー・カントリー」と呼ばれる谷に生えていた。❹何千年もの間，私たちヌウチャヌルス族は，カナダの西海岸沖にある島のその谷の近くで暮らしてきた。この谷は道路からも大都市からも遠く離れていたため，木が伐採されたことはなかった。２年前，政府はビッグ・ツリー・カントリーの木を伐採する権利を売却した。政府は，その権利をアイランド・フォレスト・プロダクツ社に売る際に，私たちや他の誰にもそのことについて尋ねなかった。その会社は私たちのコミュニティに雇用をもたらすと約束した。そして今，アイランド・フォレスト・プロダクツは森を伐採するために，その谷に行く道路を建設していたのだ。❺今日，私たちはそれを阻止しなければならなかった。私たちは板を何枚か持ってきて，小さな通行止めの柵をつくった。何人かが「ビッグ・ツリー・カントリーを救え」「木の伐採をやめろ」「この森を公園に」という看板を掲げていた。❻市からテレビ取材班が私たちの行動を記録するために来ていた。これは私たちを後押ししてくれるだろう，と私は思った。森のある谷には太陽が輝いている。木々の間から鳥のさえずりが聞こえてくる。この森が伐採されたら私たちが何を失うのか，たぶんニュースを見る人たちにはわかるだろう。❼私は緊張してきた。いつ木の伐採に来るんだろう。❽私はシェーン・バーネットに目をやった。彼はジョンソンベイから来て，道路封鎖を手伝ってくれている人の１人だった。彼が私のボーイフレンドだと思っている人もいるが，ただの親友だ。私たちは町に１つしかない同じ高校に通い，今は大学で多くの時間を一緒に過ごしている。❾「あの人たちがここに木を切りに来たらどうしよう？」と私はきいた。❿シェーンは私が心配そうな顔をしていることに気づいたらしく，チェックしていたスマートフォンをしまった。そして，まるで重大なことを発表する政治家のように，くせのある髪にさっと手を通した。彼は鼻にのせたおかしな黒い眼鏡の位置を直し，せき払いした。⓫「『通行止め』の大きな看板を出すんだ。そうすれば，彼らは回れ右して帰っていくよ」⓬私はその冗談に笑った。「もしトラックの運転手が字を読めたらだけどね」と私は言った。

問１＜適語選択＞ア．すぐ後に how cold I looked とある。　イ．what made it (　)「それを(　)にしていたもの」がこの文の主語。it は Mom's (blanket)を指す。この前の文では，母のブランケットについて「他の伝統的なボタンブランケットのように」とあるのに対し，後の that 以下は他と異なる特徴を述べていることから判断できる。　ウ．木々が伐採されなかった理由として適切な内容を考える。

問２＜適語選択・語形変化＞A．'lend＋人＋物'「〈人〉に〈物〉を貸す」　lend－lent－lent　B．目的語の it は that blanket を受けている。それを肩をくるむように結びつけたのである。　tie－tied－tied　C．a valley＝"Big Tree Country"の関係を読み取る。'名詞＋called 〜'「〜と呼ばれる〔〜という〕…」の形。　D．seem to 〜「〜するらしい，〜するようだ」の形。過去形にする。　E．run には「(指などを)さっと走らせる」という意味がある。　run－ran－run

問３＜整序結合＞まず「それは唯一の方法だった」→That was the only way という文の骨組みをつくり，あとは the only way を to 不定詞の形容詞的用法で修飾する形にすればよい。

問４＜文脈把握＞テレビ取材が自分たちの助けになると思った理由はこの後に続く３文で述べられている。その内容を，Maybe people watching the news で始まる最後の文を中心にまとめる。

問５＜文脈把握＞「通行止め」の看板を掲げたら引き返すだろうというシェーンの言葉を「冗談」と受けとめているということは，「私」はそうなるとは思っていないということ。シェーンがなるはずもないことを言うから笑ったのである。よって，笑った理由として適切なのは，３．「その交通標識を見ても決してトラックの運転手たちは逆戻りしないだろうから」。

問６＜英問英答＞「22人は道路で何をしていたのか，それはなぜか」―「(例)彼らはある会社が谷の木を伐採するのを阻止するために道路を封鎖していた。彼らは自分たちの森を守りたいのだ」「木の伐採を止める」という内容を必ず含めること。　'stop … from 〜ing'「…が〜するのを止める」

Ⅱ〔長文読解総合―説明文〕

≪全訳≫❶ある国が資本主義経済なら，それは一人ひとりが物を所有できることを意味する。資本主義社会では，政府が全てを所有しているわけではない。例えば，何かを買うために店に行きたい場合，好きな店に行くことができ，誰から買うかについて自分で選択できる。また，家や土地など大きなものを買えば，それはあなたのものだ。全ての政府がこのように機能するわけではない。国によっては，人々が自分の土地を持つことが全く許されていないところもある。政府が全ての土地を所有し，人々は自分の所有物を持つことができないのだ。❷資本主義の国に住んでいる場合，売買が合法なものであれば，政府に活動を制限されることなく，誰かから買ったり誰かに売ったりすることができる。しかし，資本主義のほとんどの国は完全に「自由な」経済というわけではない。政府は物事をより円滑にするために経済をある程度規制している。このため，アメリカは「混合経済」である。❸「資本」とは，誰もがわかる価値を持つものを意味する。投資されうるお金は一種の資本であり，それは例えば宝石のような，価値を持つどんな種類のものとも同じだ。実際，他人が価値があると考え，人を豊かにするために使えるものは全て資本である。発明家の中には，価値があり，金持ちになるために使うことができる特許権を持っている者もおり，よって，これらの特許は資本の１つの形である。道具や機械，そして土地や家も，人を豊かにできる価値あるものなので，それらも資本と考えられる。❹資本主義には，２つの重要な考え方がある。需要と供給だ。供給とは使えるものの量のことであり，一方，需要とは人々が欲しがる製品の量のことである。この２つは互いに結びついていて，価格に強い影響を与える。レオナルド・ダ・ヴィンチの発明がたくさん書かれたノートを買いたいと思ったとしよう。ダ・ヴィンチはあまり多くの発明を書きとめず，またダ・ヴィンチは非常に有名なので，彼のノートの１冊は大変な価値がある。レオナルドの偉大さとノートが希少であるという事実から，彼のノート１冊は大きな価値を持つだけでなく，これらのノートはもう生産できないのだから，良い投資にもなる。世界で最も裕福な人の１人であるビル・ゲイツは，このうちの１冊を約3000万円で購入した。❺さて，あなたが若い発明家で，自分自身の発明家ノートを書きたいとしよう。あなたが文房具屋に行くと，棚にたくさんの白紙のノートが並んでいる。このノートの値段は，１冊1.75ドルかもしれない。それは，白紙のノートが私たちの周囲にとてもたくさんあるからだ。誰もが持っている製品の供給が多いということは，値段が下がるということだ。もちろん，あなたがそのノートに未来の発明の貴重なスケッチを書き込み，あなたが有名になれば，あなたのノートもいつか価値が出るかもしれない。つまり，資本主義経済では需要と供給が価格を決定するのである。政府が価格を決めるのではない。❻1776年，アダム・スミスという哲学者が経済に関する本を出版した。この本の中で，彼は「自由市場」システムに基づく経済という自分の考えを示した。彼は資本主義のルールを説明していたのだが，capitalismという英単語が生まれたのはこの本が出版されてから100年以上たってからだった。❼資本主義のシステムでは，人々は自分のものを誰かに売るか賃貸するかを選択できる。他の誰かから何かを買うか賃借するか借りるかを選択できる。政府はこれらの活動を規制しない。あなたは誰からも許可を得ずに売買することができる。また，仕事ができて，あなたが提示した給料をその人が受け入れれば，誰でも好きな人を雇うことを選択できる。資本主義社会の労働者はお金を稼ぐために雇われている。もしあなたが自由経済圏の労働者であれば，自分が働く会社を選ぶことができるのだ。❽世界中の多くの国の経済は資本主義のシステムである。しかし，それらはアダム・スミスが著書で示した理想的な資本主義とは違うものだ。アメリカ政府は経済を守るために多くのルールを設けている。また，お金をだまし取られることから国民を安全に守るための法律や，労働環境を安全に保つための法律もある。資本主義社会では，各人は懸命に，そして賢く働くことによって物を所有し，より多くのお金を手に入れることができる。現在の資本主義国の多くは混合経済である。自由市場はあるが，企業活動の全部または大部分の１社による支配，肉体的または精神的に劣悪な労働条件，あるいは不当な利益に関する問題など，資本主義の弱点を防ぐために一定の政府の規制があるのだ。

問１＜整序結合＞patents「特許」を修飾する関係代名詞節を組み立てる。「価値がある(特許)」→(patents) that are valuable と「金持ちになるために使うことができる(特許)」→(patents) that they can use to become rich という２つの関係代名詞節を and で結んだ形。１つ目の that は主格，２つ目の that は目的格の関係代名詞である。

問２＜文脈把握＞下線部②の前後にある Because of ～と，since ～がその理由を説明しているので，この内容をまとめる。ダ・ヴィンチの偉大さゆえの貴重さと希少であるという事実に加え，もうつくることができないことで将来の値上がりが見込めるので投資の対象になるということである。the fact that ～は「～という事実」という意味で，この that は‘同格’を表す接続詞である。

問３＜数字の読み方＞英語の数字はコンマによって３けたずつ小さい順に thousand(千)，million(百万)，billion(十億)…と区切られる。ここでは million×30なので thirty million dollars となる。million に s はつかず，dollar に s がつくことに注意。

問４＜適語選択＞空所を含む文の主語は Lots of (　) of a product that everyone has「誰もが持っている製品の多くの(　)」，動詞から後は means the price goes down「価格が下がることを意味する」。直前の２文に，白紙のノートはたくさんあるから1.75ドルだとあることから，「供給」が多ければ価格が下がると言える。第４段落の供給が少なければ価値が上がることを示すダ・ヴィンチの例からも判断できる。

問５＜英文和訳＞‘not ～ until …’は「…までは～ない，…して初めて～」という意味を表す。「この本が出版されてから100年以上たつまで，capitalism という単語は英語になかった」などとしてもよい。アダム・スミスは，capitalism という言葉ができる100年以上も前にそのルールを説明していたのである。

問６＜要旨把握＞(ア)「政府が全ての土地を所有し，人々は自分の所有物を持つことができない」―２．「国によっては，全ての土地と商取引は政府に管理されている。この種の経済では，市民は自分で選択することができない」　(イ)「資本主義のほとんどの国は完全に『自由な』経済というわけではない。政府は物事をより円滑にするために，経済をある程度規制している」―３．「その国の重要な企業がつぶれ始めた場合，政府は経済を完全な崩壊から救うための法律を設けている」　(ウ)「あなたは誰からも許可を得ずに売買することができる」―４．「資本主義を信じている社会には経済的自由がある。人々は経済の売る側でも買う側でもしたいことが自由にできる」　(エ)「１社による企業活動の全部または大部分の支配」―１．「資本主義社会の会社は非常に大きくなることがある。こうなると，他の会社がこれら大会社に挑戦することは難しい」　(オ)「肉体的または精神的に劣悪な労働条件」―６．「管理職やオーナーは，より多くのお金を稼ぐために，労働者を危険な環境に置くことがある」　(カ)「不当な利益に関する問題」―５．「資本主義社会ではほんのわずかな人々が多くのお金を手に入れ，他の人々はそうできないことがある」

Ⅲ〔長文読解総合─説明文〕

≪全訳≫❶科学者たちは，アジアのミツバチがオオスズメバチから巣を守るために使う変わったトリックを発見した。この発見はそのミツバチがいかに賢いかを示しており，また，養蜂家にミツバチを守る新しい方法を提供できるかもしれない。❷この発見はベトナムでミツバチを研究している科学者たちによってなされた。アジアの多くのミツバチと同様に，このミツバチもオオスズメバチにしょっちゅう襲われている。オオスズメバチはその習性から「海賊」と呼ばれている。それらは他の昆虫，特にミツバチを襲って盗む。自分たちの食料を得るためには，強力なあごを使うだけだ。毒針は大きな動物や人間に対する自己防衛のためにのみ使われる。スズメバチは巣を襲い，ミツバチの頭を切り落とし，若いミツバチを食料にするのだ。❸この問題はアジアで長く続いているため，そこのミツバチは反撃方法をいくつか編み出した。例えば，スズメバチの周りに集まって球をつくり，すばやく羽ばたくことによって，スズメバチを殺すのに十分なほど温度を上げることができる。これは「熱殺蜂球形成」と呼ばれている。❹科学者たちは，ベトナムのミツバチを何百時間も研究することで，全く新しい発見をした。オオスズメバチに襲われた後，ミツバチは動物のふんのかけらを集め始め，巣を守るためにそれを使ったのだ。❺ミツバチは豚，牛，水牛などさまざまな動物のふんを使うが，鶏から出るくさいふんを好むようだ。悪臭がするにもかかわらず，ミツバチは足ではなく口でふんを集めて飛び回る。巣箱に戻ると，ミツバチは入り口の周りにふんを塗る。❻「私はショックでした」と研究を主導した科学者のヘザー・マッティラは言った。「ミツバチはきれい好きで知られていましたから」❼しかし，このような汚い行為にはちゃんとした理由がある。ふんがたくさんついた巣は，ミツバチの敵であるオオスズメバチを追いやることができるのだ。❽研究者たちは，オオスズメバチによるハチの巣の攻撃を300回以上記録した。その結果，巣の入り口に塗られたふんは，スズメバチが巣の入り口にいる時間を大幅に減らすことがわかった。❾また，ふんは，スズメバチが巣の中に入るためにしなければならない，入り口を大きくするために巣にかみつくことをほとんど防いでいた。それでもスズメバチは外にいて，ハチを狩って運び去ることはできるが，巣の中に入る前の次のステップに進むことができないのだ。❿オオスズメバチは巣を攻撃するとき，特殊な化学物質で印をつける。スズメバチの攻撃によってミツバチがふんを使うようになるかどうかを確かめるために，科学者たちはこの特別な化学物質で１つの巣に印をつけた。すると，たとえ実際にはスズメバチがいなくても，ミツバチはすぐにふんを入り口付近に置き始めた。⓫なぜふんがスズメバチを遠ざけるのに役立つのか，科学者たちにその理由はわかっていない。ふんのにおいが巣から出るふだんは甘いにおいを隠しているのかもしれない。また，悪臭がスズメバチを追い払っている可能性もある。それは確かにスズメバチから巣を守ってくれているようだ。⓬アジアのミツバチは長い時間をかけて，オオスズメバチと戦うための方法を編み出してきた。ヨーロッパや北アメリカではそうではない。⓭最近，アメリカとカナダで初めてアジアオオスズメバチが発見された。アジアオオスズメバチは，研究者たちが研究していたオオスズメバチに近い種類である。⓮科学者たちは現在，アメリカとカナダのミツバチをオオスズメバチから守るために懸命に努力している。そうしなければ，そこにいるミツバチはすぐに大変なことになるだろう。⓯ふんによる保護に関する新しい情報は助けになりえる。もし科学者たちが，ふんがスズメバチを追い払う理由を解明すれば，自らを守ることができないミツバチを守るのに役立つ方法を見つけることができるかもしれないのだ。

問１＜内容真偽＞１．(ア)「ベトナムではオオスズメバチがしょっちゅうミツバチを攻撃している」…○　第２段落第１，２文に一致する。　(イ)「スズメバチは，大型の動物を襲って物を盗むので『海賊』と呼ばれている」…×　第２段落第３，４文参照。「大型の動物」ではない。　２．(ア)「スズメバチはミツバチの巣を襲い，若いミツバチを食べることさえある」…○　第２段落最終文に一致する。　(イ)「ミツバチは熱したボールを投げつけてオオスズメバチを殺すことができる」…×　第３段落第２，３文参照。ミツバチが球形に密集して羽ばたくことで熱を出す。　３．(ア)「ミツバチはさまざまな動物のふんを使うが，鶏のふんは好まない」…×　第５段落第１文参照。鶏のふんを好む。　(イ)「ミツバチはふんを集めているときに足と口の両方を使う」…×　第５段落第２文参照。　4．(ア)「ヘザー・マッティラはミツバチが思ったほどきれい好きでないと知って驚いた」…○　第6段落に一致する。　(イ)「ふんを塗った巣の入り口周辺では，スズメバチはあまり時間を使わない」…○　第8段落第2文に一致する。　5．(ア)「科学者たちはすでに，スズメバチがふんをつけた巣に近づかない理由を発見した」…×　第11段落第1文参照。　(イ)「ヨーロッパと北アメリカのミツバチはスズメバチに反撃する有効な方法を持たない」…○　第12段落に一致する。　6．(ア)「アジアオオスズメバチは昔からアメリカにいる」…×　第13段落第1文参照。最近初めて発見された。　(イ)「ふんによる保護について研究を進めることはアメリカのミツバチが生き残るチャンスを増やすかもしれない」…○　第14，15段落に一致する。

問2＜指示語＞that next step「その〔あの〕次の段階」とは，before getting into the hive「ミツバチの巣に入る前の」段階である。1つ前の文で，biting on the hive to make the entrance larger「入り口を広げるために巣にかみつくこと」が，something they(＝the hornets) have to do to get inside「中に入る前にしなければならないこと」であると説明されている。

問3＜適文選択＞空所を含む段落で紹介されているのは，ミツバチが巣にふんを塗るのはスズメバチの攻撃を防ぐためかどうかを確かめる実験である。スズメバチが巣を襲うときに出す特殊な化学物質を科学者が巣につけると，実際にはスズメバチがいなくても，ミツバチは巣の入り口付近にふんを置き始めたのである。　even though ～「たとえ～でも」

Ⅳ〔整序結合〕

1．「君は～するだけでいい」は‘All you have to do is＋動詞の原形...’で表せる。　All you have to do is wear this uniform and walk with them.

2．「～したことがない」は‘have/has never＋過去分詞’の形で表せるが，語群にneverがない。代わりにeverがあることに着目し，「これは今までに観た最も面白い試合だ」と読み換えて表す。　This is the most exciting game I have ever watched.

3．語群のstayingとwithoutに着目し，‘never … without ～ing’「(～せずに…することは決してない→)…すれば必ず～する」の形にする。　My parents never go to Hokkaido without staying at the hotel.

4．「～ぶりに」はfor the first time in ～で表せる。　I played basketball for the first time in three years.

5．文の骨組みは「(その)本は見つかりましたか」→Have you found the book?。「本」を修飾する「(私が)(あなたに)探すようにお願いしておいた」は，‘ask＋人＋to ～’「〈人〉に～するように頼む」の形を用いて，I asked you to look forと表し，the bookの後ろに置く。　Have you found the book I asked you to look for?

Ⅴ〔書き換え―適語補充〕

1．「私は5冊の本を持っていて，あなたは15冊の本を持っている」→「あなたは私の3倍の本を持っている」　‘as many＋複数名詞＋as ～’で「～と同じ数の…」。この前に‘数＋times’(「2倍」の場合はtwice)をつけると「～の―倍の数の…」を表せる。

2．「彼女はどのバスに乗るべきか知らない」　don’t/doesn’t knowはhave/has no ideaに，‘which＋名詞＋主語＋should ～’は‘which＋名詞＋to ～’に書き換えられる。

3．「私は子どもの頃に野球ファンになって，いまだにそれが好きだ」→「私は子どもの頃からずっと野球ファンだ」　‘継続’用法の現在完了の文にする。

4．「私のクラスで私より速く走れる生徒は1人しかいない」→「私はクラスで2番目に速いランナーだ」　「～番目に…」は‘the＋序数詞＋最上級’の形で表せる。（類例）「市で３番目に高い建物」→the third tallest building in the city

5．「私の姉〔妹〕は英語を話せないし，中国語も話せない」→「私の姉〔妹〕は英語と中国語のどちらも話せない」　‘neither *A* nor *B*’で「*A* も *B* もどちらも…ない」を表せる。

6．「彼らはいつその手紙を彼に送りますか」→「その手紙はいつ彼に送られますか」　受け身形に書き換える。助動詞がある文の受け身形は‘助動詞＋be＋過去分詞’の形。これの疑問文である。send－sent－sent

7．「私の兄〔弟〕はこの学校の生徒であることを誇りにしている」　be proud of ～ing は‘be proud that＋主語＋動詞...’の形に書き換えられる。

8．「この本の著者を知っていますか」→「誰がこの本を書いたか知っていますか」　know の目的語を間接疑問にする。疑問詞 who が主語になるので，‘疑問詞＋動詞...’の形になることに注意。

9．「あなたが歩いてその公園に行くには10分かかるだろう」→「10分歩けばあなたはその公園に行けるだろう」　下は無生物主語の文。動詞は b で始まる単語なので bring「～を連れてくる」を用いる。（類例）This bus takes you to the park.「このバスに乗れば公園に行ける」

10．「彼は座っていた，そして彼の友達はみんな彼の周りにいた」→「彼は友達に囲まれて座っていた」　‘sit＋過去分詞’で「～された状態で座っている」を表す。surrounded by ～で「～に囲まれて」。動詞 surround は「～を取り囲む」の意味。

Ⅵ〔適語選択―熟語〕

1．take part in ～「～に参加する」　「生徒は全員その会議に出席しなければならない。でないと，彼らは欠席扱いになる」

2．break out「(戦争などが)勃発する」　judging from ～「～から判断すると」　「その二国の関係の悪さから判断して，いつ戦争が起こるかわからない」

3．stay up late「夜遅くまで起きている」　「看護師はその患者の世話をするために夜遅くまで起きていなければならなかった」

4．‘help ～self to …’「(食べ物など)を自由に取る」　「テーブルにあるものは何でも自由にお取りください。料理や飲み物を好きなだけ召し上がってください」

5．stand for ～「(略語などが)～を表す」　「UN は何を表していますか」―「国連です」

6．run out of ～「～を切らす，～がなくなる」　「砂糖がなくなってしまった。誰かが買いに行かなくてはならない」

7．‘tell *A* from *B*’「*A* と *B* を区別する」　「インターネット上には多くの情報がある。私たちは本当の情報と偽物を見分けなくてはならない」

8．put up with ～「～を我慢する」　「私の家は大きな通りに面している。私は騒音に耐えられない」

9．look ～ up〔look up ～〕in the dictionary「(言葉など)を辞書で調べる」　「言葉の意味がわからないときは辞書で調べなさい」

10．have nothing to do with ～「～に無関係である」　Mind your own business.「(自分のことに集中しなさい→)人のことに口出しするな」「余計なお世話だ。君はこの件に何の関係もない」

数学解答

1 (1) $2,\ \dfrac{13}{2}$

(2) $(x,\ y,\ z)=(11,\ 109,\ 197)$

2 (1) $\mathrm{B}\left(\dfrac{5}{2},\ \dfrac{25}{2}\right)$, $\mathrm{P}\left(\dfrac{3}{2},\ \dfrac{9}{2}\right)$, $\mathrm{Q}(0,\ 10)$, $S=\dfrac{35}{2}$

(2) $y=-\dfrac{19}{9}x+\dfrac{19}{3}$

3 (1) $\mathrm{PQ'}=\dfrac{2\sqrt{5}}{5}x$, $\mathrm{QQ'}=\dfrac{\sqrt{5}}{5}x$, $\mathrm{QR}=16-x-y$

(2) $\dfrac{50}{7}$

4 (1) 30通り　(2) 15通り

(3) 75通り

5 (1) 102%　(2) 1200円

6 (1) $\dfrac{3\sqrt{3}}{2}$　(2) $\dfrac{10\sqrt{6}}{9}$

7 (例)

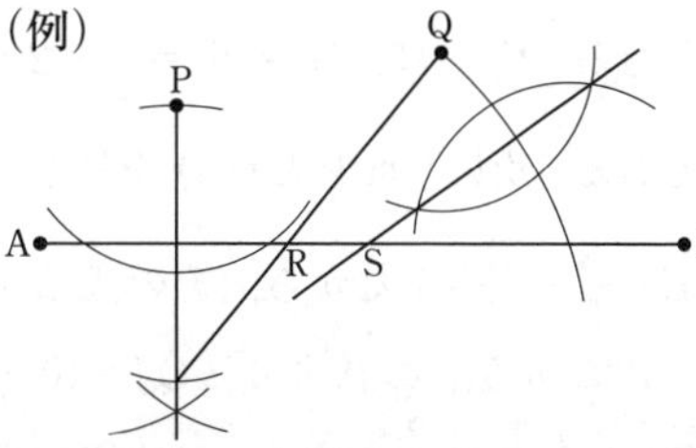

1 〔独立小問集合題〕

(1)＜二次方程式—解の利用＞二次方程式を解くと，$x^2-\{2t+(2t-1)\}x+2t\times(2t-1)=0$，$(x-2t)\{x-(2t-1)\}=0$ より，$x=2t$，$2t-1$ となるので，$\alpha=2t$，$\beta=2t-1$ とする。$2t>2t-1$ より，$\alpha>\beta$ だから，3辺の長さが5，α，β である直角三角形の斜辺の長さは，5か α である。斜辺の長さが5のとき，三平方の定理より，$\alpha^2+\beta^2=5^2$ だから，$(2t)^2+(2t-1)^2=5^2$ が成り立ち，$4t^2+4t^2-4t+1=25$，$8t^2-4t-24=0$，$2t^2-t-6=0$ となる。解の公式を用いると，$t=\dfrac{-(-1)\pm\sqrt{(-1)^2-4\times2\times(-6)}}{2\times2}=\dfrac{1\pm\sqrt{49}}{4}=\dfrac{1\pm7}{4}$ となるので，$t=\dfrac{1+7}{4}=2$，$t=\dfrac{1-7}{4}=-\dfrac{3}{2}$ である。$2t-1>0$ であるから，$t=2$ が適する。また，斜辺の長さが α のとき，$5^2+\beta^2=\alpha^2$ だから，$5^2+(2t-1)^2=(2t)^2$ が成り立つ。これを解くと，$25+4t^2-4t+1=4t^2$，$4t=26$，$t=\dfrac{13}{2}$ となるので，適する。よって，$t=2$，$\dfrac{13}{2}$ である。

(2)＜数の性質＞$80x^2+2xy-y^2=-(y^2-2xy-80x^2)=-(y+8x)(y-10x)=(8x+y)\{-(y-10x)\}=(8x+y)(10x-y)$ となるので，$z=(8x+y)(10x-y)$ である。自然数 x，y，z が素数より，$8x+y$，$10x-y$ は整数であり，$8x+y\geqq2$ だから，$8x+y$ は素数，$10x-y=1$ となる。$10x-y=1$ を満たす素数 x，y の組は，$(x,\ y)=(2,\ 19)$，$(3,\ 29)$，$(11,\ 109)$，$(13,\ 129)$，……である。$x=2$，$y=19$ のとき，$z=(8\times2+19)\times1=35$ となり，素数にならないので適さない。$x=3$，$y=29$ のとき，$z=(8\times3+29)\times1=53$ となり，素数だから，適する。これが z の値が一番小さいときである。$x=11$，$y=109$ のとき，$z=(8\times11+109)\times1=197$ となり，素数だから，適する。よって，z の値が2番目に小さい x，y，z の組は，$(x,\ y,\ z)=(11,\ 109,\ 197)$ である。

2 〔関数—関数 $y=ax^2$ と一次関数のグラフ〕

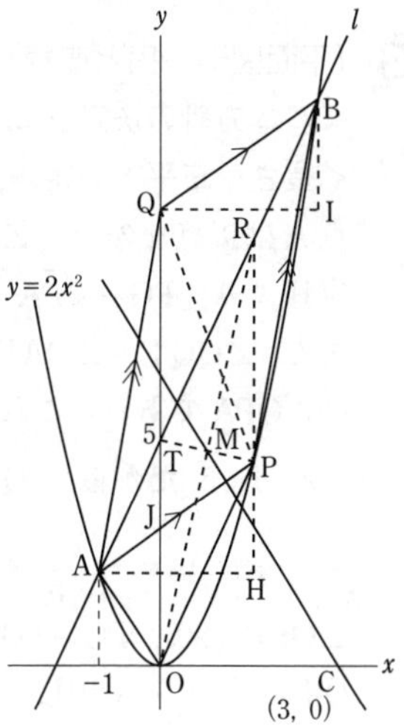

(1)＜座標，面積＞右図で，点Aは放物線 $y=2x^2$ 上にあり，x 座標が -1 なので，$y=2\times(-1)^2=2$ より，A$(-1,\ 2)$ である。直線 l は，点Aと点$(0,\ 5)$を通るので，傾きは $\dfrac{5-2}{0-(-1)}=3$ となり，直線 l の式は $y=3x+5$ である。点Bは放物線 $y=2x^2$ と直線 $y=3x+5$ の交点となるから，この2式より，$2x^2=3x+5$，$2x^2-3x-5=0$ となり，$x=\dfrac{-(-3)\pm\sqrt{(-3)^2-4\times2\times(-5)}}{2\times2}=\dfrac{3\pm\sqrt{49}}{4}=\dfrac{3\pm7}{4}$ となる。$x=\dfrac{3+7}{4}$

$=\frac{5}{2}$，$x=\frac{3-7}{4}=-1$だから，点Bのx座標は$\frac{5}{2}$であり，$y=2\times\left(\frac{5}{2}\right)^2=\frac{25}{2}$より，$\mathrm{B}\left(\frac{5}{2},\ \frac{25}{2}\right)$である。また，AP∥QB，AQ∥PBより，四角形APBQは平行四辺形である。このことから，点Aを通りx軸に平行な直線と点Pを通りy軸に平行な直線の交点をH，点Qを通りx軸に平行な直線と点Bを通りy軸に平行な直線の交点をIとすると，△AHP≡△QIBとなり，$\mathrm{AH}=\mathrm{QI}=\frac{5}{2}$である。点Pの$x$座標は$-1+\frac{5}{2}=\frac{3}{2}$となり，点Pは放物線$y=2x^2$上にあるので，$y=2\times\left(\frac{3}{2}\right)^2=\frac{9}{2}$より，$\mathrm{P}\left(\frac{3}{2},\ \frac{9}{2}\right)$となる。さらに，$\mathrm{BI}=\mathrm{PH}=\frac{9}{2}-2=\frac{5}{2}$となるから，点Qの$y$座標は$\frac{25}{2}-\frac{5}{2}=10$となり，Q(0, 10)である。次に，点Pと点Qを結び，辺APとy軸の交点をJとする。直線APの傾きは$\frac{\mathrm{PH}}{\mathrm{AH}}=\mathrm{PH}\div\mathrm{AH}=\frac{5}{2}\div\frac{5}{2}=1$だから，その式は$y=x+b$とおける。点Aを通るので，$2=-1+b$，$b=3$となり，J(0, 3)である。これより，QJ$=10-3=7$となる。辺QJを底辺と見ると，△AQJの高さは1，△PQJの高さは$\frac{3}{2}$だから，$\triangle\mathrm{APQ}=\triangle\mathrm{AQJ}+\triangle\mathrm{PQJ}=\frac{1}{2}\times7\times1+\frac{1}{2}\times7\times\frac{3}{2}=\frac{35}{4}$となり，四角形APBQは平行四辺形なので，$S=2\triangle\mathrm{APQ}=2\times\frac{35}{4}=\frac{35}{2}$である。

(2)＜直線の式＞前ページの図で，(1)より$\mathrm{P}\left(\frac{3}{2},\ \frac{9}{2}\right)$だから，直線OPの傾きは$\frac{9}{2}\div\frac{3}{2}=3$である。直線ABの傾きも3なので，OP∥ABである。よって，点Pを通りy軸に平行な直線と直線ABの交点をR，直線ABとy軸の交点をTとすると，四角形OPRTは平行四辺形である。△AOT，△BPRの底辺をそれぞれOT，PRと見ると，OT＝PRであり，△AOTの高さは1，△BPRの高さは$\frac{5}{2}-\frac{3}{2}=1$だから，△AOT＝△BPRである。したがって，C(3, 0)を通り四角形OPBAの面積を2等分する直線は，▱OPRTの面積を2等分する直線である。▱OPRTの対角線OR，PTの交点をMとすると，▱OPRTは点Mを通る直線によって面積は2等分されるから，求める直線は2点C，Mを通る直線となる。点Mは線分PTの中点だから，$\mathrm{P}\left(\frac{3}{2},\ \frac{9}{2}\right)$，T(0, 5)より，点Mの$x$座標は$\left(\frac{3}{2}+0\right)\div2=\frac{3}{4}$，$y$座標は$\left(\frac{9}{2}+5\right)\div2=\frac{19}{4}$となり，$\mathrm{M}\left(\frac{3}{4},\ \frac{19}{4}\right)$である。直線CMの傾きは$\left(0-\frac{19}{4}\right)\div\left(3-\frac{3}{4}\right)=-\frac{19}{9}$だから，その式は$y=-\frac{19}{9}x+c$とおける。点Cを通るので，$0=-\frac{19}{9}\times3+c$，$c=\frac{19}{3}$より，求める直線の式は$y=-\frac{19}{9}x+\frac{19}{3}$である。

3 〔平面図形―円と直線〕

《基本方針の決定》(2)　△QOQ′∽△ROBに気づきたい。

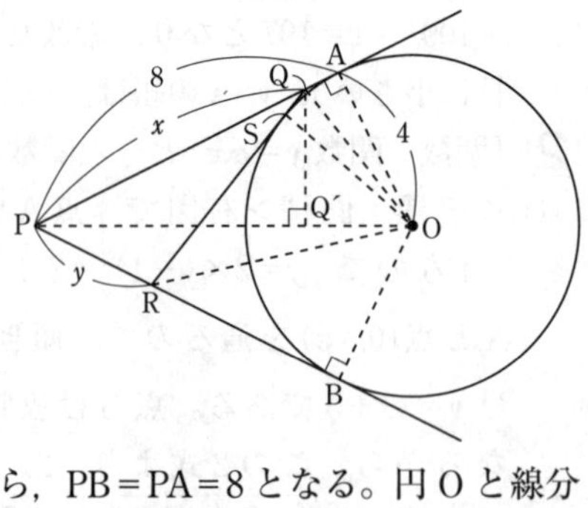

(1)＜長さ―三平方の定理，相似＞右図で，点Oと点Aを結ぶと，点Aは接点なので，∠OAP＝90°であり，△OPAで三平方の定理より，$\mathrm{PO}=\sqrt{\mathrm{PA}^2+\mathrm{OA}^2}=\sqrt{8^2+4^2}=\sqrt{80}=4\sqrt{5}$である。また，∠QQ′P＝∠OAP＝90°，∠QPQ′＝∠OPAより，△QPQ′∽△OPAである。これより，PQ′：PA＝QQ′：OA＝PQ：PO$=x:4\sqrt{5}$だから，$\mathrm{PQ}'=\frac{x}{4\sqrt{5}}\mathrm{PA}=\frac{x}{4\sqrt{5}}\times8=\frac{2\sqrt{5}}{5}x$，$\mathrm{QQ}'=\frac{x}{4\sqrt{5}}\mathrm{OA}=\frac{x}{4\sqrt{5}}\times4=\frac{\sqrt{5}}{5}x$となる。次に，∠OAP＝∠OBP＝90°，PO＝PO，OA＝OBより，△OPA≡△OPBだから，PB＝PA＝8となる。円Oと線分QRの接点をSとし，点Oと3点Q，R，Sを結ぶと，同様にして，△OQS≡△OQA，△ORS≡

△ORBとなるので，QS=QA，RS=RBとなる。QA=PA−PQ=$8-x$，RB=PB−PR=$8-y$だから，QS=$8-x$，RS=$8-y$となり，QR=QS+RS=$(8-x)+(8-y)=16-x-y$である。

⑵＜長さ＞前ページの図で，△OQS≡△OQA，△ORS≡△ORBより，∠SOQ=∠AOQ=$\frac{1}{2}$∠AOS，∠SOR=∠BOR=$\frac{1}{2}$∠BOSだから，∠QOR=∠SOQ+∠SOR=$\frac{1}{2}$∠AOS+$\frac{1}{2}$∠BOS=$\frac{1}{2}$(∠AOS+∠BOS)=$\frac{1}{2}$∠AOBとなる。また，△OPA≡△OPBだから，∠AOP=∠BOP=$\frac{1}{2}$∠AOBである。よって，∠QOR=∠BOPであり，∠QOQ′=∠QOR−∠POR，∠ROB=∠BOP−∠PORだから，∠QOQ′=∠ROBである。これと∠QQ′O=∠RBO=90°より，△QOQ′∽△ROBとなり，QQ′：RB=OQ′：OBである。$y=3$のとき，RB=PB−y=$8-3=5$であり，PQ′=$\frac{2\sqrt{5}}{5}x$より，OQ′=PO−PQ′=$4\sqrt{5}-\frac{2\sqrt{5}}{5}x$だから，$\frac{\sqrt{5}}{5}x:5=\left(4\sqrt{5}-\frac{2\sqrt{5}}{5}x\right):4$が成り立ち，$\frac{\sqrt{5}}{5}x\times4=5\times\left(4\sqrt{5}-\frac{2\sqrt{5}}{5}x\right)$，$\frac{4\sqrt{5}}{5}x=20\sqrt{5}-2\sqrt{5}x$，$\frac{14\sqrt{5}}{5}x=20\sqrt{5}$，$x=\frac{50}{7}$となる。

4〔データの活用―場合の数〕

≪基本方針の決定≫いくつかの面の色を固定して考える。

⑴＜場合の数＞右図の立方体で，上の面を赤とする。下の面を青とすると，残りの4つの面は黄，緑，黒，白の4色だから，塗り方は，手前の面が4通り，右の面が3通り，奥の面が2通り，左の面が1通りより，$4\times3\times2\times1=24$(通り)となるが，上の面と下の面を固定して回転させると，手前の面が，右，奥，左の面となったときに一致するものがあるので，このとき同じ塗り方となるものが4通りずつあることになる。よって，赤の面と向かい合う面の色が青の場合の塗り分け方は$24\div4=6$(通り)ある。赤の面と向かい合う面の色が黄，緑，黒，白の場合も同様にそれぞれ6通りあるから，求める場合の数は，$6\times5=30$(通り)ある。

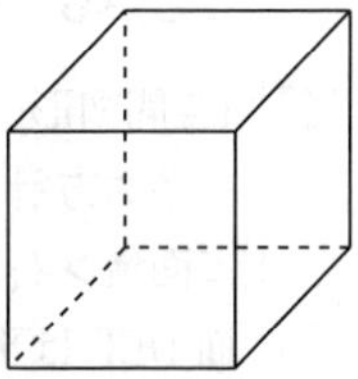

⑵＜場合の数＞6つの面を赤，青，黄，緑，黒の5色で塗り分けるので，2つの面が同じ色となる。また，隣り合う面は異なる色となるから，同じ色となる2つの面は，向かい合う面である。上図の立方体で，上の面と下の面が赤の場合を考える。⑴と同様にして，残り4つの面の塗り方は$4\times3\times2\times1=24$(通り)ある。上の面と下の面を固定して回転させると，一致するものが4通りずつあり，上の面と下の面が入れかわるように回転させても一致するものがあるので，このとき同じ塗り方となるものが$4\times2=8$(通り)ずつあることになる。よって，2つの面が赤となる場合は$24\div8=3$(通り)ある。2つの面が青，黄，緑，黒の場合も同様にそれぞれ3通りだから，求める場合の数は，$3\times5=15$(通り)ある。

⑶＜場合の数＞⑵より，隣り合う面が異なる色で，赤，青，黄，緑，黒の5色で塗り分ける方法は15通りある。同じ色となる2つの面が隣り合う場合を考える。右上図の立方体で，上の面と手前の面を赤とすると，⑴と同様にして，残り4つの面の塗り方は$4\times3\times2\times1=24$(通り)あるが，上の面と手前の面が入れかわるように回転させたときに一致するものがあるので，このとき同じ塗り方となるものが2通りずつあることになる。よって，2つの面が赤で，その2つの面が隣り合う場合は$24\div2=12$(通り)ある。2つの面が青，黄，緑，黒で，その2つの面が隣り合う場合もそれぞれ12通りだから，同じ色の2つの面が隣り合う場合は$12\times5=60$(通り)ある。以上より，求める場合の数は$15+60=75$(通り)である。

5〔数と式―二次方程式の応用〕

≪基本方針の決定≫⑴　値上げする前の1g当たりの価格，販売量を文字で表し，値上げする前，値上げした後の販売額をそれぞれ文字を使って表して比較する。

(1)＜割合＞値上げする前の1g当たりの価格をa円，販売量をbgとすると，販売額はab円である。価格をx%値上げすると，販売量が$\frac{3}{4}x$%減少するので，価格を20%値上げすると，販売量は$\frac{3}{4}\times20=15$(%)減少する。よって，20%値上げすると，販売額は，$a\left(1+\frac{20}{100}\right)\times b\left(1-\frac{15}{100}\right)=\frac{6}{5}a\times\frac{17}{20}b=\frac{51}{50}ab$(円)となる。したがって，$\frac{51}{50}ab\div ab\times100=102$より，20%値上げしたときの販売額は，値上げする前の販売額の102%である。

(2)＜価格＞(1)と同様に，値上げする前の1g当たりの価格をa円，販売量をbgとし，x%値上げしたときの販売額の増減がなかったとすると，$a\left(1+\frac{x}{100}\right)\times b\left(1-\frac{3}{4}x\div100\right)=ab$が成り立つ。両辺を$ab$でわると，$\left(1+\frac{x}{100}\right)\left(1-\frac{3}{400}x\right)=1$，$1-\frac{3}{400}x+\frac{x}{100}-\frac{3}{40000}x^2=1$，$\frac{3}{40000}x^2-\frac{1}{400}x=0$，$3x^2-100x=0$，$x(3x-100)=0$より，$x=0$，$\frac{100}{3}$となる。よって，増減がないのは価格を$\frac{100}{3}$%値上げしたときである。値上げする前の200g当たりの価格をy円とすると，$\frac{100}{3}$%値上げして1600円になることから，$y\times\left(1+\frac{100}{3}\div100\right)=1600$が成り立つ。これより，$\frac{4}{3}y=1600$，$y=1200$(円)である。

6 〔空間図形—正八面体〕

《基本方針の決定》(1)　辺AD，辺AE，辺BE，辺BF，辺CF，辺CDの中点を通る平面である。

(1)＜面積＞右図1で，立体ABCDEFは正八面体なので，面ABCと面DEFは平行である。図形の対称性から，正八面体ABCDEFの体積を2等分する平面で面DEFに平行な平面は，面ABC，面DEFから等距離にある平面となるので，辺AD，辺AE，辺BE，辺BF，辺CF，辺CDの中点を通る平面となる。これらの辺の中点をそれぞれG，H，I，J，K，Lとすると，切り口は六角形GHIJKLである。△ADEで中点連結定理より，$GH=\frac{1}{2}DE=\frac{1}{2}\times2=1$となり，同様に，HI=IJ=JK=KL=LG=1となる。また，四角形ABFDが正方形より，GJ=AB=2となり，同様にして，HK=IL=2となるので，六角形GHIJKLは正六角形である。対角線GJ，HK，ILの交点をOとすると，正六角形GHIJKLは△OGHと合同な6個の正三角形に分けられる。点Oから辺GHに垂線OMを引くと，△OGMは3辺の比が$1:2:\sqrt{3}$の直角三角形となり，OG=GH=1だから，$OM=\frac{\sqrt{3}}{2}OG=\frac{\sqrt{3}}{2}\times1=\frac{\sqrt{3}}{2}$となる。したがって，切り口の面積は，〔正六角形GHIJKL〕$=6\triangle OGH=6\times\left(\frac{1}{2}\times1\times\frac{\sqrt{3}}{2}\right)=\frac{3\sqrt{3}}{2}$となる。

図1

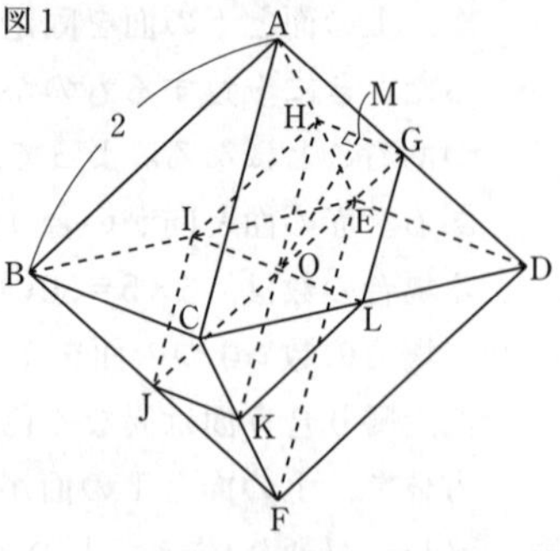

(2)＜面積＞右上図1で，点Oは，面ABFD，面ACFE，面BCDE上にあるので，正八面体ABCDEFの中心となる点である。よって，正八面体ABCDEFの体積を2等分する平面は点Oを通る。右図2で，AP：PB=AQ：QC=2：1より，PQ∥BCであり，2点I，Lが辺BE，辺CDの中点より，BC∥ILだから，PQ∥ILである。これより，線分PQを含み点Oを通る平面は，2点I，Lも通る。この平面と辺FD，辺FEの交点をそれぞれR，Sとすると，切り口は六角形PQLRSIであり，図形の対称性から，FR：RD=FS：SE=AP：PB=2：1となり，六角形PQLRSIは線分ILについて対

図2

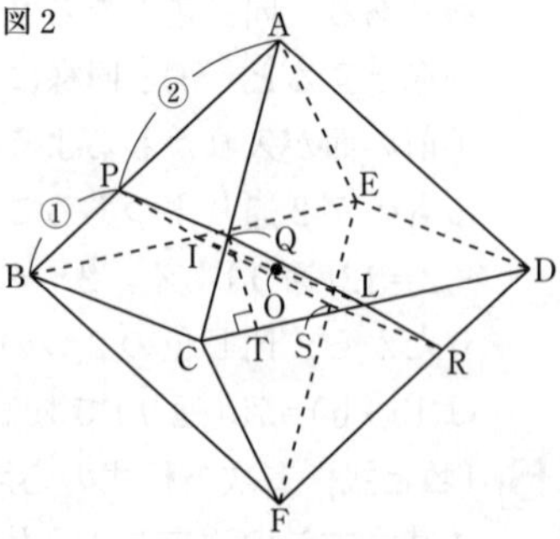

称な図形となる。△APQ∽△ABCより，PQ：BC＝AP：AB＝2：(2＋1)＝2：3だから，$PQ=\frac{2}{3}BC=\frac{2}{3}\times2=\frac{4}{3}$である。また，点Qから辺CDに垂線QTを引くと，∠QCT＝60°より，△QCTは3辺の比が$1:2:\sqrt{3}$の直角三角形となる。$QC=\frac{1}{2+1}AC=\frac{1}{3}\times2=\frac{2}{3}$より，$CT=\frac{1}{2}QC=\frac{1}{2}\times\frac{2}{3}=\frac{1}{3}$，$QT=\sqrt{3}CT=\sqrt{3}\times\frac{1}{3}=\frac{\sqrt{3}}{3}$となり，$CL=\frac{1}{2}CD=\frac{1}{2}\times2=1$だから，$TL=CL-CT=1-\frac{1}{3}=\frac{2}{3}$となる。△QTLで三平方の定理より，$QL=\sqrt{QT^2+TL^2}=\sqrt{\left(\frac{\sqrt{3}}{3}\right)^2+\left(\frac{2}{3}\right)^2}=\sqrt{\frac{7}{9}}=\frac{\sqrt{7}}{3}$となり，同様にして，$PI=\frac{\sqrt{7}}{3}$だから，切り口の六角形PQLRSIは右図3のようになる。2点P，Qから線分ILに垂線PU，垂線QVを引くと，四角形PUVQは長方形となり，$UV=PQ=\frac{4}{3}$となる。また，△PIU≡△QLVとなるので，$IU=LV=\left(2-\frac{4}{3}\right)\div2=\frac{1}{3}$となる。△PIUで三平方の定理より，$PU=\sqrt{PI^2-IU^2}=\sqrt{\left(\frac{\sqrt{7}}{3}\right)^2-\left(\frac{1}{3}\right)^2}=\sqrt{\frac{6}{9}}=\frac{\sqrt{6}}{3}$となるので，求める切り口の面積は，〔六角形PQLRSI〕＝2〔台形PQLI〕$=2\times\left\{\frac{1}{2}\times\left(\frac{4}{3}+2\right)\times\frac{\sqrt{6}}{3}\right\}=\frac{10\sqrt{6}}{9}$となる。

図3

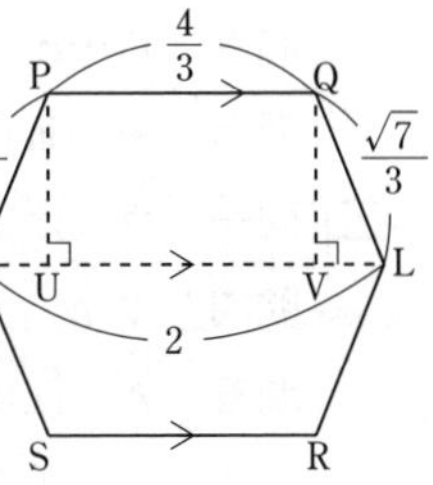

7 〔平面図形―作図〕

≪基本方針の決定≫点Pと線分ABについて対称な点をとる。

<解説>右図で，点Pと線分ABについて対称な点をP′とすると，PR＝P′Rだから，PR＋QR＝P′R＋QRとなり，PR＋QRの長さが最も短くなるとき，P′R＋QRの長さも最も短くなる。P′R＋QRの長さが最も短くなるのは，3点P′，R，Qが一直線上にあるときだから，点Rは，直線P′Qと線分ABの交点となる。線分PP′と線分ABの交点をKとすると，点P′は，点Pから線分ABに引いた垂線を延長した直線上にあり，KP＝KP′となる点である。次に，2点P，P′が線分ABについて対称であることから，∠ASP＝∠ASP′だから，∠ASP＝$\frac{1}{2}$∠BSQより，∠ASP′＝$\frac{1}{2}$∠BSQとなる。P′Sを延長し，その延長線上の点をLとすると，対頂角より，∠ASP′＝∠BSLだから，∠BSL＝$\frac{1}{2}$∠BSQとなり，直線SLは∠BSQの二等分線となる。そこで，SQ＝STとなる点Tを線分BS上にとると，△SQTは二等辺三角形だから，直線SLは線分QTの垂直二等分線となる。点P′は線分QTの垂直二等分線上の点となるので，点P′と点Tを結ぶと，P′Q＝P′Tである。よって，点Sは，P′Q＝P′Tとなる点Tを線分AB上にとり，線分QTの垂直二等分線を引くことで求められる。解答参照。

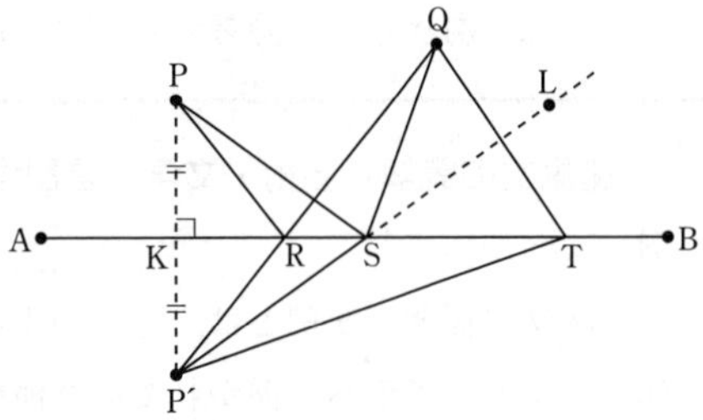

═読者へのメッセージ═

7では，定規とコンパスを使って作図をしました。線分の垂直二等分線は，その線分の両端の2点から等距離にある点の集まりです。また，角の二等分線は，その角をつくる2直線から等距離にある点の集まりです。では，ある1つの点と1本の直線から等距離にある点の集まりはどのようになると思いますか。これは放物線になります。高校で学習します。

国語解答

一 問一　1　だま　2　凶悪　3　違和
4　隔離　5　奴隷　6　猛獣
7　えそらごと　8　無縁

問二　A…オ　B…ウ

問三　市民社会　　問四　ア

問五　D…イ　F…コ　　問六　3

問七　甲…Ⅲ　乙…Ⅵ　　問八　エ

二 問一　ウ，オ　　問二　エ　　問三　ア

問四　ウ

問五　A　江湖　B　一提ばかりの水
C　千金〔千両〕　D　食物

三 問一　花をあしらってつくったパノラマを土の中に埋め隠し，鬼がそれを探し出す(34字)［という遊び］

問二　あきらめ，降参する［ということ］

問三　［ツルは］ありもしない花を探し続けさせたかった［から。］

問四　㈠　倒置法
㈡　甲　探しても見つからない焦燥
乙　探しまわる行為自体が楽しい

問五　私がツルを好いている

問六　幻滅

四 問一　①　虹　②　懐　③　出

問二　①　な　②　す　③　よ

問三　①　A…ア　B…キ
②　C…エ　D…ク
③　E…イ　F…カ

一〔論説文の読解―芸術・文学・言語学的分野―芸術〕出典；平田オリザ『演劇入門』「『参加する演劇』に向かって」。

≪本文の概要≫演劇とは，全ての手の内をさらけ出したところから始まる芸術なのではないか。古代ギリシャ，アテネで開かれていた演劇祭には，アテネ市民が持ち回りでコロスとして参加していた。江戸時代における歌舞伎でも，江戸の庶民たちは，歌舞伎を支える諸要素について習熟し，確かにそこに参加していた。逆に，演ずる側と観《み》る側が完全に隔離されている例としては，ローマ帝政時代の奴隷による剣闘試合や猛獣との死闘，近代帝国主義の産物であるオペラ，共産主義政権下におけるサーカスなどがある。こう見てくると，演劇が観客の側にも参加するものとしてとらえられる状況は，ある種の市民社会においてであるといえるかもしれない。現代では，例えばテレビドラマは，どんどん絵空事になり，私たちの精神の揺れ動きとは無縁の，ただの見せ物になっていく。そこで私は，今こそ，演劇を支える諸要素を完全に社会に開くことによって，観客に演劇への参加の可能性を保証するべきだと考えている。

問一＜漢字＞1．「騙す」は，うそを本当だと思わせる，という意味。　2．「凶悪」は，残忍なことを平気で行うこと。　3．「違和」は，他のものと調和しないこと。　4．「隔離」は，へだて，離すこと。　5．「奴隷」は，人間扱いされず，他人に支配されて働かされる人のこと。　6．「猛獣」は，荒々しい性質の獣のこと。　7．「絵空事」は，架空のつくりごとのこと。　8．「無縁」は，関係がないこと。

問二＜表現＞メディアリテラシーとは，例えばテレビを見る際に，テレビが伝えてくる情報をそのまま信じるのではなく，テレビは見る人をだましているというように，批評し判定する態度で受け取

る能力のことであり(…A)，「同じ死体」でも「カメラのアングル」によって「凶悪な殺人事件」にしたり「病死体」にしたりできるように，意図的に何かをつくり出す能力のことである(…B)。

問三＜文章内容＞「古代ギリシャ，アテネで開かれていた演劇祭」では，アテネ市民は，年によって舞台に出演したり観客になったりした。「演劇が観客の側にも参加するものとして捉えられる状況」があったのであり，この状況は「ある種の市民社会」に見られるものだといえる。

問四＜文章内容＞「歌舞伎を支えた江戸の庶民たち」は，「日本舞踊や浄瑠璃の習得」を通じて確かに歌舞伎に「参加していた」のであり，明確な目的や意識を持たずにぼんやりと舞台を見ていたわけではない。ぼんやりとして心にとめない様子のことを，「漫然」という。

問五＜語句＞D．全体としてつながっているものの一部分のことを，「一環」という。　F．同じ一つの方向のことを，「一途」という。

問六＜文章内容＞演劇が「観客の側にも参加するものとして捉えられる」のは，「ある種の市民社会」においてである。一方，「全体主義国家」では，芸術は「参加するもの」ではなく，主義や思想を宣伝するものや，「単純な娯楽の道具」として存在してきた。主義や思想の宣伝のことを，「プロパガンダ」という。

問七＜文脈＞甲．「戯曲を組み立てる上で行っているさまざまな操作を種明かし」されていることによって，「講座の生徒たちは，次に私の芝居を観るときには興ざめしてしまう」かもしれない。例えば，前もって「種明かし」をされた人たちは，「何かの台詞を聞いたとき」に「お，ここは遠いイメージから入ってきたな」と思うかもしれない。それは，「作家として」は「あまりいい気分ではない」が，「演劇は手品ではない」のである。　乙．「ローマ帝政時代にコロッセオで行われた奴隷による剣闘試合や猛獣との死闘，近代帝国主義の産物であるオペラ，あるいは共産主義政権下におけるサーカス」などのように，「演ずる側と観る側が，完全に隔離されている」表現形態では，観客は「参加するものとしての視点を奪われている」状態になる。

問八＜要旨＞「『演劇がいかに人を騙すか』というからくり」を全ての人に知ってもらうということは，戯曲の作家が行っている「さまざまな操作を種明かし」することに等しいため，芸術の作家と観客を区別して考えるかぎり，「芸術の自殺行為」に見える(ア…○)。しかし，古代ギリシャの市民社会では，アテネの演劇祭にコロスとして参加することは市民の「義務」であり，市民が演者としての出演と観客としての鑑賞の両方を経験することで，市民社会が成り立っていたと考えられる(ウ…○)。「メディアリテラシー」によって「テレビがいかに人を騙すか」を知るように，演劇も，観客に演劇への参加の可能性を保証し，「演劇がいかに人を騙すか」のからくりを人々に知ってもらうところから始まる(イ…○)。「江戸期における歌舞伎」では，庶民たちは「確かにそこに参加していた」が，「ローマ帝政時代」の「剣闘試合」では，「演ずる側と観る側が，完全に隔離されて」いた(エ…×)。

二〔古文の読解―説話〕出典；『宇治拾遺物語』巻第十五ノ十一。

≪現代語訳≫今では昔のことだが，唐に荘子という人がいた。家が大変貧しくて，今日食べる物がなくなった。隣にかんあとうという人がいた。その人に，今日食べるための粟を請うた。

あとうが，「もう五日たってからおいでください。千両の金が手に入ります。それを差し上げましょう。どうして，尊い方に，今日召し上がるだけの粟を差し上げられましょうか。(そんなことは)どうしても私の恥になるでしょう」と言うと，荘子は，「昨日，道を通ったとき，後ろで呼ぶ声がする。振り返って見ると，人はいない。ただ車の通った跡のくぼんだ所にたまっているわずかな水の中に，鮒が一匹ぱたぱたしている。どういう鮒なのかと思って，寄って見ると，少しばかりの水の中に，とても大きな鮒がいる。『(お前は)どういう鮒か』と尋ねると，鮒が，『私は河の神の使いで，江湖へ行くのです。それが飛び損なって，この溝に落ち込みました。喉が渇いて，死にそうです。私を助けてほしいと思って，呼んだのです』と言う。(荘子が)答えて，『私は，あと二，三日したら，江湖という所に，遊びに行こうとしている。そこに運んでいって放してやろう』と言うと，魚は，『決してそれまで，待つことはできないでしょう。ただ今日提一杯ほどの水で，(私の)喉を潤してください』と言ったので，そのようにして助けた。鮒が言ったことは，我が身にも思い知った。今日の命は，物を食べなければ，とてももたない。後になってからの千両の金は，全く役に立たない」と言った。

それから，後の千金ということが，有名になった。

問一＜文学史＞『宇治拾遺物語』と『古今著聞集』と『今昔物語集』は，説話集である。『新古今和歌集』と『万葉集』は，歌集。『源氏物語』と『竹取物語』は，物語。『古事記』は，歴史書。『徒然草』と『枕草子』は，随筆。『平家物語』は，軍記物語。

問二＜現代語訳＞「今五日ありて」は，もう五日たって，という意味。「おはせよ」は，いらっしゃる，という意味の「おはす」の命令形に，相手がこちらの命令や願望などを実現することを求める意味合いを添える助詞「よ」がついたもの。

問三＜古文の内容理解＞あとうは，「いかでか，やむごとなき人に，今日参るばかりの粟をば奉らむ。返す返すおのが恥なるべし」と言っている。荘子ほどの尊い人に，今日食べるだけの粟を差し上げては自分の恥になるので，とてもそんなことはできないというのである。

問四＜現代語訳＞「さらに」は，下に打ち消しの語を伴って，決して～ない，という意味を表す。「え」は，下に打ち消しの語を伴って，～することができない，という意味を表す。「まじ」は，打ち消しの推量を表す助動詞。

問五＜古文の内容理解＞荘子が今日食べるための粟を請うと，あとうは，五日たったら千両の金を渡すと言った。荘子はその前日，水たまりで苦しんでいる鮒から，二，三日後に「江湖」に放してもらうのではなく(…Ａ)，今「一提ばかりの水」で喉を潤してほしいと言われていた(…Ｂ)。荘子は，その鮒のことを思い出し，五日後に千両の金をもらうことより(…Ｃ)，今日食べるための食物をもらうことの方が重要だと思った(…Ｄ)。

三〔小説の読解〕出典；新美南吉『花をうめる』。

問一＜文章内容＞ツルと林太郎と「私」の三人は，花を隠す者と，「鬼」としてその花を探す者に分かれていた。花を隠すというのは，「地びた」に「花をうずめる」ことである。

問二＜文章内容＞「鬼」になった「私」は，隠された「花」を探した。しかし，「どうしても見あたらない」ので，「お茶わかしたよ」と言って「かぶとをぬいだ」，つまり，降参した。

問三＜心情＞後日，林太郎が語ったことによると，このときツルは花を隠してはいなかった。それでもツルが「そいじゃ，あしたさがしな」と言ったのは，ツルは「私」にありもしない花を探し続けさせようとしたということである。

問四㈠＜表現技法＞通常の語順では，「いくらさがしても見つからない焦燥もさることながら」，「そこへかけつけ，さがしまわる間の希望は，なににもかえ難かった」という順になる。印象を強めるために語順を逆にする表現技法を，倒置法という。　㈡＜表現＞「そこへかけつけ，さがしまわる間の希望」が「なににもかえ難かった」ということをまず述べてから，「いくらさがしても見つからない焦燥」もあったことはあったと，つけ加えていることになる。「私」にとっては，「鬼」として花を見つけられずに焦る気持ちよりも(…甲)，「そこへかけつけ，さがしまわる間の希望」の方が重要だったのである(…乙)。

問五＜文章内容＞「私」は，「ツルのつくった花の世界のすばらしさに，おどろかされた」が，それだけでなく，「ツルがすき」だった。

問六＜心情＞林太郎が「ツルあ，なにもいけやせんだった」という「真実」を語ったことで，「私」にとって，「常夜燈の下」は「なんの魅力もないもの」になってしまった。その後，ツルと「私」は「長い間交渉を絶って」いて，中学を出たときに再開したが，そのときのツルは「私」から見ると「ふつうの，おろかな虚栄心のつよい女」であり，「私」は「ひどい幻滅」を味わった。それは，「ツルがかくしたように見せかけたあの花についての事情と，なにか似て」いた。

四〔国語の知識〕

問一＜漢字＞①「紅」という字の「糸へん」が「虫へん」になると，「虹」という字になる。　②「ふ」と「ろ」の中間に「とこ」の二字を入れると，「ふところ(懐)」となる。　③「山」という字の上にもう一つ「山」という字を置くと，「出」という字になる。

問二．①「な」を入れると，「占い習う」となる。　②「す」を入れると，「留守に何する」となる。③「よ」を入れると，「よき月夜」となる。

問三＜語句＞①「余り」は，例えば，参考書が思いのほか安かったので，用意しておいたお金に「余り」が出たや，お茶を水筒に入れたら，ふちまで入れてもまだ「余り」があったなどのように，対象の程度が必要量や必要な能力よりも上であることを表す。「残り」は，例えば，ジュースを飲んだが，ビンにはまだ「残り」があるや，問題を解き終えたとき，試験時間は「残り」一分だったなどのように，必要量や能力には関係なく，その時点でまだ対象があることを表す。　②「せいぜい」は，例えば，来年は出費が増えるので，今のうちに「せいぜい」貯金しておこうや，社会に出ると仕事に追われるので，学生のうちに「せいぜい」勉強しておくようになどのように，よりよい状態を目指して精いっぱい努力する，という意味を持つ。「たかだか」は，例えば，節約しても，「たかだか」月に数千円しかたまらないや，どんなに練習しても，「たかだか」県大会出場までだろうなどのように，対象を傍観し，その際に対象を軽視する気持ちが含まれている。　③「つい」は，例えば，いつもの習慣で，お菓子を「つい」食べてしまったのように，習慣や癖などから自然にそれをしてしまう，という意味を持つ。「うっかり」は，例えば，郵便を出すつもりだったのに，「うっかり」忘れてしまったのように，不注意や油断からそうしてしまった，という意味を持つ。

Memo

Memo

Memo

2021年度　慶應義塾志木高等学校

【英　語】（60分）〈満点：100点〉

I　次の英文を読んで後の問に答えなさい。

The bus moved slowly along the streets of the town, past the shops. The town was Seaverne, and it was on the south coast of England. The time was late afternoon.

Two girls sat in the front seat of the bus, talking to the driver. Their names were Fran and Suzy and they were students.

'We're leaving the town now,' the bus driver told them. 'Cliff Cottage is four kilometres from Seaverne.'

'[A],' Suzy said.

'Okay,' the driver said. He was a young man and enjoyed talking with the two girls.

The bus went up a hill, out of the town and on to the cliff road. The sun was shining and Suzy looked across at the sea. It was flat and blue and it looked beautiful. Small boats with white and yellow sails moved across the water.

'I can go swimming tomorrow,' Suzy said. 'Swimming in the sea is great.'

'[B], getting the cottage ready,' Fran said.

The town of Seaverne was (1) them now. The cliff road was quiet and no other buses or cars went past them.

The girls were from London and were on holiday from college. They were going to stay at Cliff Cottage (2) Mr and Mrs Collins, the owners, came back the next week. Mr and Mrs Collins were friends of Fran's mother and were on holiday in America. The girls were going to get things ready for them — get some food in, open some windows, do some work in the garden, get the dog from a friend who was looking after it.

'[C],' Suzy said.

'Don't worry, we will,' Fran told her.

The bus stopped on the corner of a narrow road and the driver told the girls to get off and walk down the hill. 'Cliff Cottage is at the bottom,' he said. '[D].'

The girls walked down the narrow road between tall trees. There were fields at the sides of the road. It was the middle of September but the weather was still hot.

'Is that Cliff Cottage?' Suzy asked suddenly.

The girls saw a small house with a garden, behind some trees. The garden looked like a jungle.

'Yes, it must be,' Fran replied.

Suzy looked at the garden. 'The grass is long,' she said. 'There's a lot of work to do.'

Fran smiled. 'Don't worry, we can go swimming and walking too.'

The girls went up a path towards the cottage door. There was a pond near one of the front windows and it was full of plants, some with flat green leaves and flowers on the top of the water.

'I wonder if the pond has any fish?' Suzy said, going across. She looked down into the water,

(I) <u>but [anything / below / to / it / dirty / see / too / was] the plants.</u>

Fran took a key from her bag and opened the door of the cottage, then they went inside.

'It's nice,' Suzy said (3) a smile, looking around the living room. There were three heavy chairs, a large round table and some wooden chairs, a TV in one corner, and books on shelves around the walls. The ceiling of the room was low and the walls had been painted white.

They went into the kitchen, another room with a low ceiling. Fran walked across to the sink by the window. There were two plates, a cup, and a knife and fork in the sink.

'These things need washing,' Fran said. 'And who has used them?'

(II) <u>[at / another / the / looked / girls / one / two].</u>

'I thought the cottage was empty, and Mr and Mrs Collins were still in America,' Suzy said slowly.

'They are. (III) <u>I don't understand it.</u>'

The girls went upstairs to the bedrooms and Fran opened a door and went into the first room. There was a large bed and two wardrobes, a small table on each side of the bed, and a dressing table with a long mirror.

'[E],' Fran said.

The bedclothes were pushed back and there was an electric shaver on the dressing table. Fran opened a wardrobe and saw a man's jacket hanging inside.

Is that Mr Collins's jacket? Fran thought.

She went across to the window and looked out. From here, she could see the fields and a path going up to the cliff top, and she could see the blue of the sea in the distance.

'Let's look in the bathroom,' Suzy said.

'Okay,' Fran said. '[F].'

She felt afraid, suddenly. Is somebody in the house? Fran thought. But how can they be? The front door was locked, so how did they get in?

The bathroom was small.

'Look!' Suzy shouted.

There was a toothbrush and some toothpaste on a shelf, and water was coming from the tap.

'Someone forgot to turn (4) the tap.' Fran said, turning it (4).

'There's somebody living here,' Suzy said. 'But who?'

'Perhaps it's someone with no home, maybe.'

'What are we going to do? [G]?'

'I don't know,' Fran said.

There was another small room next (5) the bathroom. It had a window in the ceiling and it looked up at the sky. There was no bed in this room, but there were some old chairs, a table and two old suitcases. The suitcases were empty.

They looked around all the rooms of the cottage.

'Everything looks OK,' Suzy said.

Then they found the back door of the cottage.

'This door isn't locked,' Fran said, opening it. She looked at the lock. 'But the lock isn't broken. How did he get in? Does he have a key?'

'Perhaps he's a friend of Mr and Mrs Collins,' Suzy said.

‘ H ,’ Fran said. ‘Then we can ask him.’

‘His things are here,’ replied Suzy. ‘He’s coming back some time.’

問１．(１)～(５)に入る最も適切なものを下の選択肢の中からそれぞれ一つずつ選び，記号で答えなさい。ただし，同じ記号は１度しか使ってはならない。なお同じ番号には同じ記号が入る。

［選択肢］
あ．off　い．until　う．on　え．with　お．behind　か．to　き．by

問２．A ～ H に入る最も適切なものを１～８から一つずつ選び，番号で答えなさい。ただし，同じ番号は１度しか使ってはならない。

１．But we’ll stay together
２．Don’t forget we have work to do
３．I hope we have time for a holiday ourselves
４．Phone the police
５．Have a good holiday
６．Let’s see if he comes back
７．Tell us where to get off the bus, please
８．Somebody has slept in this bed

問３．下線部(I)，下線部(II)が最も適切な英文になるようにそれぞれ［　］内の語を並べ替えなさい。ただし，文頭に来るものも小文字になっている。

問４．下線部(III)について以下の英語の質問に**3文以内の英語で**答えなさい。

What doesn’t she understand and why?

問５．本文の内容と一致するものを１～７からすべて選び，番号で答えなさい。

１．Fran と Suzy は年配のバスの運転手と知り合いだったので，車内での会話が弾んだ。
２．Collins 夫妻は，Fran の母親の友人であり，Cliff Cottage の所有者である。
３．Collins 夫妻は Fran の母親とアメリカに出張中であった。
４．Collins 夫妻は留守にする前に Fran と Suzy に犬を預けていた。
５．Cliff Cottage は小さいながらも，庭の手入れは行き届いていた。
６．Cliff Cottage の寝室には男性用の持ち物が残されていた。
７．Cliff Cottage の裏口のドアは何者かによってこじ開けられていた。

II　次の英文を読んで後の問に答えなさい。

Farmer Gabriel Oak was a quiet, honest man. He was twenty-eight years old and unmarried. And he was a man of good character. On Sundays, he went to church and (1). During the week, he worked in the fields of his farm.

On a sunny morning in December, Gabriel Oak walked across his field on Norcombe Hill, in the country of Wessex. He looked towards the road which went between Emminster and Chalk-Newton and saw a bright yellow wagon. Two horses were pulling the heavy wagon slowly along the road. The driver was walking beside the wagon, which was loaded with furniture. A woman was sitting on top of the furniture. She was young and very attractive.

Suddenly, the driver called to her. ‘Something has (2) off the wagon, miss! I’ll go back and get it.’

The young woman waited quietly. She did not get down from the wagon to help the driver.

After several minutes, she looked back to see if the wagon driver was returning. He was not, so she opened a small package that was beside her. She took a mirror from the package and held it up to her face. As she looked in the mirror, she smiled.

The sun shone down on to the woman's red jacket, her pretty face and her dark hair. Gabriel Oak watched her and smiled. The girl did not touch her hat, or her hair. She simply checked her face in the mirror and smiled. (1)Then [returning / the wagon / the wagon driver / heard / to / she]. She put the mirror into the package and waited for him to drive the horses forward.

When the wagon moved on, Gabriel Oak followed it to the gate that people had to pay to go through. As he came nearer to the wagon, Oak heard the driver (3) with the man at the gate.

'This wagon is large,' said the gatekeeper. 'You must pay two pence extra.'

But the young woman would not pay the extra money.

Oak thought that two pence was too small an amount to worry about. He paid two pence to the gatekeeper.

'Take this and let the young woman go through,' he said.

The young woman looked down at Oak. She did not thank him, but she told her driver to go on. Oak and the gatekeeper watched her as the wagon passed.

'[A]' said the gatekeeper.

'That's true,' said Oak. 'But unfortunately, she knows it.'

It was nearly midnight on 21st December, the shortest day of the year. There were no clouds in the dark sky and the stars were shining brightly. A cold wind was blowing, but it was not the sound of the wind that travellers could hear on Norcombe Hill. It was the sound of music. The music came from a little wooden shepherd's house that (4) to Gabriel Oak. Inside the house, Gabriel was playing a happy tune on his flute. The little house gave shelter for the shepherd in the winter and early spring. He stayed there while he cared for his sheep. At this time of the year, the sheep were (5) birth to their lambs. It was warm and comfortable inside. Oak had a small stove to (6) him warm. And he had some bread, cheese and beer.

After a few minutes, Oak stopped playing his flute, picked up a lamp, and went outside to look at each sheep. Suddenly, he saw a light shining in a field next to his own farm. Lamplight was coming from a cow-house that was built into the side of the hill. Oak walked down the hill until he stood above the roof of the wooden building. He looked through a hole in the roof.

Inside the cow-house, two women were sitting beside cows. A lamp was (7) on the floor of the cow-house. The soft yellow light shone on the women and the animals. One woman was about fifty years old. The other was younger, but she was wearing an overcoat which (8) her face.

'We can go home now,' said the older woman. 'I hope that the cows will be all right.'

'If we were rich, we could pay a man to do these things,' said the younger woman.

'Well we aren't rich, so we must do the work ourselves,' said the older woman. 'And you must help me, if you stay on the farm.'

'Aunt, I've lost my hat,' said the younger woman. 'The wind blew it into the next field.'

Suddenly the overcoat fell back from the young woman's head and Oak saw her long black hair and her red jacket. Oak recognized her at once. It was the young woman who had been in the yellow wagon. The young woman who liked to look at [B] in the mirror. The young woman he helped at the gate.

問1．（1）～（8）に入る最も適切な動詞を次の語群から選び，必要ならば形を変えて答えなさい。ただし，同じものは1度しか使ってはならない。

〔argue / hide / keep / throw / fall / show / stand / pray / give / belong〕

問2．下線部(I)が最も適切な英文になるように［　］内の語句を並べ替えなさい。

問3．[A]に入る最も適切なものを1～5から一つ選び，番号で答えなさい。

1．She's beautiful woman,
2．She's so poor that she can't even pay such a small amount of money,
3．She's attractive but needs to behave better,
4．What a friendly man you are!
5．You'll get the money back,

問4．[B]に入る最も適切な1語を答えなさい。

問5．次の文の中から本文の内容と一致するものを1～10から三つ選び，番号で答えなさい。

1．People trusted Gabriel Oak since he worked hard to care for the sheep every day, weekends included.
2．While the wagon driver was going back to get the hat, the young woman looked worried.
3．When Gabriel Oak was watching the young woman, he smiled but she paid no attention to him.
4．Gabriel Oak was not able to refuse when the young woman asked him to pay the extra money as he was so attracted to her.
5．On 21st December, the sound of music was drowned out by the strong wind in the village.
6．Even on a cold day it was relaxing inside the house and there Gabriel Oak was playing the flute.
7．When Gabriel Oak saw a light shining from the cow-house, he climbed up on the roof with a ladder and looked inside the building from a small hole.
8．In the cow-house, two women were talking about their poverty, hoping for a better future with a rich man who would help them.
9．The young woman in the cow-house reminded Gabriel Oak of what he saw in the wagon before.
10．Gabriel Oak could not forget about the young woman as he wanted his money back.

[III] 次の英文を読んで後の問に答えなさい。

In 1863, the United States began work on a railroad crossing the continent. Rails already ran from the East Coast to Omaha, Nebraska. The new track would continue from Omaha to California. In 1869, six years later, the large and long-lasting task was completed. The workers had to find solutions for the huge mountains, deep canyons, and miles of desert. The track ran halfway across the country.

As great as that project was, the Russians tried something even greater. They wanted to build a railroad across Siberia. The United States could fit inside Siberia, with 1.4 million square miles left over. Imagine the task of building a railroad across that distance!

The railroad was the grand dream of Czar Alexander III, the emperor of Russia. He needed the railroad to tie his very large land together. So, in 1891, as Alexander III laid the first stone, work began. The project called for two work crews. One crew headed east and the other crew, west. Starting from opposite coasts and working inward, the two work crews planned to meet at a point in the middle.

Plans called for the track to run from Chelyabinsk in the west to Vladivostok in the east, near the coast. That distance would make the railroad the longest in the world — by far ! It would cover 4,607 miles. The United States railroad was less than a third of that length.

Irish and Chinese workers built the United States railroad. But the Russians used mostly prisoners to build theirs. (I)The poor job these men did would cause trouble in the future.

As it was, the railroad workers faced many problems. They had to cross wide rivers and climb steep slopes. In some places, the workers had to dig through permafrost. (II)Permafrost, found just below the surface in icy lands, is a layer of dirt that is frozen year round.

Siberia is well known for its cold winters. This area has some of the lowest temperatures in the world. Forty degrees below zero *1 Fahrenheit is common. At times, it drops down to 60 degrees below zero. Siberia's summers are not easy either. They can be very hot, with temperatures often rising above 100 degrees. Even springtime, bringing ankle-deep mud, can be a problem.

Many workers died building this railroad. The work itself killed some of them. The bad weather killed others. A few other workers were killed by Siberian tigers.

Nature was not the only difficulty in building the railroad. Politics caused trouble too. At first, the Russians wanted a route that passed through Russian land only. But in 1896, they signed an agreement with China. One result of the agreement shortened the route of the railroad. Part of the track would cut through the north of China.

Then, in 1904, war broke out between Russia and Japan. The fighting ended a year later when the Japanese crushed the Russians. Japan also took over the northern part of China. The Russians lost control of that land and the tracks that ran through it. So the Russian railroad would not cut through China, after all. The Russians returned to the old plan for an all-Russian route. At last, in 1917, the railroad was finished. It had taken more than 25 years to build.

The railroad opened before it was finished. By the end of 1900, trains began to make trips. But there were problems all along the way. Steep slopes near the southern shore of Lake Baikal made it hard to lay tracks in that area. So passengers had to get off the train and cross the lake by ferryboat. In the end, the Russians had to build 38 tunnels through the mountains.

One of the biggest problems, however, was that the trains couldn't be trusted to stay on the tracks. A train would often jump the tracks twice on a trip because of the careless work done by the unskilled crew. Operators at the time had the good sense to run the trains slowly. The average top speed was 15 miles per hour. At that slow speed, people didn't get hurt but the snail-like pace made the travelers unhappy. If all went well, a trip across the continent was supposed to take two weeks. The trip, however, always took longer than three weeks to complete.

Through the years, the Russians improved the Trans-Siberian Railroad. A second set of tracks was laid by 1939 and is still in use today.

Now people can hop on a train in Moscow and ride it all the way east to the Sea of Japan. They have much more trust in the railroad today than in the past. But even a smooth trip takes at least 170 hours — more than seven days — to complete.

For true railroad fans, riding the Trans-Siberian Railroad is a must. Most of these people take the trip just to say that they did it. Surely, no one takes the trip for the scenery. At least, no one takes it for the variety of scenery : Siberia is one vast, empty plain. Whoever made up the phrase "the middle of nowhere" must have had Siberia in mind. As one writer put it, there is "nothing but hut, tree, hut, passing by with the dull rhythm of a forced march."

Still, the railroad has played an important role in the development of Russia. It has opened up Siberia to *2 settlers. It has also helped industry, for Siberia is rich in natural resources. It has large amounts of oil, coal, natural gas, and iron. The railroad route has linked Siberia's *3 mining centers with Russia's main business areas. Without the railroad, Siberia's natural riches would lie untouched and of little use.

The railroad has become a lifeline between Siberia and European Russia. This important achievement may have reached beyond even Czar Alexander's greatest dream.

［注］ ＊1 Fahrenheit：華氏 ＊2 settlers：移住者 ＊3 mining：採掘

問１．下線部(I)の "trouble in the future" が表すものとして最も適当な箇所を文中から10語で抜き出し，その最初と最後の１単語をそれぞれ書きなさい。

問２．下線部(II)を次のように表した場合，□に入る漢字４字を答えなさい。

□□□□層

問３．次の１～６の各文について，ア・イが二つとも本文の内容に合っている場合には○，二つとも間違っている場合には×で答えなさい。また，どちらか一つが合っている場合にはその合っている方の文の記号を答えなさい。

１．ア　California までの鉄道の建設は1863年にアメリカ東海岸から始まった。
　　イ　アメリカ合衆国の面積に140万平方マイルを加えると，およそ Siberia と同じ面積になる。

２．ア　Czar Alexander III の夢は広大な国土を鉄道でつなぐことだった。
　　イ　19世紀の終わり頃，アメリカ合衆国の鉄道の長さは1,600マイルを超えていた。

３．ア　Siberia 鉄道の建設は1896年に Czar Alexander III の号令のもと開始された。
　　イ　Siberia は寒暖の差が華氏にして年間約160度になるほど厳しい気候であった。

４．ア　1905年に戦争が終わり，その結果中国北部がロシアの鉄道ルートから外れた。
　　イ　当初 Siberia 鉄道の乗客は Baikal 湖周辺で下車してフェリーに乗ることを強いられた。

５．ア　Siberia 鉄道旅行(大陸横断)は２週間どころか３週間以上かかるのが常だった。
　　イ　今日の Siberia 鉄道では順調に行けば一週間足らずでモスクワから日本海へ行くことができる。

６．ア　Siberia 鉄道の車窓からの眺めは千変万化で "the middle of nowhere" という表現が生まれた。
　　イ　Siberia 鉄道はロシアの資源開発に貢献したが，それはまさしく Czar Alexander III の目指したものであった。

Ⅳ　近年の社会国際情勢を述べた各文の(　)内に入る最も適切なものを下の選択肢の中からそれぞれ一つずつ選び，記号で答えなさい。ただし，同じ記号は１度しか使ってはならない。なお大文字で始まる語も小文字で表記されている。

1．The Prime Minister called for a nationwide (　　) in the spring to force people to stay home and that resulted in having children out of school for several months.

2．The US president has a huge influence on people's lives both at home and abroad, so when the (　　) was held on November 3, the result was important to everyone.

3．Japan may have no choice but to declare a state of (　　) if the sudden increase in COVID-19 cases isn't brought under control within three weeks.

4．(　　) change has an impact on all areas around the world. Polar ice is melting and the sea is rising. In some areas extreme weather events and rainfall are becoming more common while others are experiencing more extreme heat waves.

5．Japan Aerospace Exploration Agency members have recovered a (　　) sent to Earth from the Hayabusa 2 space probe.

6．Stores across Japan, including convenience stores and supermarkets, are asked to charge shoppers for (　　) bags in order to help protect the environment.

7．Black (　　) Matter, formed in the United States in 2013, is an international social movement against racism and violence.

8．The Sustainable (　　) Goals were accepted by all United Nations member states in 2015 as a universal call to action to end poverty and to protect the planet.

9．The Nobel Peace Prize for 2020 was awarded to the World Food (　　) for its efforts to combat hunger.

10．In spite of the efforts of many companies, COVID-19 (　　) in Japan are unlikely to become ready for use in the near future.

[選択肢]

あ．pandemic	い．plastic	う．development	え．virus	お．danger
か．programme	き．lockdown	く．lives	け．emergency	こ．capsule
さ．vaccines	し．election	す．climate		

Ⅴ　各文の(　)に入る最も適切なものをそれぞれ一つずつ選び，番号で答えなさい。

1．Please hand in your paper (　　) next Tuesday.
　1．since　2．by　3．until　4．to

2．He was laughed (　　) his friends when he came to a party in pajamas.
　1．at by　2．at for　3．by　4．with

3．She comes not from Germany (　　) from France.
　1．and　2．also　3．but　4．so

4．Where (　　　) all this while?
　1．have you been　2．are you　3．were you going　4．are you gone

5．Kamakura is the city (　　) is famous for its temples.
　1．where　2．it　3．what　4．which

6．I am sorry, but the e-mail that you sent me was deleted from my computer. Would you mind (　　　　)?

1．my sending it again　　2．sending it again

3．me to send it again　　4．if I send it to you again

7．Leave here as soon as possible (　　　　) miss the train.

1．so to as not　　2．not so as to　　3．so not as to　　4．so as not to

8．During the match one of the players (　　) taken to the hospital after she fell down.

1．is　　2．are　　3．was　　4．were

VI　各文の[　]内の語句を正しく並べ替えなさい。ただし，それぞれ必要な1語を補うこと。なお文頭に来るものも小文字になっている。

※解答欄には[　]内に入る語句のみを答えること。

1．She [kind / way / show / was / the / enough / me] to the station.

2．I feel sorry that my grandmother is in hospital.　[than / is / important / nothing / health].

3．[his nose / friend / broken / my] while he was playing football yesterday.

4．They are in the mountains now.　[the weather / I / like / wonder / what].

5．You [asleep / fall / had / not] in the train.　You'll miss your stop.

【数　学】（60分）〈満点：100点〉

〔注意〕 1．図は必ずしも正確ではない。

2．$\boxed{5}$ 以外の解答に際しては，当該の解答欄に考え方や途中経過をわかりやすくまとめ，解答は $\boxed{}$ の中に記入すること。

3．解答の分母は有理化すること。また，円周率は π とすること。

$\boxed{\mathbf{1}}$　次の問に答えよ。

(1)　$a+b+c=0$，$abc=2021$ であるとき，$(ab+ca)(ca+bc)(bc+ab)$ の値を求めよ。

(2)　$\boxed{1}$ のカードが3枚，$\boxed{2}$ と $\boxed{3}$ と $\boxed{4}$ のカードが1枚ずつある。これら6枚のカードから4枚を選んで並べてできる4桁の自然数は，全部で何通りあるか。

$\boxed{\mathbf{2}}$　ある文房具店に鉛筆とボールペンがあり，その本数の比は6：5である。また黒の鉛筆と黒のボールペンの本数の比は5：3で，黒以外の鉛筆と黒以外のボールペンの本数の比は8：7である。このとき，次の問に答えよ。

(1)　鉛筆のうち，黒と黒以外の本数の比を求めよ。

(2)　ボールペンの全本数が400本より多く450本より少ないとき，鉛筆の全本数を求めよ。

$\boxed{\mathbf{3}}$　立方体の各面に1から6の自然数の目が記されているさいころがある。ただしこのさいころは，n の目が1の目の n 倍の確率で出るように細工されている。このとき，次の確率を求めよ。

(1)　このさいころを1回投げて，1の目が出る確率

(2)　このさいころを3回投げて，3の目が1回だけ出る確率

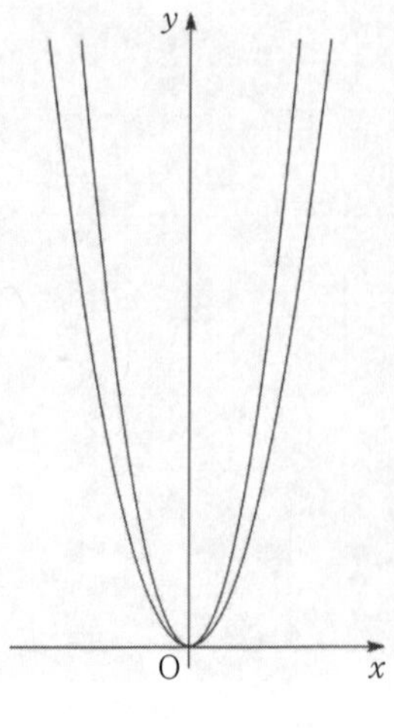

$\boxed{\mathbf{4}}$　右の図のように，座標平面上に2つの放物線 $y=ax^2$…①，$y=bx^2$…②（$a>0$，$b>0$，$a:b=5:3$）がある。点A，Bは①上の点で，点C，Dは②上の点である。また，点A，Cの x 座標は -4 で，点B，Dの x 座標は7である。このとき，次の問に答えよ。

(1)　直線ABと直線CDの交点Eの座標を求めよ。

(2)　四角形ABDCの面積が143であるとき，a，b の値を求めよ。

$\boxed{\mathbf{5}}$　図のような鋭角三角形ABCにおいて，辺ABの垂直二等分線と辺ACの垂直二等分線の交点をPとする。点Pから辺BCにひいた垂線と辺BCとの交点をQとするとき，点Qは辺BCの中点であることを証明せよ。

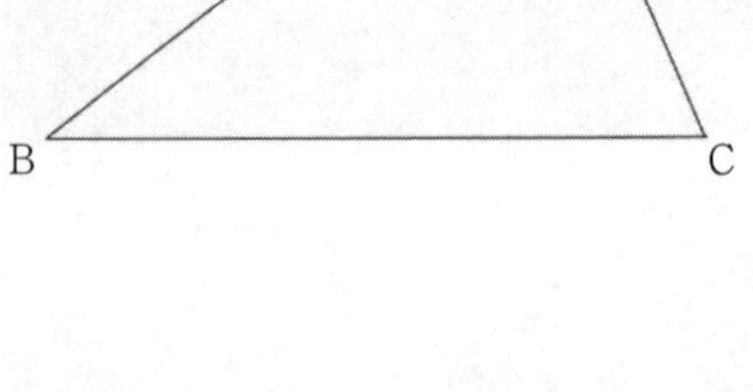

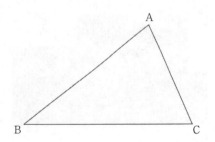

6 座標平面上に点A$(-2,\ 2)$を中心とする半径2の円Aと，点B$(3,\ 3)$を中心とする半径3の円Bがある。円A，円Bは両方とも，図のように直線l，直線mと接している。このとき，次の問に答えよ。

(1) 直線lとx軸の交点Pのx座標を求めよ。

(2) 直線lとy軸の交点Qのy座標を求めよ。

(3) 直線mの方程式を求めよ。

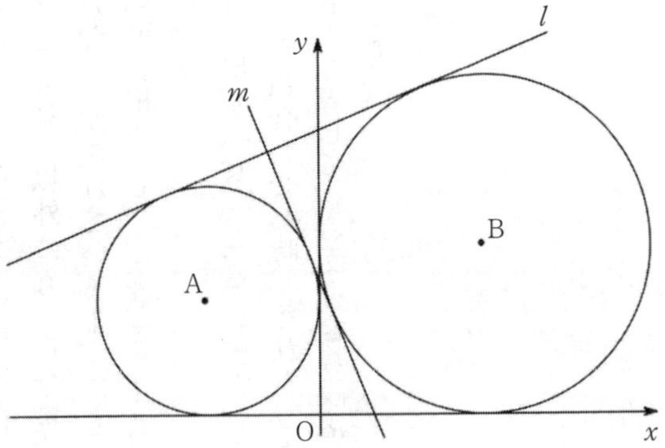

7 1辺の長さがaの立方体ABCD-EFGHがある。辺AB，AD，FGの中点をそれぞれP，Q，Rとするとき，次の問に答えよ。

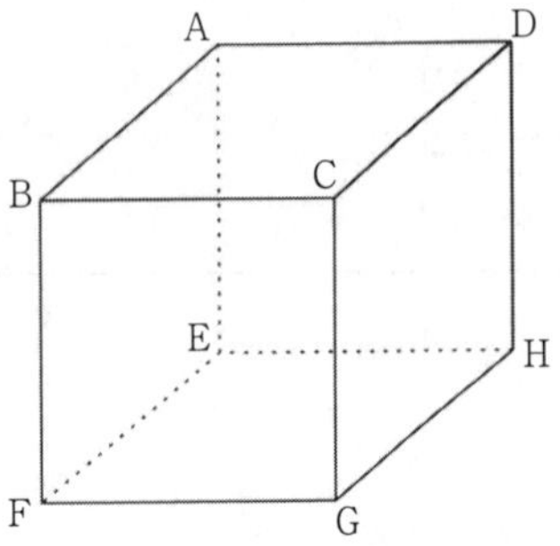

(1) この立方体を，3点P，Q，Rを通る平面で切ったときにできる立体のうち，頂点Eを含む立体の体積をaを用いて表せ。

(2) この立方体を，3点A，B，Hを通る平面と，3点A，D，Fを通る平面とで切ったときにできる立体のうち，頂点Eを含む立体の体積をaを用いて表せ。

(3) この立方体を，3点A，B，Hを通る平面と，3点A，D，Fを通る平面と，3点P，Q，Rを通る平面とで切ったときにできる立体のうち，頂点Eを含む立体の体積をaを用いて表せ。

問十六　傍線部⑫「文鳥は可哀相なことを致しました」とあるが、この「は」によって「文鳥」以外にも「自分（先生）」に対する「可哀相」だという気持ちが表れているようにも読める。それはどのような意味で「可哀相」だと「三重吉」は思っているのか。わかりやすく説明しなさい。

問十七　「自分」の思い出す「女」と、「三重吉」の「例の件」の「女」とを「文鳥」に重ね合わせた時、それら三者が共通する存在であることを最もよく表している文を含む段落を抜き出し、その最初の五字を答えなさい。

ア　自分は書きかけた小説をよそにして、ペンを持ったまま縁側へ出てみた
イ　自分は進まぬながら、書斎でペンを動かしていた
ウ　書斎の中では相変わらずペンの音がさらさらする
エ　その日は一日淋しいペンの音を聞いて暮らした

問八　傍線部⑥「この女とこの文鳥とはおそらく同じ心持ちだろう」とあるが、「自分」はどのような点で「同じ心持ち」と考えているか。次はその解説文である。空欄に当てはまるように適切な表現を考えて補いなさい。

［　　　　］がわからず不思議に思う気持ち。

問九　傍線部⑦「その隅に文鳥の体が薄白く浮いたまま止まり木の上に、有るか無きかに思われた。自分は外套の羽根を返して、すぐ鳥籠を箱のなかへ入れてやった」について、以下の各問に答えなさい。

㈠　ここで「自分」には「文鳥」がどのようなものに見えてしまっているか。簡潔に説明しなさい。

㈡　「外套の羽根を返して」とはどのような行動か。その時の「自分」の気持ちもふまえて、わかりやすく説明しなさい。

問十　傍線部⑧「文鳥はしのびやかに鳥籠の桟にかじりついていた」とあるが、ここで「かじりついて」いる姿が「しのびやか」であるというのは、「文鳥」のどのような様子を表しているか。なぜその様子になったのかもふまえて、簡潔に説明しなさい。

問十一　傍線部⑨「手紙はそれぎりにして裂いて捨てた」とあるが、前の段落からここまでの本文をふまえて、この時「自分」が「三重吉」に書きたいと思っていた「手紙」の内容を不足なく復元しなさい。

問十二　傍線部⑩「自分は冬の日に色づいた朱の台を眺めた。空になった餌壺を眺めた。空しく橋を渡している二本の止まり木を眺めた。そうしてその下に横たわる硬い文鳥を眺めた」とあるが、この時「自分」が「そうして」の前と後とで「眺めた」ものをどのような事実として捉えているのか、その違いを簡潔に説明しなさい。

問十三　★A【自分はこごんで両手に鳥籠を抱えた。…（中略）…そうして、烈しく手を鳴らした。】とあるが、この一連の「手」をめぐる描写から、「自分」のどのような気持ちが読み取れるか。次はその解説文である。空欄［X］に当てはまる語句は文中から五字で抜き出し、空欄［f］～［i］に当てはまる語句は後から選び、その記号を答えなさい。ただし、同じ記号は一度しか使ってはならない。

「自分」は、まるで［X］になったかのように、［f］を心の中で［g］に受けとめているが、その思いを［h］と家人には［i］にふるまおうとする気持ち。

ア　奇異　　イ　厳粛　　ウ　風雅
エ　攻撃的　　オ　積極的　　カ　両義的
キ　生き物の定め　　ク　季節の推移　　ケ　鳥籠の深化
コ　気づかれたい　　サ　知られたくない　　シ　伝えたい

問十四　傍線部⑪「下女は、どこへ持って参りますかと聞き返した。どこへでも勝手に持って行けと怒鳴りつけたら、驚いて台所の方へ持って行った」とあるが、ここからどのような言葉の上でのおもしろさが読み取れるか。わかりやすく説明しなさい。

問十五　★B【顔を洗いながら裏庭を見ると…（中略）…筆子の手跡である。】について、以下の各問に答えなさい。

㈠　ここから読み取れる「自分」の見た光景を簡単に絵で描きなさい。

㈡　「公札の表には、この土手登るべからずとあった。筆子の手跡である」からどのような言葉の上でのおもしろさが読み取れるか。二点指摘しなさい。

※8　外套の羽根　肩掛けがついている男性用のコートの肩掛けの部分。下の絵を参照すること。

※9　小女　家に雇われて家事などの仕事をする若い女性。現在では使われない名称。

※10　下女　前注の「小女」に同じ。

※11　公札　知らせたいことを書いて地面に立てた札。

※12　蒼い　草木が青々と生えている様。

※13　木賊　常緑性のシダ植物。竹のように節があり、鉛筆ほどの太さで、一メートルほどの高さまで成長する。

※14　筆子　夏目漱石の長女。当時八歳であった。

問一　二重傍線部1～15のカタカナは漢字に直し、漢字はその読みをひらがなで書きなさい。漢字は楷書ではっきり書くこと。

問二　空欄 a ～ h に当てはまる漢字をそれぞれ一文字で書きなさい。

問三　傍線部①「伽藍のような書斎にただ一人、片づけた顔を頬杖で支えている」について、次の各問に答えなさい。

(一)「書斎」が「伽藍のような」と表現されているのは、それが「文鳥」を飼う「自分」にとってこの小説の最後でどのような場所になったからか。その説明として最も適切なものを次から選び、記号で答えなさい。

ア　古今の文芸作品を堪能できる場所。
イ　死そのものに向き合うおごそかな場所。
ウ　小説の執筆に専念できる場所。
エ　昔の女性への思いに浸れる場所。
オ　友人たちを招くのにふさわしい場所。

(二)「片づけた顔を頬杖で支えている」という「自分」の様子は、「文鳥」のある様子と重ね合わせて描かれている。その「文鳥」の様子を最もよく表している一文を抜き出し、その最初の五字を答えなさい。

(三)　前問(一)・(二)を通して考えると、「自分」は「文鳥」とどのような点で異なるか。次はその解説文である。「頬杖」がどのような行為かを考えて、空欄に当てはまるように適切な表現を補いなさい。

> 文鳥と違って自分は［　　　　］という点。

問四　傍線部②「ところが三重吉は是非お飼いなさいと、同じようなことを繰り返している」とあるが、「三重吉」が同じような言葉を繰り返したのはなぜか。次はその解説文である。空欄 e ～ a に当てはまる語句を後から選び、その記号を答えなさい。ただし、同じ記号は一度しか使ってはならない。

> 「三重吉」は「自分」に「文鳥」を「 a 」が、かといって「三重吉」自身が「文鳥」を「 b 」ことは避けたいので、「自分」に「 c 」と考えている。しかし「自分」の頬杖をついた様子を見て「 d 」気持ちを感じたので、言葉のやりとりを楽しむように、あえて「 e 」と言った。

ア　飼う　　イ　買う　　ウ　飼わせたい
エ　買わせたい　　オ　飼いたくない　　カ　買いたくない
キ　飼いなさい　　ク　買いなさい

問五　傍線部③「三重吉はにやにやしている」、④「寛大なことを言う」とあるが、そのような様子から「三重吉」のどのような下心が読み取れるか。具体的に説明しなさい。

問六　傍線部⑤「かようにして金はたしかに三重吉の手に落ちた」とあるが、「手に落ちた」という表現から「自分」の「三重吉」へのどのような気持ちが読み取れるか。わかりやすく説明しなさい。

問七　空欄 Ⅰ ～ Ⅳ に当てはまる文を次から一つずつ選び、記号で答えなさい。ただし、同じ記号は一度しか使ってはならない。

時頃である。文鳥のことはすっかり忘れていた。疲れたから、すぐ床へ入って寝てしまった。

翌日眼が覚めるや否や、すぐ例の件を思い出した。いくら当人が承知だって、そんな所へ嫁にやるのは行く末よくあるまい、まだ子どもだからどこへでも行けと言われる所へ行く気になるんだろう。いったん行けばむやみに出られるものじゃない。世の中には満足しながら不幸に陥って行く者がたくさんある。などと考えて楊枝《ようじ》を使って、朝飯を済ましてまた例の件を片づけに出掛けて行った。

帰ったのは午後三時頃である。玄関へ外套を懸けて廊下伝いに書斎へ入るつもりで例の縁側へ出て見ると、鳥籠が箱の上に出してあった。けれども文鳥は籠の底にそっ繰り返っていた。二本の足を硬く揃えて、胴と直線に伸ばしていた。自分は籠の傍に立って、じっと文鳥を見守った。黒い眼を眠っている。瞼《まぶた》の色は薄蒼《うすあお》く変わった。

餌壺には粟の殻ばかり溜まっている。啄むべきは一粒もない。水入れは底の光るほど涸《か》れている。西へ廻った日が硝子戸を洩れて斜めに籠に落ちかかる。台に塗った漆は、三重吉の言ったごとく、いつの間にか黒味が脱《ぬ》けて、朱の色が出て来た。

⑩自分は冬の日に色づいた朱の台を眺めた。空になった餌壺を眺めた。空しく橋を渡している二本の止まり木を眺めた。そうしてその下に横たわる硬い文鳥を眺めた。

★A【自分はこごんで両手に鳥籠を抱えた。そうして、書斎へ持って入った。十畳の真ん中へ鳥籠をおろして、その前へかしこまって、籠の戸を開いて、大きな手を入れて、文鳥を握って見た。柔らかい羽根は冷えきっている。

拳を籠から引き出して、握った手を開けると、文鳥は静かに掌の上にある。自分は手を開けたまま、しばらく死んだ鳥を見つめていた。それから、そっと座布団の上におろした。そうして、烈《はげ》しく手を鳴らした。】

十六になる※9小女《こおんな》が、はいと言って敷居際に手をつかえる。自分はいきなり布団の上にある文鳥を握って、小女の前へ抛り出した。小女はうつむいて畳を眺めたまま黙っている。自分は、餌をやらないから、とうとう死んでしまったと言いながら、※10下女の顔をにらめつけた。下女はそれでも黙っている。

自分は机の方へ向き直った。そうして三重吉へ葉書をかいた。「家人が餌をやらないものだから、文鳥はとうとう死んでしまった。たのみもせぬものを籠へ入れて、しかも餌をやる義務さえ尽くさないのは残酷の至りだ」という文句であった。

自分は、これを投函《だ》して来い、そうしてその鳥をそっちへ持って行けと下女に言った。⑪下女は、どこへ持って参りますかと聞き返した。どこへでも勝手に持って行けと怒鳴りつけたら、驚いて台所の方へ持って行った。

しばらくすると裏庭で、子どもが文鳥を埋めるんだ埋めるんだと騒いでいる。庭掃除に頼んだ植木屋が、お嬢さん、ここいらが好いでしょうと言っている。［Ⅳ］。

翌日は何だか頭が重いので、十時頃になってようやく起きた。

★B【顔を洗いながら裏庭を見ると、昨日植木屋の声のしたあたりに、小さい※11公札が、※12蒼い※13木賊《とくさ》の一株と並んで立っている。高さは木賊よりもずっと低い。庭下駄を履いて、日影の霜を踏み砕いて、近づいて見ると、公札の表には、この土手登るべからずとあった。※14筆子の手跡である。】

午後三重吉から返事が来た。⑫文鳥は可哀相なことを致しましたとあるばかりで家人が悪いとも残酷だともいっこう書いてなかった。

（夏目漱石「文鳥」より）

※1　伽藍　僧侶の修行する閑静な寺院の建物。
※2　片づけた顔　すっきりと落ち着いた表情の顔。
※3　三重吉　小説家の鈴木三重吉のこと。夏目漱石の門下生。
※4　七子　目の粗い織り方をした織物の名称。
※5　五円札　当時の紙幣。現在の五万円ほどの価値があったと思われる。
※6　豊隆　夏目漱石の門下生。三重吉の後輩。
※7　とうから　「とっくに」の意。

こんなことのできるものがいるかどうだかはなはだ疑わしい。おそらく古代の聖徒《せいんと》の仕事だろう。三重吉は嘘を吐《つ》いたに違いない。

ある日のこと、書斎で例のごとくペンの音を立てて侘《わび》しいことを書き連ねていると、ふと妙な音が耳に入った。縁側でさらさら、さらさらいう。女が長い衣の8スソを捌《さば》いているようにも受け取られるが、ただの女のそれとしては、あまりに9仰山である。雛壇を歩く、10ダイリ雛の袴《はかま》の襞《ひだ》の擦《こす》れる音とでも形容したらよかろうと思った。Ⅲ。すると文鳥が行水を使っていた。

水はちょうど替え立てであった。文鳥は軽い足を水入れの真ん中に胸毛まで浸して、時々は白い翼を左右にひろげながら、心持ち水入れの中にしゃがむように腹を圧《お》しつけつつ、総身の毛を一度に振っている。そうして水入れの縁にひょいと飛び上がる。しばらくしてまた飛び込む。水入れの直径は一寸11五分ぐらいに過ぎない。飛び込んだ時は尾も余り、頭も余り、背は無論余る。水に浸かるのは足と胸だけである。それでも文鳥は欣然《きんぜん》として行水を使っている。

自分は急に替え籠を取って来た。そうして文鳥をこの方へ移した。それから如露《じょろ》を持って風呂場へ行って、水道の水を汲んで、籠の上からさあさあとかけてやった。如露の水が尽きる頃には白い羽根から落ちる水が珠《たま》になって転がった。文鳥は絶えず眼をぱちぱちさせていた。

昔紫の帯上げでいたずらをした女が、座敷で仕事をしていた時、裏二階から懐中鏡で女の顔へ春の光線を反射させて楽しんだことがある。女は薄紅くなった頬を上げて、繊《ほそ》い手を額の前に翳しながら、不思議そうに12マバタきをした。⑥この女とこの文鳥とはおそらく同じ心持ちだろう。

日数が立つにしたがって文鳥はよく囀《さえず》る。しかしよく忘れられる。ある時は餌壺が粟の殻だけになっていたことがある。ある時は籠の底が糞でいっぱいになっていたことがある。ある晩宴会があって遅く帰ったら、冬の月が硝子越しに差し込んで、広い縁側がほの明るく見えるなかに、鳥籠がしんとして、箱の上に乗っていた。⑦その隅に文鳥の体が薄白く浮いたまま止まり木の上に、有るか無きかに思われた。自分は※8外套の羽根を返して、すぐ鳥籠を箱のなかへ入れてやった。

翌日文鳥は例のごとく元気よく囀っていた。それからは時々寒い夜も箱にしまってやるのを忘れることがあった。ある晩いつもの通り書斎で専念にペンの音を聞いていると、突然縁側の方でがたりと物の13クツガエった音がした。しかし自分は立たなかった。依然として急ぐ小説を書いていた。わざわざ立って行って、何でもないといまいましいから、気にかからないではなかったが、やはりちょっと聞き耳を立てたまま知らぬ顔ですましていた。その晩寝たのは十二時過ぎであった。便所に行ったついで、気がかりだから、念のため一応縁側へ廻って見ると——

籠は箱の上から落ちている。そうして横に倒れている。水入れも餌壺も引っ繰り返っている。粟は一面に縁側に散らばっている。止まり木は抜け出している。⑧文鳥はしのびやかに鳥籠の桟にかじりついていた。自分は明日から誓ってこの縁側に猫を入れまいと決心した。

翌日文鳥は鳴かなかった。粟を山盛り入れてやった。水を漲《みなぎ》るほど入れてやった。文鳥は一本足のまま長らく止まり木の上を動かなかった。午飯《ひるめし》を食ってから、三重吉に手紙を書こうと思って、二三行書き出すと、文鳥がちちと鳴いた。自分は手紙の筆を留めた。文鳥がまたちちと鳴いた。出て見たら粟も水もだいぶん減っている。⑨手紙はそれぎりにして裂いて捨てた。

翌日文鳥がまた鳴かなくなった。止まり木を下りて籠の底へ腹を圧しつけていた。胸の所が少し14フクらんで、小さい毛が漣《さざなみ》のように乱れて見えた。自分はこの朝、三重吉から例の件で某所まで来てくれという手紙を受け取った。十時までにという依頼であるから、文鳥をそのままにしておいて出た。三重吉に会ってみると例の件がいろいろ長くなって、いっしょに午飯を食う。いっしょに晩飯を食う。その上明日の会合まで約束して宅《うち》へ帰った。帰ったのは夜の九鳥を出した。文鳥は箱から出ながら、千代千代と二声鳴いた。

三重吉の説によると、馴《な》れるにしたがって、文鳥が人の顔を見て鳴くようになるんだそうだ。現に三重吉の飼っていた文鳥は、三重吉が傍《そば》にいさえすれば、しきりに千代千代と鳴きつづけたそうだ。のみならず三重吉の指の先から餌を食べるという。自分もいつか指の先で餌をやってみたいと思った。

次の朝はまた怠けた。昔の女の顔もつい思い出さなかった。顔を洗って、食事を済まして、初めて、気がついたように縁側へ出て見ると、いつの間にか籠が箱の上に乗っている。文鳥はもう止まり木の上を面白そうにあちら、こちらと飛び移っている。そうして時々は首を伸ばして籠の外を下の方から覗《のぞ》いている。その様子がなかなか5ムジャキである。昔紫の帯上げでいたずらをした女は襟の長い、背のすらりとした、ちょっと首を曲げて人を見る癖があった。

粟はまだある。水もまだある。文鳥は満足している。自分は粟も水も替えずに書斎へ引っ込んだ。

昼過ぎまた縁側へ出た。食後の運動かたがた、五六間《けん》の廻り縁を、歩きながら書見するつもりであった。ところが出て見ると粟がもう七分がた尽きている。水も全く濁ってしまった。書物を縁側へ抛《ほう》り出しておいて、急いで餌と水を替えてやった。

次の日もまた遅く起きた。しかも顔を洗って飯を食うまでは縁側を覗かなかった。書斎に帰ってから、あるいは昨日のように、家人《うちのもの》が籠を出しておきはせぬかと、ちょっと縁へ顔だけ出して見たら、はたして出してあった。その上餌も水も新しくなっていた。自分はやっと安心して首を書斎に入れた。途端に文鳥は千代千代と鳴いた。それで引っ込めた首をまた出して見た。けれども文鳥は再び鳴かなかった。けげんな顔をして硝子越しに庭の霜を眺めていた。自分はとうとう机の前に帰った。

[Ⅱ]。書きかけた小説はだいぶんはかどった。指の先が冷たい。今朝埋《い》けた佐倉炭は白くなって、薩摩五徳に懸けた6テツビンがほとんど冷めている。炭取りは空だ。手を敲《たた》いたがちょっと台所まで聞こえない。立って戸を開けると、文鳥は例に似ず止まり木の上にじっと止まっている。よく見ると足が一本しかない。自分は炭取りを縁に置いて、上からこごんで籠の中を覗き込んだ。いくら見ても足は一本しかない。文鳥はこの華奢《きゃしゃ》な一本の細い足に総身を託して黙然として、籠の中に片づいている。

自分は不思議に思った。文鳥について万事を説明した三重吉もこのことだけは抜いたと見える。自分が炭取りに炭を入れて帰った時、文鳥の足はまだ一本であった。しばらく寒い縁側に立って眺めていたが、文鳥は動く気色もない。音を立てないで見つめていると、文鳥は丸い眼をしだいに細くし出した。おおかた眠たいのだろうと思って、そっと書斎へ入ろうとして、一歩足を動かすや否や、文鳥はまた眼を開いた。同時に真白な胸の中から細い足を一本出した。自分は戸を閉《た》てて火鉢へ炭をついだ。

小説はしだいに忙しくなる。朝は依然として寝坊をする。一度家のものが文鳥の世話をしてくれてから、何だか自分の責任が軽くなったような心持ちがする。家のものが忘れる時は、自分が餌をやる水をやる。籠の出し入れをする。しない時は、家のものを呼んでさせることもある。自分はただ文鳥の声を聞くだけが役目のようになった。

それでも縁側へ出る時は、必ず籠の前へ立ち止まって文鳥の様子を見た。たいていは狭い籠を苦にもしないで、二本の止まり木を満足そうに往復していた。天気の好い時は薄い日を硝子越しに浴びて、しきりに鳴き立てていた。しかし三重吉の言ったように、自分の顔を見てことさらに鳴く気色はさらになかった。

自分の指からじかに餌を食うなどということは無論なかった。折々7キゲンのいい時は麺麭《ぱん》の粉などを人差し指の先へつけて竹の間からちょっと出してみることがあるが文鳥はけっして近づかない。少し無遠慮に突き込んでみると、文鳥は指の太いのに驚いて白い翼を乱して籠の中を騒ぎ廻るのみであった。二三度試みた後、自分は気の毒になって、この芸だけは永久に断念してしまった。今の世に

る。その上に三重吉が大きな箱を[h]貴分に抱えている。五円札が文鳥と籠と箱になったのはこの初冬の晩であった。

　三重吉は大得意である。まあご覧なさいと言う。豊隆その洋灯《らんぷ》をもっとこっちへ出せなどと言う。そのくせ寒いので鼻の頭が少し紫色になっている。

　なるほど立派な籠ができた。台が漆で塗ってある。竹は細く削った上に、色が染《つ》けてある。それで三円だと言う。安いなあ豊隆と言っている。豊隆はうん安いと言っている。自分は安いか高いか2ハンゼンとわからないが、まあ安いなあと言っている。好いのになると二十円もするそうですと言う。二十円はこれで二遍目である。二十円に比べて安いのは無論である。

　この漆はね、先生、3日向へ出して曝《さら》しておくうちに黒味が取れてだんだん朱の色が出て来ますから、――そうしてこの竹は一遍よく煮たんだから大丈夫ですよなどと、しきりに説明をしてくれる。何が大丈夫なのかねと聞き返すと、まあ鳥をご覧なさい、綺麗でしょうと言っている。

　なるほど綺麗だ。次の間へ籠を据えて四尺ばかりこっちから見ると少しも動かない。薄暗い中に真白に見える。籠の中にうずくまっていなければ鳥とは思えないほど白い。何だか寒そうだ。

　三重吉からの頼みである以上、義理で飼うことにした。うまく飼えるか不安ではあったが、家の者の世話も期待することにした。自分は翌朝、遅く起床しながらも、文鳥の餌と水の世話を始めたが、文鳥をまるで生きた宝石のように愛おしむ気持ちが芽生えてきた。その頃自分は小説を連日書いている時期であった。三重吉と豊隆が持ってきていたのは、文鳥のための寒さよけの箱と行水用の替え籠であった。

　明くる日もまた気の毒なことに遅く起きて、箱から籠を出してやったのは、やっぱり八時過ぎであった。箱の中では※7とうから目が覚めていたんだろう。それでも文鳥はいっこう不平らしい顔もしなかった。籠が明るい所へ出るや否や、いきなり眼をしばたたいて、心持ち首をすくめて、自分の顔を見た。

　昔美しい女を知っていた。この女が机に凭《もた》れて何か考えているところを、後ろから、そっと行って、紫の帯上げの房になった先を、長く垂らして、首筋の細いあたりを、上から撫で廻したら、女はものうげに後ろを向いた。その時女の眉は心持ち八の字に寄っていた。それで眼尻と口元には笑いが萌《きざ》していた。同時に格好の好い首を肩まですくめていた。文鳥が自分を見た時、自分はふとこの女のことを思い出した。この女は今嫁に行った。自分が紫の帯上げでいたずらをしたのは縁談のきまった二三日後である。

　餌壺《えつぼ》にはまだ粟が八分通り入っている。しかし殻もだいぶ混っていた。水入れには粟の殻が一面に浮いて、苛《いた》く濁っていた。替えてやらなければならない。また大きな手を籠の中へ入れた。非常に用心して入れたにもかかわらず、文鳥は白い翼を乱して騒いだ。小《ち》さい羽根が一本抜けても、自分は文鳥にすまないと思った。殻は綺麗に吹いた。吹かれた殻は木枯らしがどこかへ持って行った。水も替えてやった。水道の水だから大変冷たい。

　[I]。その間には折々千代千代という声も聞こえた。文鳥も淋《さび》しいから鳴くのではなかろうかと考えた。しかし縁側へ出て見ると、二本の止まり木の間を、あちらへ飛んだり、こちらへ飛んだり、絶え間なく行きつ戻りつしている。少しも不平らしい様子はなかった。

　夜は箱へ入れた。明くる朝目が覚めると、外は白い霜だ。文鳥も眼が覚めているだろうが、なかなか起きる気にならない。枕元にある新聞を手に取るさえ4ナンギだ。それでも煙草は一本ふかした。この一本をふかしてしまったら、起きて籠から出してやろうと思いながら、口から出る煙の行方を見つめていた。するとこの煙の中に、首をすくめた、眼を細くした、しかも心持ち眉を寄せた昔の女の顔がちょっと見えた。自分は床の上に起き直った。寝巻きの上へ羽織りを引っ掛けて、すぐ縁側へ出た。そうして箱の蓋をはずして、文

二〇二一年度 慶應義塾志木高等学校

【国語】（六〇分）〈満点：一〇〇点〉

〔注意〕字数指定のある設問においては、すべて句読点を一字分と数えること。字数指定のない設問においては、解答欄の行数に収まるように書くこと。

次の文章を読んで、後の問に答えなさい。

十月早稲田に移る。①※1伽藍《がらん》のような書斎にただ一人、※2片づけた顔を頬杖《ほおづえ》で支えていると、※3三重吉が来て、鳥をお飼いなさいと言う。飼ってもいいと答えた。しかし念のためだから、何を飼うのかねと聞いたら、文鳥ですという返事であった。

文鳥は三重吉の小説に出て来るくらいだから綺麗な鳥に違いなかろうと思って、じゃ買ってくれたまえと頼んだ。②ところが三重吉は是非お飼いなさいと、同じようなことを繰り返している。うむ買うよ買うよとやはり頬杖を突いたままで、むにゃむにゃ言ってるうちに三重吉は黙ってしまった。おおかた頬杖に[a]想を尽かしたんだろうと、この時初めて気がついた。

すると三分ばかりして、今度は籠をお買いなさいと言いだした。これもよろしいと答えると、是非お買いなさいと[b]を押す代わりに、鳥籠の講釈を始めた。その講釈はだいぶ込み入ったものであったが、気の毒なことに、みんな忘れてしまった。ただ好《い》いのは二十円ぐらいするという段になって、急にそんな高価《たか》いのでなくってもよかろうと言っておいた。③三重吉はにやにやしている。

それから全体どこで買うのかと聞いてみると、なにどこの鳥屋にでもありますと、実に平凡な答えをした。籠はと聞き返すと、籠ですか、籠はその何ですよ、なにどこにかあるでしょう、とまるで[c]を攫《つか》むような④寛大なことを言う。でも君あてがなくっちゃいけなかろうと、あたかもいけないような顔をして見せたら、三重吉は頬《ほ》っぺたへ手をあてて、何でも駒込に籠の名人があるそうですが、年寄りだそうですから、もう死んだかもしれませんと、非常に心細くなってしまった。

何しろ言いだしたものに責任を負わせるのは当然のことだから、さっそく万事を三重吉に依頼することにした。すると、すぐ金を出せと言う。金はたしかに出した。三重吉はどこで買ったか、※4七《なな》子《こ》の三つ折れの紙入れを懐中していて、人の金でも自分の金でも1悉皆この紙入れの中に入れる癖がある。自分は三重吉が※5五円札をたしかにこの紙入れの底へ押し込んだのを目撃した。⑤かようにして金はたしかに三重吉の手に落ちた。しかし鳥と籠とは容易にやって来ない。

そのうち秋が小[d]になった。三重吉はたびたび来る。よく女の話などをして帰って行く。文鳥と籠の講釈は全く出ない。硝子《がらす》戸を透かして五尺の縁側には日が好く当たる。どうせ文鳥を飼うなら、こんな暖かい季節に、この縁側へ鳥籠を据えてやったら、文鳥も定めし鳴きよかろうと思うくらいであった。

三重吉の小説によると、文鳥は千代《ちよ》千代《ちよ》と鳴くそうである。その鳴き声がだいぶん気に入ったと見えて、三重吉は千代千代を何度となく使っている。あるいは千代という女に惚れていたことがあるのかもしれない。しかし当人はいっこうそんなことを言わない。自分も聞いてみない。ただ縁側に日がよく当たる。そうして文鳥が鳴かない。

そのうち霜が降り出した。自分は毎日伽藍のような書斎に、寒い顔を片づけてみたり、取り乱してみたり、頬杖を突いたりやめたりして暮らしていた。戸は二重に締め切った。火鉢に炭ばかり継いでいる。文鳥はついに忘れた。

ところへ三重吉が門口から[e]勢よく入って来た。時は宵の[f]であった。寒いから火鉢の上へ胸から上を翳《かざ》して、[g]かぬ顔をわざとほてらしていたのが、急に陽気になった。三重吉は※6豊隆を従えている。豊隆はいい迷惑である。二人が籠を一つずつ持ってい

英語解答

Ⅰ

問１　1…お　2…い　3…え　4…あ　5…か

問２　A…7　B…2　C…3　D…5　E…8　F…1　G…4　H…6

問３　(Ⅰ)　it was too dirty to see anything below

(Ⅱ)　The two girls looked at one another

問４　(例)She doesn't understand who has used the tableware. This is because she thinks that Mr and Mrs Collins, the owners of the cottage, are still in America, so there should not be anyone in the cottage.

問５　2，6

Ⅱ

問１　1　prayed　2　fallen　3　arguing　4　belonged　5　giving　6　keep　7　standing　8　hid

問２　she heard the wagon driver returning to the wagon

問３　1　　問４　herself

問５　3，6，9

Ⅲ

問１　最初…the　最後…tracks

問２　永久凍土

問３　1…イ　2…ア　3…イ　4…○　5…ア　6…×

Ⅳ

1　き　2　し　3　け　4　す　5　こ　6　い　7　く　8　う　9　か　10　さ

Ⅴ

1…2　2…1　3…3　4…1　5…4　6…2　7…4　8…3

Ⅵ

1　was kind enough to show me the way

2　Nothing is more important than health

3　My friend got〔had〕 his nose broken

4　I wonder what the weather is like

5　had better not fall asleep

Ⅰ〔長文読解総合―物語〕

≪全訳≫❶バスは町の通りをゆっくりと進み，商店街を通り過ぎた。町の名はシーヴァーンといい，イングランドの南海岸に面していた。午後遅い時間だった。❷バスの前の席に２人の女の子が座り，運転手と話していた。彼女たちの名前はフランとスージーで，学生だった。❸「さあ，町を出るよ」とバスの運転手が彼女たちに伝えた。「クリフ・コテージはシーヴァーンから４キロだ」❹「$_{\mathrm{A}}$どこでバスを降りたらいいか教えてね」とスージーが言った。❺「わかった」と運転手は言った。彼は若い男で，２人の女の子と話すのを楽しんでいた。❻バスは丘を登り，町を抜けて崖道に出た。太陽は輝き，スージーは海に目をやった。それは平らで青く，美しく見えた。白や黄色の帆を張った小舟が水面を渡っていった。❼「明日泳ぎに行けるわ」とスージーは言った。「海で泳ぐのはすてきよ」❽「$_{\mathrm{B}}$しなきゃいけないことがあるのを忘れないでよ，コテージの準備をしないと」とフランが言った。❾シーヴァーンの町はもう彼女たちの後ろだった。崖道は静かで，彼女たちの前を通り過ぎていく他のバスや車もなかった。❿女の子たちはロンドンから来ていて大学の休暇中だった。彼女たちは持ち主のコリンズ夫妻が来週戻ってくるまでクリフ・コテージに滞在する予定だった。コリンズ夫妻はフランの母の友達で，アメリカで休暇中だった。女の子たちは彼らのためにいろいろ準備することになっていた。食べ物を運び込んだり，窓を開けたり，庭の手入れをしたり，犬の世話をしてくれていた友達から犬を引き取ったりといったことだ。11「C自分たちの休暇の時間があるといいけど」とスージーが言った。12「心配しないで，あるわよ」とフランは彼女に言った。13バスは狭い道の角で止まり，運転手が女の子たちに降りて歩いて丘を下るように言った。「クリフ・コテージは一番下だよ」と彼は言った。「Dいい休暇を」14女の子たちは高い木々の間の狭い道路を下っていった。道路の両側には野原が広がっていた。9月半ばだったが，天気はまだ暑かった。15「あれがクリフ・コテージ？」と，突然スージーがきいた。16木々の後ろに庭のある小さな家が見えた。庭はジャングルのようだった。17「うん，そうに違いないわ」とフランは答えた。18スージーは庭を見つめた。「草が伸びてるわ」と彼女は言った。「大仕事ね」19フランはほほ笑んだ。「心配しないで，泳ぎに行けるし，散歩にも行けるわ」20女の子たちはコテージのドアに向かって小道を歩いていった。前面の窓の１つの近くに池があり，その中は植物がいっぱいで，水面に平たい緑の葉と花が浮かんでいるものもあった。21「この池には魚がいるかしら？」とスージーは進みながら言った。彼女は水の中をのぞき込んだが，(I)汚くて植物の下には何も見えなかった。22フランがバッグから鍵を取り出してコテージのドアを開け，彼女たちは中に入った。23「すてきね」とスージーはにっこりしながら言い，居間を見回した。重い椅子が３脚，大きな丸いテーブルが１つと木の椅子がいくつか，１つの隅にはテレビ，壁を取り巻いた棚に並んだ本。部屋の天井は低く，壁は白く塗られていた。24彼女たちは天井の低いもう１つの部屋，キッチンに入っていった。フランは窓のそばの流し台に近寄った。流しの中には皿が２枚，カップが１つ，ナイフとフォークが１組あった。25「これは洗わなくちゃね」とフランは言った。「誰がこれを使ったのかしら？」26(II)２人の女の子たちは顔を見合わせた。27「コテージは無人でコリンズ夫妻はまだアメリカにいると思ってたけど」とスージーがゆっくりと言った。28「そうよ。訳がわからないわ」29女の子たちは２階の寝室に向かい，フランがドアを開けて最初の部屋に入った。そこには大きなベッドと２つの洋服だんす，ベッドの両脇に小テーブルが１つずつ，それに長い鏡のついた化粧台があった。30「E誰かがこのベッドで寝ている」とフランが言った。31寝具が押しやられ，化粧台の上には電気ひげそりが置いてあった。フランが洋服だんすを開けると，中に男物の上着がかかっていた。32あれはコリンズさんの上着かしら？　フランは考えた。33彼女は窓に近づいて外を見た。ここから野原と，崖の上に上がっていく小道が見え，遠くには海の青が見えた。34「バスルームを見てみましょう」とスージーが言った。35「わかったわ」とフランは言った。「Fでも２人一緒にいましょう」36彼女は突然怖くなった。家の中に誰かいるの？　フランは思った。でもどうしてそんなことができる？　玄関のドアは鍵がかかっていたし，どうやって入ったっていうの？37バスルームは狭かった。38「見て！」　スージーが叫んだ。39棚の上に歯ブラシと歯磨き粉があり，水が蛇口から流れていた。40「誰かが蛇口を閉め忘れたのよ」と蛇口を閉めながらフランが言った。41「ここに住んでいる人が誰かいるのよ」とスージーが言った。「でも誰が？」42「もしかするとホームレスかも，たぶん」43「どうしよう？　G警察に電話する？」44「わからないわ」とフランが言った。45バスルームの隣にもう１つ小さな部屋があった。その天井には窓があって空が見えた。この部屋にはベッドはなかったが，古い椅子がいくつかと，テーブルが１つと古いスーツケースが２つあった。スーツケースは空だった。46彼女たちはコテージの部屋を全部見て回った。47「何も異常はないみたい」とスージーが言った。48そのとき彼女たちはコテージの裏口に気づいた。49「このドアは鍵がかかってないわ」とそれを開けながらフランが言った。彼女は鍵を見た。「でもこの鍵は壊されていない。どうやって入ったのかしら？　鍵を持っているのかしら？」50「もしかしたらコリンズさんたちの友達かも」とスージーが言った。51「H彼が戻ってくるかどうか待ってみましょう」とフランが言った。「そしたら彼にきけるわ」52「持ち物がここにあるんだから」とスージーが答えた。「彼はいつか戻ってくるわ」

問１＜適語選択＞１．町を離れたのだから，町は彼女たちの「後ろ」にある。　２．空所の後にMr and Mrs Collins ... came back the next week という‘主語＋動詞...’が続いていることに着目。選択肢の中で接続詞として使えるのは until「～まで」だけである。　３．with a smileで「ほほ笑んで，笑顔で」。　４．turn off「(栓など)を閉める，(テレビなど)を消す」⇔turn on　５．next to ～「～の隣に」

問２＜適文選択＞A．この後，バスの運転手は Okay と答えているので，運転手に何か頼んだのだとわかる。　B．この後の getting the cottage ready は，空所の内容の具体的な説明になっていると考えられる。泳ぐのが楽しみと言うスージーに，その前にやることがあることを思い出させているのである。　C．直後のフランの we will の後に省略されている語句を考える。will の後には，３の have time for a holiday ourselves が省略されていることを読み取る。　D．バスを降りる女の子たちに運転手がかけた言葉。　E．この後に，ベッドが誰かに使われていたことが書かれている。　F．直後に She felt afraid とある。誰もいるはずがない家の中に誰かがいるかもしれないことに怖くなって，一緒にいようと言ったのである。　G．侵入者がいるかもしれないとわかったときにとる行動として，警察を呼ぶことを考えたのである。　H．この後の内容から，侵入者が戻ってくるか待ってみようと提案したのだと判断できる。‘see if＋主語＋動詞...’「～かどうか確かめる」

問３＜整序結合＞(Ⅰ)語群中の too, to に着目し，‘too ～ to …’「…するには～すぎる，～すぎて…できない」の構文にすればよい。主語に the water を受ける it を置き，was too dirty to see と続ければ，残りは anything below the plants となる。　(Ⅱ)one another で「お互い」という意味。これを looked at の目的語にすればよい。

問４＜英問英答＞所有者のコリンズ夫妻はアメリカにいるはずなのに，誰かがコテージにいるという状況を述べる。質問文が現在形なので現在形で答える。

問５＜内容真偽＞１…×　第５段落参照。運転手は若い。　２…○　第10段落第２，３文に一致する。　３…×　第10段落第３文参照。「休暇中」である。また「フランの母親と」という記述はない。　４…×　第10段落最終文参照。フランとスージーの仕事の中に犬を引き取りに行くことが入っている。　５…×　第16～18段落参照。庭はジャングルのように草が伸びていた。　６…○　第31段落に一致する。　７…×　第49段落参照。裏口の鍵は壊されていなかった。

Ⅱ〔長文読解総合―物語〕

≪全訳≫❶農夫のガブリエル・オークは物静かで誠実な男だった。彼は28歳で独身だった。そして善良な性格の男だった。日曜日，彼は教会に行って祈った。平日は自分の農園の畑で働いた。❷12月のある晴れた朝，ガブリエル・オークはウェセックス州のノークーム・ヒルにある自分の畑を歩いていた。彼がエミンスターとチョーク・ニュートンの間を通る道路に目をやると，明るい黄色の荷馬車が見えた。２頭の馬が重い荷馬車を引いて道路をゆっくり進んでいた。御者は家具を山積みにした荷馬車の横を歩いていた。家具の上に１人の女性が座っていた。彼女は若く，とても魅力的だった。❸不意に，御者が彼女に呼びかけた。「何か馬車から落ちました！　お嬢さん，戻って取ってきます」❹若い娘は静かに待った。御者を手伝いに荷馬車から降りることはしなかった。数分後，荷馬車の御者が戻ってきていないか確認するために彼女は振り返った。彼は戻ってきていなかったので，彼女は自分の脇にあった小さい包みを開けた。彼女は包みから鏡を取り出し，それを顔の前にかざした。鏡をのぞき込んで彼女はほほ笑んだ。❺太陽の光が女性の赤い上着，かわいらしい顔，黒い髪に降り注いだ。ガブリエル・オークは彼女を見つめてほほを緩めた。娘は帽子や髪には触らなかった。彼女はただ鏡の中の顔を確認してほほ笑んだ。(1)そのとき，荷馬車の御者が荷馬車に戻ってくるのが彼女に聞こえた。彼女は鏡を包みにしまい，彼が馬を進めるのを待った。**6**荷馬車が動き出すとガブリエル・オークはその後をついていって，お金を払わなければ通れない門のところまで来た。荷馬車に近づくと，御者が門にいる男と言い争っているのが聞こえた。**7**「この荷馬車は大きい」と門番は言った。「２ペンス余計に払ってもらわなきゃ」**8**しかし若い娘は割増料金を払おうとしなかった。**9**オークは，２ペンスは気に病むには少なすぎる額だと思った。彼は門番に２ペンス払った。**10**「これでその娘さんを通してあげてくれ」と彼は言った。**11**娘はオークを見下ろした。彼女は彼にお礼を言うこともなく，御者に行くように言った。荷馬車が通り過ぎていく間，オークと門番は彼女を見ていた。**12**「Aきれいな女だな」と門番が言った。**13**「確かに」とオークは言った。「でも不幸なことに，彼女はそれを知っている」**14**12月21日，１年で最も昼間が短い日の真夜中近くだった。暗い空に雲はなく，星が明るく輝いていた。冷たい風が吹いていたが，ノークーム・ヒルで旅人たちに聞こえるのは風の音ではなかった。それは音楽の調べだった。その音楽は，ガブリエル・オークが所有する小さな木造の羊飼い小屋から聞こえていた。その小屋の中で，ガブリエルはフルートで陽気な曲を演奏していた。その小屋は冬と早春の間，この羊飼いの住まいになっていた。彼は羊たちの世話をするときにそこに泊まった。１年のこの時期，羊は子羊を産んでいた。中は暖かく快適だった。オークは暖を取るために小さいストーブを置いていた。それにパンとチーズとビールもあった。**15**数分後，オークはフルートを吹くのをやめ，ランプを取り上げ，羊を点検するために外に出た。突然，自分の農場の隣の畑で明かりが光っているのが見えた。ランプの光は丘の斜面に建てられた牛小屋から来ていた。オークは丘を下り，その木造の建物の屋根の上に立った。彼は屋根の穴からのぞいた。**16**牛小屋の中では２人の女が牛の横に座っていた。ランプが牛小屋の床の上に立ててあった。柔らかい黄色い光が女たちと動物を照らしていた。女の１人は50歳ぐらいだった。もう１人はそれより若かったが，外套《がいとう》を着ていてそれが顔を隠していた。**17**「もう家に帰れるわ」と年かさの女が言った。「牛たちが何でもないといいけど」**18**「もし私たちがお金持ちなら，こういうことをしてくれる男の人を雇えるのに」と若い方の女が言った。**19**「でも私たちはお金持ちじゃない，だから自分たちでやらなきゃならないわ」と年かさの女が言った。「そしてあなたは私を手伝わなければならない，もし農場にいるんならね」**20**「おばさん，帽子をなくしちゃったわ」と若い方の女が言った。「風で隣の畑に飛んでいったの」**21**不意に外套が若い女の頭の後ろに滑り落ち，彼女の長い黒髪と赤い上着がオークに見えた。オークはすぐに彼女がわかった。それは黄色い荷馬車に乗っていた娘だった。鏡に映る自分を見ているのが好きだったあの娘だった。彼が門のところで助けたあの娘だった。

問１＜適語選択・語形変化＞１．教会でするのは「祈る」こと。前の went と同じ過去形にする。　２．fall off ～ で「～から落ちる」。前に has があるので過去分詞にして現在完了にする。 fall－fell－fallen　３．「言い争う」の意味の argue が入る。‘知覚動詞＋目的語＋～ing’「…が～しているのが見える〔聞こえる，感じる〕」の形なので arguing とする。　４．belong to ～ で「～に属する，～のものである」。that は主格の関係代名詞で，先行詞の a little wooden shepherd’s house がオークの所有であるということ。前後に合わせて過去形にする。　５．give birth to ～ で「～を出産する」。were の後なので giving として過去進行形にする。　６．‘keep＋目的語＋形容詞’「～を…(の状態)に保つ」。to不定詞なので原形のままでよい。　７．「(物が)立てて置いてある」という意味の stand が適切。was の後なので standing として過去進行形にする。　８．主格の関係代名詞 which の先行詞である overcoat が顔を「隠していた」

とする。 hide－hid－hidden

問２＜整序結合＞語群の heard と returning から，‘知覚動詞 hear＋目的語＋～ing’「…が～しているのが聞こえる」の形をつくると考える。文の内容から主語を she，heard の目的語を the wagon driver とする。

問３＜適文選択＞わずか２ペンスの割増料金を払おうとせず，代わりに払ってくれたオークに感謝もせずに行ってしまった女性について述べる場面。この後のオークの「でも不幸なことに，彼女はそれを知っている」は，女性が自分の美しさを利用していることを指している。したがって「それ」には３の後半部分 behave better「態度をより良くする」は含まれない。

問４＜適語補充＞主語の若い女性は荷馬車に乗っていた美しい女性。荷馬車の上で彼女は鏡で自分(の顔)を見てほほ笑んでいた(第５段落)。１語という指定があるので her face は不可。

問５＜内容真偽＞１．「ガブリエル・オークは休日も含めて毎日熱心に羊の世話をしたため，人々に信頼された」…×　このような記述はない。　２．「荷馬車の御者が帽子を取りに戻っている間，娘は心配そうだった」…×　第４段落参照。　３．「ガブリエル・オークは娘を見てにっこりしたが，彼女は彼に何の注意も払わなかった」…○　第５段落第２～４文に一致する。　４．「ガブリエル・オークは娘に強くひかれたので，彼女が彼に割増料金を払ってほしいと頼んだとき断れなかった」…×　第９，10段落参照。頼まれたわけではなく自分から払った。　５．「12月21日，村に吹いた強い風によって音楽の音がかき消された」…×　第14段落第１，３，４文参照。音楽は聞こえていた。 be drowned out「かき消される」　６．「寒い日でも家の中は心地よく，そこでガブリエル・オークはフルートを吹いていた」…○　第14段落に一致する。　７．「牛小屋からの明かりが見えたとき，ガブリエル・オークははしごで屋根に上って小さな穴から建物の中をのぞいた」…×　第15段落参照。丘を下りていって屋根の上に立った。　８．「牛小屋では２人の女が自分たちの貧しさについて話し，自分たちを助けてくれる金持ちの男性がいる，より良い未来を願っていた」…×　第18，19段落参照。お金があれば男の人を雇えるのに，と言っているだけである。　９．「牛小屋にいる若い女を見て，ガブリエル・オークは以前荷馬車で見たものを思い出した」…○　最終段落参照。　10．「ガブリエル・オークはお金を返してほしかったので，その若い女を忘れることができなかった」…×　「お金を返してほしい」とは思っていない。

Ⅲ〔長文読解総合―説明文〕

≪全訳≫❶1863年，アメリカは大陸横断鉄道の建設を始めた。東海岸からネブラスカ州オマハまではすでにレールが通っていた。新しい線路はオマハからカリフォルニアに続くことになっていた。６年後の1869年，その大規模で長期にわたる仕事が完成した。労働者たちは巨大な山脈，深い峡谷，何マイルもの砂漠の解決法を見つける必要があった。線路は国の半分を横断したのだ。❷この事業は壮大なものであったが，ロシア人はさらに壮大なことをしようとした。彼らはシベリアを横断する鉄道をつくろうとしたのだ。アメリカはシベリアの中にすっぽり収まり，まだ140万平方マイル余る。この距離を横断する鉄道を建設するという作業を想像してみてほしい。❸この鉄道はロシア皇帝アレクサンドル３世の壮大な夢だった。自分の広大な領土を結ぶために彼はその鉄道を必要としていた。そこで1891年，アレクサンドル３世が最初の石を置き，仕事が始まった。この事業には２つのチームが必要だった。一方のチームは東に向かい，もう一方は西に向かった。向かい合った海岸から始めて内に向かって作業を進め，２つの作業チームはその中間の一地点で出会う計画だった。❹計画では，西部のチェリャビンスクから東部の海岸近くのウラジオストクまで線路を走らせることになっていた。その距離は，その鉄道をずば抜けて世界一長くするものだった。それは約4607マイルに及んだ。アメリカの鉄道はその長さの３分の１もなかった。❺アイルランド人と中国人の労働者がアメリカの鉄道を建設した。しかし，ロシアは自分たちの鉄道をつくるのに主に囚人を使った。これらの人々が行った未熟な仕事はその後のトラブルの原因になった。❻実際，鉄道労働者たちは多くの問題に直面した。広い川を横切り，急な坂を上らなければならなかった。場所によっては，労働者たちは永久凍土を掘らなければならなかった。永久凍土は氷で覆われた地表のすぐ下にある，一年中凍っている土の層である。❼シベリアは寒冷な冬で有名だ。この地域は世界の最低気温をいくつか記録している。華氏零下40度は普通である。ときにはそれは零下60度にもなる。シベリアの夏も過ごしやすくはない。しばしば100度を超す大変な暑さになることがあるのだ。春でさえ，足首の深さになる泥が問題になる。❽この鉄道の建設中に多くの労働者が死んだ。仕事そのもので死んだ者もいる。悪天候のために死んだ者もいる。シベリアタイガーに殺された労働者も少しいる。❾鉄道建設において自然だけが障害だったのではない。政治も問題を引き起こした。最初，ロシアはロシアの領土のみを通る路線を望んでいた。しかし1896年にロシアは中国と協定を結んだ。協定の結果の１つが，鉄道の路線が短くなったことだった。線路の一部が中国北部を通り抜けることになったのだ。❿その後，1904年にロシアと日本の間に戦争が勃発した。戦いは１年後に日本がロシアを鎮圧して終わった。日本はさらに中国の北部を占領した。ロシアはその土地とそこを走る線路の支配権を失った。そのため，ロシアの鉄道は結局中国を通り抜けることができなくなった。ロシアの計画は全部をロシアに通す以前のものに戻った。ようやく1917年に鉄道は竣工《しゅんこう》した。その建設には25年以上かかっていた。⓫鉄道は竣工前に開通した。1900年の終わりまでに列車は運行を始めた。しかし全線にわたって問題があった。バイカル湖の南岸付近は急な斜面のせいで線路を敷くのが困難だった。そのため，乗客は列車を降り，フェリーで湖を渡らなければならなかった。最終的にロシアは山々を貫く38のトンネルをつくらなくてはならなかった。⓬しかし，最大の問題の１つは，列車が線路上にとどまるのを確信できないことだった。１つの列車が１度の旅で２度脱線することがよくあったが，それは未熟な労働者によるずさんな工事のせいだった。当時の運転手は列車をゆっくり走らせる分別があった。最高時速の平均は時速15マイルだった。この遅い速度であれば人々がけがをすることはなかったが，カタツムリ並みのペースに旅行者は不満だった。もし全てがうまくいけば，大陸横断旅行にかかる日数は２週間のはずだった。しかし，その旅行は終えるまでに常に３週間以上かかった。⓭長年かけて，ロシアはシベリア横断鉄道を改良した。1939年までには２本目の線路が通り，それは現在も使われている。⓮現在，人はモスクワで列車に飛び乗り，それに乗ってはるばる東の日本海まで行くことができる。線路は現在，過去よりもずっと信頼されている。しかし，旅は順調にいっても終わるまでに最低170時間，つまり７日より長くかかる。⓯熱心な鉄道ファンにとって，シベリア横断鉄道に乗るのは必須である。これらの人のほとんどは，ただそれをしたと言うためだけにこの旅をする。確かに景色のためにこの旅をする人はいない。少なくとも景色の変化を求めてこの旅をする人はいない。シベリアはだだっ広く何もない平原である。「人里離れた場所」という言葉をつくったのが誰であったにしろ，その人はシベリアを思い描いていたに違いない。ある作家が記したように「強行軍の単調なリズムで通過する小屋，木，小屋以外何もない」のである。⓰それでも，この鉄道はロシアの発展のために重要な役割を果たしてきた。それは移住者たちにシベリアへの道を開いた。それはまた産業に貢献してきた。というのも，シベリアは天然資源が豊かだからだ。そこには大量の石油，石炭，天然ガス，鉄がある。この鉄道路線はシベリアの採掘中心地とロシアの主要なビジネス地域を結んだ。この鉄道がなければ，シベリアの天然資源は手つかずのままほとんど利用されずに終わっただろう。⓱シベリア鉄道はシベリアとヨーロッパ側のロシアを結ぶライフラインになった。この重要な成果は皇帝アレクサンドルの壮大な夢さえ超えたのかもしれない。

問１＜要旨把握＞下線部は，施工時の未熟な仕事がその後のトラブルの原因になったということ。第12段落第２文の後半にある because of the careless work done by the unskilled crew が The poor job these men did に呼応していることを読み取る。同じ文前半の A train ... on a trip を解答として検討すると語数が合わないが，この部分はさらにその前の文の the trains couldn't be trusted to stay on the tracks を具体的に説明したものなので，語数条件に合うこちらを答える。

問２＜英文解釈＞下線部の文の骨組みは Permafrost is a layer of dirt で that 以下が layer を修飾する関係代名詞節。つまり，「permafrost は一年中凍っている土の層である」で，この土の層の呼び方が答えになる。　permafrost「永久凍土層」

問３＜内容真偽＞１．ア…×　第１段落第１～３文参照。「アメリカ東海岸」ではなく「ネブラスカ州オマハ」。　イ…○　第２段落第３文に一致する。　２．ア…○　第３段落第１，２文に一致する。　イ…×　第４段落第３，４文参照。1600マイルは4607マイルの３分の１より長い。　３．ア…×　第３段落第３文参照。開始は1891年。　イ…○　第７段落第４，６文に一致する。　４．ア…○　第10段落第１～５文に一致する。　イ…○　第11段落第４，５文に一致する。　５．ア…○　第12段落最終文に一致する。　イ…×　第14段落最終文参照。 more than ～「～より多い」　６．ア…×　第15段落後半参照。　イ…×　最終段落最終文参照。

Ⅳ〔適語選択─時事英語〕

１．「首相は春に，人々に家にいることを強いる全国的なロックダウンを要請し，その結果子どもたちは数か月の間学校に行けなくなった」　'force＋人＋to ～'「〈人〉に～することを強制する」

２．「アメリカの大統領は国内外ともに人々の生活に大きな影響を与えるため，11月３日に選挙が行われたとき，その結果は誰にとっても重要だった」

３．「COVID-19(新型コロナウィルス)の感染者数の急増を３週間以内に制御できなければ，日本は緊急事態を宣言せざるをえないかもしれない」　have no choice but to ～「～せざるをえない」

４．「気候変動は世界全体のあらゆる地域に影響を与える。極地の氷が溶け，海面が上昇している。極端な気象現象や降雨がますます多くなっている地域もあれば，熱波の襲来が増えている地域もある」

５．「宇宙航空研究開発機構(JAXA)のメンバーは，宇宙探査機はやぶさ２から地球に送られたカプセルを回収した」

６．「コンビニやスーパーマーケットなど日本中の店が，環境保護の一助となるためにビニール(＝プラスチック)袋を有料化することを求められた」

７．「アメリカで2013年に立ち上がったブラック・ライヴズ・マターは，人種差別と暴力に反対する世界的な社会運動である」

８．「持続可能な開発目標(SDGs)は，貧困の撲滅と地球を守るための世界共通の行動の呼びかけとして，2015年に国連の全加盟国から承認された」

９．「2020年度のノーベル平和賞は，飢餓と闘う取り組みに対して世界食糧計画(WFP)に授与された」

10．「多くの企業の努力にもかかわらず，日本のCOVID-19(新型コロナウィルス)ワクチンは近い将来使用できる状況になりそうにない」

V 〔適語(句)選択〕

1．「～までに」と‘期限’を表すのは by。「～まで(ずっと)」と動作の‘継続’を表す until との違いに注意。　hand in ～「～を提出する」　「来週の火曜日までにレポートを提出してください」

2．laugh at ～「～を笑う」の受け身形は be laughed at by …「…に笑われる」となる。このように動詞句の受け身形は，過去分詞の後ろにその動詞句を構成する語(句)をそのままの順で置き，その後に「～によって」の by を置く。　「彼はパーティーにパジャマで来て友達に笑われた」

3．‘not *A* but *B*’で「*A*ではなく*B*」。　「彼女はドイツではなくフランス出身だ」

4．all this while は「この間ずっと，今までずっと」という意味。‘継続’用法の現在完了が適切。「あなたは今までずっとどこにいたのですか」

5．the city を先行詞とする主格の関係代名詞 which が適切。　「鎌倉はお寺で有名な都市だ」

6．Would you mind ～ing？は，「(あなたが)～するのを嫌がりませんか」という直訳から「～してもらえませんか」という意味になる。　*cf.* Would you mind me〔my〕～ing？は「私が～するのを嫌がりませんか」→「(私が)～してもいいですか」　「すみませんが，あなたが私に送ってくれたEメールが私のパソコンから消えてしまいました。もう一度それを送ってもらえませんか」

7．so as to ～ は「～するために」という意味。この否定形「～しないために」は to の直前に not を置く。　「電車に乗り遅れないようにできるだけ早くここを出なさい」　as ～ as possible「できるだけ～」

8．‘one of the＋名詞の複数形’「～の１つ〔１人〕」は単数扱い。また after 以下が過去形なので，過去形の was が適切。　fall－fell－fallen　「試合中，選手の１人が倒れて病院に運ばれた」

VI 〔整序結合〕

1．語群に enough があるので‘形容詞＋enough to ～’「～するほど十分…」の形を考える。to を補い，その後は‘show＋人＋物事’「〈人〉に〈物事〉を示す〔教える〕」の形にする。　「彼女は親切にも私に駅への道を教えてくれた」

2．‘nothing is＋比較級＋than ～’で「～ほど…なものはない」。important の比較級は more important。　「祖母が入院していて心配だ。健康より大切なものは何もない」　feel sorry that ～「～ということを気の毒に思う」

3．試合中に鼻を折ったという文意が推測できる。‘get〔have〕＋目的語＋過去分詞’で「～を…される」という‘被害’の意味を表せる。　「私の友達は昨日フットボールの試合中に鼻を折った」

4．I wonder とした後，‘What is＋主語＋like？’「～はどのような様子か」の形を‘疑問詞＋主語＋動詞…’の間接疑問の語順で続ける。　「彼らは今，山にいる。天気はどうなんだろう」

5．fall asleep で「眠りに落ちる」，miss your stop で「乗り過ごす(降りる駅を逃す)」。電車で寝ないように，という文意を推測し，had better not ～「～しない方がいい」の形にする。not の位置に注意。　「電車の中で寝ない方がいい。乗り過ごしますよ」

2021年度／慶應義塾志木高等学校

数学解答

1 (1) -4084441　(2) 72通り

2 (1) $5:28$　(2) 528本

3 (1) $\dfrac{1}{21}$　(2) $\dfrac{108}{343}$

4 (1) $\left(-\dfrac{28}{3},\ 0\right)$　(2) $a=1$, $b=\dfrac{3}{5}$

5 (例)辺ABの中点をM，辺ACの中点をNとし，点Pと3点A，B，Cを結ぶ。△APMと△BPMにおいて，仮定より，∠AMP＝∠BMP＝90°，AM＝BM　共通な辺より，PM＝PM　よって，2組の辺とその間の角がそれぞれ等しいから，△APM≡△BPM　したがって，AP＝BP……①　同様にして，△APN≡△CPNだから，AP＝CP……②　①，②より，△PBCはBP＝CPの二等辺三角形　仮定より，PQ⊥BC　二等辺三角形の頂点から底辺に引いた垂線は，底辺を2等分するから，点Qは辺BCの中点である。

6 (1) -12　(2) 5

(3) $y=-\dfrac{12}{5}x+\dfrac{12}{5}$

7 (1) $\dfrac{1}{2}a^3$　(2) $\dfrac{1}{3}a^3$　(3) $\dfrac{5}{16}a^3$

1 〔独立小問集合題〕

(1)＜式の値＞$(ab+ca)(ca+bc)(bc+ab)=a(b+c)\times c(a+b)\times b(c+a)$と変形する。$a+b+c=0$より，$b+c=-a$, $a+b=-c$, $c+a=-b$だから，$(ab+ca)(ca+bc)(bc+ab)=a\times(-a)\times c\times(-c)\times b\times(-b)=-a^2b^2c^2=-(abc)^2=-2021^2=-4084441$となる。

(2)＜場合の数＞[1]，[2]，[3]，[4]の4枚を使って4けたの自然数をつくるとき，千の位の数は4通り，百の位の数は千の位の数以外の3通り，十の位の数は千，百の位の数以外の2通り，一の位の数は残りの1通りの並べ方があるから，4けたの自然数は$4\times3\times2\times1=24$(通り)できる。[1]，[1]，[2]，[3]の4枚を使って4けたの自然数をつくるとき，2枚の[1]の並べ方は，千の位と百の位，千の位と十の位，千の位と一の位，百の位と十の位，百の位と一の位，十の位と一の位の6通りあり，それぞれにおいて残り2つの位の[2]，[3]の並べ方は$2\times1=2$(通り)あるから，このとき4けたの自然数は$6\times2=12$(通り)ある。[1]，[1]，[2]，[4]を使うとき，[1]，[1]，[3]，[4]を使うときも同様だから，[1]を2枚使ってできる4けたの自然数は$12\times3=36$(通り)ある。[1]，[1]，[1]，[2]を使ってできる4けたの自然数は，1112，1121，1211，2111の4通りあり，[1]，[1]，[1]，[3]を使うとき，[1]，[1]，[1]，[4]を使うときも同様だから，[1]を3枚使ってできる4けたの自然数は$4\times3=12$(通り)ある。以上より，4けたの自然数は$24+36+12=72$(通り)できる。

2 〔方程式―方程式の応用〕

(1)＜本数の比＞黒の鉛筆と黒のボールペンの本数の比が$5:3$より，黒の鉛筆の本数は$5x$本，黒のボールペンの本数は$3x$本とおける。また，黒以外の鉛筆の本数と黒以外のボールペンの本数の比が$8:7$より，黒以外の鉛筆の本数は$8y$本，黒以外のボールペンの本数は$7y$本とおける。よって，鉛筆の本数は$5x+8y$本，ボールペンの本数は$3x+7y$本と表せ，この比が$6:5$だから，$(5x+8y):(3x+7y)=6:5$が成り立つ。これより，$(5x+8y)\times5=(3x+7y)\times6$, $25x+40y=18x+42y$, $7x=2y$, $y=\dfrac{7}{2}x$となるので，黒以外の鉛筆の本数は$8y=8\times\dfrac{7}{2}x=28x$(本)となる。したがって，鉛筆のうち，黒と黒以外の本数の比は$5x:28x=5:28$である。

(2)＜本数＞(1)より，黒以外のボールペンの本数は$7y=7\times\dfrac{7}{2}x=\dfrac{49}{2}x$(本)だから，ボールペンのうち，黒と黒以外の本数の比は$3x:\dfrac{49}{2}x=6:49$となる。これより，黒のボールペンの本数を$6a$本，黒以外のボールペンの本数を $49a$ 本とおくと，ボールペンの本数は $6a+49a=55a$(本)となる。ボールペンの本数は400本より多く450本より少ないので，$55\times7=385$，$55\times8=440$，$55\times9=495$ より，ボールペンの本数は440本となる。鉛筆とボールペンの本数の比は6：5だから，鉛筆の本数は $\frac{6}{5}\times440=528$(本)である。

3 〔**確率―さいころ**〕

≪**基本方針の決定**≫(1)　1の目が出る確率を文字でおき，全ての起こりうる場合の確率の和が1であることを利用する。

(1)<**確率**>さいころを1回投げたときの1の目が出る確率を a とすると，2の目が出る確率は $2a$，3の目が出る確率は $3a$，4の目が出る確率は $4a$，5の目が出る確率は $5a$，6の目が出る確率は $6a$ と表せる。起こりうる全ての場合の確率の和は1だから，$a+2a+3a+4a+5a+6a=1$ が成り立ち，$a=\frac{1}{21}$ となる。よって，1の目が出る確率は $\frac{1}{21}$ である。

(2)<**確率**>(1)より，3の目が出る確率は $3a=3\times\frac{1}{21}=\frac{1}{7}$ であり，これより，3以外の目が出る確率は $1-\frac{1}{7}=\frac{6}{7}$ である。さいころを3回投げて，1回目に3の目，2回目，3回目に3以外の目が出る確率は $\frac{1}{7}\times\frac{6}{7}\times\frac{6}{7}=\frac{36}{343}$ となる。1回目に3以外の目，2回目に3の目，3回目に3以外の目が出る確率は $\frac{6}{7}\times\frac{1}{7}\times\frac{6}{7}=\frac{36}{343}$ となる。1回目，2回目に3以外の目，3回目に3の目が出る確率は $\frac{6}{7}\times\frac{6}{7}\times\frac{1}{7}=\frac{36}{343}$ となる。以上より，3の目が1回だけ出る確率は $\frac{36}{343}+\frac{36}{343}+\frac{36}{343}=\frac{108}{343}$ である。

4 〔**関数―関数 $y=ax^2$ と直線**〕

≪**基本方針の決定**≫(1)　2点A，B，2点C，Dの座標をそれぞれ a，b を用いて表し，これらを用いて，直線ABの式，直線CDの式をそれぞれ求めてみる。

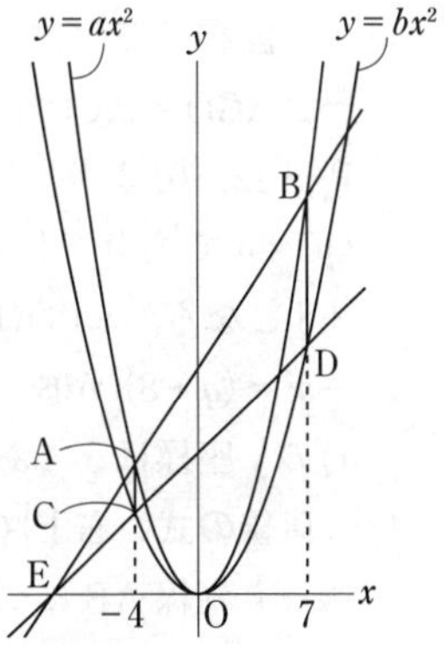

(1)<**座標**>右図で，2点A，Bは放物線 $y=ax^2$ 上の点で，x 座標がそれぞれ -4，7だから，$y=a\times(-4)^2=16a$，$y=a\times7^2=49a$ より，$\mathrm{A}(-4,\ 16a)$，$\mathrm{B}(7,\ 49a)$ である。よって，直線ABの傾きは $\frac{49a-16a}{7-(-4)}=3a$ となるから，その式は $y=3ax+m$ とおける。これが点Aを通るから，$16a=3a\times(-4)+m$，$m=28a$ となり，直線ABの式は $y=3ax+28a$ である。同様に考えて，$\mathrm{C}(-4,\ 16b)$，$\mathrm{D}(7,\ 49b)$ より，直線CDの式は $y=3bx+28b$ となる。$a:b=5:3$ より，$3a=5b$，$b=\frac{3}{5}a$ だから，直線CDの式は，$y=3\times\frac{3}{5}a\times x+28\times\frac{3}{5}a$，$y=\frac{9}{5}ax+\frac{84}{5}a$ となる。点Eは直線ABと直線CDの交点だから，$3ax+28a=\frac{9}{5}ax+\frac{84}{5}a$ より，$3x+28=\frac{9}{5}x+\frac{84}{5}$，$\frac{6}{5}x=-\frac{56}{5}$，$x=-\frac{28}{3}$ となり，$y=3a\times\left(-\frac{28}{3}\right)+28a=0$ となるから，$\mathrm{E}\left(-\frac{28}{3},\ 0\right)$ である。

(2)<**比例定数**>右上図で，線分AC，線分BDは y 軸に平行だから，AC∥BDであり，四角形ABDCは台形である。(1)より，$\mathrm{A}(-4,\ 16a)$，$\mathrm{B}(7,\ 49a)$，$\mathrm{C}(-4,\ 16b)$，$\mathrm{D}(7,\ 49b)$，$b=\frac{3}{5}a$ だから，$\mathrm{AC}=16a-16b=16a-16\times\frac{3}{5}a=\frac{32}{5}a$，$\mathrm{BD}=49a-49b=49a-49\times\frac{3}{5}a=\frac{98}{5}a$ となる。また，2点

A，Bのx座標より，台形ABDCの高さは$7-(-4)=11$である。よって，台形ABDCの面積が143であることから，$\frac{1}{2}\times\left(\frac{32}{5}a+\frac{98}{5}a\right)\times11=143$が成り立ち，これを解くと，$a=1$となる。これより，$b=\frac{3}{5}a=\frac{3}{5}\times1=\frac{3}{5}$である。

5〔平面図形―三角形―論証〕

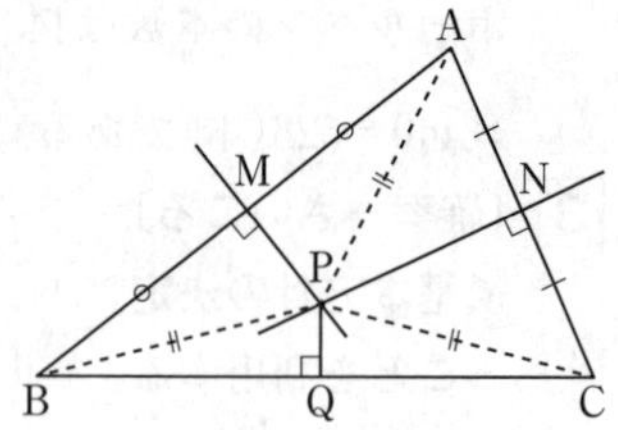

右図で，辺ABの中点をM，辺ACの中点をNとすると，△APM≡△BPM，△APN≡△CPNとなる。解答参照。

6〔関数―関数と図形〕

≪基本方針の決定≫(1)　点Pが直線AB上の点でもあることに気づきたい。　(3)　y軸と直線mが直線ABについて対称であることに気づきたい。

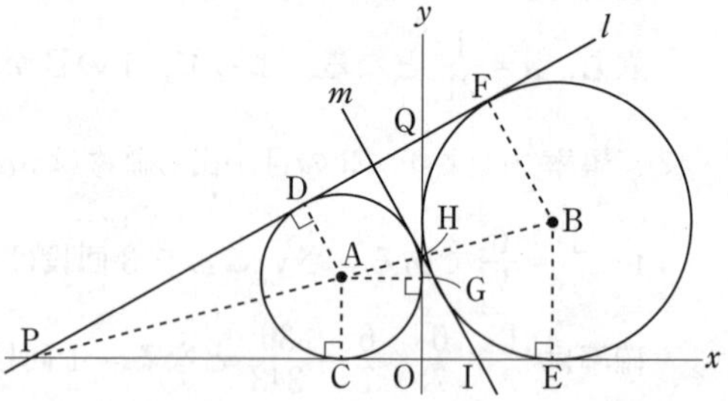

(1)**＜x座標＞**右図で，円Aとx軸，直線lとの接点をそれぞれC，D，円Bとx軸，直線lとの接点をそれぞれE，Fとし，点Pと点A，点Bをそれぞれ結ぶ。∠ACP＝∠ADP＝90°，PA＝PA，AC＝ADより，△APC≡△APDだから，∠APC＝∠APDとなり，直線PAは∠CPDの二等分線となる。同様に，△BPE≡△BPFだから，∠BPE＝∠BPFとなり，直線PBは∠EPFの二等分線である。よって，3点P，A，Bは一直線上にあるから，直線lとx軸の交点Pは，直線ABとx軸の交点でもある。A(－2，2)，B(3，3)より，直線ABの傾きは$\frac{3-2}{3-(-2)}=\frac{1}{5}$だから，その式は$y=\frac{1}{5}x+b$とおける。これが点Aを通るから，$2=\frac{1}{5}\times(-2)+b$，$b=\frac{12}{5}$となり，直線ABの式は$y=\frac{1}{5}x+\frac{12}{5}$である。したがって，$0=\frac{1}{5}x+\frac{12}{5}$より，$x=-12$となり，点Pの$x$座標は－12である。

(2)**＜y座標―三平方の定理＞**右上図で，円Aとy軸との接点をGとし，点Aと点Gを結ぶ。∠ACO＝∠AGO＝∠COG＝90°，AC＝AGより，四角形ACOGは正方形だから，OG＝OC＝AC＝2となる。P(－12，0)より，PO＝12であり，PD＝PC＝PO－OC＝12－2＝10となる。Q(0，q)とすると，QO＝qであり，同様にして，QD＝QG＝QO－OG＝$q-2$となり，PQ＝PD＋QD＝$10+(q-2)=q+8$となる。△POQは∠POQ＝90°の直角三角形だから，三平方の定理$PO^2+QO^2=PQ^2$より，$12^2+q^2=(q+8)^2$が成り立つ。これを解くと，$144+q^2=q^2+16q+64$，$16q=80$，$q=5$となるので，点Qのy座標は5である。

(3)**＜直線の式＞**右上図で，2円A，Bは直線ABについて対称だから，2円A，Bに接するy軸と直線mも直線ABについて対称である。このことから，y軸と直線mの交点をHとすると，点Hは直線AB上の点となる。(1)より，直線ABの式は$y=\frac{1}{5}x+\frac{12}{5}$だから，切片が$\frac{12}{5}$であり，$H\left(0,\ \frac{12}{5}\right)$となる。また，$x$軸と直線$l$も直線ABについて対称だから，直線$m$と$x$軸の交点をIとすると，点Iと点Qも直線ABについて対称となり，PI＝PQとなる。(2)より，PI＝PQ＝$q+8=5+8=13$となるから，PO＝12より，OI＝PI－PO＝13－12＝1となり，I(1，0)である。2点H，Iの座標より，直線mは，傾きが$\left(0-\frac{12}{5}\right)\div(1-0)=-\frac{12}{5}$，切片が$\frac{12}{5}$だから，直線$m$の式は$y=-\frac{12}{5}x+\frac{12}{5}$である。

7 〔空間図形―立方体〕

≪基本方針の決定≫⑴　3点P，Q，Rを通る平面が，立方体ABCD-EFGHの対角線の交点を通ることに気づきたい。

図1

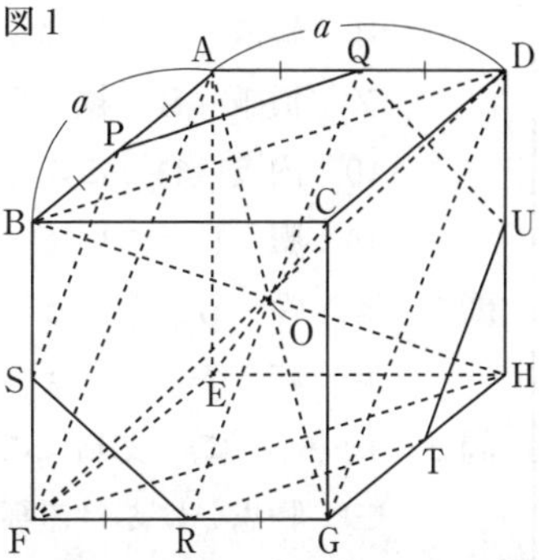

⑴**＜体積＞**右図1で，3点P，Q，Rを通る平面は，辺BF，辺GH，辺DHと交わる。その交点をそれぞれS，T，Uとすると，切り口は六角形PSRTUQとなる。線分AG，線分QRはともに4点A，D，F，Gを通る平面上にあるので，この2つの線分は交わる。その交点をOとすると，四角形ADGFは長方形で，AQ＝DQ，FR＝GRだから，AF∥QR∥DGとなり，AO＝GOとなる。立方体ABCD-EFGHの対角線AG，BH，CE，DFは，図形の対称性からそれぞれの中点で交わるから，点Oは立方体ABCD-EFGHの対角線の交点と一致する。これより，3点P，Q，Rを通る平面は，立方体の対角線の交点Oを通るので，立方体ABCD-EFGHを2等分する。よって，頂点Eを含む方の立体の体積は$a^3\times\frac{1}{2}=\frac{1}{2}a^3$となる。

図2

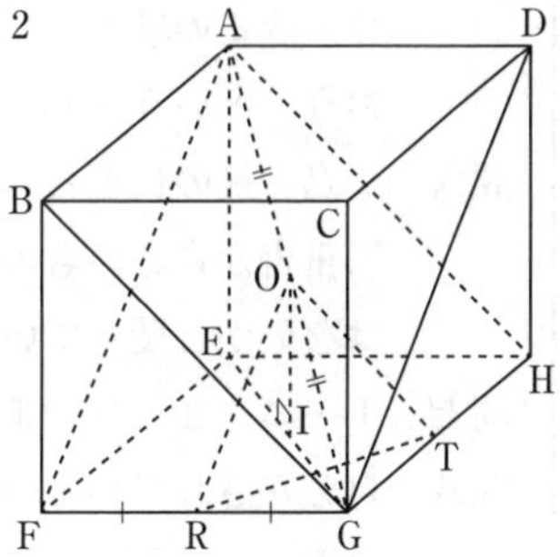

⑵**＜体積＞**右図2で，3点A，B，Hを通る平面は点Gを通り，3点A，D，Fを通る平面も点Gを通る。よって，この2つの平面が交わってできる線は線分AGとなるので，頂点Eを含む方の立体は，四角錐A-EFGHとなる。したがって，求める立体の体積は$\frac{1}{3}\times$〔正方形EFGH〕$\times$AE＝$\frac{1}{3}\times a^2\times a=\frac{1}{3}a^3$である。

⑶**＜体積＞**右図2で，⑵より，立方体ABCD-EFGHを，3点A，B，H，3点A，D，Fを通る2つの平面で切ったとき，頂点Eを含む方の立体は四角錐A-EFGHである。右上図1で，⑴より，3点P，Q，Rを通る平面は，線分AGの中点Oを通る。よって，四角錐A-EFGHを，3点P，Q，Rを通る平面で切ると，切り口は，図2のように△ORTとなり，頂点Eを含む方の立体は，四角錐A-EFGHから三角錐O-RGTを除いた立体となる。図1で，〔面ABCD〕∥〔面EFGH〕より，PQ∥RTである。2点P，Qがそれぞれ辺AB，辺ADの中点より，PQ∥BDであり，BD∥FHだから，RT∥FHとなる。点Rは辺FGの中点だから，点Tも辺GHの中点となる。よって，図2で，GR＝GT＝$\frac{1}{2}$FG＝$\frac{1}{2}a$となる。点Oから面EFGHに垂線OIを引くと，△OIG∽△AEGとなるから，OI：AE＝OG：AG＝1：2となり，OI＝$\frac{1}{2}$AE＝$\frac{1}{2}a$となる。したがって，三角錐O-RGTの体積は$\frac{1}{3}\times$△RGT$\times$OI＝$\frac{1}{3}\times\left(\frac{1}{2}\times\frac{1}{2}a\times\frac{1}{2}a\right)\times\frac{1}{2}a=\frac{1}{48}a^3$となる。⑵より四角錐A-EFGHの体積は$\frac{1}{3}a^3$だから，求める立体の体積は$\frac{1}{3}a^3-\frac{1}{48}a^3=\frac{5}{16}a^3$である。

＝読者へのメッセージ＝

6では，座標平面上に円がありました。円もx，yの式で表すことができます。6の場合，円Aは$(x+2)^2+(y-2)^2=4$，円Bは$(x-3)^2+(y-3)^2=9$となります。一般的には，中心が$(a,\ b)$，半径がrの円は，$(x-a)^2+(y-b)^2=r^2$となります。高校で詳しく学習します。

国語解答

問一　1　しっかい　2　判然　3　ひなた
4　難儀　5　無邪気　6　鉄瓶
7　機嫌　8　裾　9　ぎょうさん
10　内裏　11　ごぶ　12　瞬　13　覆
14　膨　15　ついば

問二　a　愛　b　念　c　雲　d　春
e　威　f　口　g　浮　h　兄

問三　㈠…イ　㈡　文鳥はこの
㈢　物思いにふける孤独な存在である

問四　a…ウ　b…イ　c…エ　d…カ
e…キ

問五　「自分」に文鳥を飼うよう勧めることで，今この場で「自分」から金をもらおう，という下心。

問六　文鳥と籠の代金として受け取った金を，三重吉が自身のものにしてしまうのではないかと疑っている。

問七　Ⅰ…エ　Ⅱ…ウ　Ⅲ…ア　Ⅳ…イ

問八　自分がされているのがどういうことなのか

問九　㈠　これまでの活発さを失った，はかなく存在感の薄いもの。
㈡　寒い夜に外に放置されている文鳥を見て動転し，一刻も早く助けなければならないと慌てている。

問十　猫に襲われたことでおびえ，鳴くこともできずに恐怖に耐えながら，身を潜めてじっとしている様子。

問十一　(例)昨日，縁側に出しておいた文鳥の籠を猫がひっくり返したが，文鳥は無事だった。しかし，それから文鳥は少しも鳴かなくなり，一本足のまま止まり木に止まって動かないので，心配だ。

問十二　はじめは，文鳥が生きていたときと変わらず籠がそこにあることで，死をまだ現実としてとらえられていなかったが，その下に横たわる硬い文鳥を見て，文鳥の死を事実として認識した。

問十三　X　古代の聖徒　f…キ　g…イ
h…サ　i…エ

問十四　「自分」は，文鳥をどこでも好きな所へ持っていけという意味で「勝手に」と言ったのに，下女は，「勝手」を「台所」という意味に取ったこと。

問十五　㈠　(下図参照)
㈡　・小さな墓なのに，「土手」という大げさな言葉を使ってある点。
・筆子の「筆」と，筆跡の意味の「手跡」が縁語である点。

問十六　かわいがっていた文鳥を失ってしまったことはつらいだろうが，その文鳥を飼うように勧めたのは三重吉なので，自分が悲しみを与えたことになって申し訳ない，という意味。

問十七　翌日眼が覚

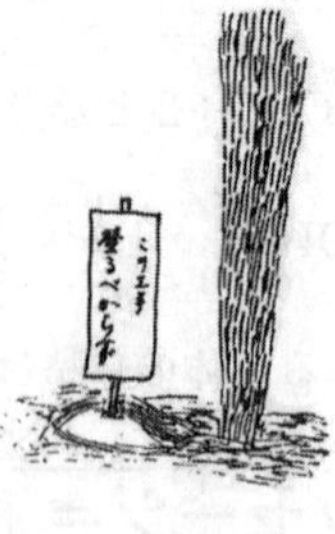

〔小説の読解〕出典；夏目漱石『文鳥』。

≪**本文の概要**≫書斎で頬杖をついていると，三重吉が来て，鳥を飼うように言った。自分は，万事三重吉に依頼することにして，鳥と籠を買うために五円札を三重吉に渡した。その後忘れた頃になって，三重吉が，文鳥と籠を持ってやってきた。文鳥は，真っ白で美しかった。自分は，昔知っていた美しい女を思い出した。その頃自分は，小説を書くのに忙しく，はじめは文鳥のことを気にしてよく見ていたが，やがて世話を家人に任せるようになった。日がたつにつれ，文鳥は，よくさえずるようになったが，世話を忘れられることもよくあった。寒い冬の夜に，籠が縁側に放置されていたこともあった。猫が，籠をひっくり返したこともあった。あるとき，自分は三重吉に呼び出されて出かけ，帰ってみると，鳥籠の中で文鳥が死んでいた。自分は，籠を書斎へ持って入り，籠から死んだ文鳥を出してしばらく見ていたが，それをそっと座布団の上に下ろしてから家人を呼び，やってきた小女の前に文鳥を放り出して，餌をやらないから死んでしまったと言ってにらみつけた。そして，三重吉に，家人が世話を怠って文鳥が死んでしまった，残酷の至りだと葉書を書き送った。しばらくすると，裏庭で子どもが文鳥を埋めると言っている声が聞こえた。翌日，裏庭を見ると，筆子が立てた小さい公札があった。三重吉からの返事には，文鳥はかわいそうなことをしたとだけ書かれていた。

問一＜漢字＞1．残らず全て，ということ。　2．はっきりとわかるさま。　3．日光が当たる場所のこと。　4．難しいこと，また，面倒であること。　5．悪い心がなく，素直でかわいらしいこと。　6．鉄製の湯沸かし用の容器のこと。　7．気分のこと。　8．衣服の下のへりのこと。　9．程度がはなはだしいさま，また，大げさなさま。　10.「内裏雛」は，ひな人形の，天皇・皇后をかたどった男女の人形のこと。　11.「一寸」（約三センチメートル）の二分の一の長さのこと。　12. 音読みは「瞬間」などの「シュン」。　13. 他の訓読みは「おお(う)」。音読みは「覆面」などの「フク」。　14. 音読みは「膨張」などの「ボウ」。　15.「啄む」は，鳥がくちばしでつついて食べる，という意味。

問二．a＜慣用句＞相手に対する好意がうせて嫌になることを，「愛想が尽きる」または「愛想を尽かす」という。　b＜慣用句＞重ねて注意することを，「念を押す」という。　c＜慣用句＞漠然としてとらえどころがないさまを，「雲をつかむ」という。　d＜語句＞陰暦十月のこと，また，春のように暖かい初冬の日のことを，「小春」という。　e＜慣用句＞元気で勢いがあることを，「威勢(がよい)」という。　f＜語句＞日が暮れてまもない頃のことを，「宵の口」という。　g＜慣用句＞心配ごとなどがあって，晴れやかではない顔のことを，「浮かぬ顔」という。　h＜語句＞兄の身のようであることを，「兄貴分」という。

問三＜文章内容＞㈠飼っていた文鳥はやがて死んでしまい，「自分」は，籠を書斎へ持って入って，そこで死んだ文鳥を見つめていた。　㈡「自分」は，「片づけた顔を頬杖で支えて」いた。一方，文鳥は，ある寒い日，「華奢な一本の細い足に総身を託して黙然として，籠の中に片づいて」いた。どちらも，何に動じることもなく，体を一本の腕または脚で支えてじっとしていた。　㈢文鳥は，「真白」で「綺麗」であり，脚は「華奢」である。「自分」は，しばらくの間この美しい存在を友として過ごすが，やがて文鳥は，あっけなく死んでしまい，「自分」は，その死と向き合うことになる。「自分」は，結局のところ，「頬杖」をついて物思いにふける孤独な存在なのである。

問四＜文章内容＞三重吉は，鳥を「お飼いなさい」と言い，「自分」は，それに対して「飼ってもいい」と答えた。そして「自分」は，「じゃ買ってくれたまえと頼んだ」が，三重吉は，自身が文鳥を買って「自分」に飼わせようとまでは考えていないので，何度も「お飼いなさい」と言って「自分」が買う金を出すのを待っていた。しかし，「自分」は，頬杖をついたまま「むにゃむにゃ言ってる」だけで，なかなか金を出さない。そのため，三重吉は「黙って」しまい，しばらくして今度は「籠をお買いなさい」と言い出した。籠を買うためには，金が必要である。三重吉は，籠を買うように促すというやり方で，「自分」がこの場で金を出すよう仕向けたのである。

問五＜文章内容＞三重吉は，何度も「鳥をお飼いなさい」と言ったが，「自分」は「頬杖を突いたまま」で，この場で金を出す気配がない。そこで，三重吉は，今度は「籠をお買いなさい」と言い出し，「鳥籠の講釈」を始めた。鳥籠が「好いのは二十円ぐらいする」という話になったとき，「自分」が「そんな高価いのでなくってもよかろう」と言ったため，三重吉は，ようやく「自分」が籠の代金として金を出しそうだという手応えを得て，「にやにや」した。ただ，三重吉は，本当に鳥や籠をどこで買うということを決めていたわけではなく，「自分」に金を出させることが目的だったため，どこで買うのかと「自分」に問われると，曖昧な返事しかできなかったのである。

問六＜心情＞「自分」は，三重吉が「どこで買ったか，七子の三つ折れの紙入れを懐中していて，人の金でも自分の金でも悉皆この紙入れの中に入れる癖がある」ことを知っている。そして，「自分」がお金を出したときも，「三重吉が五円札をたしかにこの紙入れの底へ押し込んだのを目撃」した。「自分」は，三重吉に文鳥と籠の代金として五円札を預けたつもりではあるが，三重吉のこの行為を見て，三重吉が五円を自分の懐へ取り込んでしまう可能性があると，内心疑っているのである。

問七＜文脈＞Ⅰ．その日「自分」は，ずっと一人で寂しく小説を書いていた。その間に文鳥はときどき鳴き，「自分」は，「文鳥も淋しいから鳴くのではなかろうか」と考えた。　Ⅱ．前日に続き，「自分」は，この日も書斎の中で小説を書いて過ごし，「書きかけた小説はだいぶんはかどった」のだった。　Ⅲ．「自分」が書斎で小説を書いていたとき，「ふと妙な音が耳に入った」ので，書くのを中断して縁側へ出てみたところ，「文鳥が行水を使って」いた。　Ⅳ．「自分」が書斎で小説を書いているときに，裏庭で子どもと植木屋の声がしていたが，「自分」は，そのときには外には出ずに小説を書き続け，翌日になって裏庭を見た。

問八＜文章内容＞「自分」は，文鳥を替え籠に移し，如露で籠の上から水をかけてやった。そのとき，文鳥は，「絶えず眼をぱちぱちさせて」いた。「女」も，「自分」に，「懐中鏡で女の顔へ春の光線を反射」させるという「いたずら」をされて，「不思議そうに瞬きを」した。文鳥も「女」も，自分が何をされているのかよくわからず不思議に思っているのだと，「自分」は考えているのである。

問九＜文章内容＞㈠文鳥は，それまではよく鳴き，さえずり，籠の中で二本の止まり木の間を行ったり来たりしていた。しかし，ある晩，「自分」が遅く帰ったとき，文鳥は，冬の夜遅い時間なのに，寒さよけの箱に入れてもらわないまま，止まり木の上にいた。その体は，「薄白く浮いた」ように見え，「有るか無きかに思われ」るほど，はかない感じに見えた。　㈡寒い夜に文鳥が外に放置され，その姿が「有るか無きかに」思われたので，「自分」は驚き，すぐに籠を箱の中へ入れてやった。「外套の羽根を返して」というところに，「自分」が慌てて大急ぎで行動していることが見て取れる。

問十＜文章内容＞文鳥の籠は，猫に襲われたと見えて，箱の上から落ちて横に倒れていたが，文鳥は，難を逃れて鳥籠の桟に「かじりついて」いた。文鳥は，これまでも「不平らしい様子」は見せず，元気よくさえずったり「千代千代」と鳴いたりしていたが，このときばかりは，騒ぎ立てることはなく，逆に鳴くこともできずに身を潜めてじっと恐怖に耐えていたものと思われる。

問十一＜作文＞「自分」が三重吉に手紙を書こうと思ったのは，文鳥の籠が猫に襲われて箱の上から落ちたという出来事の翌日である。その日，文鳥は鳴かず，「一本足のまま長らく止まり木の上を動かなかった」が，「自分」が手紙を書き出すと，文鳥は鳴き始めた。「自分」は，その声を聞いて，手紙を書くのはやめた。手紙に書こうとしていたのは，前日の出来事と，その後，鳴かずに一本足でじっと動かないという文鳥の様子が心配だということだったと思われる。

問十二＜心情＞「自分」は，「籠の底にそっ繰り返って」いる文鳥を見た後，籠の中の餌壺や水入れや籠の台を観察した。何もかもが文鳥が元気だったときと同じようにそこにあり，文鳥が死んだという現実を，「自分」は，すぐには受けとめきれなかった。しかし，それらを一とおり「眺めた」後，改めて「その下に横たわる硬い文鳥」を「眺めた」とき，「自分」は，文鳥の死を事実として認識した。

問十三＜心情＞「自分」は，鳥籠を抱えて書斎に持って入り，書斎の真ん中へその鳥籠を下ろした。そして，その前へ「かしこまって」，死んだ文鳥を握って籠から出し，「しばらく死んだ鳥を見つめて」いて，それから「そっと座布団の上に」下ろした。生き物はいつか必ず死ぬのであり，「自分」も，文鳥の死を，まるで「古代の聖徒」のように「厳粛」に受けとめたのである。しかし，それから「烈しく手を鳴らし」て家人を呼び，小女が来ると，「餌をやらないから，とうとう死んでしまったと言いながら，下女の顔をにらめつけた」というように，「自分」は，小女を責めたてた。

問十四＜文章内容＞「自分」が小女に言った「どこへでも勝手に持って行け」という言葉は，どこへでも好きな所に持っていけという意味である。そう言われた小女は，「勝手」を「台所」の意味に取ったのか，死んだ文鳥を「台所の方へ」持っていった。「勝手」という語には，「台所」という意味があるため，このような誤解が生じたのである。

問十五＜文章内容＞㈠「小さい公札」が「木賊の一株と並んで立って」いて，その「公札」の高さが「木賊よりもずっと低い」ということが，示せればよい。　㈡「公札」は，ここでは文鳥の墓に立てられた小さな墓標で，「木賊よりもずっと低い」高さである。その「公札」に書かれているのは，「この土手登るべからず」という言葉であり，「土手」というほど大きくもないものが「土手」と表現されている。また，その「公札」の「手跡」は，「筆子」のものだったが，「筆子」の「筆」と，筆跡という意味の「手跡」は，意味のうえで縁のある語である。

問十六＜文章内容＞「自分」は，三重吉に勧められて文鳥を飼うことになり，美しい文鳥をそれなりに愛していたが，文鳥は死んでしまった。文鳥が死んだことで，結果的に三重吉は，「自分」を悲しませることになってしまったのである。三重吉から見れば，死んでしまった文鳥も「可哀相」であるが，三重吉のせいで文鳥を失うという悲しい目に遭うことになった「自分」もまた，「可哀相」である。

問十七＜文章内容＞「自分」が思い出した女は，「いたずら」をされても「不思議そうに瞬きをした」だけで，その後「嫁に行った」のだった。三重吉の「例の件」の女は，言われるままに「そんな所へ嫁にやるのは行く末よくあるまい」と他人が思うような所へ行く気になっている。文鳥は，「たのみもせぬ」のに籠に入れられたにもかかわらず，「狭い籠を苦にもしないで，二本の止まり木を満足そうに往復」し，やがて世話をしてもらえず死んでしまった。二人の女と，文鳥は，「いったん行けばむやみに出られるもの」ではなく，「満足しながら不幸に陥って行く」という点で共通しているのである。

Memo

2020年度 慶應義塾志木高等学校

【英　語】（60分）〈満点：100点〉

Ⅰ　次の文を読んで後の問に答えなさい。

The touch of Mr. Lee's needle felt gentle as a feather as it was stuck into Paul's right ear. Paul was surprised that he felt no pain, only a little itch. That wasn't too bad. He did not (1) as two more needles were put into position. Then the same was done to his left ear. Paul was (2) to relax for a while as the needles did their work. Mr. Lee read a magazine and Paul, though conscious of the needles hanging from his ears, sat in his chair and stared (a) the window.

He saw bright sunlight, bright colors and streets lined with trees and many kinds of brilliant flowers. He could see tourists buying delicious snacks from street sellers. Shops displayed everything from pots and pans to paper toys, often outside where shoppers could see more easily. Everywhere he looked it seemed there were large paper signs in letters of red and gold advertising the latest festival. People were not (3) for the cold and wet, they were wearing light summer clothes and only wore hats to shade themselves from the sun.

Paul thought about his life as it had been only two weeks before. He thought of the views he had then from his office windows: the grey winter skies, the wet crowded streets and the few leafless trees which lined the streets of the London suburb he (4) in. At five in the evening he would have been looking forward to the end of his working day at the small college where he had taught Business Studies for the last ten years. He would be lighting up his twentieth cigarette since breakfast and looking forward to another cup of strong coffee before he finally went back to his lonely apartment. He had been bored, bored, bored. His whole life had felt [A]. How completely (b) that was from the view which now met his eyes! Paul Russel was glad he had moved to Singapore.

He felt so good about it that he had finally (5) to give up smoking, with a little help from Mr. Lee's *1acupuncture center. He had always wanted to give up the bad habit but had, somehow, always found a (c) to continue, such as the stress of work or the end of yet another failed relationship with a girlfriend. [B] It would be a good timing with the fresh start he had made in his life as a lecturer in a respected Singapore college. New job, new life. And what better way to give up than through the use of the ancient art of acupuncture? After all, it has been (6) in the East for over a thousand years.

Acupuncture involves the use of fine needles placed into particular points on the body that are said to be the focus of important channels of life energy called *chi*. The needles then direct this *chi* into its proper place. It is said that many illnesses and bad habits are the result of *chi* being *2disturbed or blocked. Acupuncture tries to correct such disturbances and (7) the blocked *chi*. That's what they say.

Ten minutes later, Mr. Lee removed the needles from Paul's ears. Paul stood up and (8) his arms. (I)<u>He was not sure (ア) his ears had to do (イ) his smoking</u>, but he was prepared to trust the expert advice of Mr. Lee. Why shouldn't he?

"How do you feel now, Mr. Russell ?" asked Mr. Lee. (II)<u>He was a [appeared / who / be / man / sixty / to / short / about]</u>, and he had to look up to speak to the tall figure of Paul. "Do you still want a cigarette ?"

Paul was disappointed to discover that he did want a cigarette, but he was too polite to say so. Instead he (9) for further treatment in three days' time. In the meantime, he had to take some powder and drink it in hot water at home. "It will help to direct your *chi*," Mr. Lee promised him.

When Paul got home and tasted it he nearly spat it out. It tasted like mud. But he was determined to finish it and finish it he did. Normally, (III)<u>his first reaction to unpleasant experiences was to have a smoke</u>. (d) his surprise, he found he did not experience his usual automatic desire to reach out for a cigarette. He still wanted one, but he did not feel as if he would (10) crazy without one. He could manage.

［注］ ＊1 acupuncture：鍼（針）治療 ＊2 disturb：乱す

問1．（1）～（10）に入る最も適切な動詞を次の語群から選び，必要ならば活用させて答えなさい。ただし，同じ語を2度以上選んではならない。

【clear / leave / decide / dress / go / stretch / arrange / complain / use / work】

問2．（a）～（d）に入る最も適切な語をア～オからそれぞれ選び，記号で答えなさい。

（a）：ア．at　イ．over　ウ．in　エ．through　オ．below

（b）：ア．exciting　イ．hard　ウ．lovely　エ．hopeless　オ．different

（c）：ア．right　イ．reason　ウ．desire　エ．purpose　オ．proof

（d）：ア．With　イ．In　ウ．By　エ．For　オ．To

問3．［A］には，色を表す形容詞が入ります。文中から最も適切な1語を抜き出しなさい。

問4．［B］に入る最も適切な文をア～エから選び，記号で答えなさい。

ア．But it must have been so easy.　イ．Therefore he had lost interest.

ウ．This time he was serious.　エ．Then it was not exciting for him.

問5．下線部(I)が以下に与えられた日本文とほぼ同じ意味を表すように，（ア），（イ）に最も適切な語をそれぞれ入れなさい。

「耳が喫煙とどのような関係にあるのか，彼にはよくわからなかった」

問6．下線部(II)が最も適切な文になるように［ ］内の語を並べ替えなさい。

問7．下線部(III)をわかりやすい日本語に直しなさい。

問8．本文の内容と一致するものをア～キから2つ選び，記号で答えなさい。

ア．Mr. Leeの鍼治療は全く苦痛を与えるものではなかったが，かなり疲労感を覚えたので，Paulは椅子に座ってしばらくの間休憩する必要があった。

イ．Paulが訪れた鍼治療センターの窓から見える街の眺めは実に明るく華やいだもので，太陽の光が降り注ぐ中，通りを行き交う人々の服装もまた，軽やかで夏向きのものだった。

ウ．ロンドンの中心部にある大学で経営学を教えていたPaulがシンガポールに来た主な目的は，現地の大学で講演するとともに鍼治療を受けることだった。

エ．Paulが教授として勤務していた大学はロンドン郊外の田園地帯にあったので，仕事が終わった後，研究室の窓から見える豊かな自然の風景に，彼の心は日々癒されていた。

オ．Paulはシンガポールで人生の再スタートを切ることになったので，心機一転，これまでの生活習慣を改め，禁煙する決心をした。

カ．PaulはMr. Leeに治療の後でタバコを勧められた時，どうしようもなく吸いたい気持ちになったが，失礼だと思い，その勧めを丁重に断った。

キ．Paulは鍼治療を行った場所にパウダーをつけ，Mr. Leeに治療の後に指示されたとおりに，家に帰って3日間温かいお湯を飲むことで気の流れを整えた。

[II] 次の英文は，投資会社に勤務する男性が行方不明になった後，警察に語った内容である。英文を読み，後の問に答えなさい。

Two years ago, the old department head moved to another firm. I'd worked at Ocean Star for over eight years and I thought I had a good chance of getting the job. [1] — the president, Lorraine Houston, had decided to bring in someone new. Someone who didn't care who he hurt.

So I went on with my work and did what was necessary. After she brought Steinmann in the firm as the head of department, it was making even more money than before. Houston thought [2], but people who were working with me thought the opposite. Steinmann loved to push people hard.

A year ago, I asked Steinmann how the firm could continue paying so much money to its clients. The money our department made from clients' investments wasn't that high. [3] and still didn't understand. Where was the money coming from? I was worried, but Steinmann promised me that there were no problems. He said, "Just do your job and don't ask too many questions. She knows what she's doing on the top floor."

The "top floor" is where Lorraine Houston has her offices. Steinmann hoped to get his own office there some day. It seemed impossible to talk to him, so I kept my mouth shut. Time passed and Ocean Star went on paying out big money to its clients. Then, on Friday morning last week, [4] that could destroy the firm and send Lorraine Houston to jail.

[5]. I got a letter from Houston's office. At first I didn't understand why I'd been sent a hard copy of the *accounts — usually everything like that is sent through office email. I soon realized that it had been a mistake. Houston's personal assistant had sent me an envelope which was meant to go to the vice-president.

[6], but I continued reading. As I read, I was more and more surprised as everything there was new to me. Now I understood that the public accounts weren't the truth. These were secret accounts, which weren't on computer. They showed that Ocean Star was using the money from its new clients to pay the old ones. Now I understood how Houston had so much to spend on her cars, homes, clothes and vacations.

I didn't like the idea, but I thought I should talk with Steinmann. [7], so I made a copy of the accounts to show him. What about the ones I'd received? How could I get the information out of the building safely? I had an idea — I put the accounts in an envelope and addressed it to my old friend Frank Van Zandt. Then I left the building for five minutes and dropped the envelope in the nearest mailbox.

Later that morning, I spoke with Steinmann, and gave him the copy of the accounts. He was soon very interested. He laughed and said, "So that's how she does it. [8]. I'll go straight upstairs and talk with Houston. With this information, I could make a lot of money. Maybe I'll share some with you."

His plan was to ask Houston to pay him to keep quiet. [9] and tried to make him change his mind. But he refused. He wouldn't listen to me and went up to the top floor. Now I knew that I could be in real trouble because Steinmann had gotten the accounts from me. I wasn't sure what to do, but my first move was to get out of the office quickly.

I told my personal assistant that I'd had a terrible headache all day and had to go home. Back home, I waited a couple of hours, then made some phone calls. First I called Steinmann's personal assistant. She told me that Steinmann's desk was empty and his computer was gone, but she couldn't tell me anything more. I sent Steinmann an angry email to his home computer. I wrote something like, "I didn't think [10]. I can't believe what you've done."

The next day, I felt bad about what I'd said in the email, so I tried to phone Steinmann. His wife answered and told me that he hadn't come home, and she was very worried. That night, I stayed up late thinking about what I should do. Just before midnight I got a call. Someone said, "You have information which belongs to the firm. Return this information to Ms. Houston by midday tomorrow if [11]."

How could I return the accounts? They were in the U.S. Mail. So I thought the safest thing to do was to hide. I wrote a note for my wife and left in the middle of the night. Looking back, maybe it wasn't the most intelligent decision. [12], left by the back entrance, took a cab to Frank Van Zandt's place. I can promise you I left my car on Henry Street. I told Frank to expect the letter with the accounts, then I checked into a hotel. On Monday morning I took out $10,000 from the bank so I wouldn't need to use any credit cards. A few days later, I watched the news that Steinmann was found to be dead in my car.

［注］ ＊accounts：会計書類

問．文中の [1] ～ [12] に入る最も適切なものをア～シから選び，記号で答えなさい。ただし，同じものを２度以上用いてはならない。なお，文頭の語も小文字になっている。

ア．you could be so stupid
イ．he was wonderful
ウ．I became really angry with him
エ．you've done the right thing
オ．I packed a bag
カ．I knew I had to be careful
キ．it happened by chance
ク．I was wrong
ケ．I did the math again
コ．I received information
サ．you want to stay alive
シ．I knew I shouldn't

[III] 次の英文を読んで後の問に答えなさい。

If you have an iPod or a phone that plays music, the Sony Walkman may look like ancient history. But when it came out forty years ago, it completely changed how people listened to music.

Before the Walkman came out, there wasn't really a good portable way to listen to music. Small portable radios were common, but they didn't sound good and usually came with just a small earphone that went in one ear.

There were boomboxes — large music players which sounded good and could be turned up loud. But they were huge and heavy. And almost any way someone could listen to music meant that everyone around them would have to listen to their music, too.

On July 1, 1979, Sony introduced a product called the "Walkman". The "walk" part of the name was important, because it meant that you could listen to your own music as you walked around. These days, we are very used to that idea, but in 1979, it was pretty special.

Another thing that was special about the Walkman was how good it sounded. Compared to the headphones we have now, the quality wasn't great. But back then, the sound amazed people. It almost felt like the music was playing inside your head. The first Walkman actually allowed you to plug in two sets of headphones, so that users could share their music with a friend.

The Walkman cost about $200. Many people thought it wouldn't sell very well because it couldn't record music. They were wrong. The Walkman was hugely popular. Soon other companies were imitating Sony's device. But no matter who made the device, most people kept using the name "Walkman".

On a phone or other music player today, you might have hundreds or thousands of songs. If you stream music, you might be used to playing any song you want at any time.

The selection on the Walkman was much more limited. The Walkman played cassette tapes. Just like people make playlists today, back then, people began to make "mix tapes" — cassette tapes filled with the songs they wanted to hear.

Most tapes were 60 to 90 minutes long. One side of the tape played for half that time. The tape needed to be taken out and turned over to play the other side. If you wanted to go to a certain song, you would need to wind or rewind through the rest of the tape to get to the song you wanted to hear.

But at the time, most people didn't mind. The Walkman offered people a way to listen to their own music whenever they wanted and wherever they wanted.

Over the years, Sony updated the Walkman as technology changed. But the cassette Walkman was its biggest success. And it started the trend of "personal" music that led to the iPod, the iPhone, and the other music-playing devices we use today.

問．次の各文が２つとも本文の内容に合っている場合には○，２つとも間違っている場合には×で答えなさい。また，どちらか１つが合っている場合にはその文の記号を答えなさい。

1．ア．Sony was the first to produce a portable device which made it possible to listen to music while being outside.
　イ．Before the Walkman was released, people enjoyed listening to music outside with a big and heavy music player that had a good sound.

2．ア．Even today, the idea of enjoying music while walking is still new.
　イ．As people had never expected such a small portable music player with good sound quality, they felt it was a completely new experience.

3．ア．Two people could enjoy music at the same time with the Walkman released in 1979.
　イ．It took a very long time before the Walkman started to sell well because of the price and the quality.

4．ア．Other companies also made portable music-playing devices and named them

Walkman.

イ．People could enjoy their favorite songs anytime, anywhere with the Walkman although the number of songs recorded on a cassette tape was much smaller than that of recent devices.

5．ア．Although the Walkman could not select a certain song from the list in a moment, most users didn't think it inconvenient.

イ．The Walkman set the trend for "personal" music, which has influenced the other music-playing devices such as the iPod and the iPhone.

Ⅳ　次の各組の文がほぼ同じ意味になるように(　)に最も適切な1語を入れなさい。

1．(a) What made you come to Japan?
(b) What (　　) you (　　) Japan?

2．(a) He is too young to get a driver's license.
(b) He is not (　　) (　　) to get a driver's license.

3．(a) The singer died a long time ago.
(b) A long time (　　) (　　) since the singer died.

4．(a) Because the door was not locked, the thief could break into the room easily.
(b) (　　) the door (　　), the thief could break into the room easily.

5．(a) The woman said to me, "I can tell your fortune."
(b) The woman said that (　　) (　　) tell (　　) fortune.

6．(a) While he was staying in England, he studied literature.
(b) (　　) (　　) stay in England, he studied literature.

7．(a) No other student in the club plays the guitar as well as he does.
(b) He plays the guitar (　　) (　　) (　　) other student in the club.

8．(a) He is the boy who had his bicycle stolen last night.
(b) He is the boy (　　) (　　) was stolen last night.

Ⅴ　語群Aと語群Bからそれぞれ1語ずつ選んで順につなぎ，文の(　)に入る最も適切な語をつくりなさい。ただし，同じものを2度以上選んではならない。語群Aと語群Bをつなぐ際にはハイフンを用いるものと，用いなくてもよいものがある。なお，文頭の語も小文字になっている。

1．We will hold the new project's (　　　) meeting at noon this Friday.

2．In rugby, when a player mishandles the ball, drops it or allows it to rebound off a hand or arm, and the ball travels forwards, it is known as a (　　　).

3．Over 30 years ago, a (　　　) at the Chernobyl nuclear plant happened.

4．The Internet, like the steam engine, is a technological (　　　) that changed the world.

5．(　　　) tourism to Japan has more than tripled in recent years.

6．It is two weeks since Typhoon No.15 caused large scale (　　　)s in Chiba Prefecture.

7．We're going to need some financial (　　　) for this project as it's running short of cash.

8．He's having (　　　)s of his days in the war.

語群A【flash / knock / in / black / kick / back / break / melt】

語群B【through / on / bound / off / back / out / up / down】

【数　学】 (60分) 〈満点：100点〉

〔注意〕 1．図は必ずしも正確ではない。

2．答の分母は有理化すること。また，円周率はπとすること。

1 次の問いに答えよ。

(1) Tokyo2020の9文字を1列に並べる。T，k，yがこの順に並ぶ並べ方は何通りあるか。

(2) $18\times19\times20\times21+1=m^2$ を満たす正の整数mを求めよ。

2 座標平面上に2点A$(-3,\ 0)$，B$(1,\ 4)$があり，直線ABとy軸との交点をCとする。次の問いに答えよ。

(1) x軸上の点Pと△BCPを作り，その周の長さが最小となるとき，点Pのx座標を求めよ。

(2) y軸上の点Qと△BCQを作り，その面積が(1)の△BCPと同じ面積となるとき，直線BQの方程式を求めよ。

3 ある洋菓子店では，シュークリームとプリンを売っている。今月は両方とも先月よりも多く売れた。今月は先月に対して，シュークリームは10%，プリンは15%，売り上げ個数がそれぞれ増加し，プリンの増加個数はシュークリームの増加個数の2倍となった。また，今月のシュークリームとプリンの売り上げ個数は合計3239個であった。先月のシュークリームとプリンの売り上げ個数をそれぞれ求めよ。

4 正三角形PQRが円に内接している。図のように辺QR上に点Sをとり，直線PSと円との交点をTとする。PT＝3，QT＝2，TR＝1であるとき，次の問いに答えよ。

(1) 正三角形PQRの1辺の長さを求めよ。

(2) △RSTの面積を求めよ。

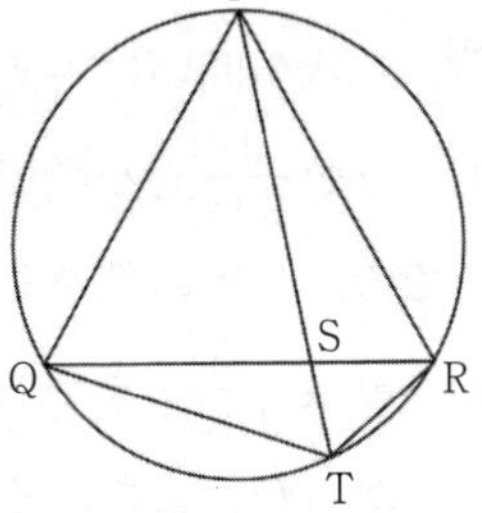

5 放物線$y=ax^2\ (a>0)$上に2点A$(-1,\ a)$，B$(2,\ 4a)$があり，y軸上に点C$(0,\ 8)$があって，△ABCはAB＝ACの二等辺三角形である。辺ABとy軸との交点をDとし，また，辺BC上に点Eがあって，直線DEが△ABCの面積を二等分している。次の問いに答えよ。

(1) aの値を求めよ。

(2) BE：ECを求めよ。

(3) 点Eの座標を求めよ。

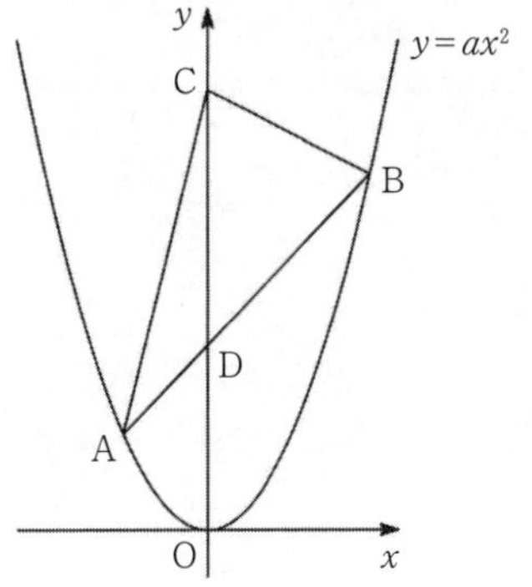

6　図のように，1辺の長さがaの正方形ABCDを底面とする正四角柱を平面EFGHで切った立体がある。

AE$=2a$，BF$=a$，CG$=3a$であるとき，次のものをaを用いて表せ。

(1)　この立体の体積V

(2)　四角形EFGHの面積S

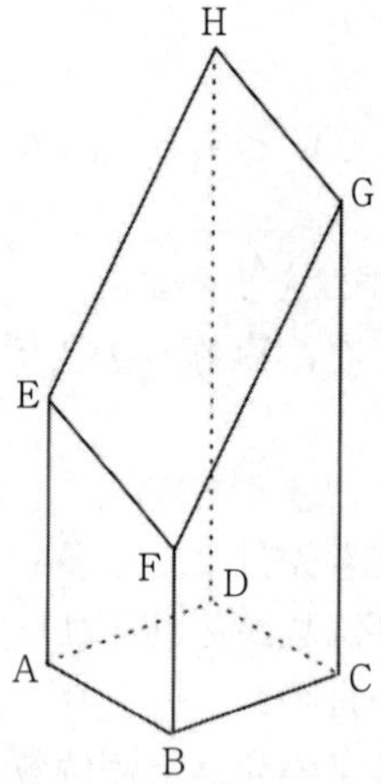

7　次の問いに答えよ。

(1)　分数$\dfrac{1}{998}$を小数で表したとき，小数第13位から小数第15位までと，小数第28位から小数第30位までの，3桁の数をそれぞれ書け。

(2)　分数$\dfrac{5}{99997}$を小数で表したとき，小数点以下で0でない数が初めて5個以上並ぶのは，小数第何位からか。また，そこからの0でない5個の数を順に書け。

[a]が[b]となったことは、「どうしてみんな我慢していたのか」という[c]の[d]を、初めて[e]で告白しているように思えるから。

ア　神の前　　イ　変わり果てた姿　　ウ　故国
エ　砂漠の中　　オ　沁みるような淋しさ　　カ　祖国
キ　日本人　　ク　兵隊　　ケ　本当の思い
コ　予期せぬ不運

問五　傍線部Dについて、この三文はどのように構成されているか。その説明として最も適切なものを次から選び、記号で答えなさい。

ア　天候の不順と季節の推移が、孝次郎をはじめとする兵隊たちに少しずつ虚無感を抱かせて、兵隊たちはこれからの人生に対する絶望感を深めている。

イ　港町での冬の雨の冷たさが、今の季節に対する違和感を孝次郎たちに抱かせて、兵隊たちは出兵前との断絶感にさいなまれていると推測している。

ウ　孝次郎など一人ひとりの心に、漠然とした不安な気持ちが思い浮かんで、兵隊たちの心にはこれから起こるであろう我が身の不幸が推測されている。

エ　孝次郎たち個々人の身体感覚が、兵隊の漠然とした心情の説明となり、それが多くの兵隊たちに通底するより一般的な心情の推測として深められている。

オ　身体感覚に過敏になっている孝次郎たちの気持ちの変化が、兵隊の投げやりな心情として表現され、さらに兵隊たちに共有されたものとして表現されている。

問六　傍線部Eについて、「戦場での空想」を具体的に語っている部分を冒頭の段落から連続する二文で抜き出し、その最後の十字を答えなさい。ただし、句読点も字数に含めること。

問七　傍線部Fについて、それはどういうことか。七十字以内でわかりやすく説明しなさい。ただし、「不安な臆測」と「父の言葉」とが孝次郎にとってどのようなものであるのかを明らかにして説明すること。

問八　傍線部Gについて、「大きい駱駝の絵」は孝次郎にとってどのようなものか。次はその解説文である。空欄[f]～[h]に入る最も適切な語を、それぞれ五文字以内で本文から抜き出して答えなさい。

帰国して[f]として孝次郎の脳裏に焼きつき、今の孝次郎の[g]のような精神状態と[h]のような身体とをかえって実感させるもの。

「さあ、寒かったろう、一杯どうだ」

ぬるくなった徳利を持ちあげて作太郎が盃を差した。大きい盃に酒はなみなみとつがれた。父は息子につがして、自分も盃を二三杯いそいであけた。しばらく妙な沈黙がつづいた。孝次郎は少しばかりまた不安になってきている。

「実は、あの電報をおふくろさんが受け取ってわしに見せたんだが……わしはあの電報を見てな、毎日考えあぐねていたのさ……戦争が済んですぐな、初代は総三郎の嫁にしてしまったんだよ、――お前にどうして申し訳したらよいかと心配してなあ……」

孝次郎はああそうだったのかと、しばらく黙って膳の上をみつめていた。※4小女《こおんな》が鰊《にしん》と昆布の煮た皿を運んで来た。障子がひとところびりびりと風に鳴っている。

総三郎は孝次郎の次の弟で、※5日華事変で二年ばかり兵隊に行ってかえると、家にいて百姓を手伝っていた。実直者で、孝次郎は一番好きな弟だった。自分が戦死したとなれば、どうしても総三郎が家を継がなければならなかった。

「初代は元気ですか？」

「ああよく働く女で、総三郎と二人で馬車馬みたいに働いとるでなあ……」

作太郎はこうした因縁になったことを正直に委《くわ》しく話してくれた。――孝次郎は二人が不憫《ふびん》であった。初代は総三郎よりたしか二つ年が上のはずだったが、兄の女房を押しつけられて馬車馬のように働いていると言うことを聞くと、孝次郎は誰も憎めなかったのだ。戦地で、毎日空想していた子供のような数々の思いからすっと虚脱したような空白な心になっていた。作太郎が便所へ立って行った。障子を二三寸開けたままで出て行ったので、そこから肩をさすような寒気がすうっと吹き込んで来る。孝次郎は畳の上にごろりと寝転んで眼を閉じた。G瞼《まぶた》の中に大きい駱駝の絵が浮かんだ。白々と酒の酔いも醒《さ》めたようだった。父から委しいことを聞いて、かえっていまでは清々した気持ちでさえある。初代のおもかげも何となく霧の中に消えてとらえどころがない。体が疲れているせいか、肉体的な苦しみもなく、すべては何も彼もいまは藻抜けの殻になっている感じだった。

（林芙美子「雨」より）

※1 ひらった　「ひろった」と同義。
※2 広蓋　料理などを載せる台。
※3 インバネス　袖のない男性用のコート。
※4 小女　料理屋などで働く若い女性。
※5 日華事変　日中戦争のこと。

問一　傍線部Aについて、「祖国」・「故国」とはそれぞれ何を指すか。次から一つずつ選び、記号で答えなさい。

ア　アメリカ　イ　佐世保　ウ　戦地
エ　中国　オ　日本　カ　松代
キ　旅館

問二　空欄 Ⅰ ～ Ⅳ にあてはまる文を、次から一つずつ選び、記号で答えなさい。ただし、同じ記号は一度しか使ってはならない。

ア　戦場に放浪していたこの月日が惜しまれてならない。
イ　行って来いよ。御奉公頼むと言った人たちに、孝次郎は腹を立てていた。
ウ　短い寿命を、いい生き方で埋めきれない人間生活の運命を不思議に考えるのである。
エ　孝次郎は、動物たちが山谷の自然にたわむれて無心に生きてゆく生活を羨ましく空想していた。

問三　傍線部Bと対照的に描写されているものの象徴的な表現を、次の「残務整理」で始まる段落から十字以内で抜き出して答えなさい。

問四　傍線部Cについて、次はその解説文である。空欄 a ～ e にあてはまる語句を後のア～コから一つずつ選び、記号で答えなさい。ただし、同じ記号は一度しか使ってはならない。

一月×日朝、まだ夜のしらじら明けに佐世保へ上陸して、孝次郎は土に落ちているB煙草の空箱を※1ひらった。パラピン紙に包まれた箱には駱駝《らくだ》の絵が描いてあった。黄いろい沙漠と、黄いろいピラミッドと、三本の椰子《やし》の木の模様はいかにもアメリカの煙草の箱らしく垢抜けのしたものだった。CAMELという白い文字もすっきりしている。祖国へ着いてこれが最初の色彩だった。

残務整理で、どうしても佐世保へ一泊しなければならなかったので、孝次郎は、変り果てた祖国の姿を見て沁《し》みるような淋《さび》しさを感じた。子供のように涙があふれてくるのをせきとめることができなかった。一緒にかえって来た兵隊もみな泣き出したいような表情をしていた。こんな不運にはいったい誰がしたのだ。……こんなになるまで、どうしてみんな黙って我慢をしていたのか孝次郎には不思議でならない。白々とした廃墟の姿は日本人の本当の告白を表現しているようでもある。Cこの景色は厳粛でさえあった。港に兵隊が上陸したせいか、いろいろな姿をした人たちが彷徨《さまよ》うていた。小雨が降っていた。D孝次郎たちは寒いも暑いも感じないほど季節には鈍感になっていた。——兵隊は、何となく、何も彼もに少しずつ嫌悪の心を深めていっている。人生に対するさまざまな哀しみがこれほど一度に兵隊たちの心におそいかかって来たことはあるまい。家がないだろうと案じている者、肉親が生存しているだろうかと案じている者、これから職業がみつかるだろうかと不安になっている者、E戦場での空想は、祖国へ上陸してみれば、いまはみんな儚《はかな》いうたかたのようなものであった。

三日目の夜、孝次郎は松代に着いて駅に出迎えている父親に逢った。逢うなり、孝次郎は父親にひっぱられるようにして暗い畑道の方へ出て行った。孝次郎は雪道を歩きながら泣いていた。何かものを言えばすぐ涙になるのだ。

「お前が生きとったんでびっくりした」

「一生懸命、自分は、生きてかえりたいと思ったんです」

「お前は死んだことになっとったんだぞ。お前の隊の者は、おおかた南の海で戦死したと言うことだし、役場の知らせもあってな」

「いつのことです?」

「去年の春だよ」

「戦死したことになっているんですか?」

昏《くら》い山々はひしめきあって風を呼びあうかのように、どこからともなくごおうとすさまじい音をたてている。頬を凍らすような霙《みぞれ》混じりの寒い風が吹いた。今夜は吹雪になるのかも知れない。父親は町の方へ歩いて行った。孝次郎は不思議だと思いながら、父親の後から荷物を背負ってついて行った。

「家へは行かないんですか?」

「ああまあ、支度がしてあるので、一杯飲もう」

小さい旅館のような家へ父親は入って行った。割合広い梯子《はしご》段を上って、奥まった部屋へ入って行くと、炬燵《こたつ》の上に※2広蓋《ひろぶた》が乗っていて、その上には徳利や盃《さかずき》が置いてあった。薄暗い灯火の下で、父親は※3インバネスをぬいだ。

「それでも、よく生きていたぞ。夢のようださ。痩せもせずにようかえってくれた……」

「自分はねえ、どんなことがあっても生きていたいと思いましたよ。生きて、お父さんやお母さんに逢いたいと思いました」

父の作太郎はちょっと眼をしばたたいた。二年逢わないうちに、父もだいぶ年をとっていた。

「辛かったろうなあ……」

父がふっとそう言った。孝次郎は急にハンカチを出して顔に当てるとくっくっと声を出して泣いた。生きてかえったことが嬉しくてたまらなかった。F不安な臆測が何となく影のように心の中を去来していたが、そんなことも父の言葉ですっと消えてしまった。ただ嬉しくて嬉し涙がふつふつとたぎって来る。

「お母さん丈夫ですか?」

「ああ丈夫だとも、皆、うちのものは元気だ……」

「そうですか……そればかり案じていました」

ア　あるいは　　イ　しかし　　ウ　それどころではなく
エ　だから　　オ　まして

問六　空欄[甲]・[乙]に文脈上ふさわしい表現を考え、それぞれ五字以内で答えなさい。

問七　傍線部Aについて、「秩序ある宇宙」という意味で用いられている語を本文中から一語で抜き出して答えなさい。

問八　傍線部Bについて、次の各問に答えなさい。

(一)「朝」と「夕」の読みを、それぞれひらがな三文字で答えなさい。

(二)この文は、「吾十有五にして学に志す」と述べた人物の言葉であるが、その人物名と、その人物の言行をまとめた書物名とを、それぞれ漢字で答えなさい。

(三)ここでの「道」と同じ意味で用いられていない「道」を含む熟語を、次からすべて選び記号で答えなさい。

ア　王道　　イ　人道　　ウ　道中
エ　道程　　オ　道義　　カ　報道

問九　傍線部Cについて、次の各問に答えなさい。

(一)ここでの「放埒」とはどのようなことか。二十字以内でわかりやすく説明しなさい。

(二)「音楽がひどく好き」であっても「放埒とはいわれない」のは、音楽がどのようなものであるからか。五十字以内でわかりやすく説明しなさい。

問十　傍線部Dについて、「現今の学生が一般に音楽を好愛し理会すること」が「社会の進歩」であるということを、筆者は端的に何と呼んでいるか。冒頭の段落から十字程度で抜き出して答えなさい。

問十一　傍線部Eについて、筆者はなぜ「殊に自ら」と強調して、音楽を愛し練習する学生へこのように説いているのか。本文全体の趣旨をふまえて、五十字以内でわかりやすく説明しなさい。

二　次の文章を読んで、後の問に答えなさい。

太平洋戦争のさなか、「孝次郎」は「初代」と結婚したが、その妻を残して中国に出兵していた。そして、戦争は終わりを迎えた。

いよいよ夢に考えていた終戦となった。Aいつの日にかは祖国へ送られる日が来る……。だが、まだ、故国へ着くまでには遠い山河があるのだ。孝次郎は自分の両手を眺めて、よし、もう一息だと言いきかせた。いまは廃墟と化しているという祖国へ、泳いでもかえりつかなければならないのだ。[Ⅰ]みんな虚栄心ばかりで生きているような人たちに対して、孝次郎は哀しいものを感じた。——早くかえって何よりも花のような美しい絵を描きたい。美しいものを見ないではいられない、うまいものを食べないでは生きられない、女を愛さずにはいられない、これが人間の生き方なのだ。[Ⅱ]どんなにもがいたって、人間はたった五十年しか生存できないとすれば、人間のいままでの発明は、あまりに人間を惨めに落しすぎるものばかりではないだろうかと、孝次郎は、こうした異常な生活をくりかえしている人間の浅はかな生活をおかしく思わないではいられない。[Ⅲ]呟《つぶや》くように、孝次郎は自分がいつの間にか二十九歳になったことを何度も心に反芻していた。[Ⅳ]原隊にいる時、毎日筏《いかだ》を組んで死ぬ訓練をさせられていたある日、一人の上官は、なまけている兵隊を叱って、「死ぬことを思えば何だってできるはずだっ」と言っていたのを孝次郎はいつまでもおぼえていた。生きようと思うからこそ何でもできるのであって、死ぬと思えば、いまそこで舌を噛んで死んだほうが至極簡単だよと、叱られていた兵隊が蔭で言っていたけれども、孝次郎も同感だった。死ぬる苦しみと人々は言うけれど、死ぬる苦しみと言うことは孝次郎には漠としてとらえどころがない。生きる苦しみと考えた方が孝次郎のような男には実感があった。

ろで快には様々な種類の存することが考えられねばならぬ。アリストテレスによれば快楽に関する徳を節制という。節制的な人は過度に快を求めず、しかし快が健全な生に役立ちあるいは少なくとも妨げず、yなお資力を超えぬ場合にはしかるべき仕方でそれを欲求する。快を過度に求めることは※2放埒《ほうらつ》という悪徳であるが、快に無感覚なのは人間的でない。この両極端の14チュウヨウが節制である、節制のかかわるのは名誉愛、学習愛のごとき精神的快でもなく、肉体的快のうちでも色とか形とか絵画とかのような視覚によるものでもなく、また音楽、15シバイのような聴覚によるものでもなくそれ以外の感覚特に触覚である。C音楽がひどく好きだからとて放埒とはいわれない。享楽といっても音楽のそれは嗅覚や触覚に関するものとは性質を16異にするもので、一概に享楽として様々の名目の下に反道徳視するのは不道理であるのみならず、かかる主張は往々にして17甚だしき偽善を伴うことがある。D私は現今の学生が一般に音楽を好愛し理会することをもって社会の進歩であり喜ばしき現象であると信じている。できるならばもっともっと18ショウレイしたいと思う。

しかし学生は言うまでもなく学ぶ人である、学問の習得がその本分である。Ⅳ 音楽がいかによきものであっても本分を19ホウキしてまでそれに没入することは固よりゆるさ(え)れない。学問を勉強しない学生というのは 甲 鳥とか、 乙 魚とかいうような20ジコムジュン者であって、本来ある(お)べきはずのものではない。それゆえ音楽の練習等のために学業が21ソガイされては困るが、しかしその程度によっては許されるように思う。音楽やスポーツの練習などが学業にいくらかの影響をもつことについて(固より程度の問題であるが)私はそれほど神経的に考えたくない。何よりも22厭うべきは感激のない生活である。心の底からうちこむものをもたぬ生活である。 Ⅴ 卑俗なる遊戯等への23耽溺である。若い心は24コウショウな感激をもたねばならぬ。心の奥底からゆり動かされる体験をもたねばならぬ。とはいえ、善きものはつねに悪しきものを随伴しやすい。音楽への純粋な愛は放埒に至るわけはなくとも、放埒や25タイダを随伴することは可能である。

E音楽を愛し殊に自ら音楽を練習する学生諸君は音楽の名誉のために、この絶対精神の世界のために厳粛な気持ちをもって日々の生活を営むべきだと思う。

（天野貞祐「学生と音楽」）

※1 理会　物事の深い道理を悟ること。

※2 放埒　限度を超えて欲望のままにふるまうこと。

問一　傍線部1～25のカタカナは漢字に直し、漢字はその読みをひらがなで書きなさい。漢字は楷書ではっきり書くこと。

問二　枠囲み部(あ)～(お)の文法的な意味を次から一つずつ選び、記号で答えなさい。

ア 意志　イ 受身　ウ 打消し　エ 仮定　オ 可能

カ 希望　キ 使役　ク 尊敬　ケ 断定　コ 当然

問三　傍線部x・yの「なお」について、同じ意味で用いられている「なお」を含む文を、次から一つずつ選び、記号で答えなさい。

ア　その先生は公平でなお人情味がある。

イ　誤字をなおして編集した。

ウ　合格発表まではなお数日ある。

エ　その生徒はなおき心を持っている。

オ　受験勉強は苦しくてもなお意味がある。

問四　空欄 a ～ e にあてはまる語の組み合わせとして最も適切なものを次から選び、記号で答えなさい。

ア　a 個性―b 対象―c 一般―d 対象―e 一般

イ　a 対象―b 個性―c 個性―d 対象―e 個性

ウ　a 対象―b 一般―c 一般―d 個性―e 個性

エ　a 個性―b 一般―c 一般―d 個性―e 対象

オ　a 個性―b 個性―c 一般―d 一般―e 対象

問五　空欄 Ⅰ ～ Ⅴ にあてはまる語を次から一つずつ選び、記号で答えなさい。ただし、同じ記号は一度しか使ってはならない。

二〇二〇年度
慶應義塾志木高等学校

【国　語】（六〇分）〈満点：一〇〇点〉

〔注意〕　字数指定のある設問においては、すべて句読点を一字分と数えること。

一　次の文章を読んで、後の問に答えなさい。

「人間にとって生まれたことは生まれなかったことよりもいかなる点において望ましいか」という問いに答えて古代ギリシャの哲学者アナクサゴラスは「天と天体とを貫流する秩序の観照のために」と言ったと伝えられている。A宇宙の秩序を観照することにおいて人生の意義を認めるという考え方は「B朝に道を聞けば夕に死すとも可なり」という思想とも通ずるところがある。人生の意義は自己を真実な意味において豊富にすることによって全体を豊富にするにある。各人に道が実現されることをほかにして社会に道の行われることはなく、社会が高い文化水準に達することなくしては1タクエツした個人の生まれることもありえない。この個人と社会との相即の理から考えても道を学び宇宙の秩序を観照し、その他あらゆる経験を通じて自己を豊富にすることが、すなわちまた社会を豊富にする2所以であって、人生の意義だと言えると思う。

そういう意味から私は他人に迷惑をかけず自分の品性に悪い影響を及ぼす心配のないのはもちろん、研学の妨げとならずかつ自分の資力のゆるす範囲ではいろいろの経験をしたいと思っている。時として映画を見たり、旅行をしたり、3センモン以外の書物を読んだりするのも、私にとっては生まれて来た以上人生を知り自己の分に応じた範囲ではあるが豊富な一生をもちたいという願望にほかならない。そういう考え方をしている私は一般に今の若い人たちが音楽の趣味をもち、音楽を※1理会するのを羨ましいと思う。音楽の世界というのは一つのコスモスである、「天と天体」にも比せられるような調和の世界である。音楽のわかることはそういう世界を知っていることである。音楽に対してセンスを欠いている人はこの広大なこの豊富な世界の存在を知らないわけである。人間とは単に栄養と4セイショクとを営み精々金銭と名誉とを追求する動物だとした(あ)[なら]ば、人生とはいかにみじめなものであろうか。それはXなお生の労苦に値するであろうか。喜怒哀楽と労苦と争闘とはそもそも何を意味するであろうか。しかるに音楽は人生の永遠なるものを人の魂に感得せ(い)[しめる]であろう。この調和の世界から人は知らず識らず生存への感激を体験するであろう、厳粛な人生を5メイロウカイカツに生きる希望をうけとるであろう。哲学も芸術も一般に人生の深みを開示するものであるが、人は音楽によって最も具体的にそれを捉えうるのではないかと思う。感受性の鋭い若い心がこの調和の世界を分有し人生の、6否、世界の深みを感得することはまことに望ましいことと言わ(う)[ね]ばならぬ。交響楽のごときは人が[a]的であればあるほど[b]的であり、[c]的であることは却《かえ》って[d]的であって決して個性の滅却ではないという人生の真理を直接に7会得せしめると思う。音楽は8固より学問ではない、[I]自然科学ではない。だから決して音楽によって人生を[e]的に捉え得るなどというのではない。音楽を楽しむことが、音楽の世界に9トウスイすることがおのずから人生の厳粛さや深みや悦びなどを会得せしめると思うのである。純粋な楽しみそのものが既に生を高揚せしめ豊富にすると考えられるのである。

10享楽についてはそれ自身反道徳的であるかのごとく考える人たちがある。[II]人間の生そのものが決して徹底的に快の要素を11ハイジョすることをゆるさない。睡眠や飲食のごとき営みから読書のごとき精神的活動に至るまで快の要素をふくんでいる。[III]労苦そのものが快の一面を伴っている。快がわるいのではない。否、快は生を高揚せしめる。けれども快の過度がわるいのである。快に12耽り、快の13ドレイとなるのがわるいのである。とこ

2020年度／慶應義塾志木高等学校

英語解答

I
問1　1 complain　2 left
3 dressed　4 worked
5 decided　6 used
7 clear　8 stretched
9 arranged　10 go
問2　a…ア　b…オ　c…イ　d…オ
問3　grey　問4　ウ
問5　ア…what　イ…with
問6　short man who appeared to be about sixty
問7　(例)不快な経験をしたとき，彼はまずたばこを吸った。
問8　イ，オ

II
1 ク　2 イ　3 ケ　4 コ
5 キ　6 シ　7 カ　8 エ
9 ウ　10 ア　11 サ　12 オ

III
1 ×　2 イ　3 ア　4 イ
5 ○

IV
1 brought, to　2 old enough
3 has passed　4 With, unlocked
5 she could, my　6 During his
7 better than any
8 whose bicycle

V
1 A…kick　B…off
2 A…knock　B…on
3 A…melt　B…down
4 A…break　B…through
5 A…In　B…bound
6 A…black　B…out
7 A…back　B…up
8 A…flash　B…back

I〔長文読解総合―物語〕

≪全訳≫**1**リー氏の針がポールの右耳に刺さったとき，その感触は羽のように優しかった。全く痛みはなく，ほんの少しむずがゆさを感じただけだったことにポールは驚いた。それはまんざら悪くなかった。針がもう２本配置されたときも，彼は不平を言わなかった。それから，左耳も同じように施術された。針が仕事をしているとき，ポールはしばらくの間リラックスするままに放っておかれていた。リー氏は雑誌を読み，ポールは両耳から針がぶら下がっているのを自覚していたが，椅子に座って窓を見つめていた。**2**彼は明るい太陽の光や，木々や多くの種類の鮮明な色の花々が並ぶ明るい色や通りを見た。観光客が露店商からおいしい軽食を買っているのが見えた。店は深鍋や浅い鍋から紙のおもちゃに至るまであらゆる物を，買い物客がより気軽に見られるよう外に陳列することが多かった。どこを見ても，最近の催し物を宣伝する赤や金色の文字で書かれた大きな紙の貼り紙があるようだった。人々は寒さや雨に備えた服装ではなく，軽やかな夏向きの服を着ていて，太陽の光から守るために帽子をかぶっているだけだった。**3**ポールは自分の生活についてほんの２週間前だったらと考えていた。そのときオフィスの窓から見た景色を思い出していた。どんよりとした冬の空，雨に濡《ぬ》れた混み合った通り，彼が勤めていたロンドン郊外の通りに並ぶ数本の葉の落ちた木々。夕方５時になれば，この10年間経営学を教えてきた小さな大学で１日の仕事を終えるのを楽しみにしていただろう。彼はわびしいアパートにようやく帰宅する前に，朝食から数えて20本目のたばこに火をつけて，濃いコーヒーをもう１杯飲むのを楽しみにしているだろう。彼は退屈で退屈で退屈でたまらなかった。一生涯が$_A$憂うつに感じた。それは，今彼が目にしている眺めとはなんて違っていたことか！　ポール・ラッセルはシンガポールに引っ越したことをうれしく思っていた。**4**彼はシンガポールに引っ越してあまりにも気分が良かったので，リー氏の鍼《はり》治療センターの支援を若干受けて，ついに禁煙することに決めたのだった。彼は常にこの悪い習慣をやめたいと思っていたが，どうしたものか，仕事のストレスだとか恋人とのまた新たな破局といった，喫煙を続ける理由をいつも見つけていた。B今回彼は本気だった。評価の高いシンガポールの大学で講師として人生の再出発を切ったちょうど良いタイミングだった。新しい仕事，新しい生活。そして鍼治療という古代の技術を利用する以外に，やめるのに良い方法などあるだろうか。何と言ったって，それは東洋で1000年以上もの間利用されてきたのだ。❺鍼治療では，「気」と呼ばれる生命エネルギーの重要な経路の中心と言われる身体の特定の場所に細い針を刺す。そして針がこの気を適切な場所に割り当てるのだ。多くの病気や悪い習慣は，気の乱れや気の流れが詰まった結果だと言われている。鍼治療はそのような乱れを是正して，流れの詰まった気を一掃しようとする。これが彼らの説明するところだ。❻10分後，リー氏はポールの耳から針を抜いた。ポールは立ち上がり，両腕を伸ばした。耳が喫煙とどのような関係にあるのか，彼にはよくわからなかったが，リー氏という専門家の助言を信用する心構えはできていた。できていないはずなどなかった。❼「今の気分はどうですか，ラッセルさん？」とリー氏は尋ねた。(II)彼は60歳ぐらいと思われる小柄な男性で，背の高いポールに話しかけるには見上げなければならなかった。「まだたばこが吸いたいですか？」❽ポールは実際たばこが欲しいと思っていることに気づいてがっかりしたが，気を遣いすぎるあまりそうとは言えなかった。その代わりに，３日後に追加の治療を手配した。その間も，彼は家で粉薬を温かいお湯で溶いて飲まなければならなかった。「それは気の流れを整えるのに役立ちます」とリー氏は彼に約束した。❾ポールが帰宅してそれを味見すると，もう少しで吐き出しそうになった。泥のような味がしたのだ。だが，彼は飲み干そうと固く決意をして，飲み干した。いつもだったら，不愉快な経験に対する彼の最初の反応は，たばこを吸うことだった。驚いたことに，たばこを取ろうとして手を伸ばすといういつも自然に沸き起こる欲望を経験していないことに彼は気づいた。いまだにたばこが欲しいと思うが，それがなければまるで気が変になるかのようには感じなかった。彼は何とかやっていけた。

問１＜適語選択・語形変化＞１．ポールはまんざら悪くなかったと思っていたので，「不平を言わなかった」。　complain「不平を言う」　２．両耳に針が刺された後の描写。リー氏は雑誌を読み，ポールは外の景色を眺めているので，ポールはしばらくの間リラックスできたのだとわかる。be left to ～「～したままにさせられる」は，‘leave＋人＋動詞の原形’「〈人〉に～させておく」の受け身形。　３．服装が話題になっている場面。　be dressed for ～「～に備えた服装をする」　４．ロンドンの郊外はポールが２週間前まで「働いていた」場所。　５．decide to ～「～することに決める」　空所の直前に had があるので，‘had＋過去分詞’の過去完了の文。　６．文脈から，主語の it は acupuncture「鍼治療」を指すとわかるので，「鍼治療は東洋で1000年以上もの間利用されてきた」という内容になると考えられる。現在完了の受け身の文なので，過去分詞にする。　７．blocked *chi*「ふさがれた気」を目的語にとる動詞として適切なのは clear「～をきれいにする」。　８．stretch ～'s arms「両腕を伸ばす」　過去形にする。　９．arrange for ～「～を手配する」　過去形にする。　10．go crazy「気が変になる」

問２＜適語選択＞a．stare at ～「～を見つめる」　b．この後の from the view … に注目。from につながる different が適切。直後の that が指す，ロンドンでの憂うつな気分で過ごした退屈な生活が，いま目にしているシンガポールの景色とは全く違うということ。　be different from ～「～と異なる」　c．直後に続く「仕事のストレス」や「恋人とのまた新たな破局」などは，「悪い習慣を続ける理由」と考えられる。　d．to ～'s surprise「驚いたことに」

問３＜適語補充＞ロンドン郊外での孤独で退屈な生活について述べている部分。その記述から，一生涯が憂うつに感じたことが読み取れる。grey（第３段落第２文）には「憂うつな」という意味がある。

問４＜適文選択＞空所の前では，ポールがなかなかたばこをやめられなかったことが書かれているが，空所の後では，人生の再出発を切ったことをちょうど良いタイミングだとポールがとらえていることから，今回ポールは本気で禁煙するつもりでいたと考えられる。　serious「本気の」

問５＜適語補充＞日本語の「耳が喫煙とどのような関係にあるのか」の部分を完成させる。「…と～の関係がある」は‘have ～ to do with …’で表せる（例えばhave something to do with …は「…と何らかの関係がある」，have little to do with …は「…とほとんど関係がない」という意味になる）。空所アは，この‘～’に当たる部分が疑問詞となって前に出ていると考えられる。‘～’には名詞が入るので，疑問代名詞のwhatが入る。日本語の「どのような」に引っ張られてhowとしないよう，注意が必要。

問６＜整序結合＞まずHe was a short man「彼は小柄な男性だった」とする。この後whoを主格の関係代名詞と考えてmanの後に置き，appeared to ～「～と思われる」を続ける。toの後には動詞の原形がくるのでbeを置き，残りをabout sixtyとまとめて続けると，「60歳ぐらいと思われる小柄な男性」という意味の文になる。

問７＜英文和訳＞his first reaction ～ experiencesまでが文の主語。to have a smokeは名詞的用法のto不定詞で「～すること」という意味。直訳の「不愉快な経験に対する彼の最初の反応は，たばこを吸うことだった」でも十分意味はわかるが，「わかりやすい日本語に」とあるので，解答例のようにひと工夫するとなおよい。　reaction to ～「～に対する反応」　have a smoke「たばこを吸う」

問８＜内容真偽＞ア…×　「かなり疲労感を覚えた」という記述はない。　イ…○　第１，２段落の内容に一致する。　ウ…×　ポールがシンガポールに来た主な目的に「鍼治療を受けること」は含まれていない。　エ…×　「彼の心は日々癒されていた」という記述はない。　オ…○　第４段落の内容に一致する。　カ…×　リー氏は治療の後でポールにたばこを勧めていない。　キ…×　ポールが「鍼治療を行った場所にパウダーをつけた」という記述はない。

Ⅱ〔**長文読解—適文選択—物語**〕

≪全訳≫❶２年前，年配の部長が別の会社へ移りました。私は８年以上オーシャン・スターに勤務していたので，その部長職につけるいいチャンスだと思いました。$_1$私は間違っていました——社長のロレイン・ヒューストンは新人を雇うことに決めたのです。誰を傷つけても気にもとめない人物を。❷そこで，私は自分の仕事をどんどん進めて，必要なことをしました。社長がスタインマンを部長として入社させた後は，我が社は以前よりもさらに多くの金を稼ぐようになりました。$_2$彼はすばらしいとヒューストンは思っていましたが，私の同僚はそれとは正反対に思っていました。スタインマンは人に無理強いするのが大好きだと。❸１年前私はスタインマンに，どうして我が社は顧客にあんなに多額のお金を払い続けられるのか尋ねました。私たちの部署が顧客の投資から得る収入は，それほど高くはなかったのです。$_3$私はもう一度計算しましたが，それでもなお理解できませんでした。お金はどこから来ているのか。私は心配しましたが，スタインマンは私に問題はないと約束しました。彼は「自分の仕事をしていればいい。あまり質問ばかりしないように。彼女は最上階で自分のしていることがわかっている」と言いました。❹「最上階」とはロレイン・ヒューストンのオフィスがある場所です。スタインマンはいつかそこに自分のオフィスを持つことを望んでいました。彼に話しても無理なようなので，私は黙っていました。時が過ぎても，オーシャン・スターは顧客に大金を払い続けていました。そして，先週の金曜日の朝，我が社を滅ぼし，ロレイン・ヒューストンを刑務所に送り込む可能性のある$_{4}$情報を私は受け取ったのです。❺$_{5}$それは偶然起きたものでした。私はヒューストンのオフィスから手紙を受け取りました。最初，なぜ会計書類のハードコピーが私に送られてきたのか理解できませんでした――たいてい，そういうものは全て会社の電子メールを通じて送られるものですから。私はすぐに，これは間違いだと気づきました。ヒューストンの個人秘書が，副社長に送るべき封筒を私に送ったのでした。❻$_{6}$私はそうすべきではないとわかっていましたが，読み続けました。読みながら，そこに書いてあることが知らないことばかりだったので私はますます驚きました。公開されている会計が本当のものではないことをそのとき知りました。これらは裏口座でコンピュータ上にはないものでした。オーシャン・スターは昔からの顧客に支払うために，新しい顧客のお金を利用していることをこれらの口座が示していました。ヒューストンが，車や家や服や休暇に使う大金をどうやって手に入れていたかをそのとき知ったのです。❼私はこの考えがいいとは思いませんでしたが，スタインマンと話すべきだと思いました。$_{7}$慎重にしなければならないことはわかっていたので，彼に見せるための会計書類のコピーを取りました。私が受け取った書類はどうするべきか？　どうやったらこの建物から安全にこの情報を持ち出すことができるだろうか？　私には考えがありました――封筒にこの会計書類を入れて，旧友のフランク・ヴァン・ザントの宛名を書きました。それから，私は５分間建物を離れて，最寄りの郵便ポストに封筒を投かんしたのです。❽その朝遅く，私はスタインマンと話して会計書類のコピーを手渡しました。彼はすぐに大変な興味を示しました。彼は笑って，「これが社長の手口か。$_{8}$君は適切な行動を取ったよ。上に直行して，ヒューストンと話してこよう。この情報があれば，大金が稼げるな。君にいくらか分配しよう」と言いました。❾彼の案は，口止め料を彼に払うようヒューストンに頼むことでした。$_{9}$私は彼にとても腹が立ち，その考えを変えさせようとしました。しかし，彼は拒みました。彼は私の言うことを聞こうともせずに，最上階まで上がっていったのです。そのとき，私は本当に困った事態に巻き込まれかねないということがわかりました。というのは，スタインマンが私から会計書類を手に入れたからです。私はどうすればいいのかわかりませんでしたが，私が最初にとった行動は，すぐにオフィスから出ることでした。❿私は自分の個人秘書に，１日中頭痛がひどくて帰宅しなければならないと言いました。帰宅して，２，３時間待ってから何本か電話をかけました。最初にスタインマンの個人秘書に電話をしました。彼女は私に，スタインマンの机には誰もおらず彼のコンピュータがないと言いましたが，彼女は私にそれ以上のことは言えませんでした。私はスタインマンの家庭用コンピュータに怒りのメールを送りました。私は「$_{10}$あなたがそんなに愚かだとは思わなかった。あなたのしたことが私には信じられない」といったようなことを書いたのです。⓫翌日，自分が電子メールに書いた内容を後悔したので，私はスタインマンに電話をしようとしました。彼の妻が電話に出て，彼は帰宅していないと私に言い，彼女はとても心配していました。その夜，私は遅くまで起きて自分が何をすべきかを考えました。夜中の12時直前に，電話がありました。誰かが「お前は会社に帰属している情報を持っている。$_{11}$生き続けたいのであれば，明日の正午までにヒューストン氏にこの情報を返せ」と言いました。⓬どうしたら会計書類を取り戻せるだろうか？　書類はアメリカの郵便物の中でした。だから，一番安全なのは隠れることだと思いました。妻にメモを残し，真夜中に家を出ました。振り返ると，最も賢明な判断ではなかったかもしれません。$_{12}$私は荷物をまとめ，裏口から出て，フランク・ヴァン・ザントの家までタクシーで向かいました。確かに，自分の車はヘンリー通りに置き放しにしていました。私はフランクに，会計書類を添付した手紙が届くのを待つように言い，それからホテルにチェックインしました。月曜日の朝に銀行から１万ドルを引き出したので，クレジットカードを使う必要はないだろうと思いました。数日後，スタインマンが私の車の中で死んでいるのが発見されたというニュースを見たんです。

１．直前で，自分が部長職につけるいいチャンスだと思っているが，直後で，社長は新たに人を雇うことに決めているので，「私は間違っていた」が適切。　２．直後に but とあり，同僚はその反対だと思っていたとある。反対の内容は次の文で説明されている「人に無理強いするのが好き」という否定的な内容であるので，but の前の内容は，スタインマンに対する好意的な評価が入ると判断できる。　３．直後に，それでもなお理解できなかった，とあることから，どうして会社が顧客に多額のお金を払い続けられるのかを突き止めるためにした内容が入ると考えられる。そのような内容となるのは，「もう一度計算した」というケ。　do the math「計算する」　４．次の段落で述べられる裏の会計書類は，「会社を滅ぼし，ロレイン・ヒューストンを刑務所に送る可能性のある情報」である。　５．この後述べられる，裏の会計書類が男性のもとに送られてきたのは「偶然起きた」ことである。　by chance「偶然に」　６．直後の but I continued reading.「しかし私は読み続けた」から，これと反対の内容となるシが適切。I knew I shouldn't の後に continue reading が省略されている。　７．スタインマンに話すことにした男性がこの後，スタインマンに見せる会計書類のコピーを取ったのは，慎重を期しての行動と考えられる。　８．会計書類のコピーを見たスタインマンの言葉。裏の情報を見せてくれた男性の行動を評価する内容のエが適切。　do the right thing「適切な行動をする」　９．ヒューストンから口止め料をせしめようとするスタインマンの案を知った男性は，この後スタインマンにその考えを変えさせようとしたのだから，スタインマンにとても腹を立てたのだと考えられる。　10. 男性がスタインマンに送った怒りのメールの内容が入るので，「愚かだ」と伝えるアが適切。　11. 次の第12段落で男性は，一番安全なのは隠れることだと思っているので，かかってきた電話は命を脅迫するものだと考えられる。　stay alive「生き続ける，生き永らえる」　12. 隠れるために自宅を離れる場面。「荷物をまとめた」というオが適切。

Ⅲ〔長文読解―内容真偽―説明文〕

≪全訳≫❶もしあなたがiPodや音楽を再生する電話を持っていれば，ソニーのウォークマンは遠い昔のもののように見えるかもしれない。しかし40年前に登場したとき，それは人々の音楽の聴き方をがらりと変えたのだ。❷ウォークマンが登場する前，携帯して音楽を聴く良い方法はあまりなかった。小型の携帯用ラジオが普及していたが，音が良くなく，たいてい片耳に入れる小型イヤホンが付属しているだけだった。❸大型のラジカセ――音が良く，音量を上げられる大型の音楽プレーヤー――はあった。しかし，これはとても大きく重かった。それに，ほとんどどんな方法でも人が音楽を聴けるということは，その周りにいる全ての人もその音楽を聴かなければならないことを意味した。❹1979年７月１日に，ソニーは「ウォークマン」という製品を発表した。製品名の「ウォーク」という部分が重要だった。なぜなら，歩き回りながら自分だけの音楽を聴けることを意味したからだ。今では，私たちはその考えに慣れているが，1979年当時，それはとても特別だったのだ。❺ウォークマンが特別だったもう１つの点は，音が良いことだった。私たちが現在持っているヘッドホンと比べると，音質はすばらしいものではない。しかし当時は，その音は人々を驚嘆させた。音楽がほとんど頭の中で流れているように感じられたのだ。実際，初期のウォークマンはヘッドホンを２つプラグに差し込むことができたので，ユーザーは友人と音楽を共有することができた。❻ウォークマンの価格は約200ドルだった。音楽を録音できないので，多くの人があまり売れないだろうと思っていた。彼らは間違っていた。ウォークマンは大ヒットとなった。すぐに，他社がソニーの発明品のまねをし出した。しかし，どこがその発明品を製造しても，大半の人々が「ウォークマン」という名称を使い続けた。7今日の電話や他の音楽プレーヤーには，何百あるいは何千もの曲を入れられるかもしれない。音楽をストリーミング再生していれば，いつでも好きな曲が再生されることにあなたは慣れているかもしれない。8ウォークマンでの選曲ははるかに限定的だった。ウォークマンはカセットテープを再生した。今日人々がプレイリストをつくるように，当時の人々は「ミックス・テープ」――自分が聴きたい曲が詰まったカセットテープ――をつくり始めた。9大半のテープは60分から90分の長さだった。テープの片面はその半分の時間を再生した。もう一方の面を再生するのに，テープを取り出してひっくり返す必要があった。ある特定の曲に行きたい場合は，その聴きたい曲に到達するために，残りのテープを早送りしたり巻き戻したりする必要があった。10しかし当時は，大半の人々は気にしなかった。ウォークマンは人々に，彼らが望めばいつでもどこでも自分だけの音楽を聴く方法を提供してくれたのだから。11長年にわたり，ソニーは技術が変化するにつれてウォークマンを最新式にした。だが，カセット式ウォークマンが最大のヒットだった。そしてそれこそが，今日私たちが使用しているiPodやiPhone，その他の音楽再生機器に通じる「個人的な」音楽の流行をつくり出したものなのだ。

1．ア．「ソニーは，外出中に音楽が聴ける携帯機器を製造した最初の企業だった」…×　第2段落参照。小型の携帯ラジオがあった。　イ．「ウォークマンが発売される前，人々は音質の良い大きくて重い音楽プレーヤーを用いて，外で音楽を聴いて楽しんだ」…×　第3段落参照。大型ラジカセを外で使って楽しんだという記述はない。

2．ア．「今日でも，歩きながら音楽を楽しむという考えはまだ新しい」…×　第4段落参照。be used to ～「～に慣れている」　イ．「人々は，音の良い小型携帯音楽プレーヤーを予期していなかったので，彼らは全く新しい経験だと感じた」…○　第5段落の内容に一致する。

3．ア．「1979年に発売されたウォークマンでは，2人が同時に音楽を楽しむことができた」…○　第4段落第1文および第5段落最終文の内容に一致する。　イ．「価格と品質が原因で，ウォークマンがよく売れるまでには非常に長い時間がかかった」…×　第6段落第1～4文参照。すぐに大人気となった。

4．ア．「他社も携帯音楽再生機器を製造して，ウォークマンと名づけた」…×　第6段落終わりの2文参照。各社が「ウォークマン」と名づけたのではなく，メーカーがソニー以外であっても，同様の製品であれば多くの人々は「ウォークマン」と呼んだのである。no matter who ～ は‘no matter＋疑問詞...’「たとえ～でも」の形。　イ．「カセットテープに録音できる曲数は最近の機器よりもはるかに少ないが，人々はウォークマンでいつでもどこでも自分のお気に入りの曲を楽しむことができた」…○　第7，8，10段落の内容に一致する。

5．ア．「ウォークマンはリストからある特定の曲を瞬時に選ぶことはできなかったが，大半のユーザーはそれが不便だとは思わなかった」…○　第9，10段落の内容に一致する。　イ．「ウォークマンは『個人的な』音楽の流行をつくり出し，iPod や iPhone などの他の音楽再生機器に影響を与えた」…○　第11段落の内容に一致する。

Ⅳ〔書き換え―適語補充〕

1．上は‘make＋目的語＋動詞’「～に…させる」の形で「何があなたを日本に来させたのか」→「どうして日本に来たのか」という文。これを，‘bring＋人＋to＋場所「〈人〉を〈場所〉に連れてくる」の形で「何があなたを日本に連れてきたのか」→「どうして日本に来たのか」という文に書き換える。

2．上は‘too ～ to …’「あまりにも～なので…できない，…するには～すぎる」の構文で「彼は運転免許を取るには若すぎる」という文。これを‘形容詞＋enough to ～’「～できるほど十分…」の否定文で「彼は運転免許が取れるほど十分に年をとっていない」と書き換える。

3．上は「その歌手はずっと前に亡くなった」という意味。これを‘期間＋have/has passed since ～’「～から(期間が)…たつ」の形で「その歌手が亡くなってから長い時間がたっている」という文に書き換える。なお，これは‘It is〔has been〕＋期間＋since ～’の形で It is〔has been〕a long time since the singer died. とも書き換えられる。

4．上は「ドアは鍵がかかっていなかったので，泥棒は簡単に部屋に侵入することができた」という文。この前半の理由を表す部分を，‘with＋名詞＋過去分詞’「～が…されている状態で」という‘付帯状況’を表す形に書き換える。

5．上の「その女性は私に『私はあなたの運勢を占うことができます』と言った」という直接話法の文を「その女性は私の運勢を占うことができると言った」という間接話法の文に書き換える。代名詞の変化と時制の一致に注意する。

6．上は接続詞 while を用いた「彼はイングランドに滞在している間，文学を勉強した」という文。これの‘While＋主語＋動詞’の部分を前置詞 during「～の間」を用いて，‘during＋名詞’の形に書き換える。

7．上は‘No other＋単数名詞＋動詞＋as ～ as …’「…ほど～な―はない」の形で「クラブには彼ほど上手にギターを弾く生徒はいない」という意味。これは‘比較級＋than any other＋単数名詞’「他のどの～より…」の形で「彼はクラブの他のどの生徒よりも上手にギターを弾く」と書き換えられる。

8．上は‘have＋目的語＋過去分詞’「～を…される」の形を用いた「彼が昨夜自転車を盗まれた少年だ」という文。これを所有格の関係代名詞 whose を用いて書き換えればよい。

V〔適語選択―複合語〕

1．kick(-)off meeting「初回会議」　「私たちは今度の金曜日の正午に，新企画の１回目の会議を開く」

2．knock-on「ノックオン」はラグビーの反則の１つ。　「ラグビーでは，選手がボールの処理を誤ったり，ボールを落としたり，ボールが手や腕に当たって跳ね返ったりして，ボールが前方へ進むと，それはノックオンとして知られている」

3．meltdown「炉心溶融，メルトダウン」　「30年以上前に，チェルノブイリ原子力発電所で炉心溶融が起きた」

4．breakthrough「大躍進，大発見」　「インターネットは蒸気機関のように，世界を変えた技術上の大発見だ」

5．inbound「入ってくる，到着する」　「訪日観光事業は近年３倍以上に増えた」

6．blackout「停電」　「台風15号が千葉県で大規模な停電を起こしてから２週間がたつ」

7．backup「支援」　「資金が不足してきているので，私たちはこの企画の財政支援が必要だろう」

8．flashback「過去の出来事を突然鮮明に思い出すこと」　「彼は戦争中の日々を急に思い出している」

数学解答

1 (1) 7560通り (2) 379

2 (1) $\dfrac{3}{7}$

(2) $y=\dfrac{31}{7}x-\dfrac{3}{7}$，$y=-\dfrac{17}{7}x+\dfrac{45}{7}$

3 シュークリーム…1230個

プリン…1640個

4 (1) $\sqrt{7}$ (2) $\dfrac{\sqrt{3}}{6}$

5 (1) $-1+2\sqrt{2}$ (2) 3：1

(3) $\left(\dfrac{1}{2},\ 5+2\sqrt{2}\right)$

6 (1) $\dfrac{5}{2}a^3$ (2) $\sqrt{6}a^2$

7 (1) 小数第13位から15位…016

小数第28位から30位…513

(2) 小数第32位，5個の数…36451

1〔独立小問集合題〕

(1)＜場合の数＞右図の①～⑨の9個のマスに，9文字を入れることを考える。 ①②③④⑤⑥⑦⑧⑨

まず，2つのoの入れ方は，1つ目は9通り，2つ目は8通りより，9×8＝72(通り)あるが，入れかえても同じなので，2つのoの入れ方は72÷2＝36(通り)ある。次に，2つの2の入れ方は，残りのマスが7マスなので，同じように考えて，7×6÷2＝21(通り)ある。さらに，2つの0の入れ方は，残りのマスが5マスなので，5×4÷2＝10(通り)ある。残った3マスに，左からT，k，yを入れればよいので，T，k，yの3文字の入れ方は1通りである。よって，9文字の並べ方は，36×21×10×1＝7560(通り)ある。

(2)＜数の計算＞18＝aとおくと，左辺は，$18\times19\times20\times21+1=a(a+1)(a+2)(a+3)+1=\{a(a+3)\}\{(a+1)(a+2)\}+1=(a^2+3a)(a^2+3a+2)+1$となり，$a^2+3a=A$とおくと，$A(A+2)+1=A^2+2A+1=(A+1)^2=(a^2+3a+1)^2=(18^2+3\times18+1)^2=379^2$となる。よって，$379^2=m^2$であり，$m>0$だから，$m=379$である。

2〔関数―一次関数〕

≪基本方針の決定≫(1) x軸について点Cと対称な点をとる。 (2) 点Qの位置は2通りあることに注意する。

(1)＜座標＞右図1で，辺BCの長さは一定だから，△BCPの周の長さが最小になるとき，CP＋PBが最小になる。x軸について点Cと対称な点をC′とする。CP＝C′Pだから，CP＋PB＝C′P＋PBである。よって，CP＋PBが最小になるとき，C′P＋PBも最小になる。C′P＋PBが最小になるのは，3点C′，P，Bが一直線上に並ぶときで，点Pは直線C′Bとx軸との交点である。A(−3，0)，B(1，4)より，直線ABの傾きは$\dfrac{4-0}{1-(-3)}=1$だから，その式は$y=x+b$とおける。これが点Aを通ることより，$0=-3+b$，$b=3$となり，切片が3だから，C(0，3)である。これより，C′(0，−3)だから，直線C′Bの傾きは$\dfrac{4-(-3)}{1-0}=7$，切片は−3であり，直線C′Bの式は$y=7x-3$である。点Pは，この直線とx軸の交点なので，$0=7x-3$より，$x=\dfrac{3}{7}$となり，点Pのx座標は$\dfrac{3}{7}$である。

図1

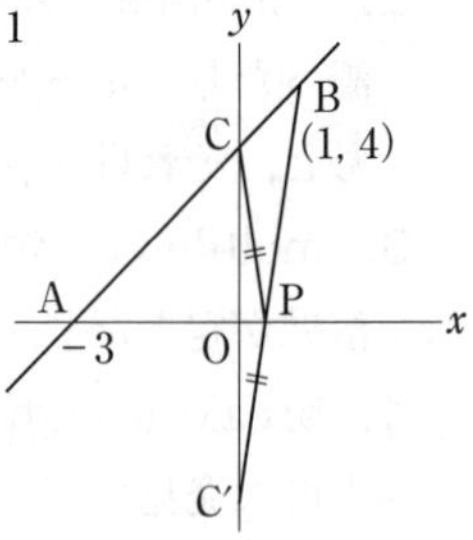

(2)＜直線の式＞△BCPと面積が等しくなる△BCQは，次ページの図2の△BCQ_1，△BCQ_2の2つある。まず，△BCQ_1＝△BCPより，Q_1P∥CBである。(1)より直線CBの傾きは1だから，直線Q_1Pの

傾きも1である。直線Q_1Pの式を$y=x+k$とおくと，$P\left(\frac{3}{7},\ 0\right)$を通ることより，$0=\frac{3}{7}+k$，$k=-\frac{3}{7}$となるから，$Q_1\left(0,\ -\frac{3}{7}\right)$である。B(1, 4)だから，直線$BQ_1$の傾きは$\left\{4-\left(-\frac{3}{7}\right)\right\}\div(1-0)=\frac{31}{7}$であり，直線$BQ_1$の式は$y=\frac{31}{7}x-\frac{3}{7}$である。次に，$\triangle BCQ_2=\triangle BCQ_1$だから，$CQ_2=CQ_1=3-\left(-\frac{3}{7}\right)=\frac{24}{7}$である。これより，点$Q_2$の$y$座標は$3+\frac{24}{7}=\frac{45}{7}$であり，$Q_2\left(0,\ \frac{45}{7}\right)$である。直線$BQ_2$の傾きは$\left(4-\frac{45}{7}\right)\div(1-0)=-\frac{17}{7}$だから，直線$BQ_2$の式は$y=-\frac{17}{7}x+\frac{45}{7}$である。したがって，求める直線BQの式は$y=\frac{31}{7}x-\frac{3}{7}$と$y=-\frac{17}{7}x+\frac{45}{7}$である。

図2

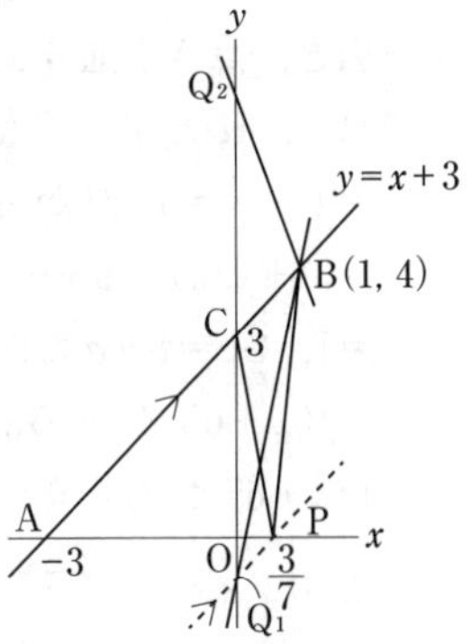

3〔方程式―連立方程式の応用〕

先月のシュークリームの売り上げ個数をx個，プリンの売り上げ個数をy個とする。今月は，シュークリームが10%，プリンが15%増加したので，増加個数は，シュークリームが$\frac{10}{100}x=\frac{1}{10}x$(個)，プリンが$\frac{15}{100}y=\frac{3}{20}y$(個)となる。プリンの増加個数はシュークリームの増加個数の2倍だから，$\frac{3}{20}y=\frac{1}{10}x\times2$が成り立ち，$4x-3y=0$……①となる。また，今月のシュークリームとプリンの売り上げ個数の合計は3239個だから，$\left(x+\frac{1}{10}x\right)+\left(y+\frac{3}{20}y\right)=3239$が成り立ち，$22x+23y=64780$……②となる。①，②を連立方程式として解くと，$x=1230$(個)，$y=1640$(個)となる。

4〔平面図形―円〕

≪基本方針の決定≫(1)　∠PTQの大きさに着目する。　(2)　辺STを底辺と考える。

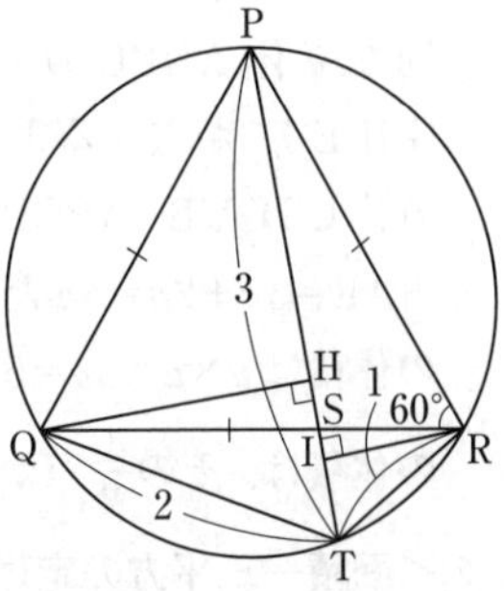

(1)<長さ―三平方の定理>右図で，点Qから線分PTに垂線QHを引く。$\overset{\frown}{PQ}$に対する円周角より，∠PTQ＝∠PRQ＝60°だから，△QTHは3辺の比が$1:2:\sqrt{3}$の直角三角形である。よって，$TH=\frac{1}{2}QT=\frac{1}{2}\times2=1$，$QH=\sqrt{3}TH=\sqrt{3}\times1=\sqrt{3}$となり，$PH=PT-TH=3-1=2$である。△PQHで三平方の定理より，$PQ=\sqrt{PH^2+QH^2}=\sqrt{2^2+(\sqrt{3})^2}=\sqrt{7}$となる。

(2)<面積―相似>右図で，∠PQS＝∠PTQ＝60°，∠SPQ＝∠QPTより，△PSQ∽△PQTである。よって，PS：PQ＝PQ：PTだから，$PS:\sqrt{7}=\sqrt{7}:3$が成り立ち，$3PS=(\sqrt{7})^2$より，$PS=\frac{7}{3}$となる。これより，$ST=PT-PS=3-\frac{7}{3}=\frac{2}{3}$である。点Rから辺STに垂線RIを引くと，∠PTR＝∠PQR＝60°より，△RTIは3辺の比が$1:2:\sqrt{3}$の直角三角形だから，$RI=\frac{\sqrt{3}}{2}TR=\frac{\sqrt{3}}{2}\times1=\frac{\sqrt{3}}{2}$となり，$\triangle RST=\frac{1}{2}\times ST\times RI=\frac{1}{2}\times\frac{2}{3}\times\frac{\sqrt{3}}{2}=\frac{\sqrt{3}}{6}$となる。

5〔関数―関数$y=ax^2$と直線〕

≪基本方針の決定≫(1)　$AB^2=AC^2$である。　(2)　△DBEと△DECの面積比を考える。

(1)＜**比例定数—三平方の定理**＞右図のように，点Bからx軸に垂線BFを引き，点Aを通りx軸に平行な直線とy軸，線分BFとの交点をそれぞれG，Hとする。A$(-1,\ a)$，B$(2,\ 4a)$より，AH$=2-(-1)=3$，HB$=4a-a=3a$だから，△AHBで三平方の定理より，AB$^2=$AH$^2+$HB$^2=3^2+(3a)^2=9+9a^2$である。同様にして，C$(0,\ 8)$より，AG$=0-(-1)=1$，GC$=8-a$だから，△AGCで，AC$^2=$AG$^2+$GC$^2=1^2+(8-a)^2=a^2-16a+65$である。AB$=$ACより，AB$^2=$AC^{2}だから，$9+9a^2=a^2-16a+65$が成り立つ。これを解くと，$8a^2+16a-56=0$，$a^2+2a-7=0$より，$a=\dfrac{-2\pm\sqrt{2^2-4\times1\times(-7)}}{2\times1}=\dfrac{-2\pm\sqrt{32}}{2}=\dfrac{-2\pm4\sqrt{2}}{2}=-1\pm2\sqrt{2}$となる。$a>0$だから，$a=-1+2\sqrt{2}$である。

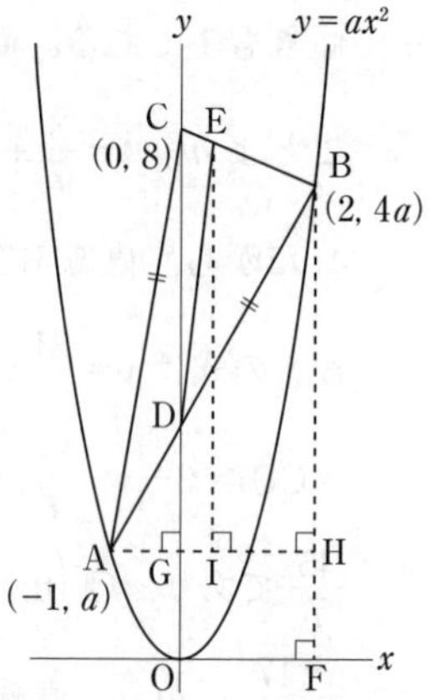

(2)＜**長さの比**＞右上図で，DG∥BHより，AD：DB$=$AG：GH$=1:2$だから，△CAD：△CBD$=1:2$となり，△CBD$=\dfrac{2}{3}$△ABCである。△DBE$=\dfrac{1}{2}$△ABCだから，△DEC$=$△CBD$-$△DBE$=\dfrac{2}{3}$△ABC$-\dfrac{1}{2}$△ABC$=\dfrac{1}{6}$△ABCとなる。よって，△DBE：△DEC$=\dfrac{1}{2}$△ABC：$\dfrac{1}{6}$△ABC$=3:1$となるから，BE：EC$=3:1$である。

(3)＜**座標—平行線と線分の比**＞右上図で，(1)より，$4a=4(-1+2\sqrt{2})=-4+8\sqrt{2}$だから，B$(2,\ -4+8\sqrt{2})$である。C$(0,\ 8)$だから，直線CBの傾きは$\dfrac{(-4+8\sqrt{2})-8}{2-0}=-6+4\sqrt{2}$となり，直線CBの式は$y=(-6+4\sqrt{2})x+8$である。点Eから線分AHに垂線EIを引くと，BH∥EI∥CGより，HI：IG$=$BE：EC$=3:1$となるから，IG$=\dfrac{1}{4}$GH$=\dfrac{1}{4}\times2=\dfrac{1}{2}$となり，点Eの$x$座標は$\dfrac{1}{2}$である。点Eは直線CB上にあるので，$y=(-6+4\sqrt{2})\times\dfrac{1}{2}+8=5+2\sqrt{2}$となり，E$\left(\dfrac{1}{2},\ 5+2\sqrt{2}\right)$である。

6 〔**空間図形—六面体**〕

(1)＜**体積**＞右図1のように，立体ABCD-EFGHと合同な立体A′B′C′D′-E′F′G′H′を，面EFGHと面G′H′E′F′が重なるようにして組み合わせると，直方体C′D′A′B′-ABCDができる。高さはC′A$=$C′G′$+$AE$=3a+2a=5a$だから，直方体C′D′A′B′-ABCDの体積は$a\times a\times5a=5a^3$となる。立体ABCD-EFGHの体積は，その$\dfrac{1}{2}$だから，$V=\dfrac{1}{2}\times5a^3=\dfrac{5}{2}a^3$である。

図1

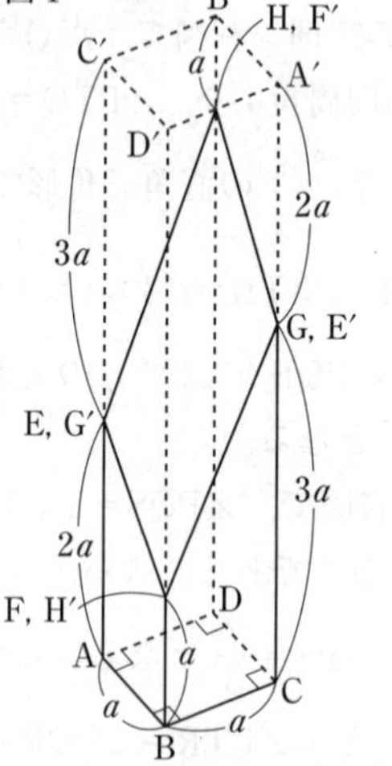

図2

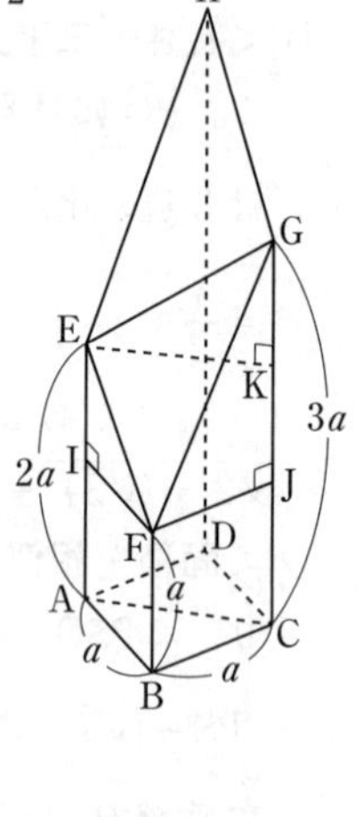

(2)＜**面積—三平方の定理**＞正四角柱を平面で切った立体だから，右図2で，四角形EFGHは平行四辺形である。点Eと点Gを結び，点FからAE，CGに垂線FI，FJ，点EからCGに垂線EKを引く。EI$=2a-a=a$，FI$=a$より，EI$=$FIだから，△EIFは直角二等辺三角形であり，EF$=\sqrt{2}$EI$=\sqrt{2}a$である。また，FJ$=a$，GJ$=3a-a=2a$だから，△FJGで三平方の定理より，FG$=\sqrt{\text{FJ}^2+\text{GJ}^2}=\sqrt{a^2+(2a)^2}=\sqrt{5a^2}=\sqrt{5}a$である。さらに，GK$=3a-2a=a$であり，EK$=AC=\sqrt{2}AB=\sqrt{2}a$だから，△EKGで三平方の定理より，EG$=\sqrt{\text{EK}^2+\text{GK}^2}=\sqrt{(\sqrt{2}a)^2+a^2}=\sqrt{3a^2}=\sqrt{3}a$となる。よって，EF$^2+EG^2=(\sqrt{2}a)^2+(\sqrt{3}a)^2=5a^2$，FG$^2=(\sqrt{5}a)^2=$

$5a^2$ より，$EF^2+EG^2=FG^2$ が成り立つから，EG⊥EF である。したがって，$S=EF\times EG=\sqrt{2}a\times\sqrt{3}a=\sqrt{6}a^2$ となる。

7 〔数と式―数の性質〕

(1)**＜各位の数＞**$\frac{1}{998}=1\div 998=0.001002004008016\cdots$となるので，小数第13位から小数第15位までの3けたの数は，016である。小数点以下の数を3けたごとに区切ると，001，002，004，008，016，……となる。3けたの数は2倍になっているので，小数第16位以下は，3けたごとに，032，064，128，256となると考えられ，小数第25位から小数第27位の3けたの数は256となる。256の次は512，512の次は1024であるが，4けたの数1024の一番上の位の数1は，直前の数の一番下の位の数に加わるので，小数第28位から小数第30位の3けたの数は，512に1を加えた数で，513となる。

(2)**＜各位の数＞**$\frac{5}{99997}=5\div 99997=0.000050001500045\cdots$となるので，小数点以下の数を5けたごとに区切ると，00005，00015，00045，……となる。5けたの数は3倍になっているので，(1)と同様に考えると，この後は，00135，00405，01215，03645，10935，……となる。これらをつなげて小数を表したとき，小数第31位から小数第35位までの5けたの数03645の下4けたと，小数第36位から小数第40位までの5けたの数10935の上1けたで，36451となり，0でない数が初めて5個並ぶ。よって，0でない数が初めて5個並ぶのは小数第32位からで，そこから並ぶ5個の数は36451である。

国語解答

一 問一　1　卓越　2　ゆえん　3　専門
4　生殖　5　明朗快活
6　いな　7　えとく　8　もと
9　陶酔　10　きょうらく
11　排除　12　ふけ　13　奴隷
14　中庸　15　芝居　16　こと
17　はなは　18　奨励　19　放棄
20　自己矛盾　21　阻害
22　いと　23　たんでき
24　高尚　25　怠惰

問二　(あ)…ケ　(い)…キ　(う)…ウ　(え)…イ
(お)…オ

問三　x…オ　y…ア　　問四　エ

問五　Ⅰ…オ　Ⅱ…イ　Ⅲ…ウ　Ⅳ…エ
Ⅴ…ア

問六　甲　飛ばない　乙　泳がない

問七　コスモス

問八　(一)　朝　あした　夕　ゆうべ
(二)　人物名　孔子　書物名　論語
(三)…ウ，エ，カ

問九　(一)　適切な程度を超えて快楽を求めること。
(二)　音楽は，嗅覚や触覚ではなく，聴覚による快楽であり，人生や世界の深みを教えてくれるものだから。(46字)

問十　個人と社会との相即の理

問十一　音楽は，自己と社会を豊かにするものだが，自ら音楽を練習する者は，学業が阻害される恐れがあるから。(48字)

二 問一　祖国　オ　故国　カ

問二　Ⅰ…イ　Ⅱ…エ　Ⅲ…ウ　Ⅳ…ア

問三　白々とした廃墟の姿

問四　a…カ　b…イ　c…キ　d…ケ
e…ア

問五　エ　　問六　人間の生き方なのだ。

問七　自分の「戦死」を聞いたうえ，父が家に向かわなかったため，家族のことに不安を感じたが，自分をいたわる父の言葉で，その不安も消えた，ということ。(70字)

問八　f　最初の色彩　g　空白(な心)
h　藻抜けの殻

一〔論説文の読解─教育・心理学的分野─教育〕出典；天野貞祐『学生に与うる書』「学生と音楽」。

≪本文の概要≫道を学び，宇宙の秩序を観照し，その他あらゆる経験を通じて自己を豊富にすることが，社会を豊富にする要因であり，人生の意義だといえるだろう。そういう考え方をしている「私」は，一般に今の若い人たちが音楽の趣味を持ち，音楽を理会するのを羨ましいと思う。音楽は，人生の永遠なるものを人の魂に感得せしめるものである。哲学も芸術も，人生の深みを開示するものであるが，人は，音楽によって最も具体的にそれをとらえうるのではないかと思う。享楽については，それ自体が反道徳的であるかのように考える人たちもいる。快楽は決して悪いものではなく，過度の快楽が悪いのである。過度の快楽を慎み，ほどほどに楽しむ節制が必要である。「私」は，今の学生が音楽を愛好することを，社会の進歩であり，喜ばしい現象であると信じている。しかし，学生は，言うまでもなく学ぶ人なので，音楽の練習などのために学業が阻害されては困る。音楽を練習する学生は，放らつや怠惰に陥ることがないように，十分気をつけてほしいものである。

問一＜漢字＞1．他よりずっと優れていること。　2．いわれ，理由のこと。　3．限られたことを，もっぱら研究したり，仕事にしたりすること。　4．生物の個体が，自分と同じ生物の個体を新たにつくること。　5．明るく朗らかで，元気なこと。　6．音読みは「否定」などの

「ヒ」。　７．しっかり理解・習得して，自分のものとすること。　８．音読みは「固有」などの「コ」。　９．うっとりして，その世界に入り込むこと。　10. 快楽にふけって，楽しむこと。　11. 取り除くこと。　12. 音読みは「耽美」などの「タン」。　13. 人間としての権利が認められず，他人の所有物として使用されている人間。比喩的に，あるものに心を奪われて，それに行動を束縛されている人。　14. 極端な立場を取らず，穏当なこと。　15. 演劇のこと。　16. 音読みは「差異」などの「イ」。　17. 音読みは「甚大」などの「ジン」。　18. よいことだとして，それをするようにすすめること。　19. 捨て去ること。　20. 自分の内部で，論理や行動の一貫性がなく，食い違っていること。　21. 妨げること。　22. 音読みは「厭世」などの「エン」。　23. 主によくないことに熱中して，それ以外のことを顧みないこと。　24. 知的で，品があり，程度が高いさま。　25. するべきことをしないで，怠けるさま。

問二＜品詞＞㈠「動物だとしたならば」の「なら」は，断定を表す助動詞「だ」の仮定形。　㈡「感得せしめる」の「しめる」は，使役を表す助動詞「しめる」の連体形。　㈢「言わねばならぬ」の「ね」は，打ち消しの助動詞「ぬ」の仮定形。　㈣「ゆるされない」の「れ」は，受け身を表す助動詞「れる」の未然形。　㈤「あるべきはず」の「べき」は，可能を表す助動詞「べし」の連体形。本来，存在しえるはずのものではない，という意味。

問三＜品詞＞「それはなお生の労苦に値するであろうか」，「苦しくてもなお意味がある」の「なお」は，それでも，という強調を表す（x…オ）。「節制的な人は～快が健全な生に役立ちあるいは少なくとも妨げず，なお資力を超えぬ場合にはしかるべき仕方でそれを欲求する」，「その先生は公平でなお人情味がある」の「なお」は，さらに，そのうえ，という意味を表す（y…ア）。「誤字をなおして」の「なお」は，動詞「直す」の一部。「なお数日ある」の「なお」は，つけ加える余地があることを表す。「なおき心」の「なお」は，形容詞「直し」の一部。

問四＜文章内容＞「感受性の鋭い若い心」は，音楽によって，「人生の，否，世界の深みを感得すること」ができる。交響楽のような音楽は，人が「個性」的であればあるほど「一般」的であり（…ａ，ｂ），「一般」的であればあるほどかえって「個性」的であって（…ｃ，ｄ），「一般」的であることは，「決して個性の滅却ではないという人生の真理」を教えてくれる。音楽は，はじめから学問ではなく，ましてや自然科学でもないので，音楽によって，人生を学問的な考察の「対象」として「捉え得る」わけではない（…ｅ）。

問五．Ⅰ＜表現＞音楽は，「学問では」なく，それ以上に，「自然科学ではない」のである。　Ⅱ＜接続語＞「享楽についてはそれ自身反道徳的であるかのごとく考える人たちがある」が，「人間の生そのものが決して徹底的に快の要素を排除することをゆるさない」のである。　Ⅲ＜表現＞「睡眠や飲食のごとき営みから読書のごとき精神的活動に至るまで快の要素をふくんでいる」ばかりか，その程度では済まずに，「労苦そのものが快の一面を伴っている」のである。　Ⅳ＜接続語＞「学生は言うまでもなく学ぶ人」であり，「学問の習得がその本分」なので，「音楽がいかによきものであっても本分を放棄してまでそれに没入することは固よりゆるされない」のである。

Ⅴ＜接続語＞「何よりも厭うべき」は，「感激のない生活」であり，「心の底からうちこむものをもたぬ生活」であり，または，「卑俗なる遊戯等への耽溺」である。

問六＜表現＞学生の本分は，「学問の習得」であり，「学問を勉強しない学生」というのは，その本分を放棄した自己矛盾者である。それはたとえてみれば，空を飛ぶのが本分の鳥が「飛ばない」ようなものであり（…甲），水中を泳ぐのが本分の魚が「泳がない」ようなものである（…乙）。

問七＜語句＞「音楽の世界というのは一つのコスモス」であり，「『天と天体』にも比せられるような調和の世界」である。「コスモス」は，ある秩序によって，万物を統一している世界・宇宙のこと。

問八㈠＜古典の知識＞「朝(あした)に道を聞けば〔聞かば〕夕(ゆうべ)に死すとも可なり」は，朝，人間としての生きるべき道を悟ることができれば，その日の夕方に死んでもかまわない，という意味。

㈡＜文学史＞「吾十有五にして学に志す」は，私は十五歳のときに学問に志を立てた，という意味。「朝に道を聞けば夕に死すとも可なり」とともに，古代中国の思想家，孔子(前551～前479年頃)による言葉で，孔子とその弟子の言行を記した書物『論語』に収められている。　㈢＜語句＞ここでの「道」は，人として生きるべき道のことである(ア，イ，オ…○)。「道中」「道程」の「道」は，人が通行する道路，または，その道路を歩く過程のこと。「報道」の「道」は，言うこと。

問九＜文章内容＞㈠「快を過度に求めることは放埒という悪徳」である。「放埒」とは，程度を超えて，快楽を求めようとすることなのである。　㈡「音楽の世界に陶酔すること」は，「人生の厳粛さや深みや悦びなどを会得せしめる」ことであり，「純粋な楽しみそのものが既に生を高揚せしめ豊富にする」のである。確かに，音楽は「肉体的快」であるが，放らつに陥る恐れがあるのは，「肉体的快」の中でも「嗅覚や触覚に関するもの」である。音楽は，「聴覚によるもの」なので，「ひどく好きだからとて放埒とはいわれない」のである。

問十＜文章内容＞「現今の学生が一般に音楽を好愛し理会すること」は，学生一人ひとりの人生を豊かにすると同時に，社会を豊かにすることになるので，「社会の進歩」であるといえる。なぜなら，「人生の意義は自己を真実な意味において豊富にすることによって全体を豊富にする」にあり，「各人に道が実現されることをほかにして社会に道の行われることはなく，社会が高い文化水準に達することなくしては卓越した個人の生まれることもありえない」からである。この「個人と社会との相即の理」から考えても，「私」は，個人が道を学びあらゆる経験を通じて自己を豊富にすることが，社会を豊富にする方法だと思っている。「相即」は，互いに相手を含み込んで，一体として存在していること。

問十一＜文章内容＞音楽は，それを楽しむ人の人生を豊かにし，さらに，それによって社会全体を豊かにする。また，音楽は，聴覚による肉体的快なので，「ひどく好きだからとて放埒とはいわれない」のである。ただし，「音楽への純粋な愛は放埒に至るわけはなくとも，放埒や怠惰を随伴することは可能」なのである。「殊に自ら音楽を練習する学生」は，練習などに時間を取られて，学問を阻害される恐れがある。そうなっては，音楽を楽しむ意味がなくなるので，注意する必要がある。

二 〔小説の読解〕出典；林芙美子『雨』。

問一＜語句＞「祖国」とは，孝次郎が生まれた国である日本のことであり，「故国」とは，孝次郎の生まれ故郷である松代のことである。

問二＜文脈＞孝次郎は，「いまは廃墟と化しているという祖国へ，泳いでもかえりつかなければならない」と考えていた。生き残った彼は，無謀な戦争に自分たちを駆り立て，「行って来いよ。御奉公頼む」と言った人たちに「腹を立てて」いて(…Ⅰ)，彼らは，「みんな虚栄心ばかりで生きているような人たち」だと思った。孝次郎は，早く日本に帰って，「美しい絵を描きたい」と願い，そして，「美しいもの」を見て，「うまいもの」を食べて，女を愛するのが，「人間の生き方なのだ」と考えた。彼は，人間が人間らしい生き方をできずにいるのに，動物たちは，いかにも動物らしく，「山谷の自然にたわむれて無心に生きてゆく生活」を送っているのを「羨ましく空想していた」のである(…Ⅱ)。孝次郎は，「どんなにもがいたって，人間はたった五十年しか生存できない」のに，人間らしく生きずに，「異常な生活をくりかえしている人間の浅はかな生活をおかしく思わないではいられ」なかった。さらに，たった五十年程度の「短い寿命を，いい生き方で埋めきれない人間生活の運命を不思議に考え」た(…Ⅲ)。また，孝次郎は，「自分がいつの間にか二十九歳になったことを何度も心に反芻し」，寿命は短いというのに，「戦場に放浪していたこの月日が惜しまれてならない」のである(…Ⅳ)。軍隊では，死ぬことばかり考えさせられたが，生きたいと思っていた孝次郎にとって，軍隊での生活は，全く無駄だと思われたのである。

問三＜表現＞孝次郎が拾った「煙草の空き箱」は，色彩が鮮やかで，「いかにもアメリカの煙草の箱らしく垢抜けのしたもの」であり，アメリカという国の豊かさを表していた。それと対照的に描写されているのは，「変り果てた祖国」の，貧しく，みじめな様子を象徴的に表している「白々とした廃墟の姿」である。

問四＜文章内容＞孝次郎は，「変り果てた祖国の姿を見て沁みるような淋しさ」を感じた(ａ…カ，ｂ…イ)。「こんなになるまで，どうしてみんな黙って我慢をしていたのか」と，孝次郎は不思議に思い，「白々とした廃墟の姿は日本人の本当の告白を表現しているよう」に見えた(ｃ…キ，ｄ…ケ)。その景色が「厳粛でさえあった」のは，「日本人の本当の告白」が，孝次郎には，神の前で行われるような，神聖なものに感じられたからである(ｅ…ア)。

問五＜表現＞過酷な戦場での経験によって，孝次郎たちは，「寒いも暑いも感じないほど季節には鈍感になっていた」のである。感覚の変化によって，兵隊たちは，「何も彼もに少しずつ嫌悪の心を深めて」いった。その結果，兵隊たちは，誰もが同じように，「人生に対するさまざまな哀しみ」を感じていたのである。

問六＜文章内容＞孝次郎は，戦場で，「――早くかえって何よりも花のような美しい絵を描きたい。美しいものを見ないではいられない，うまいものを食べないでは生きられない，女を愛さずにはいられない，これが人間の生き方なのだ」と思っていた。しかし，廃きょと化した祖国に上陸したとき，孝次郎は，それがはかない空想にすぎなかったことを痛感したのである。

問七＜心情＞孝次郎は，自分が「戦死したことになっている」ことを，父から知らされた。そして，父が家ではなく「町の方へ歩いて行った」ので，父が家族のことで何かを告げようとしているのではないかという「不安な臆測」が，孝次郎の心の中に去来した。しかし，「辛かったろうなあ……」という父の言葉を聞いて，孝次郎は，父が戦場での自分の苦労を思いやり，ねぎらってくれていると感じた。父の言葉は，孝次郎にとってはうれしく，ありがたいものであり，去来していた不安は，彼の心の中から消えていったのである。

問八＜文章内容＞孝次郎が拾ったアメリカの煙草の空箱には，「駱駝の絵」が描かれていた。それは，祖国に着いて，孝次郎が見た「最初の色彩」だったので(…ｆ)，彼の心に強い印象を残した。妻の初代が今は弟の総三郎の嫁になっていることを知らされて，孝次郎は，「すっと虚脱したような空白な心」になったが(…ｇ)，「体が疲れているせいか，肉体的な苦しみもなく，すべては何も彼もいまは藻抜けの殻になっている感じだった」のである(…ｈ)。対照的に，まぶたに浮かぶ「大きい駱駝の絵」は，鮮やかで，それが，孝次郎に，今の自分の心身の状態を思い知らせていたのである。

Memo

Memo

Memo

2019年度　慶應義塾志木高等学校

【英　語】（60分）〈満点：100点〉

I　次の文を読んで後の問に答えなさい。

The train was really flying along now. The buildings, fields and trees all seemed to race by. A bridge shot past the window. Then a station. Ken put his face near the glass to see the name, but they were traveling so fast it was impossible to (1). Ken wondered if they were traveling faster than the *Shinkansen*, the world-famous Bullet Train of Japan. He looked up at the small screen above the door, which (2) the speed — 294 kilometers per hour! He watched the numbers as they slowly (3). 296 . . . 298. . . . All of a sudden, they were there: 301 kph! Well, that was something [A] to tell. . . .

And then it hit him all over again. Yes, but who would he tell? If it had been a month ago — even two weeks — he would have sent Mayumi a message. But since their break-up she didn't want to (4) from him. "Don't send me any messages, because I won't reply," she had told him angrily. "If you'd rather have a photo of Yuki than me on your mobile phone, that's fine. Just don't expect me to be your girlfriend any (ア)!"

Ken looked sadly out of the window again. Where were they? He knew they'd (5) Belgium and were in Germany now because he'd seen a sign just before the last station. But what city came next? Was it *Köln? In Köln, Ken had to (6) trains. He wondered if he should ask the middle-aged woman sitting opposite. But just when he had decided not to, the train flew past a village and the woman suddenly spoke to him in English.

"Ha!" she said. "There's my village! I'll be home [B] an hour. It's only ten minutes to Köln!"

Ken smiled politely. The woman never seemed to sit still.

"But *you* are a long way from home . . ." she went on. "Are you Japanese?"

Ken nodded. He didn't feel much like talking, but (I)<u>it was clear the woman did</u>. "Yes," he said, "but I'm studying in England. I'm on a Study Year Abroad program. This is my summer holiday."

"Very good! And where are you going?" she went on.

"Berlin. I have an InterRail ticket," Ken answered, then seeing the confused look on her face, guessed he'd better explain. "(II)<u>That [travel / can / my / to / means / ticket / I / use] anywhere in Europe</u>. Berlin is my first stop."

"How exciting! [C] That's very brave."

Ken paused. "My friends . . ." he began. "My friends . . . couldn't come."

"Oh, that's too bad," the woman answered. She was about to say something else when her mobile phone (7). She searched excitedly [D] her bag, then began a loud conversation in German on her phone.

Ken picked up his book. It was an American story of adventure — he'd brought it with him to practice his English — and it was quite exciting. But Ken couldn't read now. He thought sadly about (イ) he'd just told the woman. It wasn't really the truth. The truth was that he and Mayumi had planned to have a holiday together, but after their argument everything had changed. They'd been so happy all the time they'd been together. She was on the same course in England and they'd met in the first week. And they'd never argued at all. So, then to get jealous about a dog! That was crazy!

Ken (8) into his pocket and took out his own mobile phone. With one easy movement, he opened it and watched the screen come to life. For a moment or two he looked at his screensaver — the picture that appeared when he turned (ウ) his phone. It was a photo of Yuki, his beautiful twelve-year-old golden retriever, the most wonderful dog in the world. Then he (9) *My Photos* from the menu on the side of the screen. Almost immediately, a picture of Mayumi appeared. It was his favorite photo of her — the one at the restaurant (エ) he'd taken her for her birthday. She looked so happy and so pretty! Ken (10) his head and quickly went back to the picture of the dog.

［注］ ＊Köln：ケルン（ドイツのライン河畔の都市名）

問１．（１）～⑽に入る最も適切な動詞を【 】内から選び，必要ならば形を変えて答えなさい。ただし，同じものを２度以上選んではならない。

【shake / change / ring / leave / show / choose / read / hear / reach / increase】

問２．A には頭文字が e で始まる形容詞が入る。最も適切な１語を文中から抜き出しなさい。

問３．B と D に共通する語を答えなさい。

問４．C に入る最も適切な文を選び，番号で答えなさい。

1．Well, you don't have to worry about anything.
2．You came to make friends with Europeans.
3．Your first time to talk to a foreigner?
4．I didn't have any chance to study in Germany at your age.
5．But you're traveling alone.

問５．下線部⑴をわかりやすい日本語に直しなさい。その際，did の意味内容を明らかにすること。

問６．下線部⑵が以下の日本文の意味を表わすように，［ ］内の語を並べ替えなさい。

「つまり，僕はこの切符を使ってヨーロッパのどこへでも列車で行けるということなんです。」

問７．（ア）～（エ）に入る最も適切な語を１～４からそれぞれ選び，番号で答えなさい。

（ア） 1．less 2．other 3．better 4．more
（イ） 1．that 2．what 3．which 4．when
（ウ） 1．on 2．to 3．in 4．up
（エ） 1．which 2．whose 3．where 4．whom

問８．本文の内容と一致するものを一つ選び，番号で答えなさい。

1．Ken が夏休みを利用してイギリスに来た主な目的は，留学している同級生の Mayumi に久しぶりに会うことであった。
2．Ken が高速列車の中で向かいに座っていた外国人女性に英語で話しかけたのは，自分の英語力を試したいと思ったからである。
3．Ken がイギリスに着いてすぐに立てたヨーロッパ諸国の旅行計画は，イギリスから高速列車に乗り，フランス経由で最終目的地のドイツに至るというものであった。
4．Mayumi は，Ken と旅行に出かけている間でも，たびたび電子メールで自分の写真を送ってくる Yuki に腹を立てていた。
5．Ken は日本の自宅で犬を飼っており溺愛していたが，Mayumi と出会ってからは彼女に夢中で，愛犬のことなどすっかり忘れてしまっていた。

6．Ken と Mayumi は，留学先のイギリスで知り合って以来交際していたが，思いがけないことが原因で彼女は気分を損ね，二人は疎遠になってしまっていた。

7．Mayumi が Ken に腹を立てたのは，彼がいつまでも別の女性の写真を携帯電話に保存している事実を知ってしまったからである。

II　次の文を読んで後の問に答えなさい。

George Austen looked after the *1 parish in Steventon, a small village about fifty miles west (ア) London. He and his wife, Cassandra, had expected their seventh child to be born in November. But the baby did not (1) until December 16, (I)1775. They (2) her Jane.

In the south of England, the winter of 1775 was very cold and snowy. The *2 harsh weather (3) the Austen children inside. But Jane's *3 siblings — James, George, Edward, Henry, Cassandra, and Francis — were happy to have another baby to play (イ). And the Austens were pleased that Cassandra, who was almost three years old, now had a (ウ).

Once spring arrived in Steventon, Jane was sent to live with a foster family in the village. (II)Sending a baby to live with another family might sound strange, but this was common at the time. All (エ) Jane's brothers and sisters had also gone to live with other families when they were young. (III)Jane's parents [home / would / children / their / to / easier for / return / be / it / youngest / felt] when they were older, especially since the house was already very (IV)crowded.

George Austen also used the family home as a school. He tutored students to (4) money to support his family. From August to December and February to June, the Austens had students living with them. George Austen (5) them Latin, Greek, geography, and science. The students, who were all boys, slept in the attic rooms at the top of the house. Jane's father also raised cows, sheep, and chickens to bring in extra money to support his growing family.

By the time Jane was three years old, she was once again living with her family, and her younger brother, Charles, had been born. So the Austens' house was crowded and noisy. But although they did not have a lot of money, it was a happy, comfortable place. The library was filled (オ) George's books, and Jane spent a lot of time reading there. The family also read out loud to one (カ). And Jane's parents (6) their children and George Austen's students to write and to put on skits — short performances for their own entertainment.

At the time, it was not common to send girls to school. Most people thought that was a waste of time and money. Girls learned to (V)sew, sing, and play music. They were expected to (7) on having good manners, getting married, and preparing to be good wives when they grew up. But Jane's elder sister, Cassandra, was (8) to a boarding school in Oxford in the spring of 1783 when she was ten years old. Jane and her elder sister had become very good friends, and Jane begged her parents to let her go to boarding school as well.

［注］ ＊1　parish：教区(教会と牧師を持つ宗教上の小区域)　　＊2　harsh：厳しい
＊3　sibling：兄弟姉妹(男女を問わない)

問1．(1)～(8)に入る最も適切な動詞を【　】から選び，必要ならば形を変えて答えなさい。ただし，同じものを2度以上選んではならない。

【focus / arrive / earn / keep / teach / name / encourage / send】

問2．(ア)と(エ)，(イ)と(オ)の各組にそれぞれ共通する語を答えなさい。

問3．下線部(Ⅰ)の年号の読み方として最も適切なものを一つ選び，番号で答えなさい。
1．one hundred seventy-seven five
2．one seventy-seven five
3．seventeen seventy-five
4．one double seven five

問4．(ウ)に入る最も適切な語を一つ選び，番号で答えなさい。
1．brother　2．father　3．mother　4．sister

問5．下線部(Ⅱ)をわかりやすい日本語に直しなさい。

問6．下線部(Ⅲ)の[　]内の語句を最も適切な順に並べ替えなさい。

問7．下線部(Ⅳ)，(Ⅴ)の語の最も強く読まれる部分の発音と同じ発音を含む語を1～4からそれぞれ一つずつ選び，番号で答えなさい。
(Ⅳ) crowded：1．owl　2．own　3．crow　4．grow
(Ⅴ) sew　：1．shoot　2．chew　3．eve　4．loan

問8．(カ)に入る最も適切な1語を文中から抜き出しなさい。

問9．本文の内容と一致しないものを全て選び，番号で答えなさい。
1．The Austens had two Cassandras.
2．People in those days thought it necessary for girls to learn skills to be a good wife.
3．Keeping cows, sheep and chickens did not help the Austens to survive at all.
4．Jane's birthday is December 16.
5．Students lived with the Austens in October.
6．There were some female students who studied in the Austens' house.
7．Charles, the youngest son, had two elder sisters, Cassandra and Jane.

Ⅲ　次の文の(ア)～(コ)に入る最も適切なものを1～4からそれぞれ一つずつ選び，番号で答えなさい。

The little town of St Andrews is next (ア) the sea in the east of Scotland. It is very famous (イ) golf. People began to play golf there in the 1500s, or perhaps earlier. Now golfers come from all over the world to play there.

The University of St Andrews is very old. It first opened in 1413, and it is the oldest university in Scotland, and (ウ) in the UK after Oxford and Cambridge. It has more than 8,000 students.

William and Kate lived in the same building, (エ) students of art history, and had some of the same friends. In March 2002, Kate was in a fashion show at the university, and William and some friends went to watch. Girls in wonderful dresses walked up and down. Kate came out in a beautiful coloured jumper at first, but then she walked out in a very exciting black dress, and she looked wonderful! (In 2011, the designer got £78,000 for the dress!) Soon, William and Kate were friends. Later, William said, '(オ)'

In their second year, many students do not live at the university. They find a flat or house in the town and live there together. William and some friends did this in 2002. The four friends cleaned the flat and did some of the cooking. Sometimes William began to cook dinner for Kate there — but often things (カ) wrong, and then Kate finished cooking for them.

In the summer of 2003, Kate was twenty-one, and William went to a party at her parents' house in Berkshire. Other friends from St Andrews were there too. Later, Prince Charles had an ‘African’ party for William’s twenty-first birthday at Windsor Castle. It was not an official party, with suits and speeches. The guests wore African clothes, and African musicians played for them. Kate was invited to the party as (キ).

In September 2003, they began their third year at university. Now, William moved to a house in the country called Balgove House. It was not far from the town and the university, but it was a quiet place, away from photographers and reporters.

Then in March 2004, William and Kate were in the news — together. They went to Klosters in Switzerland on a skiing holiday with some friends, and William’s father Prince Charles. Soon, newspapers all over the world had a photo of William with Kate. Now everybody wanted to know ‘(ク)’ The newspapers started to write about ‘Will and Kate’ as a couple.

September 2004 was the beginning of their last year at St Andrews. There were often photos of William at weddings and parties without Kate. She was not part of the royal family, so she (ケ) with him. But they were boyfriend and girlfriend.

Then in June 2005, they graduated from St Andrews. The Queen, Prince Philip, and Prince Charles all came up to Scotland for the special ceremony. Kate’s mother and father were there too, (コ) the two families did not meet.

It was the end of William and Kate’s happy university life. But what was next for these two young people?

(ア) 1. on　2. to　3. in　4. for

(イ) 1. as　2. to　3. by　4. for

(ウ) 1. the older three　2. third the oldest
3. the oldest third　4. the third oldest

(エ) 1. which　2. where　3. whose　4. were

(オ) 1. We were friends for over a year first.
2. It took at least three years to fall in love with her.
3. I proposed to her right after the fashion show.
4. We didn’t meet for over a year after the fashion show.

(カ) 1. made　2. went　3. took　4. came

(キ) 1. one of the organizers　2. William’s fiancé
3. one of the guests　4. the designer of the African clothes

(ク) 1. Why is Kate so good at skiing?
2. Who is Kate Middleton?
3. How did Kate Middleton become a member of the royal family?
4. When did William and Kate marry?

(ケ) 1. always not could go　2. could always not go
3. could not always go　4. could go always not

(コ) 1. that　2. because　3. but　4. so

Ⅳ 各組のａ～ｄから最も適切な文を選び，それぞれ記号で答えなさい。

1． a．I met a my old friend when I was studying in the library.
b．It was nice to meet you, and look forward to hear from you soon.
c．This knife we use to cut the bread to is very sharp.
d．I have no idea why Jonathan married her.

2． a．My sister made progress in her English during she lived in New York.
b．Rachel had been ill for a week when the doctor was sent for.
c．What do you know the bird is called in English?
d．With sleeping, I was dreaming of her.

3． a．She patted me gently in my shoulder.
b．This is the place I have wanted to visit it for a long time.
c．It was about two years ago that I visited Paris for the first time.
d．Among swimming and running, I like running best.

4． a．I don't know if it will rain tomorrow, but if it rains, I won't go there.
b．She was seen come up the stairs with tears in her eyes.
c．I wonder why there is my book on your desk.
d．The bank rented him money for a new car.

5． a．I've just finished to read this magazine.
b．I had got to the school until the bell rang.
c．Six months is too short a time to master a foreign language.
d．I was twenty minutes lately to school because I missed the bus by seconds.

6． a．My father left from Tokyo to London on business last night.
b．Yesterday I was spoken to by an American in the street.
c．Will you teach me the way to the station?
d．George is resembling to his father more and more.

7． a．I'm not sure neither you or Henry have made the mistake.
b．You need not to go to church unless you don't want to.
c．The woman he fell in love left him after a month.
d．What's the name of the man whose car you borrowed?

V　各組の(　)に共通して入る，身体の一部の意味を持つ語を答えなさい。必要ならば適切な形に変えること。

1．ア．Give him a big (　　).

　イ．I got this news at first (　　).

2．ア．I didn’t have the (　　) to ask the clerk for the discount.

　イ．There was a sharp pain in my (　　) when I got a body blow.

3．ア．Let’s support him here so that he doesn’t lose (　　).

　イ．How could you keep a straight (　　) and say such a nonsense?

4．ア．Keep an (　　) on this suitcase.

　イ．You really have an (　　) for pictures.

5．ア．How long does it take to go to school on (　　)?

　イ．He was shaking from head to (　　).

6．ア．Don’t speak ill of Ken behind his (　　).

　イ．She waved her flag (　　) and forth.

7．ア．He learned all the names on the list by (　　).

　イ．I love you from the bottom of my (　　).

8．ア．The (　　) of a large company has a lot of responsibilities.

　イ．We are about to (　　) off for Helsinki.

【数　学】（60分）〈満点：100点〉

〔注意〕　図は必ずしも正確ではない。

1　次の問いに答えよ。

(1)　$x=\sqrt{6}-1$，$y=\sqrt{2}-\sqrt{3}$ のとき，$x^2+2\sqrt{2}xy+3y^2+3x+2\sqrt{3}y+3$ の値を求めよ。

(2)　$(\sqrt{3}+\sqrt{5})^2$ の小数部分を x とするとき，x^2+14x の値を求めよ。

(3)　0から999までの1000個の整数のうち，数字の3が使われている整数は何個あるか。

(4)　赤球3個，白球2個，青球4個が入った袋から3個を同時に取り出すとき，球の色が2色となる確率を求めよ。

(5)　1個220円の商品Aを x 個，1個330円の商品Bを y 個買うとき，商品の合計額に対して8％の消費税を加算して，税込総額が2019円になった。このとき，$(x,\ y)$ の組合せとして考えられるものをすべて求めよ。ただし，消費税の計算では1円未満は切り捨てるものとする。

2　図のような1辺の長さ4の正六角形ABCDEFの辺上を，点Pが毎秒1の速さでA→B→…→F→Aの順に一周する。x 秒後の△OAPの面積を S とするとき，次の問いに答えよ。

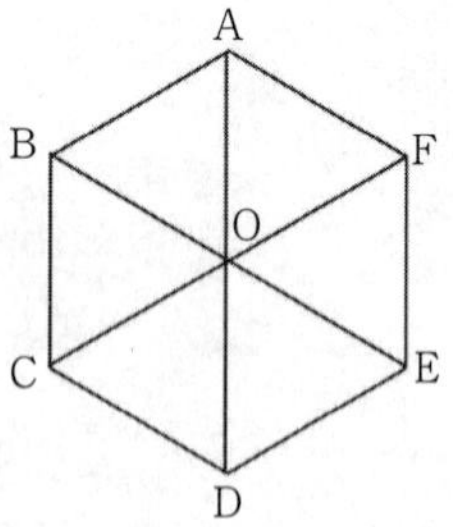

(1)　$0<x\leqq 4$ のとき，S を x で表せ。

(2)　$S=3\sqrt{3}$ となるときの x の値を求めよ。

3　正三角形ABCが円に内接している。図のように点Aを含まない側の弧BC上に点Pをとるとき，AP＝BP＋CPであることを証明せよ。

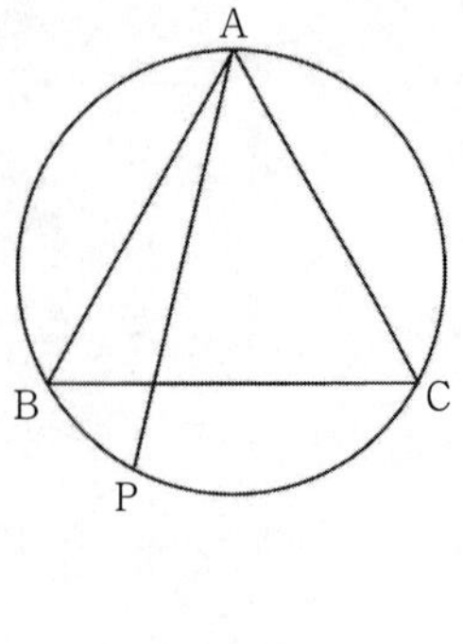

4　放物線 C：$y=\frac{1}{4}x^2$ について，x 座標が 4 である C 上の点をPとし，点Pを通り傾きが $-\frac{1}{2}$ である直線を l とする。l と y 軸との交点をQとし，l と C の交点のうちPでない点をRとする。

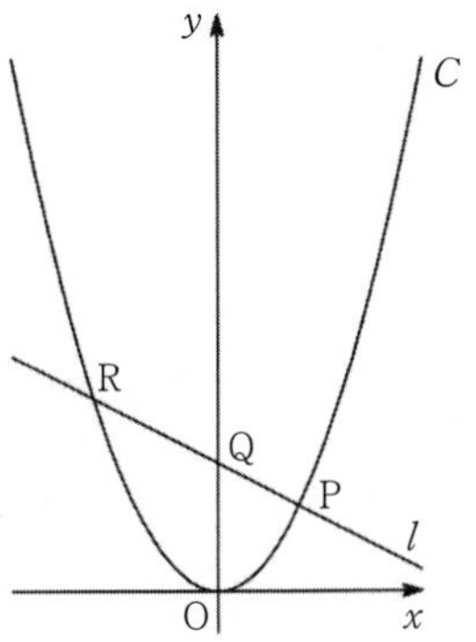

(1)　点Rの座標を求めよ。
(2)　△OPRの面積を求めよ。
(3)　線分PQの垂直二等分線の方程式を求めよ。
(4)　点Pを通り y 軸に平行な直線を m とし，直線 l を対称の軸として，直線 m と対称な直線を n とする。直線 n と y 軸との交点をSとするとき，点Sの y 座標を求めよ。

5　長方形ABCDの辺AB上に点Eをとり，辺AD上に点Fをとる。線分EFを折り目として折り返したところ，点Aが辺BC上の点Gに重なった。AB＝12，AD＝20，BE＝5のとき，次の線分の長さを求めよ。

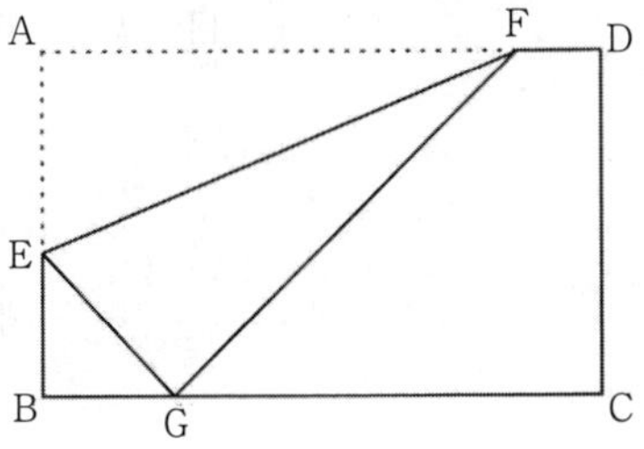

(1)　BG
(2)　EF

6　AB＝AD＝6，AE＝8の直方体ABCD-EFGHにおいて，点I，Jをそれぞれ辺BFとDH上にIF＝JH＋1となるようにとる。この直方体を3点E，I，Jを通る平面で切ると，この平面は辺CGと点Kで交わり，直方体が2つの立体に分けられた。2つの立体の体積の比が

　(Aを含む立体)：(Gを含む立体)＝5：3

であるとき，IFの長さを求めよ。

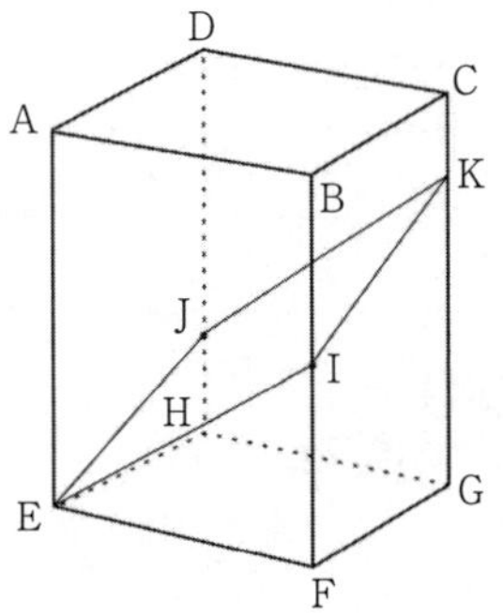

問十　傍線部Fについて、「多少の感慨」とはどのような「感慨」か。三十五字以内で説明しなさい。

問十一　傍線部G「急に私にはこれまでとは少し異ったものに見えて来た」とあるが、それはどういうことか。「自尊心」という語を用いて、八十字以内で分かりやすく説明しなさい。

整頓さを見せていたし、家には主人が亡くなって丁度三日目ぐらいはかくあろうかと思われるくらいの人の出入りがあった。まだこの他に、私には気付かれないが、母は同じようなデータを幾つか拾っているかも知れなかった。そしてそうしたデータによって、母は自分だけの世界を造り上げ、そのドラマの中に生き始めているのではないか。少くとも、いま母は主人が亡くなって三日目のこの家に生きているのである。悲しむこともできるし、喪に服することもできる。自分自身の造り上げたドラマの中で、母はいかなる役割をも受持つことができるのである。

　このように考えると、母の老耄の世界は、G急に私にはこれまでとは少し異ったものに見えて来た。母は朝食を摂って何ほども経たないのに、やがて夕方がやって来ると思い込むこともあったし、その反対に夕方を朝と取り違えたりすることもあった。しかし、朝であろうと、夕方であろうと、母に感覚的に朝と感じさせるものがあるとすれば、それは母にとっては朝なのであり、夕方と受取らせるものがあるとすれば、それは母にとっては夕方である以外仕方ないものであった。

　私は母と向かい合ってお茶を飲んでいたが、私は母に、おばあちゃん、えらいことを始めたね、こんどは本当に自分だけの世界を生き始めたんだね、そんな言葉をかけてやりたい気持になっていた。確かに他の誰にも通用しない自分だけの世界であった。母が自分の感覚で、現実の一部を切り取り、それを再編成した世界であった。

　しかし、母に言わせれば、そんなことは今に始まったことではなくて、ずっと前から自分はそのようにして生きていると言うかも知れなかった。夕方を朝と間違えたり、朝を夕方と取り違えたりするのは、何年も前からのことであったからである。

（井上　靖「雪の面」より）

問一　井上靖は一九〇七年生まれである。世代が最も遠い作家を次の中から一人選び、記号で答えなさい。

ア　芥川龍之介　　イ　川端康成　　ウ　太宰治

エ　夏目漱石　　オ　三島由紀夫

問二　井上靖の代表作を次の中から一つ選び、記号で答えなさい。

ア　あすなろ物語　　イ　伊豆の踊子　　ウ　潮騒

エ　トロッコ　　オ　走れメロス　　カ　吾輩は猫である

問三　二重傍線部1〜10のカタカナは漢字で、漢字はその読みをひらがなで書きなさい。

問四　芳子から見た「私」「母」「美津」「志賀子」の親族呼称を漢字で書きなさい。

問五　空欄X・Yに入る言葉を考えて、十字以内で書きなさい。

問六　傍線部Aについて、「相手を蔑むような」と同じような意味で使われている語を同じ段落から抜き出しなさい。また、傍線部Eについて、「眼を当てた」に込められた感情を考えて、「眼を当てた」を「目」を用いた慣用句で表しなさい。

問七　傍線部Bについて、「本能の青い焔のゆらめき」を芳子はどのように捉えているか。芳子の言った言葉の中から十五字以内で抜き出して答えなさい。

問八　傍線部C「別種の哀れさ」は、これまでの「哀れさ」とどのように違うと作者は考えているのか。次はその説明文である。空欄a〜dに当てはまる語を後から選び、その記号を答えなさい。ただし、同じ語は二度使えない。

> これまでの哀れさは［a］対象を烈しく［b］哀れさであるのに対して、［c］対象を諦めた後の［d］に直面した哀れさであると考えている。

ア　追い求める　　イ　孤独　　ウ　最期

エ　探すべき　　オ　存在しない　　カ　存在する

キ　見放すべき　　ク　老耄

問九　傍線部Dについて、なぜ芳子は「母」に「薄い煎茶」を、「私」に「濃い煎茶」を運んできたのか。その理由を考えて五十字以内で書きなさい。

した孤独な子供の顔にも見えれば、孤独な母親の顔にも見えた。子供の顔にも、母親の顔にも見えた。子供にすれば子供の顔に見え、母親にすれば母親の顔に見えた。

　東京へ来てから半月ほど経った頃、私は母を書斎に迎えて、芝生の庭に面した縁側の椅子に向かい合って坐ったことがあった。遅い朝食をすませたあとで、十時を少し廻った時刻であった。私は仕事にはいる前の短い時間を、母と一緒にお茶を飲んで過そうと思ったのである。D芳子が母に薄い煎茶を、私に濃い煎茶を運んで来た。私がお茶の茶碗を取り上げた時、それまですぐそこに見えている私の仕事机の方に視線を投げていた母が、ふいに、

「この間までそこで毎日書きものをしていた人は亡くなりましたね」

　と言った。そこで書きものをしていた人というのは私以外の人物であろう筈はなかった。

「いつ亡くなったの？」

　私は母の顔にE眼を当てたままで訊いた。母はちょっと考え深そうな表情を見せていたが、幾らか自信のなさそうな言い方で、

「亡くなってから三日になりますか、多分今日は三日目でしょう」

　と言った。私は自分が亡くなって三日目になるという自分の書斎を見渡した。部屋は手をつけられないほど乱雑を極めていた。書棚にはやたらに書物が詰め込まれてあり、畳の上にも幾つかの書物の山ができていて、そのあるものは崩れたり、崩れかかったりしている。そしてその書物の山と山との間には旅行鞄が二つ、段ボールの箱が三つ、それから分散しないように紐で結んである幾つかの資料の束などが置かれてあった。資料の束は自分のものもあれば、人から借りたものもあった。それから窓際の棚にも書類やら紙袋やら雑誌などが、これも乱雑に積み重ねられてあり、私と母が椅子に腰掛けている廊下もまた雑多なもので手がつけられない状態になっていた。これで自分が亡くなっては、遺族の者は後片付けにさぞたいへんだろうな、と私は思った。

　私の眼はそうしたところを順々に嘗《な》め廻してから、仕事机の上で留まった。机の上も乱雑になっているが、まだ仕事に取りかかっていないので、半分ほど何も置かれていない場所ができていて、そこだけがいやにさっぱりした感じに整頓されてあった。手伝いの小母《おば》さんが上に載っていたものを片隅に押しのけ、そこだけに布巾をかけたのである。そしてそのこざっぱりした6空地には、まだ一本の7スイガラもはいってない灰皿が二個、インキ8壜と並んで置かれてあった。私はF多少の感慨を以て、その前に坐る人のなくなった机の上を眺めた。

「三日目か」

　私が声に出して言うと、

「ね、まだ多勢の人が見えているでしょう」

　母は言った。

「なるほどね」

　私は言った。そして、なるほど主人が亡くなって三日目の騒がしさが、いまこの家の内部を占めていると思った。隣りの応接間では美津が銀行の人らしい二、三人の客と話していて、その声が聞えており、居間の方には、声こそ聞えなかったが、ゆうべから泊っている美津の妹の家族四人が外出の9支度をしている筈であった。そしてその10シンセキの家族を迎えに来ているもう一組の若い夫婦者も居た。また庭の隅の方では車庫のシャッターの破損を直しに来ている建築会社の若い社員二人が、手伝いの小母さんと立話をしている。この方は書斎の縁側の椅子に腰を降ろしている私の視野の中にもはいっている。

　この時ふと、母はいま状況感覚の中に生きているのではないかという、そんな思いが私を捉えた。状況感覚というような言葉があるかどうか知らなかったし、またそうした言葉が適当かどうか知らなかったが、いまここには、母にこの家の主人が亡くなって三日目であるということを思わせる幾つかの感覚的データがあると思った。私の仕事机は、そこに坐る人が坐らなくなって三日経ったぐらいの

帰りに、次男の寝室の前に立って、その扉の[2]把手に手をかけたが、たまたま内側から鍵がかけられてあって、扉は開かなかった。すると母は、その扉を［X］とでも錯覚したのか。もうどこへも出しては貰えないのねと、ひとり言のように芳子に[3]囁いたということであった。

「わたし、たいして気にしていなかったけど、おばあちゃんは時々、同じようなことをしていると思うの。そしてその度に、自分は閉じ込められてしまっていると思うんじゃないかしら」

芳子は言った。私は母に夜毎そういう錯覚を持たせることは痛ましい気がしたが、しかし、それで母が［Y］なら、その点は我慢して貰わなくてはなるまいと思った。

昼間の母はこの前の滞在の時と同じように、日に何回となく郷里の家に帰ることを主張したが、その主張の仕方には何となくエネルギーが感じられなかった。思い出しては、帰る帰ると言ったが、いつも居間の畳の上に坐っての主張であって、めったに玄関の土間にまで降り立って行くようなことはなかった。ここにも母の体力の衰えが感じられ、体力の衰えと共に、老耄《ろうもう》もまたその迫力を失っているかのように見受けられた。時に怒りの感情を露わに顔に出したり、口に出したりすることはあったが、大抵の場合、自尊心を傷つけられたと思われる場合であった。ただその自尊心の実体がはっきりしなかったので、その点周囲の者は取扱いが[4]ヤッカイであった。言い聞かしても、説明しても解らなかった。しかし、そういう時、私には、母が祖父の許で我儘に育った驕慢な幼女としていま生きているということがよく判った。おばあちゃんの分らず屋！　誰かが言うと、母は両手をきちんと膝の上にのせている姿勢で、いかにもA相手を蔑むような表情で顔をつんと横に向けた。そういうところは五歳の私の孫娘に似ていた。

まあ、この程度のことはあったが、このくらいの母なら一ヵ月でも、二ヵ月でも、さして苦労なしに預かることができるのではないかと、私たちは話し合った。例年七月の初めに軽井沢の山荘を開けることになっていたが、今年はそこへ母を連れて行けないものでもないと、私も思い、美津も思った。あるいは軽井沢に移したら、何年か前の軽井沢生活の時とは違って、母は案外軽井沢の落葉松《からまつ》に取り巻かれた静かな山荘の生活を楽しむのではないかと、二人の息子たちも言った。芳子だけが反対した。

「考えてごらんなさい。この前だってたいへんだったでしょう。あの時に較べると、おばあちゃんの耄碌《もうろく》はもっとずっと進んでいるのよ。静かでいいとか、涼しくていいとか思うものですか。そうした感情はすっかりなくなっているの。わたしたちが思いも寄らぬことをおばあちゃんは考えたり、感じたりして生きているんだから」

芳子が言うと、他の者は黙らざるを得なかった。母を主になって世話をしているのは芳子であり、現在の母を、少くとも夜の母を一番よく知っているのは芳子であったからである。

実際にまた母を軽井沢に連れて行くのは、考えてみれば無理な話であった。問題は往復の乗りものであった。列車で連れて行くことは、駅の雑踏などを眼に浮かべると、母の弱った神経には耐え難いことに思われたし、くるまでの四、五時間のドライブもまた母の衰えた肉体には[5]カコクであるに違いなかった。

一週間、十日と、母の東京滞在は予想外にうまく運んでいた。母がB本能の青い焰《ほのお》のゆらめきに烈しく身を任せないだけでも、郷里の家に居るよりは寧ろ母にとってはいいことではないかという気がした。母は子供を探し廻る狂乱の若い母親にもならなければ、母親の姿を追い求める哀れな子供にもならなかった。しかし、考えてみるとそれは母にそうした衝動がないということではなかった。深夜ふらふら歩き廻りたくても歩き廻ることができないだけの話であって、そう思うと、母にはまたC別種の哀れさが感じられた。居間の隅に口数少く坐っている母の姿には、いくら母親を探し廻っても、ついに見付けることができないで諦めてしまった幼女の哀れさもあれば、同じようにわが子を探し廻って、ついに諦める以外仕方なくなってしまった若い母親の哀れさもあった。私には母の顔は、そう

そうだ。[X]石器時代と変わらぬ草原に日がな寝そべり、たまたま捕まえたウサギなどを殺しては食べ、自分たちより工夫のオのないサルたちを出し抜く程度のことで満足していたかもしれない。[Y]そして、食物ばかりか、ほとんどあらゆる類いの思考と行動様式をものにした。

[Z]

（ライアル・ワトソン『ネオフィリア——新しもの好きの生態学』
（内田美恵 訳）より）

※設問の都合で本文の一部を省略した箇所がある。

（注）イギリスの動物行動学者。『裸のサル』『マン・ウォッチング』等の著者。

問一　二重傍線部1～5のカタカナを漢字で書きなさい。

問二　空欄a～eに当てはまる漢字を書きなさい。ただし、a、b、c、eは一文字、dは二文字である。

問三　傍線部ア～オはことわざや慣用句が元になっている表現である。空欄に当てはまる漢字を書きなさい。

問四　▼の段落について、この段落中には誤って用いられた名詞が一つある。それを指摘し、正しい名詞に改めなさい。

問五　傍線部Aについて、「人間の人間らしいところ」とはどのようなところか、「人間動物園」という語を用いて五十字以内で説明しなさい。

問六　傍線部B「その中には正常量の社会的交歓が含まれていなかった」とはどのようなことか、五十字以内で説明しなさい。

問七　空欄V～Zに当てはまる文を、次の中からそれぞれ一つ選び、番号で答えなさい。

①　われわれこそ、究極の「ネオフィル」(neophile)なのだ。

②　だが、それだけに、人間は未だに行動過剰が引き起こすさまざまな危険を負ったまま生活している。

③　ネオフィリックでなかったら、われわれもライオン的な霊長類そのままの状態にとどまったことだろう。

④　われわれはネオフィリックであったために、初期の肉食生活を脱して雑食生活への道を切り拓くことができた。

⑤　ひとえに、何かするということは、たとえどんな行為であろうと、何もしないよりはましだと思っているからだ。

二

次の文章を読んで、後の問に答えなさい。

〈これまでのあらすじ〉

「私」は妹の「志賀子」から「母」の死の知らせを受けた。生前、「母」は歩くことは不自由なく夜中に家中を徘徊し、「私」の住む東京に連れて来てからも懐中電灯を持って他の部屋に入ってくるような事件を何度も起こしていた。

郷里の志賀子の話では、このところ母の深夜の徘徊は以前ほどではなくなり、一晩に二回も三回も起き出すようなことはめったになく、起き出しても一回であるということであった。そして時には全然起き出して来ないこともあった。そういう夜は志賀子の方が起き出して行って、母の寝室を覗かなければならず、どちらにしてもたいへんなのと、志賀子は言った。

東京へ来てからの第二夜も第三夜も、母は他の部屋を歩き廻ることはなかった。深夜眼覚めても、芳子を起して、トイレに行くだけであった。芳子に言わせると、母は前と同じように深夜ふらふら歩き廻りたいらしいが、どこを歩いていいか見当がつかなくなっているのではないかということであった。この前の時に較べると、それだけ母の体力は衰えていた。どこでも構わないから歩き廻るという烈しさはなくなっていた。

母が東京へ来て四、五日した頃、

「もしかしたら、おばあちゃんは1カンキンでもされていると思っているんじゃないかしら、それで歩き廻ることを諦めてしまっているのかも知れない」

芳子は新しい見解を陳《の》べた。母はその前夜、夜半トイレに行った

さまで登ることも、速く走ることも、深く2モグることも、できない。高層ビルをひとっ飛び、などといった3カルワザも無理だ。が、たいがいのことはほどほどにはこなせる。そして、生き残るためだけでなく、子[d]栄に必要なことなら何でもやるだけの柔軟性を、体にも心にも備えている。

わたしが動物園について学んだのは、ほぼ三〇年前、ロンドン動物園の(注)デズモンド・モリスのもとでだった。モリスはそこで初めて、動物園と近代都市を比較し、どちらの居住者も、置かれた状況が人工的に作られていることに苦しんでいると指摘した。都市は、コンクリート・ジャングルというよりはむしろ人間動物園だとモリスは言っている。もともとネオフィリックであるため、都市の住人たちは、本来不快な環境にも、実にうまく対処しているのだ。

かつて部族社会を構成していたわれわれは、変化に富み、自分の能力が日々試せるような環境に生きていた。そういう自然の中の生息地をあとにして住みついた都市は、人間にとっては基本的に退屈きわまりない場所だった。常に刺激を欲する人間の欲求を満たしてくれないからだ。だが、その結果として、都市のそういう不足を補う妙手をいくつも考え出したのも、A人間の人間らしいところだった。

人間は必要もないような問題を作り出しては、エ揺り籠から[　]までの暇をつぶす。そのための省力(labour-saving)ならぬ消力(labour-wasting)機械をいくつも考案してきた。基本的欲求は社会が面倒をみてくれるから、困難を自分たちで作り出すしかない。仕事は必要以上に複雑にする。余暇にはますます手のこんだ慰みごとを登場させ、リスクを4オカしたり、わざわざ画策して肉体的、社会的生命を賭けた闘いに自らを駆り立てる。危険をもてあそび、運を試したいからだ。

暮しの中でも、自己表現に、より複雑なもの、より高度なものを指向する。巨大な頭脳に能力を自在に発揮させる、芸術や科学の実験もおこたりない。交響楽や戯曲を書いてはそれを演じ、絵画の鑑賞にふけり、オペラに耳を傾ける。肉体を鍛えあげて体操やバレエの5カンペキな妙技へと[e]華させる。効果を増幅するために誇張もする。花はより大きく、色はより鮮やかに、そして作る料理にはもっとスパイスを、だ。「檻」の中のありとあらゆる変化の源泉から刺激の最後の一滴までも絞り尽くそうという、不断の努力がそこにある。

これらの営みはいずれも健全でエキサイティングではある。だが「人間動物園」が何から何まで素晴らしくて価値がある、と思うのは当たっていない。そこには、過剰に反応する危険も存在する。ある雌のゾウを例にとると、普段と変わらぬある一日のうちに、ピーナッツ一七〇六粒、キャンディ一三二〇粒、パン一〇八九個、ビスケット八一一個、オレンジ一九八切れ、リンゴ一七個、紙一六枚、アイスクリーム七個、ハンバーガー一個、靴紐《ひも》一本、婦人用革手袋片方、をきれいに平らげたことがある。空腹だったからではない。栄養バランスを考えた食事がちゃんと与えられてはいたのだが、Bその中には正常量の社会的交歓が含まれていなかったのだ。彼女は慰めと触れあいをほかの動物種に求めた。通りがかりの人間が何の考えもなく投げてよこす食べ物をひたすら受けとりつづけ、彼らのオ歓心を[　]おうとしたのである。

人類は初期の環境のもとで、生きるために必要な真剣かつ積極的な取り組みを強いられてきた。[V]もはや機敏に反応する必要などないのに、われわれはせかせかと動きまわることをやめない。時には馬鹿げたことや不適切なことまでやってしまう。[W]あげくの果てに、自分自身を痛めつけ、理由もなしに物を壊したり、他人を傷つけたりして、その結果生じるさまざまなストレスに悩む。ストレスの種類によっては、化学薬品や体操の助けをかりて刺激を少なくしたり過剰な反応を抑制できるが、なかにはそれと折りあって生きていく以外に方法のないストレスもある。

このように、ネオフィリアにも問題はあるが、差し引き勘定すると、人間の進化にとって積極的かつ強力な推進力になったとはいえ

二〇一九年度　慶應義塾志木高等学校

【国　語】（六〇分）〈満点：一〇〇点〉

一　次の文章を読んで、後の問に答えなさい。

ライオンとトラにはきわめて大きな違いがある。

身体的にはほとんど差異はない。毛皮を剝いでしまうと、1カイボウ学の専門家でもないかぎり、この巨大な二種のネコ科動物を見分けることはまずできないだろう。ところが、心理的な面から見ると、ア天と地ほども［　　］があるのだ。

ライオンは生まれついての怠け者。食糧さえ十分にあれば、怠惰な生活をいとも簡単に受け入れ、木陰なんぞでイこれ［　］いとばかり、いくらでもうたた寝にふける。

トラはそうはいかない。彼らには求めるものがはるかに多いのだ。神経系統が［a］為を嫌い、長時間くつろぐことを許さない。どんなにたらふく食べさせようと駄目なものは駄目なのだ。檻《おり》に入れると、すぐに退屈して落ち着かなくなり、中をうろうろと歩きはじめる。それだけに、檻で飼うのが困難をきわめる動物だ。

わたしはかつて動物園長を務めたとき、いち早くこの違いに気がついた。園内の動物を基本的な二種――専門化を指向するスペシャリスト・タイプと、ウ［　　］をとらえるに俊敏なオポチュニスト・タイプ――に分けて考えるようになったのはそのためだった。

前者は、ライオンのように、野生を離れ、人間に飼育されるのに難なく適応してしまう。後者のグループには、トラのように、常に何かを探し求めて行動しつづける動物が属する。

ライオンやワシ、ヘビ、アリクイの類いを喜ばすのはわけはない。好物の餌と暖かな寝場所さえ与えておけば、動物園の中でどんどん繁殖して、飼っている方が恥しくなるほどたくさんの子を産み殖やす。

それに引き換え、トラやオオカミ、一般のサル、類人猿などは、気むずかしいうえにむら気で、時にはノイローゼにかからないよう、特別な配慮をする必要がある。

動物のほとんどはライオンのカテゴリーに入る。生来、保守的で、昔から慣れ親しんだものを求めるのだ。一部のヒト、時にはある文化全体がこのタイプの場合もあるが、種としての人類はトラ・タイプになる傾向がある。ヒトはチャレンジを好む。進んで新しいもの、違うものを求める。無理をしたり、背伸びをするのが好きだ。刺激を求め、あえてわが身を危険にさらす。わかりやすく言えば、われわれは「ネオフィリック」(neophilic)、つまり新しもの好きなのである。

一方、「ネオフォビック」(neophobic 新しもの嫌い)な動物とは、スペシャリスト・タイプを指す。生存のために特別な方法を編み出してほかの方法には目もくれず、それに従って生きるパターンを発達させる動物だ。たとえばアリクイは、アリを探し出して食べるのに［b］群の才能を発揮する。周囲のどの動物より、体の構造や行動が「アリを食う」という行為に向いているのだ。これほどの数のアリを、これほど短時間に食い尽くす動物もほかにいないだろう。それはそれで結構だ、アリが存在するかぎりは……。だが、ひとたびこの食糧源に変事が起こると、アリクイは即、アリたち同様、古代の［c］物と化す。専門技の発揮できないスペシャリストに未来はない。

それに対して、ネオフィリック・タイプは断固たる非スペシャリスト指向である。飽くことなく探究を続け、環境の中で自分に有利になるものはないかと気を配っている。絶えずあくせく動きまわり、何が起ころうとその機会を活用する準備もぬかりなく、時に応じて自分を変えていく。

▼これが、つまり、ヒトの成功の秘訣なのである。われわれこそ、究極のスペシャリストなのだ。何ごとも試してみる気がある以外に、とりたてて得意とすることはひとつもない。とんでもない高

2019年度／慶應義塾志木高等学校

英語解答

Ⅰ 問1　1　read　2　showed
3　increased　4　hear
5　left　6　change
7　rang　8　reached
9　chose　10　shook

問2　exciting　問3　in

問4　5

問5　その女性が話したがっているのは明らかだった

問6　means I can use my ticket to travel

問7　ア…4　イ…2　ウ…1　エ…3

問8　6

Ⅱ 問1　1　arrive　2　named
3　kept　4　earn
5　taught　6　encouraged
7　focus　8　sent

問2　ア・エ　of　イ・オ　with

問3　3　問4　4

問5　赤ん坊を他の家族と暮らすように送り出すことは奇妙に聞こえるかもしれない

問6　felt it would be easier for their youngest children to return home

問7　(Ⅳ)…1　(Ⅴ)…4

問8　another　問9　3，6

Ⅲ ア　2　イ　4　ウ　4　エ　4
オ　1　カ　2　キ　3　ク　2
ケ　3　コ　3

Ⅳ 1　d　2　b　3　c　4　a
5　c　6　b　7　d

Ⅴ 1　hand　2　stomach　3　face
4　eye　5　foot　6　back
7　heart　8　head

Ⅰ〔長文読解総合―物語〕

≪全訳≫❶今や列車は飛ぶような速さで走っていた。建物，野原，木は全てあっという間に過ぎ去るようだった。橋が窓のそばを勢いよく通過した。それから駅が。ケンは駅名を見ようと窓ガラスに顔を近づけたが，あまりにも速く走っていたので読めなかった。ケンは，世界的に有名な日本の超特急列車である新幹線よりも速いんじゃないかと思った。彼はドアの上にある小さな画面を見上げた。そこには速度が表示されていたからだ。時速294キロ！　彼はその数字がゆっくりと増えるのを見た。296…298…。突然それは表示された。時速301キロ！　そう，それはわくわくする話だった…❷そのとき，彼はもう1度気がついた。確かにそうだ，でもいったい誰に話すのか？　1か月前なら――2週間前でもいい――彼はマユミにメッセージを送っただろう。だが，別れてからは，彼女は彼からの連絡を嫌がった。「メッセージは送らないでね，返信しないから」と彼女は彼に怒って言った。「携帯電話の待ち受け画面が私よりもユキの写真の方がいいなら，それでけっこうよ。もう私があなたの彼女だなんて思わないでね！」❸ケンは再び悲しそうに窓から外を見た。彼らはどこにいたのか？　ベルギーを離れて今はドイツだということはわかっていた。彼は前の駅を出る直前に表示を見たからだった。でも，次はどの市だったろう？　ケルンだったっけ？　ケルンでケンは列車を乗り換えなければならなかった。彼は向かいに座っている中年女性に尋ねた方がいいかなと思った。でも，そうしないでおこうと決めたちょうどそのとき，列車がある村をあっという間に通り過ぎると，その女性が突然英語で彼に話しかけてきた。

❹「まあ！」と彼女は言った。「私の村だわ！　あと１時間で家に着くわね。ケルンまでほんの10分だわ！」❺ケンは行儀よくほほ笑んだ。女性はじっとしていられないようだった。❻「でも，あなたこそ故郷からはるばる来てるわよね…」と彼女は続けた。「あなたは日本人？」❼ケンはうなずいた。彼はあまり話したい気分ではなかったが，その女性が話したがっているのは明らかだった。「はい」と彼は言った。「でも，イングランドで勉強しています。１年間の海外留学プログラムに参加しているんです。今は夏休みです」❽「すばらしいわね！　それで，どこに行くの？」と彼女は続けた。❾「ベルリンです。インターレイルチケットを持っているんです」とケンが答えると，彼女が困惑した表情を見せたので，説明した方がいいと彼は思った。「つまり，僕はこの切符を使ってヨーロッパのどこへでも列車で行けるということなんです。ベルリンが僕の最初の停車駅です」❿「わくわくするわね！　C でもあなたは一人旅ね。とても勇気があるわね」⓫ケンはちょっとためらった。「友達が…」と彼は話し始めた。「友達が…来られなかったんです」⓬「まあ，それは残念ね」と女性は答えた。彼女が何か他のことを言いかけたとき，彼女の携帯電話が鳴った。彼女は躍起になってかばんの中を探し，それから電話で大きな声でドイツ語の会話を始めた。⓭ケンは自分の本を手に取った。それはアメリカの冒険物語で――英語の練習のために持ってきたのだ――とてもわくわくするものだった。だが，今は読めなかった。彼はその女性にたった今話したことについて悲しく思った。それは事実というわけではなかった。本当は，彼とマユミは一緒に休暇を過ごす計画を立てていたが，口げんかの後，全てが変わってしまったのだ。彼らはいつもとても幸せだったので，一緒にいた。イングランドで彼女は同じコースにいて，彼らは最初の週に出会った。それに彼らは口論をしたことなど１度もなかった。それなのに犬にやきもちを焼くなんて！　どうかしてるよ！⓮ケンはポケットに手を突っ込んで，自分の携帯電話を取り出した。簡単な動作で携帯電話を開けて，画面が動き出すのを見た。しばらくの間，彼はスクリーンセーバー――電話の電源を入れると現れる写真――を見た。それはユキ，飼い犬で12歳の美しいゴールデン・レトリーバーで，世界一すばらしい犬の写真だった。それから，彼は画面横にあるメニューから「私の写真」を選んだ。ほとんど瞬時にマユミの写真が現れた。それは彼のお気に入りの彼女の写真――彼女の誕生日に彼女を連れていったレストランで撮ったもの――だった。彼女はとても幸せそうでとても美しかった！　ケンは首を横に振り，すぐに犬の写真に戻った。

問１＜適語選択・語形変化＞１．列車の速度が速すぎて駅の名前が読めなかったのである。to不定詞なので原形のread。　２．直前のwhichは主格の関係代名詞。先行詞はthe small screenで「小さな画面は速度を表示した」と考える。過去の内容なので過去形showedにする。　３．直前のtheyはthe numbersを指す。直後の296 ... 298 ...からわかるように，数字がゆっくりと増えている。過去形increasedにする。　４．hear from ～「～から連絡をもらう」　to不定詞なので原形のhear。　５．「ベルギーを離れて今はドイツだということはわかっていた」とすると文意が通る。直前のthey'dはthey had。'had＋過去分詞'の過去完了形なので，過去分詞にする。　leave－left－left　６．change trains「列車を乗り換える」　to不定詞なので原形のchange。　７．直後の文の内容から「彼女の携帯電話が鳴った」と判断できる。　ring－rang－rung　８．直後のinto his pocketから「ポケット(の中)に手を入れた」という意味になると考えられる。reachには「手を伸ばす」という自動詞の意味がある。　９．この後，マユミの写真を見ているので，メニューから「私の写真」(というフォルダ)を選んだのだと判断できる。

choose－chose－chosen　　10. shake ～'s head「首を横に振る」　shake－shook－shaken

問２＜適語補充＞この文の主語 that は列車の時速が300キロに達したことを指している。列車の時速がだんだん上がっていくことにケンが興奮している様子から，「それはわくわくする(話すべき)ことだった」とする。第10段落第１文，第13段落第２文に exciting がある。

問３＜適語補充─共通語＞Bには「(今から)～後に」という意味で，Dには「～の中に〔で〕」という意味で前置詞 in が入る。

問４＜適文選択＞直後で女性は「それはとても勇気がある」と言っており，また，ケンも「友達が…来られなかったんです」と言っていることから，一人旅をしているという５が適切。

問５＜英文和訳＞'It is ～ (that) …'「…であることは～」の形式主語構文。文末の did は，動詞(＋語句)の繰り返しを避けるために用いられる代動詞で，ここでは直前の feel like talking を受けている。　feel like ～ing「～したいような気がする」

問６＜整序結合＞「つまり，～ということなんです」は That means ～. で表せる。後に続く文は「僕はこの切符を使える」→ I can use my ticket が文の骨組み。残った語句を副詞的用法の to 不定詞で to travel とまとめると後ろの anywhere in Europe につながり「ヨーロッパのどこへでも列車で行く」という意味になる。　That means I can use my ticket to travel anywhere in Europe.

問７＜適語選択＞ア．not ～ any more「もはや～ない」　イ．先行詞を含む関係代名詞で「～するもの〔こと〕」という意味の what が適切。　ウ．turn on ～「～の電源を入れる」　エ．直前の先行詞 the restaurant は'場所'を表し，直後に he'd taken her と完全な文が続いているので，関係代名詞 which ではなく関係副詞 where が適切。

問８＜内容真偽＞１…×　このような記述はない。　２…×　第３段落最終文参照。外国人女性がケンに話しかけた。　３…×　このような記述はない。　４…×　このような記述はない。　５…×　「愛犬のことなどすっかり忘れてしまっていた」という記述はない。　６…○　第２，13，14段落の内容に一致する。　７…×　第13段落および最終段落参照。マユミは，ケンが愛犬ユキの写真を待ち受け画面に設定していたことに腹を立てたのである。

Ⅱ〔長文読解総合─伝記〕

≪全訳≫❶ジョージ・オースティンは，ロンドンから約50マイル西に位置する小さな村，スティーブントンの教区を管理していた。彼と妻のカサンドラは，11月に７番目の子どもが生まれる予定だった。だが，赤ん坊は1775年12月16日まで生まれなかった。彼らは彼女をジェーンと名づけた。❷イングランド南部は，1775年の冬は非常に寒くて雪が多かった。厳しい天候のため，オースティン家の子どもは屋内にいた。だが，ジェーンの兄弟姉妹──ジェームズ，ジョージ，エドワード，ヘンリー，カサンドラ，フランシス──は一緒に遊べるもう１人の赤ん坊ができてうれしかった。そして，オースティン家は，もうすぐ３歳になるカサンドラに妹ができたことがうれしかった。❸スティーブントンに春が訪れると，ジェーンは村の里親の家族と暮らすために預けられた。別の家族と暮らすために赤ん坊を送り出すことは奇妙に聞こえるかもしれないが，当時はこれが普通だった。ジェーンの兄姉も全員，幼い頃に家を出て他の家族と暮らした。とりわけ，家がすでにとても混み合っていたので，(Ⅲ)ジェーンの両親は，一番幼い子どもたちにとってはもっと大きくなったときに家に戻る方がいいだろうと思っていた。❹ジョージ・オースティンはまた，自宅を学校として利用していた。彼は家族を養うお金を稼ぐために生徒に教えていた。8月から12月と2月から6月まで，オースティン家には一緒に暮らす生徒がいた。ジョージ・オースティンは彼らにラテン語，ギリシャ語，地理，科学を教えた。生徒たちは全員男子だったが，家の最上部にある屋根裏部屋で寝た。ジェーンの父親は牛や羊や鶏も飼っており，増え続ける家族を養うために副収入を稼いでいた。❺ジェーンが3歳になるまでには，彼女は再び家族と暮らしており，弟のチャールズが生まれていた。だから，オースティン家は人でいっぱいでうるさかった。それでも，大金はなかったが，そこは幸せで居心地の良い場所だった。書斎にはジョージの本がいっぱいあり，ジェーンは多くの時間をそこで本を読んで過ごした。家族もお互いに声を出して読み合った。そして，ジェーンの両親は自分たちの子どもとジョージ・オースティンの生徒たちに寸劇――娯楽のための短い公演――を書いて上演するよう勧めた。❻当時，女子を学校へ通わせることは一般的ではなかった。大半の人々がそれは時間とお金の無駄だと思っていた。女子は裁縫，歌，音楽の演奏を学んだ。彼女たちは成長したら，礼儀をわきまえ，結婚をして，良い妻になる準備をすることに重点的に取り組むことを期待されていた。だが，ジェーンの姉のカサンドラは10歳だった1783年の春に，オックスフォードの寄宿学校に送り込まれた。ジェーンと姉はとても仲が良かったので，ジェーンは両親に自分も寄宿学校へ行かせてもらうように頼んだ。

問1＜適語選択・語形変化＞1．文頭に‘逆接’のbutがあるので，「赤ん坊は1775年12月16日まで生まれなかった」という意味になるとわかる。arriveには「(赤ん坊が)生まれる」という意味がある。　2．‘name＋*A*＋*B*’「*A*を*B*と名づける」　過去の内容なので過去形namedにする。　3．厳しい天候により外に出られなかったと考えられる。‘keep＋目的語＋～’で「…を～(の状態に)しておく」。　keep－kept－kept　4．生徒に教えていたのはお金を稼ぐため。　earn「(お金など)を得る」　to不定詞なので原形のearn。　5．‘teach＋人＋物事’で「〈人〉に〈物事〉を教える」。teach－taught－taught　6．‘encourage＋人＋to不定詞’で「〈人〉に…するように励ます，勧める」。　7．focus on ～で「～に重点的に取り組む」。to不定詞なので原形のfocus。　8．前後の内容から「オックスフォードの寄宿学校に送り込まれた」のだと判断できる。‘be動詞＋過去分詞’の受け身形で表す。　send－sent－sent

問2＜適語補充―共通語＞ア・エ．アはwest of ～「～の西(部)」，エはall of ～「～の全て」。イ・オ．イはplay with ～「～と遊ぶ」(to不定詞の形容詞的用法で‘～’の部分が前に出た形)，オはbe filled with ～「～でいっぱいである」。

問3＜数字の読み方＞英語の年号は一般に，上2けたと下2けたを区切って読む。

問4＜適語選択＞第1段落最終文より，新たに生まれた赤ん坊は女の子であることがわかる。第2段落第3文にある兄弟姉妹の名前を見ると，カサンドラ以外は皆男性名なので，カサンドラに姉妹ができてうれしかったのである。

問5＜英文和訳＞文の動詞はmight sound。Sending ～ familyまでが主部となっている。Sendingは動名詞で，to liveは副詞的用法のto不定詞。よって，この部分は「別の家族と暮らすために赤ん坊を送り出すこと〔＝預けること〕」という意味になる。mightは助動詞で「～かもしれない」，‘sound＋形容詞’は「～のように聞こえる，思える」。

問6＜整序結合＞文脈から過去の文だと考えられるので，Jane’s parents feltとする。残った語群の

to, easier for, it から，‘It is ～ for … to —’「…が〔…にとって〕—することは～だ」の形式主語構文が felt の後に続くと推測できる（接続詞の that が省略された形）。語群には is がないが，未来を表す will be が時制の一致で it would be ～となると判断できる。残った語群と文脈から，「一番幼い子どもたちにとって（彼らが大きくなったときに）家に戻る方がいい」という意味になると判断できるので，it would be easier for their youngest children to ～と続ける。「家に戻る」は return home。 Jane’s parents felt it would be easier for their youngest children to return home ...

問７＜単語の発音＞

⑷ crowded[au]　1．owl[au]　2．own[ou]　3．crow[ou]　4．grow[ou]

⑸ sew[ou]　1．shoot[uː]　2．chew[uː]　3．eve[iː]　4．loan[ou]

問８＜適語補充＞one another で「お互い」。read out loud は「声を出して読む」。第２段落第３文，第３段落第２文に another がある。

問９＜内容真偽＞１．「オースティン家にはカサンドラが２人いた」…○　第１段落第２文，第２段落第３文参照。ジェーンの母親と姉の名前がカサンドラである。　２．「当時の人々は，女子は良い妻になる能力を身につけることが必要だと思っていた」…○　最終段落第４文の内容と一致する。　３．「牛や羊や鶏を飼うことは，オースティン家が生き抜くのに全く役に立たなかった」…×　第４段落最終文参照。　４．「ジェーンの誕生日は12月16日だ」…○　第１段落第３，４文参照。 ‘not ～ until …’「…まで～しない，…になって初めて～する」　５．「10月に生徒たちはオースティン家と暮らした」…○　第４段落第３文の内容と一致する。　６．「オースティン家で勉強する女子生徒が何人かいた」…×　第４段落第５文参照。全員男子生徒だった。　７．「末の息子のチャールズには，カサンドラとジェーンという２人の姉がいた」…○　第２段落第３文，第５段落第１文参照。

Ⅲ〔長文読解—適語（句）・適文選択—説明文〕

≪全訳≫❶セント・アンドリュースという小さな町はスコットランド東部の海の隣にある。そこはゴルフでとても有名だ。1500年代，あるいはおそらくそれ以前に，人々はそこでゴルフをし始めた。今では，そこでプレーするために世界中からゴルファーがやってくる。❷セント・アンドリュース大学は大変古い。それは1413年に最初に開校されたスコットランド最古の大学で，イギリスではオックスフォードとケンブリッジに次いで３番目に古い。そこには8000人以上の学生がいる。❸ウィリアムとケイトは同じ建物に住み，美術史の学生で，共通の友人がいた。2002年３月，ケイトは大学のファッションショーに出場し，ウィリアムと友人は見に行った。すてきなドレスを身につけた女子学生が行ったり来たりした。ケイトは最初，きれいな色のジャンパーを着て登場したが，その後，彼女はとても刺激的な黒いドレス姿で出てきた。彼女はすばらしかった！（2011年に，そのデザイナーはドレス代として７万8000ポンドを受け取った！）　まもなく，ウィリアムとケイトは友達になった。後に，ウィリアムは「オ僕たちは最初，１年以上は友達だった」と言った。❹２年生になると，多くの生徒は大学には住まない。町にアパートや一軒家を見つけてそこで一緒に住むのだ。2002年，ウィリアムと友人はそうした。４人の友人はアパートを掃除して，料理をした。ときどき，ウィリアムはそこでケイトのために夕食を料理し始めることもあったが，うまくいかないことがたびたびあり，そのときはケイトが彼らのために料理を仕上げた。❺2003年の夏，ケイトは21歳で，ウィリアムはバークシャーにある彼女の両親の家でのパーティーへ行った。セント・アンドリュース出身の他の友達もそこにいた。その後，チャールズ皇太子がウインザー城でウィリアムの21歳の誕生日を祝って「アフリカン」パーティーを開いた。それはスーツやスピーチが求められる公式のパーティーではなかった。招待客はアフリカの衣装を身につけて，アフリカ人音楽家が彼らのために演奏した。ケイトは招待客の１人としてパーティーに招かれた。❻2003年９月，彼らの大学３年生が始まった。そのとき，ウィリアムはバルゴーブハウスと呼ばれる田舎の一軒家へ引っ越した。そこは町や大学から離れていなかったが，カメラマンやレポーターからは離れた静かな場所だった。❼それから2004年３月に，ウィリアムとケイトはそろってニュースになった。彼らは友人やウィリアムの父親のチャールズ皇太子と，スイスのクロスタースにスキー休暇へ行った。すぐに，世界中の新聞がケイトと一緒にいるウィリアムの写真を載せた。今や，誰もが「$_{ク}$ケイト・ミドルトンとは誰か」を知りたがった。新聞は「ウィルとケイト」をカップルとして書き始めた。❽2004年の９月は，セント・アンドリュースでの最終学年の始まりだった。結婚式やパーティーでケイトを同伴しないウィリアムの写真がしばしば見られた。彼女は王室の一員ではなかったので，いつも彼に同行することはできなかったのだ。だが，彼らは恋人どうしだった。❾それから2005年６月に，彼らはセント・アンドリュースを卒業した。女王，フィリップ殿下，チャールズ皇太子の全員が特別な儀式のためにスコットランドへ赴いた。ケイトの両親もそこにいたが，両家が顔を合わせることはなかった。❿それがウィリアムとケイトの幸せな大学生活の終わりだった。だが，この若い２人はその後どうなったのだろうか。

ア．next to ～で「～の隣に」。　イ．be famous for ～で「～で有名だ」。　ウ．直後に「イギリスではオックスフォードとケンブリッジに次いで」とあるので「３番目に古い」となる。「～番目に…な」は‘the＋序数＋最上級’の語順で表せる。　エ．この後にある and が何をつないでいるかを考える。‘*A*, *B*, and *C*’(lived ..., were ..., and had ...)の形で動詞をつないでいる文なので動詞の were が適切。　オ．直前の文に「まもなく，ウィリアムとケイトは友達になった」とあり，その後を読み進めると，しばらくの間は友人関係が続いていたことがわかる。ファッションショーがあったのが2002年３月で，第７，８段落より大学４年生になる2004年９月前後には恋人どうしになっていることがわかるので，２.「彼女(ケイト)と恋に落ちるまで少なくても３年かかった」は不適切。カ．go wrong で「(物事が)うまくいかない」。　キ．ケイトがウィリアムの誕生パーティーに招待されたのは，「招待客の１人」としてだと考えるのが自然。この段階ではまだ恋人どうしかも明らかにされていないので，２の「ウィリアムの婚約者」は不適切。fiancé は「婚約者」。　ク．2004年３月にウィリアムとケイトはニュースになり，皆がケイトに関心を持ったことが読み取れる。
ケ．「いつも彼に同行することができなかった」という意味になるが，always は通常，助動詞と動詞の間に置く(否定文の場合は not の後)ので，３が適切。　コ．空所前後が対照的な内容になっているので，‘逆接’を表す but が適切。

Ⅳ〔正誤問題〕

1．a…×　冠詞 a/an と my などの所有格は一緒に使うことはできないので，‘a(n)（＋形容詞＋）friend of＋所有代名詞’の形で an old friend of mine とする。「図書館で勉強しているとき，旧友の１人に会った」　b…×　look forward to ～「～を楽しみにして待つ」の to は前置詞なので後ろに動詞が続くときはto不定詞ではなく，動名詞(～ing)が続く。　「あなたに会えてうれしかった。すぐに連絡をもらえることを楽しみにしている」　c…×　「ナイフでパンを切る」はcut the bread with a knifeとなるのでthe breadの後のtoはwithにする。　「パンを切るのに使ったこのナイフはとてもよく切れる」　d…○　「なぜジョナサンが彼女と結婚したのか私にはさっぱりわからない」　marryは，「～と結婚する」という意味の他動詞。

2．a…×　during「～の間」は前置詞なので，後に文は続かない。duringを接続詞のwhile「～している間に」にする。　「私の姉〔妹〕は，ニューヨークに住んでいる間に英語が上達した」　b…○　「医者を呼びにやったとき，レイチェルは１週間病気だった」　c…×　「～を知っていますか」のようなYes/Noで答えられる疑問文では‘Do you know＋疑問詞＋主語＋動詞...?’という語順になる。　「その鳥は英語で何というか知っていますか」　d…×　withの後に分詞を単独で置くことはできない。WithをWhileに変え，While sleepingにする。この場合，Whileの後にI wasが省略されていると考える。　「寝ている間に，彼女のことを夢に見た」

3．a…×　‘pat ～ on the＋身体の一部’で「～の〈身体の一部〉を軽くたたく」という意味なのでinをonにする。　「彼女は優しく私の肩をたたいた」　b…×　placeとIの間に目的格の関係代名詞が省略された形なので，visitの後のitは不要。　「ここは私が長い間訪れたかった場所だ」　c…○　「私が初めてパリを訪れたのは約２年前だった」　‘It is ～ that …’の形の強調構文。　d…×　amongは原則「(３つ以上)の間で」なので，「(２つのもの)の間で」のBetweenにする。それに伴いbestをbetterにする。　「泳ぐのと走るのとでは走る方が好きだ」

4．a…○　「明日雨が降るかどうかわからないが，もし雨が降ったら私はそこへ行かない」　‘時’や‘条件’を表す副詞節の中では未来のことでも現在形で表すことに注意。　b…×　‘see〔hear, feel〕＋目的語＋動詞の原形’「～が…するのを見る〔聞く，感じる〕」の知覚動詞の構文を受動態で表すと，‘主語＋be動詞＋seen〔heard, felt〕＋to不定詞’と，‘動詞の原形’が‘to不定詞’に変わるのでseenの後にtoが必要。　「彼女は涙を浮かべて階段を上っている姿を見られた」　c…×　There is/are ～「～がいる，ある」の構文は原則，不特定の物や人に用いられるので，there is my bookをmy book isなどとする。　「なんで君の机に私の本があるのだろう」　d…×　rentは「(土地・建物・部屋など)を賃借り〔賃貸し〕する」という意味なので，rentedをlentまたはloanedにする。　「銀行は新車の購入のために彼にお金を貸した」

5．a…×　finishは目的語にto不定詞ではなく動名詞(～ing)をとる。　「ちょうどこの雑誌を読み終えたところだ」　b…×　untilは「～するまで(ずっと)」という意味。untilをbefore「～前に」にする。　「ベルが鳴る前には学校に着いた」　c…○　「外国語を習得するのに半年は短すぎる」　Six monthsのように形は複数形でも，それが単一のまとまった観念を表すときは単数扱いになる。また，‘too＋形容詞＋a/an＋名詞’の語順になっていることにも注意。　d…×　latelyは副詞で「最近，近頃」という意味。latelyをlateにする。　「わずかのところでバスに間に合わなかったので，学校に20分遅刻した」

6．a…×　「～へ向けて出発する」はleave for ～。toをforにする。　「私の父は昨夜仕事で東京からロンドンに行った」　b…○　「昨日，通りで私はアメリカ人に話しかけられた」　このように，speak to ～「～に話しかける」などの動詞句の受け身形は，過去分詞の後ろにその動詞句を構成する語(句)をそのままの順で置き，その後に「～によって」のbyを置く。　c…×　teachは学問などを教える場合に用いられる。道案内では使わない。teachをtellにする。　「駅までの道を教えてくれますか」　d…×　resembleは「～に似ている」という他動詞なのでtoは不要。なお，resembleは状態動詞なので通例進行形にはならないが，この文のようにmore and moreなどを伴って「だんだん，しだいに」という意味を表す場合は進行形になることにも注意。「ジョージは父親にますます似てきている」

7．a…×　'neither *A* nor *B*' で「*A*でも*B*でもない」。orをnorにする。　「あなたとヘンリーの2人ともが間違えたかは私にはわからない」　b…×　unlessは「～でないかぎり，～という場合を除いて」という意味で否定の意味が含まれているのでdon'tは不要。　「行きたいのでないなら，教会に行く必要はない」　c…×　womanとheの間に目的格の関係代名詞が省略されている。fall in love with ～で「～に恋をする」という意味なので，loveの後にwithが必要。「彼が恋した女性は1か月後に彼を振った」　d…○　whoseは所有格の関係代名詞。　「あなたが車を借りた男性の名前は何ですか」

V〔適語補充─共通語〕

1．ア．give ～ a big handで「～に盛大な拍手を送る」。　「彼に盛大な拍手を送ってください」　イ．at first handで「直接に，じかに」。「私はこの知らせを直接聞いた」

2．ア．don't have the stomach to ～で「～したくない，～するのを好まない」。　「私は店員に値引きしてくれるよう頼む気にならなかった」　イ．「ボディーブローを受けたとき，腹に鋭い痛みがあった」

3．ア．lose faceで「面目を失う，恥をかく」。　「彼が面目を失わないようにここは彼を支援しよう」　イ．keep a straight faceで「真顔でいる」。　「よく君は真顔でそんなばかげたことが言えるね」

4．ア．keep an eye on ～で「～から目を離さないでいる」。　「このスーツケースから目を離さないでください」　イ．have an eye for ～で「～を見る目がある」。「あなたは本当に絵を見る目がある」

5．ア．on footで「歩いて，徒歩で」。　「徒歩で学校へ行くとどのくらいかかりますか」　イ．from head to footで「頭のてっぺんからつま先まで，全身」。「彼は全身震えていた」

6．ア．behind ～'s backで「～の背後で，陰で」。「陰でケンの悪口を言ってはいけない」　イ．back and forthで「あちこちに，前後に」。　「彼女は旗を前後に振った」

7．ア．learn ～ by heartで「暗記して，そらで」。「彼は名簿の名前を全部暗記していた」　イ．from the bottom of ～'s heartで「～の心の底から，真に」。　「心の底から私はあなたを愛している」

8．ア．headには「(組織の)長」という意味がある。　「大企業の社長は多くの責任を負う」　イ．head off for ～で「～に向かって進む」。　「私たちはヘルシンキに向かうところだ」

2019年度／慶應義塾志木高等学校

数学解答

1 (1) $3\sqrt{6}$　(2) 11　(3) 271個

(4) $\dfrac{55}{84}$

(5) $(x,\ y)=(1,\ 5),\ (4,\ 3),\ (7,\ 1)$

2 (1) $S=\sqrt{3}x$　(2) 3, 9, 15, 21

3 (例)AP上にQP＝CPとなる点Qをとり，点Qと点Cを結ぶ。△AQCと△BPCにおいて，仮定より，AC＝BC……①，∠ABC＝∠ACB＝60°……②　$\overset{\frown}{PC}$に対する円周角より，∠QAC＝∠PBC……③　また，$\overset{\frown}{AC}$に対する円周角より，∠QPC＝∠ABC……④　②，④より，∠QPC＝60°……⑤　QP＝CP……⑥　⑤，⑥より，∠PCQ＝∠PQC＝60°……⑦　②より，∠ACQ＝60°－∠QCB……⑧　⑦より，∠BCP＝60°－∠QCB……⑨　⑧，⑨より，∠ACQ＝∠BCP……⑩　①，③，⑩より，1組の辺とその両端の角がそれぞれ等しいから，△AQC≡△BPC　よって，AQ＝BP……⑪　⑥，⑪より，AQ＋QP＝BP＋CPだから，AP＝BP＋CP

4 (1) $(-6,\ 9)$　(2) 30

(3) $y=2x+1$　(4) 1

5 (1) $2\sqrt{6}$　(2) $7\sqrt{7}$

6 $\dfrac{7}{2}$

1 〔独立小問集合題〕

(1)<式の値>与式$=x^2+2\sqrt{2}xy+2y^2+y^2+3x+2\sqrt{3}y+3=(x^2+2\sqrt{2}xy+2y^2)+(y^2+2\sqrt{3}y+3)+3x=(x+\sqrt{2}y)^2+(y+\sqrt{3})^2+3x$と変形できる。$x$，$y$の値を代入すると，与式$=\{(\sqrt{6}-1)+\sqrt{2}(\sqrt{2}-\sqrt{3})\}^2+\{(\sqrt{2}-\sqrt{3})+\sqrt{3}\}^2+3(\sqrt{6}-1)=(\sqrt{6}-1+2-\sqrt{6})^2+(\sqrt{2}-\sqrt{3}+\sqrt{3})^2+3\sqrt{6}-3=1^2+(\sqrt{2})^2+3\sqrt{6}-3=1+2+3\sqrt{6}-3=3\sqrt{6}$となる。

(2)<式の値>$(\sqrt{3}+\sqrt{5})^2=3+2\sqrt{15}+5=8+\sqrt{60}$であり，$\sqrt{49}<\sqrt{60}<\sqrt{64}$より，$7<\sqrt{60}<8$だから，$8+7<8+\sqrt{60}<8+8$，$15<(\sqrt{3}+\sqrt{5})^2<16$である。よって，$(\sqrt{3}+\sqrt{5})^2$の整数部分は15だから，小数部分$x$は$x=(8+\sqrt{60})-15=\sqrt{60}-7$である。これより，$x^2+14x=x(x+14)=(\sqrt{60}-7)\{(\sqrt{60}-7)+14\}=(\sqrt{60}-7)(\sqrt{60}+7)=60-49=11$となる。

(3)<整数の性質>1けたの数を001，002，……，2けたの数を010，011，……のように考えると，0から999までの1000個の整数は000，001，002，……，999となる。このとき，数字の3が使われていない整数の各位の数字は0，1，2，4，5，6，7，8，9の9個のいずれかだから，数字の3が使われていない整数は$9\times9\times9=729$(個)ある。よって，数字の3が使われている整数は$1000-729=271$(個)ある。

(4)<確率—色球>3個の赤球を赤1，赤2，赤3，2個の白球を白1，白2，4個の青球を青1，青2，青3，青4とする。9個の球から1個ずつ続けて3回取り出すとすると，1回目は9通り，2回目は8通り，3回目は7通りより，取り出し方は$9\times8\times7$通りとなるが，同時に取り出すときは順序を問わないので，例えば，赤1，赤2，赤3の3個の球を取り出すときの取り出し方$3\times2\times1$通りは同じ取り出し方となり，1通りとなる。他の3個の球の組についても同様だから，9個の球から3個を同時に取り出すときの取り出し方は，全部で$\dfrac{9\times8\times7}{3\times2\times1}=84$(通り)ある。このとき，取り出した3個の球の色は，1色か2色か3色である。1色となる取り出し方は，(赤1，赤2，赤3)，(青1，青2，青3)，(青1，青2，青4)，(青1，青3，青4)，(青2，青3，青4)の5通りある。また，3色となるのは赤球と白球と青球を1個ずつ取り出すときだから，取り出し方は$3\times2\times4=24$(通り)ある。よって，2色となる取り出し方は84－5－24＝55(通り)だから，求める確率は$\frac{55}{84}$である。

(5)＜数の性質─文字式の利用＞8％の消費税を加算した税込総額が2019円なので，$2019\div\left(1+\frac{8}{100}\right)=1869.4\cdots$より，税込総額が2019円となるときの商品の合計額は1870円となる。1個220円の商品Aをx個，1個330円の商品Bをy個買うときの商品の合計額は$220x+330y$円だから，$220x+330y=1870$が成り立つ。これより，$2x+3y=17$となる。これを満たす自然数x，yの組は，$(x,\ y)=(1,\ 5)$，$(4,\ 3)$，$(7,\ 1)$の3組である。

2 〔関数─関数と図形・運動〕

≪基本方針の決定≫(1)　特別な直角三角形の辺の比を利用する。

(1)＜面積─特別な直角三角形＞4÷1＝4より，点Pは4秒後にBに着くから，$0<x\leqq4$のとき，点Pは辺AB上にあり，$AP=1\times x=x$である。右図1で，点Pから線分ADに垂線PGを引く。△OABは正三角形だから，$OA=AB=4$，$\angle OAB=60^\circ$であり，△GAPは3辺の比が$1:2:\sqrt{3}$の直角三角形だから，$PG=\frac{\sqrt{3}}{2}AP=\frac{\sqrt{3}}{2}x$である。よって，$\triangle OAP=\frac{1}{2}\times4\times\frac{\sqrt{3}}{2}x=\sqrt{3}x$より，$S=\sqrt{3}x$となる。

図1

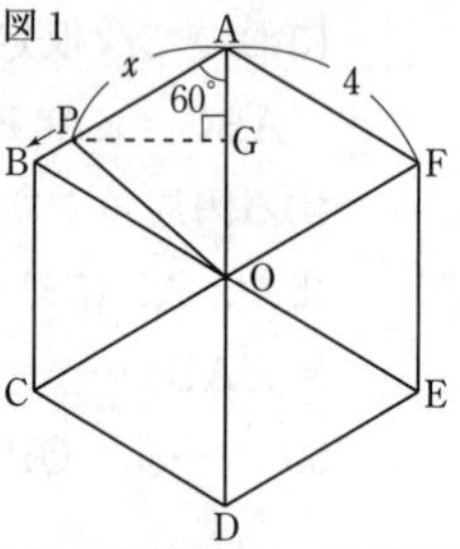

(2)＜時間─特別な直角三角形＞$0<x\leqq4$のとき，$S=3\sqrt{3}$とすると，(1)より，$3\sqrt{3}=\sqrt{3}x$，$x=3$となる。$0<x\leqq4$だから，適する。右図2で，このときの点PをP_1とする。$x=4$のとき，$S=4\sqrt{3}$であり，BC∥AOだから，点Pが辺BC上にあるとき，$S=3\sqrt{3}$となることはない。次に，P_1P_2∥AOとなるように辺CD上に点P_2をとると，P_1P_2∥AOより，$\triangle OAP_2=\triangle OAP_1=3\sqrt{3}$となる。このとき，$DP_2=AP_1=3$となるから，$AB+BC+CP_2=4\times3-3=9$となり，$x=9\div1=9$である。正六角形ABCDEFは直線ADについて対称だから，点P_2，点P_1と直線ADについて対称な点をそれぞれP_3，P_4とすると，$\triangle OAP_3=\triangle OAP_4=3\sqrt{3}$となる。$DP_3=AP_4=3$だから，$AB+BC+CD+DP_3=4\times3+3=15$，$AB+BC+CD+DE+EF+FP_4=4\times6-3=21$だから，$x=15$，21となる。以上より，$x=3$，9，15，21である。

図2

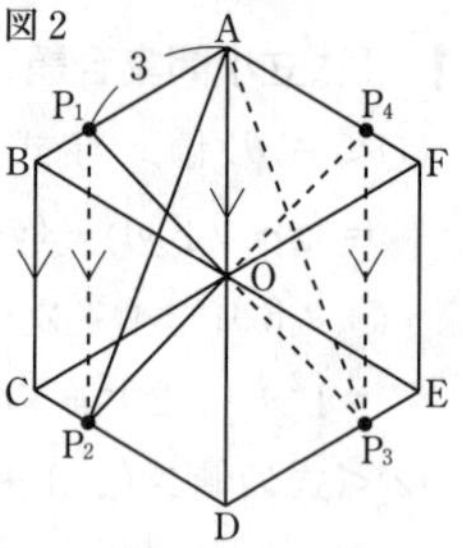

3 〔平面図形─正三角形と円─論証〕

右図で，AP上にQP＝CPとなる点Qをとる。△AQCと△BPCが合同であることが示せれば，AQ＝BPとなり，AP＝AQ＋QP＝BP＋CPとなる。解答参照。

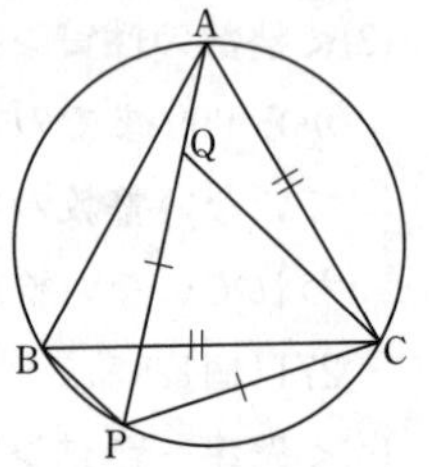

4 〔関数─関数$y=ax^2$と直線〕

≪基本方針の決定≫(3)　線分PQの垂直二等分線の傾きと，直線lの傾きの関係に着目する。

(4)　直線mと線分PQの垂直二等分線との交点に着目する。

(1)＜交点の座標＞右図1で，点Pは放物線$y=\frac{1}{4}x^2$上にあってx座標は4だから，$y=\frac{1}{4}\times4^2=4$より，P(4, 4)である。また，直線lの傾きは$-\frac{1}{2}$だから，その式は$y=-\frac{1}{2}x+b$とおける。これが点Pを通るから，$4=-\frac{1}{2}\times4+b$が成り立ち，$b=6$となる。よって，直線lの式は$y=-\frac{1}{2}x+6$である。

図1

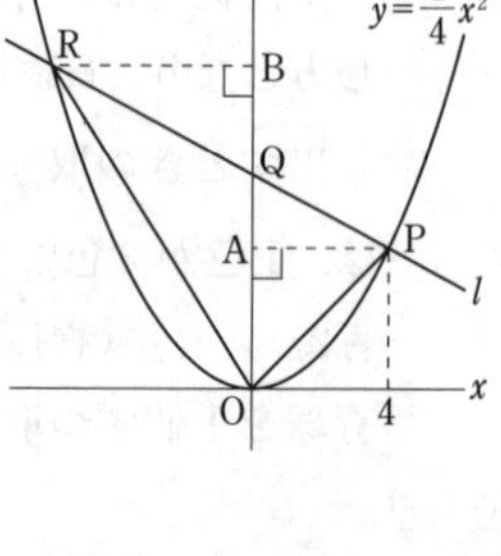

点Rは放物線$y=\frac{1}{4}x^2$と直線$y=-\frac{1}{2}x+6$との交点だから，$\frac{1}{4}x^2=-\frac{1}{2}x+6$より，$x^2+2x-24=0$，$(x+6)(x-4)=0$　$\therefore x=-6,\ 4$　よって，点Rのx座標は-6であり，$y=\frac{1}{4}\times(-6)^2=9$となるから，R$(-6,\ 9)$である。

(2)＜面積＞前ページの図1のように，2点P，Rからy軸にそれぞれ垂線PA，RBを引く。直線lの切片は6よりOQ$=6$であり，2点P，Rのx座標はそれぞれ4，-6だから，PA$=4$，RB$=6$である。よって，$\triangle$OPR$=\triangle$OPQ$+\triangle$ORQ$=\frac{1}{2}\times6\times4+\frac{1}{2}\times6\times6=30$となる。

図2

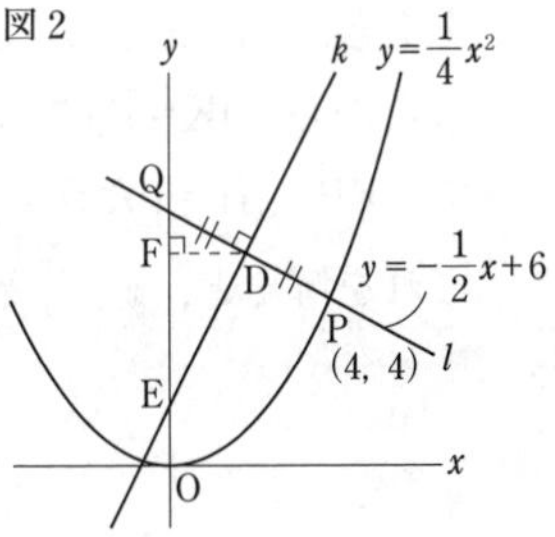

(3)＜直線の式＞右図2のように，線分PQの中点をD，線分PQの垂直二等分線(kとする)とy軸の交点をEとし，点Dからy軸に垂線DFを引く。$\angle$QFD$=\angle$DFE$=90^\circ$，$\angle$FQD$=\angle$FDE$=90^\circ-\angle$QDFより，$\triangle$QFD$\backsim\triangle$DFEだから，$\frac{\mathrm{QF}}{\mathrm{DF}}=\frac{\mathrm{DF}}{\mathrm{EF}}$である。直線$l$の傾きが$-\frac{1}{2}$であることより，$\frac{\mathrm{QF}}{\mathrm{DF}}=\frac{1}{2}$だから，$\frac{\mathrm{DF}}{\mathrm{EF}}=\frac{1}{2}$となり，$\frac{\mathrm{EF}}{\mathrm{DF}}=\frac{2}{1}=2$である。これより，直線$k$の傾きは2だから，その式は$y=2x+c$とおける。P$(4,\ 4)$，Q$(0,\ 6)$より，点Dの$x$座標は$\frac{4+0}{2}=2$，$y$座標は$\frac{4+6}{2}=5$となり，D$(2,\ 5)$である。直線$k$は点Dを通るから，$5=2\times2+c$より，$c=1$となる。よって，求める直線の式は$y=2x+1$である。

図3

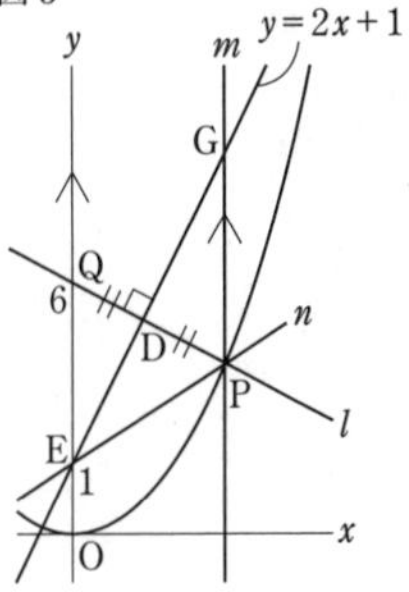

(4)＜交点の座標＞右図3のように，直線$y=2x+1$と直線mとの交点をGとする。DP$=$DQ，$\angle$PDG$=\angle$QDE，$\angle$DPG$=\angle$DQEより，$\triangle$DPG$\equiv\triangle$DQEだから，DG$=$DEである。また，GE$\perp l$だから，2点G，Eは直線lについて対称である。直線nは，直線lを軸として直線mと対称だから，点Eを通る。つまり，直線PEが直線nであり，点Eが点Sである。点Eのy座標は1だから，点Sのy座標も1である。

5 〔平面図形—長方形〕

≪基本方針の決定≫折り返した辺の長さや角の大きさは，もとの辺の長さや角の大きさと等しい。

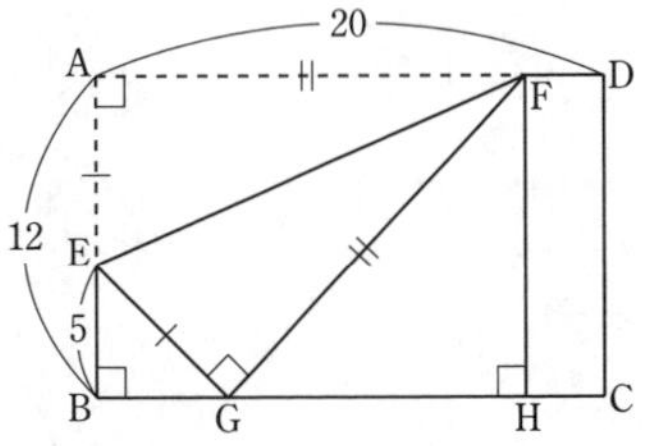

(1)＜長さ—三平方の定理＞右図で，EG$=$EA$=12-5=7$だから，$\triangle$EBGで三平方の定理より，BG$=\sqrt{\mathrm{EG}^2-\mathrm{EB}^2}=\sqrt{7^2-5^2}=\sqrt{24}=2\sqrt{6}$となる。

(2)＜長さ—相似＞右図で，点Fから辺BCに垂線FHを引く。$\triangle$GHFと$\triangle$EBGで，$\angle$GHF$=\angle$EBG$=90^\circ$である。また，$\angle$EGF$=\angle$EAF$=90^\circ$より，$\angle$FGH$=180^\circ-90^\circ-\angle$EGB$=90^\circ-\angle$EGBであり，$\triangle$EBGで，$\angle$B$=90^\circ$だから，$\angle$GEB$=180^\circ-90^\circ-\angle$EGB$=90^\circ-\angle$EGBである。よって，$\angle$FGH$=\angle$GEBだから，$\triangle$GHF$\backsim\triangle$EBGである。これより，GH：EB$=$HF：BGであり，HF$=BA=12$だから，GH：$5=12$：$2\sqrt{6}$が成り立つ。これを解くと，$2\sqrt{6}GH=5\times12$より，GH$=5\sqrt{6}$となる。したがって，AF$=BH=BG+GH=2\sqrt{6}+5\sqrt{6}=7\sqrt{6}$だから，$\triangle$AEFで三平方の定理より，EF$=\sqrt{\mathrm{AE}^2+\mathrm{AF}^2}=\sqrt{7^2+(7\sqrt{6})^2}=\sqrt{343}=7\sqrt{7}$となる。

6 〔空間図形—直方体〕

≪基本方針の決定≫直方体の対角線を含む平面は，直方体の体積を2等分することを利用する。

＜解説＞次ページの図のように，点Kを通り面ABCDに平行な平面と3辺DH，AE，BFとの交点をそれぞれL，M，Nとすると，面EIKJは直方体MNKL-EFGHの体積を2等分する。ここで，Aを含む立体とGを含む立体の体積比が5：3であるから，Aを含む立体の体積を$5V$，Gを含む立体の体積を$3V$とすると，〔直方体MNKL-EFGH〕$=3V\times2=6V$，〔直方体ABCD-MNKL〕$=(5V+3V)-6V=2V$となる。これより，〔直方体ABCD-MNKL〕：〔直方体MNKL-EFGH〕$=2V:6V=1:3$だから，CK：KG＝1：3である。よって，$\mathrm{KG}=\dfrac{3}{1+3}\mathrm{CG}=\dfrac{3}{4}\times8=6$となる。次に，点Iから辺CGに垂線IPを引き，$\mathrm{JH}=x$とおく。EI∥JK，IK∥EJより，四角形EIKJは平行四辺形だから，IK＝EJであり，IP＝EH，∠IPK＝∠EHJ＝90°だから，△KIP≡△JEHである。したがって，$\mathrm{KP}=\mathrm{JH}=x$だから，$\mathrm{KG}=\mathrm{KP}+\mathrm{PG}=\mathrm{KP}+\mathrm{IF}=x+(x+1)=2x+1$となり，$2x+1=6$が成り立つ。これを解くと，$x=\dfrac{5}{2}$となるから，$\mathrm{IF}=\dfrac{5}{2}+1=\dfrac{7}{2}$となる。

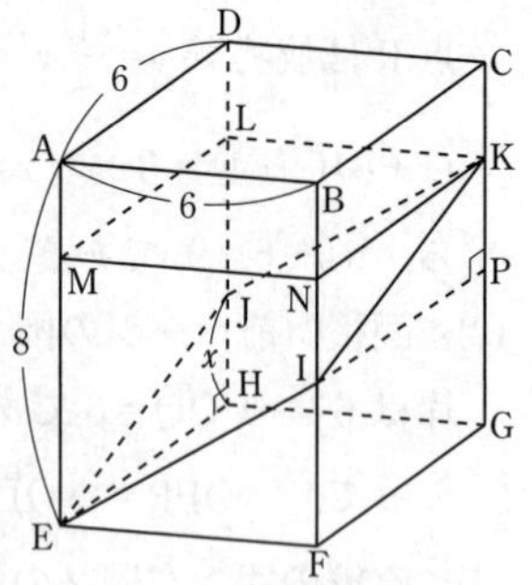

国語解答

一 問一 1 解剖 2 潜 3 軽業
4 冒 5 完璧
問二 a 無 b 抜 c 遺
d 孫繁 e 昇
問三 ア 差 イ 幸 ウ 機会
エ 墓場 オ 買
問四 スペシャリスト→オポチュニスト
問五 退屈な人間動物園である都市に適応するために，刺激に対する欲求を満たす困難を自らつくり出すところ。(48字)
問六 栄養は足りていても，周囲との交流から得られる慰めや触れ合いを十分には得られなかった，ということ。(48字)
問七 V…② W…⑤ X…③ Y…④
Z…①

二 問一 エ 問二 ア
問三 1 監禁 2 とって
3 ささや 4 厄介
5 苛〔過〕酷
6 あきち〔くうち〕 7 吸殻
8 びん 9 したく 10 親戚
問四 私 父 母 祖母 美津 母
志賀子 叔母
問五 X 瞬間自分の部屋の扉
Y 深夜の徘徊を封じる
問六 A 驕慢な E 目を凝らした
問七 わたしたちが思いも寄らぬこと
問八 a…オ b…ア c…エ d…イ
問九 仕事を始める「私」には，濃い茶の覚醒作用が必要だが，高齢の「母」には刺激が強すぎる，と判断したから。(50字)
問十 自分が死んだ後の仕事場は，このとおりだろう，というしみじみとした感慨。(35字)
問十一 母が，感覚的データをもとに自分だけの世界をつくり上げ，その中で生きていると考えると，母の自尊心の実体が，「私」にも理解できるように思えてきた，ということ。(77字)

一〔論説文の読解―自然科学的分野―人類〕出典；ライアル・ワトソン／内田美恵訳『ネオフィリア――新しもの好きの生態学』「はじめに」。

《本文の概要》ライオンは，スペシャリスト・タイプであり，トラは，オポチュニスト・タイプである。動物のほとんどは，ライオンのカテゴリーに入るが，人間は，トラ・タイプである。ヒトは，チャレンジを好み，刺激を求め，あえて我が身を危険にさらす。わかりやすくいえば，我々は，「ネオフィリック」，つまり新しもの好きなのであり，これがヒトの成功の秘訣なのである。デズモンド・モリスは，動物園と近代都市を比較し，都市は人間動物園だと言った。都市は，人間にとって本来不快な場所だが，都市の住人たちは，そんな環境に実にうまく対処している。人間は，必要もないような問題をつくり出しては，暇をつぶす。そうしなければ，退屈でしかたがないからである。もちろん，人間動物園は完璧ではなく，人間は，さまざまなストレスに悩まされている。とはいえ，新しもの好きだったおかげで，我々は，進化を遂げ，食物ばかりか，ほとんどあらゆる類いの思考と行動様式をものにしたのだから，差し引きすればプラスといえるだろう。

問一＜漢字＞1．生物の体を切り開いて，その構造や形態を調べること。 2．音読みは「潜水」などの「セン」。 3．体を身軽に動かして，危険な技を演じること。 4．音読みは「冒険」などの「ボウ」。 5．全く欠点がなく，完全であること。「璧」は，宝玉のこと。

問二＜語句＞a．「無為」は，何もしないで，ぶらぶらしていること。 b．「抜群」は，多くのものの中で，飛び抜けて優れていること。　c．「遺物」は，過去の時代から残されたもの。　d．「子孫繁栄」は，子や孫など後の世代の人々が栄えること。　e．「昇華」は，より高められた状態へと飛躍すること。

問三．ア＜慣用句＞「天と地ほどの差〔開き〕がある」は，非常に大きな差があることのたとえ。　イ＜慣用句＞「これ幸い」は，たまたま自分のしたかったことをするのに好都合な状況になった，という意味。　ウ＜慣用句＞「機を見るに敏」は，よい機会を見つけ出して，それを利用するのがすばやいさま。「機」を「機会」に，「敏」を「俊敏」に言い換えている。　エ＜ことわざ＞「揺り籠から墓場まで」は，社会福祉が行き届いている状態を表す標語で，生まれてから死ぬまで，という意味。　オ＜慣用句＞「歓心を買う」は，他者に気に入られようとする，という意味。

問四＜文章内容＞「われわれこそ，究極のスペシャリストなのだ」とあるが，これは誤り。「種としての人類はトラ・タイプになる傾向」があり，トラは，「オポチュニスト・タイプ」だから，人類は，オポチュニスト・タイプである。また，我々は，ネオフィリックであり，「ネオフィリック・タイプは断固たる非スペシャリスト指向」である。

問五＜文章内容＞近代都市は，「もともとネオフィリック」の人間にとっては，「基本的に退屈きわまりない場所」である。それは，近代都市が，「常に刺激を欲する人間の欲求を満たしてくれないから」である。そこで，人間は，「必要もないような問題」をあえてつくり出し，自分たちに困難を課すことで，「人間動物園」としての都市に適応しようとした。そのように，何の必要もない困難を生み出すために努力をするところが，「人間の人間らしいところ」なのである。

問六＜文章内容＞「ある雌のゾウ」には，「栄養バランスを考えた食事がちゃんと与えられてはいた」が，それだけでは，そのゾウが必要とした社会的なコミュニケーションは満たされなかった。ゾウというものは，周囲との「触れあい」を求め，そこから癒やしを得ようとするものだからである。

問七＜文脈＞Ｖ．人類は，いまだに「初期の環境のもと」で強いられてきた，生きるための「真剣かつ積極的な取り組み」をしなければならないと思い込み，「行動過剰が引き起こすさまざまな危険を負ったまま生活している」のである（…②）。　Ｗ．我々が，いまだに「せかせかと動きまわることをやめ」ず，「時には馬鹿げたことや不適切なことまでやって」しまうのは，人類が「ひとえに，何かするということは，たとえどんな行為であろうと，何もしないよりはましだと思っているから」である（…⑤）。　Ｘ．ネオフィリアには「さまざまなストレスに悩む」といった問題もあるが，「差し引き勘定すると，人間の進化にとって積極的かつ強力な推進力になったとはいえそう」である。もし，人間が「ネオフィリックでなかったら，われわれもライオン的な霊長類そのままの状態にとどまったこと」だろう（…③）。　Ｙ．もしかすると，石器時代から，ほとんど変わらない状態で満足していたかもしれず，「われわれはネオフィリックであったために，初期の肉食生活を脱して雑食生活への道を切り拓くことができた」のである（…④）。　Ｚ．進化の果てに，我々は，「食物ばかりか，ほとんどあらゆる類いの思考と行動様式をものに」した。そういう意味で，「われわれこそ，究極の『ネオフィル』（neophile）」なのである（…①）。

二〔小説の読解〕出典；井上靖『雪の面』。

問一＜文学史＞夏目漱石は，1867年生まれで，井上靖より40年早く生まれている。芥川龍之介は1892年，川端康成は1899年，太宰治は1909年，三島由紀夫は1925年に生まれている。

問二＜文学史＞『伊豆の踊子』は，川端康成の小説。『潮騒』は，三島由紀夫の小説。『トロッコ』は，芥川龍之介の小説。『走れメロス』は，太宰治の小説。『吾輩は猫である』は，夏目漱石の小説。

問三＜漢字＞１．人を一定の場所に閉じ込め，移動できないようにすること。　２．手で持ったり，つかんだりするために，家具や器物などに取りつけたもの。「はしゅ」とも読む。　３．声をひそめて，小声で話すこと。　4．面倒なこと。　5．思いやりがなく，厳しいこと。　6．建物が建っていない土地や使われていない土地のこと。ここでは，比喩的に，空いたスペースのことを表している。　7．タバコを吸った後の残りカスのこと。　8．液体などを入れる，陶製やガラス製の容器のこと。　9．準備のこと。「仕度」とも書く。　10．親類のこと。

問四＜文章内容＞芳子が，「私」の「母」を「おばあちゃん」と呼んでいることから，芳子は，「私」の娘であることがわかる。「母」を軽井沢に連れていくことに関して，「私」と対等に話し合っていることから，美津は，「私」の妻であろうと推測できる。美津が，「銀行の人らしい二，三人の客と話して」いることや，彼女の妹の家族が「私」の家に泊まりに来ていることも，彼女が「私」の妻であると考えれば納得できる。志賀子は，「私」の妹である。

問五＜文章内容＞X．「もしかしたら，おばあちゃんは監禁でもされていると思っているんじゃないかしら」と芳子は想像している。「母」は，たまたま鍵がかかっていて次男の寝室の扉が開かなかったことを，自分の部屋の扉に鍵をかけられたと錯覚して，「もうどこへも出しては貰えないのね」と芳子にささやいたのである。　Y．「私」は，「母」に「自分は閉じ込められてしまっている」という「錯覚を持たせることは痛ましい気がした」が，それによって「母」が深夜に「徘徊」することをやめてくれるなら，「その点は我慢して貰わなくてはなるまい」と思ったのである。

問六．A＜語句＞「驕慢」は，おごりたかぶって，相手を見下して，勝手に振る舞うこと。　E＜慣用句＞「母」が，「私」が死んだと言い出したので，「私」は，驚きながらも，母の顔をじっと見たのである。「目を凝らす」は，じっと見つめること。

問七＜表現＞もうろくが進んだ「母」は，「本能の青い焔のゆらめき」のままに，自分のことを「子供を探し廻る狂乱の若い母親」だとも，「母親の姿を追い求める哀れな子供」だとも思い込んだ。「母」を駆り立てる衝動は，芳子にとっては「わたしたちが思いも寄らぬこと」だった。

問八＜文章内容＞それまでの「母」は，自分のことを「子供を探し廻る狂乱の若い母親」や「母親の姿を追い求める哀れな子供」だと思い込んでいた。その哀れさは，ありもしない対象を（a…オ），必死に探し求める哀れさだった（b…ア）。しかし，今の「母」は，「深夜ふらふら歩き廻りたくても歩き廻ることができない」ため，「居間の隅に口数少く坐って」いた。そんな「母」からは，探さなければならない対象を探すことを「ついに諦める以外仕方なくなってしまった」人の哀れさが感じられ（c…エ），そんな「母」の顔は，「そうした孤独な子供の顔にも見えれば，孤独な母親の顔にも見えた」のである（d…イ）。

問九＜文章内容＞茶には，神経を刺激し，集中力を向上させる覚醒作用があるカフェインが含まれている。そのため，芳子は，これから仕事を始める「私」には「濃い煎茶」を，高齢のため刺激を避ける必要のある「母」には「薄い煎茶」を，運んできたのである。

問十＜心情＞「母」に，「私」が死んでから三日目になると言われて，「私」は，自分の書斎を見渡してみた。すると，「母」の言うとおり，「私」の死後三日目の書斎はまさにこのような光景であろうと感じられ，「私」は，自分の死後のことを考えて，しみじみと物思いにふけったのである。

問十一＜文章内容＞「母」は，自分が得た「感覚的データ」によって自分だけの世界をつくり上げ，その「他の誰にも通用しない自分だけの世界」を生き始めているのではないかと，「私」は思った。そして，その世界を壊されそうになったときに，「母」は「自尊心を傷つけられた」と感じ，「怒りの感情を露わに顔に出したり，口に出したりする」と考えると，今まではっきりしなかった「母」の「自尊心の実体」が，少しはわかってきたように，「私」には思われたのである。

Memo

2018年度　慶應義塾志木高等学校

【英　語】（60分）〈満点：100点〉

Ⅰ　次の文を読んで後の問に答えなさい。

The snake's world was a silent one. Its world was a box with a glass front. It was staring at its next meal. Its meal, a rat, was staring back.

The rat sat frozen with fear in the corner of the large box. It heard a soft shaking sound and answered with a few high sounds of terror. The snake was hungry and moved quickly. It was a big North American *rattlesnake, almost two meters long with enough poison in its bite to (1) several men. The rat was soon dead and the snake stretched its jaws to swallow its meal.

Carl Penton sat and watched [A] the glass as Susie ate her rat. The sight made him feel a little uncomfortable — it always did — but (I)that, he thought, was the way of Nature. And he did admire snakes. He admired their beautiful patterned skins. But most of all he admired their deafness.

Carl had (2) some years before that snakes were completely deaf. They depended mostly on their highly developed sense of smell, and their tongues could actually *taste* smells from the air. As well as this, their eyes could see the heat given off by the bodies of other animals. Carl watched with feelings of deep respect as the rat slowly (3) down Susie's throat.

The snake lived in a world without continuous noise. A silent world. To Carl, snakes (4) for beauty and perfection. He loved to watch them and admire them. If only his own world could be as silent as theirs! That was (a) he had caught Susie. More correctly, he had Marco — a local gardener — catch her for him. Susie had been caught in the rocky dry land in Arizona, where Carl lived. Marco was most casual in the way he touched dangerous snakes. Sometimes he would even eat them. "They're good to eat and they're (II)free," he would say. This made Carl sick and tired, not because he didn't like the idea of snakes being used as food, [B] because he thought it failed to give the snake enough respect. In spite of that, he was glad Marco had found Susie. She was a beauty.

Carl liked living outside the town. He had to drive to work and it (5) him over an hour each way. It was noisy and hot, but (b) least he had quiet when he got home. Quiet was very important to Carl. As a young man he had been a soldier and had fought in a war. His mind had been damaged by the noise of loud and terrible explosions and he had to be sent to a hospital at home to (6). He had met his wife, Martha, there. She was one of the nurses who had looked after him.

He still hated noise. "Everybody talks about pollution," Carl would say to anybody who would listen. "The way we poison our environment with this and that, yet the one thing which *really* poisons the quality of our lives is noise. Everywhere you go you hear people making noise, noise, noise. Where can you hear the birds sing these days? Not in the city, my friend. (c) you hear is traffic, loud radios and people with noisy machinery. Twenty-four hours a day it's noise, noise, noise. [C]"

Too much noise took Carl back, in his mind, to the war with its loud explosions that had brought death and suffering. Martha had saved him from madness. Martha and his work and his medicine.

Carl looked like many other fifty-nine-year-old men : he was of average height and his once-dark hair was now grey. He was neither fat nor thin and (7) casually ― usually in black trousers, a blue shirt and his favorite cowboy hat. His thin face had taken on a more troubled look since Martha had died (d) cancer one year before. She had helped him [A] the bad times and made sure he took the medicine he needed to keep him calm.

But now Martha was gone.

They had no children. Most of Carl's time was now (8) to his work. Even when he was at home he would be thinking about work, putting new ideas down onto his computer. His work was his life.

［注］ ＊rattlesnake：ガラガラヘビ

問1．（１）～（８）に入る最も適切な動詞を【　】内から選び，必要ならば形を変えて答えなさい。ただし，同じものを２度以上選んではならない。

【take / give / discover / dress / recover / disappear / kill / stand】

問2．[A] と以下の文の（　）に共通する最も適切な１語を答えなさい。ただし，[A] は文中に２ヶ所あります。

It is reported that a famous tennis player got injured (　) his own carelessness.

問3．[B] に入る最も適切な１語を答えなさい。

問4．[C] に入る最も適切な文を１～５から選び，番号で答えなさい。

1．You mustn't stop making any noise in the city.
2．What can we do to keep them from singing?
3．Someday you'll like such a loud noise.
4．It's enough to drive you crazy.
5．It's natural for you to like living in the city.

問5．（ａ）～（ｄ）に入る最も適切な語を１～５から選び，番号で答えなさい。

（ａ）：1．where　2．what　3．how　4．why　5．whether
（ｂ）：1．no　2．at　3．much　4．the　5．in
（ｃ）：1．Little　2．Only　3．All　4．Just　5．Nothing
（ｄ）：1．of　2．in　3．for　4．by　5．over

問6．下線部(I)の具体的な意味内容を，句読点を含めて10字以上，15字以内の日本語でわかりやすく説明しなさい。

問7．下線部(II)とほぼ同じ意味で用いられているものを１～５から１つ選び，番号で答えなさい。

1．Finally I'm free from my strict parents!
2．Is this lecture free or do we have to pay?
3．I'm busy until five o'clock, but free any time after.
4．Please feel free to take as much time as you need.
5．Are you free tomorrow afternoon?

問8．本文の内容と一致するものには○，一致しないものには×をつけなさい。

1．餌のねずみが素早く動く音を聞いて，空腹のヘビは威嚇《いかく》するための音を出した。
2．Carl はヘビの俊敏な動きやその美しい姿に何よりも魅了されていた。

3．Carl は，ヘビの世界と同様に自分の住む世界も音の聞こえない世界であって欲しいと非現実的な願望を抱いていた。

4．Carl はヘビを飼育していたが，その目的は鑑賞するだけにとどまらず，時には食べることさえあった。

5．Carl は退職後の静かな田舎暮らしに満足しており，騒々しい町中に出向くことなどすっかりなくなっていた。

6．環境汚染の中でも，本当に我々の生活に悪影響を及ぼしているものは騒音であるとCarlは考えていた。

7．Carl が異常なほど騒音に敏感であるのは，若い頃に参加した戦争での悲惨な体験に起因している。

8．Carl は妻が他界してからというもの，自宅に引きこもる毎日を送っていた。

Ⅱ　次の文は，*word* という語を使ったイディオムに関するものである。この文には，短縮形となっているものも含め，本来入るべき not が 5 箇所欠落している。not が入るべき箇所を見つけて行番号を示し，その箇所の前後 1 語ずつを抜き出しなさい。以下の(例)に従い，番号の若い順に解答しなさい。ただし，行をまたがる場合には，行番号を 2 つ書くこと。

(例)　1　Penguins <u>can fly</u> in the air, but they can swim in the sea very well.
　　　2　Why can't they fly?
　　＊　この場合，下線部 can fly の箇所から not が欠落している。can の否定形は一般的に can't / cannot となるが，解答に際しては can と fly を抜き出しなさい。

解答例	行番号　1	前　can	後　fly

1　　Idioms mean phrases that can be understood from the words alone.　So, let's take a look at some
2　common idioms that use the word *word*.　I think you'll find them useful.
3　　Here's an idiom : *give someone one's word*.　It's a promise.　If you give someone your word, you
4　promise something, or promise to do something.　Here's an example : I bought a TV.　The salesman
5　gave me his word the TV would be delivered on Friday morning.　Here's another example from my
6　own experience.　I have friends who never come on time.　They're not bad people ; they just can follow a
7　schedule.　We were meeting somewhere outside and they promised they would be late ; they gave me
8　their word they would be on time.　They were on time ; I was happy.　That's a true story.　I give you my
9　word.
10　　If you have a word with someone, you have a short conversation with the person.　For instance, the
11　professor said he wanted to have a word with me after class.　It's not going to be a long meeting, but
12　there's something he wants to talk about.　This can also be used to speak to someone about something.
13　Imagine an elementary school teacher telling a mother her son wasn't doing his homework.　The
14　teacher says, "I'd like you to have a word with your son about his attitude, about the disadvantages
15　of doing his homework."
16　　When you take someone at their word, you believe the person.　That salesman told me the TV
17　would be delivered on Friday morning.　I took him at his word and stayed at home on Friday morning.
18　I know lots of people don't trust what the government tells us.　Maybe I'm naive.　(Mostly *naive* is a
19　good thing in English.　Naive people are easily fooled.)　I take them at their word.　I believe what they

21 By the way, I'd like to have a word with you again next week. How about meeting here next time?
22 I'll be here. I give you my word. See you then. Bye!

Ⅲ 次の文を読んで後の問に答えなさい。

It is not big news that we live in a digital world. Whether at home or in the classroom, [1]. But do students need to know how to create that technology in order to be prepared for college and their future careers? Yes, say computer experts. They point out that by 2020, U.S. universities will not be able to fill even a third of the country's 1.4 million computing jobs.

"Learning how technology works and how you can make use of it are as important as reading and writing," Srini Mandyam told us. [2]. It creates programs to teach kids how to write *1code, or the instructions that tell a computer what to do. "Technology is a way for students to understand something they use every day," Mandyam says.

Every application, game, and computer program starts with a code. "Coding is the act of creating technology rather than just using it," says Hadi Partovi. He is a *2cofounder of *3the nonprofit site Code.org, which was started last year. A recent study shows that [3]. Code.org wants to change the situation and suggests that every student in every school should have the chance to learn computer programming. The group wants U.S. schools to follow the examples set by China, Vietnam, and Britain, where coding classes are offered as early as elementary school.

As a way to introduce coding into schools, Code.org created a campaign last year called Hour of Code. The program was ready for use for free to schools throughout the world. This year's Hour of Code will take place during Computer Science Education Week, December 8 to 14. [4].

Through a series of activities, [5]. By joining all these commands together, users create a path for the game to follow. Other companies have also developed coding programs for kids. Mandyam says one of Tynker's goals is to link coding with STEM (science, technology, engineering, and math) lessons. Skills learned from Tynker's activities, like problem solving, can be applied to all academic subjects.

But not everyone is ready for coding classes in elementary school. Some educators say [6]. "When we spend too much time on computer science, we can't spend time on other activities," says Melanie Reiser. She is the leader of programs and activities at the *4Association of Waldorf Schools of North America.

Reiser says students must first develop skills in subjects that don't focus directly on technology before studying computer programming. "Students under 12 years old need to develop both sides of the brain, trying not to focus on one or the other," she says. "[7]."

Mandyam and other coding supporters believe that kids need to be ready for the future. The digital world continues to grow quickly, and [8]. "Technology is at the heart of every major change that's happening in the world," says Mandyam. "Kids need to know technology makes it possible for us to change the world."

［注］ ＊1 code：コンピューターのコード(符号体系) ＊2 cofounder：共同設立者
＊3 the nonprofit site Code.org：Code.orgという名の非営利サイト ＊4 Association：協会

問．文中の[1]～[8]に入る最も適切なものをア～クから選び，記号で答えなさい。ただし，同じものを2度以上用いてはならない。なお，文頭の語も小文字になっている。

ア．only one out of 10 schools in the United States offers computer-science classes
イ．most kids are connected to some form of technology
ウ．users are taught how to customize their own game by connecting blocks, each with a different command
エ．being balanced is healthiest for a child
オ．learning coding could be a way to keep up with its developments
カ．he started a company called Tynker
キ．its mission is to challenge students to learn computer-science skills for one hour
ク．computer science is a subject that should wait until high school

Ⅳ 次の各組の文のうち，どちらか誤りを含む文を記号で答えなさい。

1．ア．When she gets home, the dogs are always exciting to see her.
イ．I ran all the way to the bus stop so that I could catch the last bus.
2．ア．He didn't take an umbrella with him because of the weather was fine.
イ．If our boss wants you to come here tomorrow, I will let you know tonight.
3．ア．The doctor said him to drink a liter of water a day.
イ．I can't remember which year my grandmother was born in.
4．ア．The game had already started before they got to the stadium.
イ．This is the book which I told you about it yesterday.
5．ア．I have lived in London for three years when I was a child.
イ．Meals taste better when you eat them outdoors than when you eat them at home.
6．ア．It is very happy for you to have time to read books.
イ．My brother wanted to have what every other boy had.
7．ア．What does it feel to have won the first prize?
イ．We were taught that World War II ended in 1945.
8．ア．Nancy looks younger than she really does.
イ．If you arrive early tomorrow, then please wait there.
9．ア．Probably because she didn't want to meet me, she didn't come here.
イ．How many is the number of people in Osaka?
10．ア．Nothing gives me as much real happiness as listening to Mozart.
イ．Next month's meeting will hold on Wednesday night.
11．ア．It's nice to meet a young man with such a good manners.
イ．Live abroad at least once and you'll become a more interesting person.

V　次の空所にア～ソから語を選び，イディオムを完成させ，記号で答えなさい。ただし，同じ語を何度使用してもかまわない。なお，文頭の語も小文字になっている。

1．Something that is (①) (②) (③) is not modern and no longer useful.

2．When you do something (④) (⑤) (⑥), you do it before you do anything else.

3．(⑦) (⑧) is used to show that other people probably already know what you are saying is true, or expect to hear it.

4．If something happens (⑨) (⑩) (⑪), it happens suddenly when you are not expecting it.

5．(⑫) (⑬) means ‘most importantly’ or ‘more than anything else’. You use it to call attention to something that you most want people to note.

ア．at	イ．after	ウ．from	エ．of	オ．to
カ．all	キ．first	ク．right	ケ．one	コ．above
サ．once	シ．out	ス．course	セ．date	ソ．time

【数　学】（60分）〈満点：100点〉

〔注意〕 図は必ずしも正確ではない。

1 　次の問いに答えよ。

(1) 既約分数$\dfrac{b}{a}$がある。$a+b=1234$であり，この分数の平方根の小数部分を切り捨てると10になるという。この分数を求めよ。

(2) 3.2kmの離れた駅と学校の間を一定の速さで往復するスクールバスがある。ある生徒がこのバスと同時に駅を出発して毎分80mの速さで歩いて学校へ向かった。学校に到着するまでに2度バスとすれ違い，また1度だけバスに後ろから追い抜かれた（出発時は含めない）。このとき，バスの速さを毎分xmとしてxの範囲を求めよ。ただし，バスは学校と駅のどちらでもちょうど5分停車し，途中に停留所はないものとする。

(3) 袋の中に赤球と白球が2個ずつ入っている。この袋の中から1個ずつ球を取り出し，赤球が取り出されたときは白球に変えて袋に戻し，白球が取り出されたときはそのまま袋の中に戻す。この操作を繰り返すとき，3回以内で袋の中がすべて白球になる確率を求めよ。

2 　図のような格子状の道がある。点Aから点Bまで行く最短経路のうち，次のものの総数を求めよ。

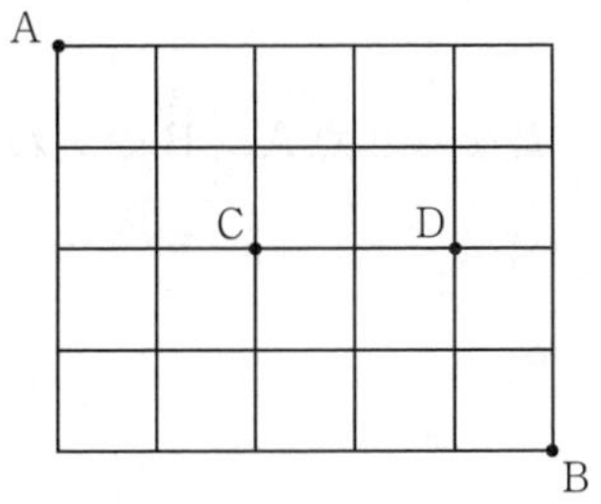

(1) すべての最短経路

(2) 点C，点Dをともに通る経路

(3) 点Cまたは点Dを通る経路

(4) ちょうど3回曲がる経路

3 　$\angle A=90^\circ$，AB＝3，BC＝5の直角三角形ABCがある。この三角形の3辺CA，AB，BCを延長して，CA：AP＝AB：BQ＝BC：CR＝1：aとなるように点P，Q，Rをとる。ただし，CP＞AP，AQ＞BQ，BR＞CRとする。次の問いに答えよ。

(1) △APQの面積をaを用いて表せ。

(2) △PQRの面積が$\dfrac{39}{2}$のとき，aの値を求めよ。

4 　あるパンの販売店が，パンの製造所から一定の個数のあんパンが入っているケースを10ケース仕入れ，その運送料6000円と合わせて代金を製造所に支払った。仕入れたあんパンの個数の10％が賞味期限が切れて売れなくなっても，20％の利益があるように1個64円の定価で売ることにした。実際には売れなかったのは125個で25％の利益があった。あんパンの1ケース当たりの仕入れ額x円と，1ケースに入っているあんパンの個数y個をそれぞれ求めよ。

5　図のように，放物線 $y=3x^2$ 上に3点A，B，Cがあり，直線ABは x 軸に平行，点Aの x 座標は -3 である。また，直線BCは放物線 $y=3x^2$ と直線ABとで囲まれた部分の面積を二等分しており，その傾きは a である。このとき，下の問いに答えよ。

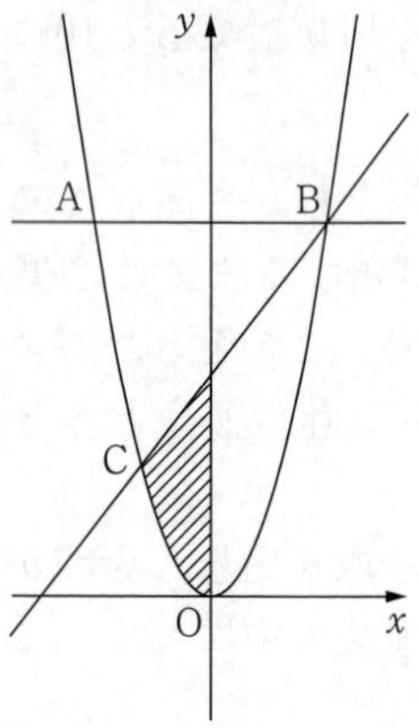

(1)　直線BCの方程式を a を用いて表せ。

(2)　△BOCの面積 S を a を用いて表せ。

(3)　図の斜線部分の面積 T を a を用いて表せ。

6　関数 $y=\dfrac{k}{x}\,(k>0)$ のグラフと，傾きが $-p\,(p>0)$ である直線 l が，異なる2点A，Bで交わっている。点Aの x 座標を $a\,(a>0)$ とする。

(1)　$k=6$，$p=2$，$a=3$ のとき，点Bの座標と△OABの面積を求めよ。

(2)　点Bの座標を k，p，a を用いて表せ。

(3)　原点を通り△OABの面積を二等分する直線を m とする。

　(i)　直線 m の方程式を求めよ。

　(ii)　直線 l と直線 m のなす角が 60° のとき，p の値を求めよ。

四 次の対談の文章を読んで、後の問に答えなさい。（なお、一部の表現を改めている。）

池田「日本でいわゆる諺《ことわざ》といわれているものは、ほとんどが作者不詳、詠み人知らずです。民衆が、長い生活の体験のなかから積み上げてきた言葉です。民衆の知恵もなかなかたいしたものだと思いますね。」

梅棹「単なる言葉遊びに終わっていなくて、そこに人間の生き方が反映している。これが特徴といえましょうね。」

池田「〝好きこそものの上手なれ〟という諺があるかと思えば〝［ア］〟がある。両方を知っていなければ世の中渡っていけないんだということ。民衆の知恵としてじつに［イ］を得ていますね。それから同じものが多い。〝猿も木から落ちる〟〝上手の手から水が漏る〟〝弘法も筆の誤まり〟〝［ウ］〟みな同じです。つまり、一つの諺を何度も繰り返していると「あいつまた同じことを言ってやがる」というので、効果がなくなる。それで新手を考えていくのですね。民衆の働きの面白い一面をみせていますな。」

梅棹「同時に、一つの諺が二通り、三通りに解釈できる点です。まるで正反対の解釈があり得るんです。そこがまた面白い。世界的にもそういうことがあるようですな。英語でも〝転がる石には［エ］がつかない〟というのがあります。英国風の解釈ですと、だから転がるな、じっくり座っとれということになる。これがアメリカへいきますと、だから動いていなければ駄目だ。じっとしていると［エ］がついてしまう（笑）。同じ諺がです。解釈の二面性がある。しかもそれが時代とともに、社会とともに動くということですな。社会の価値観にあわせて変わる。そういうもんですな、諺は。」

池田「表現が非常に短いですから、解釈の揺れが生じる余地がじゅうぶんあるんですね。」

梅棹「同じようなことが、典籍主義の中国にもある。有名な〝［オ］、鮮《すくな》いかな仁〟。普通に解釈すると、［オ］では仁者になれないぞ。ろくな奴じゃないという意味のものでしょう。ところが別の解釈があるんですってね。」

池田「あります。お世辞をいったりなにかするのが［オ］ではなくて、非常に丁寧な、人の意見をただもうごもっともと聞く人をいう。だから仁者と間違えられやすい。しかし孔子いわく、仁とはもっと強いものだ。だから［オ］の人を人は仁者と思っているが、それは違う。鮮いかな仁、であるという解釈もあるんです。」

梅棹「短いから、言葉のもっている多義性が極度に盛りこまれてくるんですな。」

池田「いってみれば、言葉の表現力を最高度に発揮させる技術が、諺でしょうから。江戸のいろは歌留多のいっとう最初の〝［カ］〟。昔から二説あるんです。私、うろうろする犬は魚屋にどやされるというふうに受けとっていたのですが、なにかいいことにめぐり会うという別の意味、江戸のころからあったんですって。」

梅棹「人生に対する対し方が、いろいろとあるということなんですね。」

（池田弥三郎・梅棹忠夫［監修］『百人百話』より）

問 空欄［ア］～［カ］に入る最も適切なことわざや慣用句、語を、解答欄のマスに合うように答えなさい。ただし、［ア］と［ウ］には最後の一文字が入っている。また、［イ］は的《まと》の中心部を指す語を答えること。

カ　ひとの受け売りよりは、無知でいる方がましである

問七　傍線部④のことわざによって筆者は何を強調しようとしているのか。「個性」という語を使わずに、本文全体を踏まえて四十字以内で説明しなさい。ただし、文末は「～こと」で終えるように。

問八　食を題材にした俳句を詠みなさい。ただし、季節は冬とする。

三　次の文章は、石黒圭『文章は接続詞で決まる』の一節である。よく読んで、後の問に答えなさい。

「[1]」系——厳めしい顔つきで論理づけ

並列の接続詞の三つめは「[1]」系の接続詞です。「[1]」「[2]」「[3]」があります。「[1]」系の接続詞は、論理を重視した厳めしい感じのするもので、法律の条文や論文など、論理を明確にしたい文章に使われます。古い条文では、「[4]」「[5]」「[6]」という漢字表記が好まれます。次の例はいずれも[7]の条文です。

第三十三条　何人も、現行犯として逮捕される場合を除いては、権限を有する司法官憲が発し、[4]理由となつてゐる犯罪を明示する令状によらなければ、逮捕されない。

第二十二条　何人も、公共の福祉に反しない限り、居住、移転[5]職業選択の自由を有する。

第七十二条　内閣総理大臣は、内閣を代表して議案を国会に提出し、一般国務[5]外交関係について国会に報告し、[6]行政各部を指揮監督する。

「[1]」は、「A[1]B」で、AもBも両方同時に満たすことを意味します。論理学や数学でもよく用いられます。

「[2]」は「A[2]B」で、AもBも両方満たすことには変わりありませんが、同時に満たすといった強い制約はありません。比較的短い要素をいくつも並列するときに使われます。

「[3]」は「A[3]B」で、「[2]」と同じ意味を表します。ただ、比較的長い要素を結ぶという点で、「[2]」とは異なります。「[2]」と「[3]」が同時に使われる場合、「[3]」のほうが大きい接続を表します。次に挙げる[7]第七条の「天皇の国事行為」の五がその例です。

国務大臣[5]法律の定めるその他の官吏の任免[6]全権委任状[5]大使[5]公使の信任状を認証すること。

一般の人が法律家と同じような精密さでこうした接続詞を使い分けることはできませんし、その必要もありませんが、勤務先でも地域のコミュニティでも、規則や規定に類するものを作らされる機会は案外多いものです。そのとき、接続詞の簡単な心得を身につけているかどうかだけでも、文書の精度が違ってくると思います。

問一　空欄[1]～[6]に入る最も適切な語を次の中から一つずつ選び、記号で答えなさい。

ア　すなわち　　イ　たとえば　　ウ　かつ
エ　もしくは　　オ　および　　カ　ないし
キ　つづいて　　ク　または　　ケ　ならびに
コ　即ち　　サ　例えば　　シ　且つ
ス　若しくは　　セ　及び　　ソ　乃至
タ　続いて　　チ　又は　　ツ　並びに

問二　空欄[7]に入る最も適切な語を漢字五字で答えなさい。

たとて、やはり力を、美を、味をと教えてくれるだろう。気をつけねばならぬことは、レディーメイドの力や美を教えこまれぬことだ。型から始まるのも悪くはないが、自然に型の中にはいって満足してしまうことが恐ろしい。型を抜けねばならぬ。型を越えねばならぬ。型を卒業したら、すぐ自分の足で歩き始めねばならぬ。同じ型のものがたくさん出ても日本は幸福にはならぬ。山あり、河あり、谷ありで美しいのだ。しかも、山にも、谷にも、一本の同じ形の木も、同じ寸法の花もない。しかも、その花の一つ一つは、初めはみな同じような種から③発芽したのだ。芽を出したが最後、それらのものは、みなそれぞれ自分自身で育ってゆく。

習うな、とわたしがいうことは、[D]ということだ。

この本を読んだからとて、決して立派になるとはかぎらない。表面だけ読んで、満足してしまってはなお困る。実行してくれることだ。そして、それぞれに研究し、成長してくれることだ。読みっぱなしで分ったようなつもりになってくれては困る。

それでは、個性とはどんなものか。

④うりのつるになすびはならぬ——ということだ。

自分自身のよさを知らないで、ひとをうらやましがることも困る。誰にも、よさはあるということ。しかも、それぞれのよさはそれぞれにみな大切だということだ。

牛肉が上等で、だいこんは安ものだと思ってはいけない。だいこんが、牛肉になりたいと思ってはいけないように、わたしたちは、料理の上に常に値段の高いものがいいのだと思い違いをしないことだ。

すきやきの後では、誰だって漬けものがほしくなり、茶漬けが食べたくなるものだ。料理にそのひとの個性というものが表われることも大切であると同時に、その材料のそれぞれの個性を楽しく、美しく生かさねばならないとわたしは思う。

（北大路魯山人「個性」より）

（注）ガクブツ　カジカ科の淡水魚カマキリのことで、ガクブツ汁は福井県の郷土料理。

問一　空欄[A]に入る最も適切な表現を次の中から選び、記号で答えなさい。

ア　照れながら　　イ　いらだちながら
ウ　睨みながら　　エ　かしこまりながら
オ　笑いながら　　カ　うつむきながら

問二　傍線部①「感心した」、傍線部②「寒心した」はそれぞれなぜそう思ったのか。それぞれ二十字以内で説明しなさい。ただし、文末は「〜から」で終えるように。

問三　空欄[B]に入る最も適切な表現を次の中から選び、記号で答えなさい。

ア　苦しまねばならない
イ　あきらめねばならない
ウ　知らされねばならない
エ　まもられねばならない
オ　助け合わねばならない
カ　やらされねばならない

問四　空欄[C]に入る最も適切な語を次の中から選び、記号で答えなさい。

ア　賢さ　　イ　美しさ　　ウ　立派さ
エ　うまさ　　オ　正しさ　　カ　強さ

問五　傍線部③と文脈上同じような意味で用いられている語を、本文中から漢字二字で抜き出しなさい。

問六　空欄[D]に入る最も適切な表現を次の中から選び、記号で答えなさい。

ア　型にはまって満足するな、精進を怠るな
イ　どうせ習うのであれば、力や美を習え
ウ　型を越えられるまでは、分ったつもりになるな
エ　みずから修めたものも、結局は同じ答えにたどりつく
オ　自分自身の良さを知らないで、ひとをうらやましがるな

問十一　傍線部⑤について、なぜ母と弟は笑ったのか。その理由を四十字以内で答えなさい。ただし、文末は「〜から」で終えるように。

問十二　空欄 L に入る最も適切な語を次の中から選び、記号で答えなさい。

ア　勇み足　　イ　忖度　　ウ　早とちり
エ　うぬぼれ　　オ　負惜しみ

問十三　傍線部⑥について、なぜ恭三はそのような気持ちになったのか。その理由を七十五字以内で答えなさい。ただし、文末は「〜から」で終えるように。

二　次の文章を読んで、後の問に答えなさい。

さて、なにをいおうと思っていたのかな。そうだ。ある晴れた日の午後であった……のつづきだ。わたしは、犬をつれて散歩に出た。いや、そうではない。小学校の先生と散歩したのだ。その先生は、遠いところからわたしを訪ねてきてくれたのである。福井県のひとであった。わたしに、福井の産物をいつも送ってくれるひとだ。福井の※注ガクブツである。

わけても福井のうには日本一だ。方々の国々にうにの産地はあっても、おそらく福井のうには格別である。福井の四箇浦《しかうら》のうにはとげがない。とげというか、針というか、あのくちゃくちゃと突き出た奴がないのだ。割ってみると、他のうにのように、やわらかい肉がなくて、からの中にかたまった、乾いたような、ちょうど木の実のような奴がはいっている。落とせば、かんからかんのかんと鳴るだろう。それを取り出して、俎板の上で、念入りに何度もムラのないように練られたものだ。そのうにの産地のひとと、駅へわたしも行くので、いっしょに出かけたのだ。すると、道ばたで遊んでいた小学生が、その先生を見て、チョコンと頭をさげたものだ。その先生はわたしを見返って、 A いう。

「わたしはどこへ行っても、子供におじぎをされますよ。どこへ旅行しても、わたしは子供たちの目からは学校の先生に見えるのですね」

わたしは①感心したり、②寒心したりした。先生、という型にはまりこんでしまったひとを、わたしは立派だと思ったが、同時に大変さみしく思った。型にはまったればこそ、型にはまった教育を間違いなくやれるのだ。だが、型にはまってしまっているがために、型にはまったことしかできないのだ、と、思った。

料理だって同じことだ。型にはまって教えられた料理は、型にはまったことしかできない。わたしは、決して型にはまったものを悪いというのではない。無茶苦茶な心ない料理よりは、まだ型にはまったものの方が見苦しくない。大学を出ない無知よりは、同じ大学を出た無知の方がましだ。だが、大学に行っても自分でやろうと思ったこと以外はなにも身につかないものだ。本当にやろうと思って努力するひとにとって、学校は不要だ。学校は、 B 人間のためにある。自分で努力し研究するひとなら、なにも別に学校へ行かなくともよい。とはいうものの、習ったから、自分でやったからといって、大きな違いがあるわけでもない。字でいえば、習った「山」という字と、自分で研究し、努力した「山」という字が別に違うわけではない。やはり、どちらが書いても、山の字に変わりはなく「山」は「山」である。違いは、型にはまった「山」には個性がなく、みずから修めた「山」という字には個性があるということである。みずから修めた字には力があり、心があり、美しさがあるということだ。型にはまって習ったものは、仮に正しいかも知れないが、正しいもの、必ずしも楽しく美しいとはかぎらない。個性のあるものには、楽しさや尊さや美しさがある。しかも、自分で失敗を何度も重ねてたどりつくところは、型にはまって習ったと同じ場所にたどりつくものだ。そのたどりつくところのものはなにか。 C だ。しかも、個性のあるものの中には、型や、見かけや、立法だけでなく、おのずからなる、にじみ出た味があり、力があり、美があり、色も匂いもある。いや、習いたければ習うもよい。習っ

子を変えて、「お前の所から来る手紙は、金を送って呉れって言うより外ね何もないのやれど、それでも一々浅七に初めから読ますのじゃ。それを聞いて已でも、お母さんでも心持よく思うのじゃ。」

「そりゃ私の手紙は※注2言文一致《はなし》で、其儘誰が聞いても分る様に……」と皆まで言わぬ中《うち》に、

「もう宜い!!」と父親は鋭く言い放った。そして其後何とも言わなかった。

恭三は⑥何とも言われぬ妙な気持になって尚《な》お暫くたって居たが、やがて黙って自分の部屋へ行った。

（注1） いくいた 原形の「いくす」は「やる」「くれる」の方言。

（注2） 言文一致 書きことばと話しことばとを一致させること。また、話しことば体の文章。口語文。明治二十年ごろから一つの国語改良運動として進められ、成功した。その後、漸次普及し、第二次大戦後、公文書も口語体となり、現在では口語体に統一されている。

問一 波線部a～dの読みをひらがなで書きなさい。

問二 空欄[A]～[C]に入る最も適切な表現を次の中から一つずつ選び、記号で答えなさい。

ア 庭の裏手から狒々《ひひ》が柿を盗みに来たこと

イ 隣家の竹垣に蝸牛《かたつむり》が幾つ居たということ

ウ テレビの芸能人の悪口みたいなもの

エ 端書に二字か三字の熟語の様なもの

オ 田舎生活の淋しい単調なこと

問三 空欄[D]にふさわしい表現を自分で考え、十字以内で答えなさい。

問四 傍線部①の場面について、この時点での登場人物四人と「蚊帳」の位置がわかるように絵を描きなさい。ただし、真上からの視点では描かず、「蚊帳」の形状がはっきりわかるようにすること。

問五 空欄[E]に入る語を自分で考え、浅七の洒落が成り立つようにしなさい。

問六 空欄[F]～[J]に入る最も適切な語を次の中から一つずつ選び、記号で答えなさい。

ア 殊更に　イ 不平そうに　ウ やさしく

エ ぼんやり　オ 引き取って

問七 傍線部②から読み取ることができる恭三の気持ちはどのようなものか。最も適切なものを次の中から選び、記号で答えなさい。

ア 特に用事のない手紙であることを知っていながら、なぜ父が自分に読めと言ってきたかわからなかった。

イ 普段は弟が読むことになっている父宛ての手紙を、まさか自分が読むとは思わなかった。

ウ 自分宛てではない手紙への関心のなさが露呈することで、父の機嫌をここまで損ねるとは思わなかった。

エ 父がだいぶ酔っていたので、冗談で手紙を読めと言っているのかと思い、まさか本気だとは思わなかった。

オ いつもは兄弟のいざこざに関わろうとしない父が、今日にかぎってなぜ介入してくるのかわからなかった。

問八 傍線部③について、なぜ恭三は身体的状況の変化までともなうような心理的動揺を示しているのか。その理由を直前の母のことばを踏まえて想像し、七十五字以内で答えなさい。ただし、文末は「～から」で終えるように。

問九 傍線部④の「父の心」とはどのような心情か。次の空欄にあてはまる十五字以内の文章で答えなさい。

文字の読める息子に読んでもらい、手紙の内容について知ると同時に、[　　]という心。

問十 空欄[K]に入る最も適切な語を次の中から選び、記号で答えなさい。

ア 哀切　イ 皮肉　ウ 冷静

エ 快活　オ 満足

来たとき、何処から来たのかと郵便屋に尋ねたのじゃ、そしたら、八重さ所からと、弟様とこから来たのやと言うさかい、そんなら別に用事はないのや、ははん、八重さなら時候の挨拶やし、弟様なら礼手紙を※注1いくいたのやなちゅうこと位はちゃんと分っとるんじゃ。お前にそんなことを言うて貰う位なら何も読うで呉れと頼まんわい。」
「だって……」
「もう宜い、宜いとも！　明日の朝浅七に見て貰うさかい。さア寝て呉れ、大《でか》い御苦労でござった。」と[K]に言った。
　こう言われると恭三も困った。黙って寝るわけにも行かぬし、そうかと言って屈従する程淡白でもなかった。ここで一寸気を変えて、「悪うございました。」と一言謝ってそして手紙を詳しく説明すれば、それで何の事もなく済んで了《しま》うのであることは恭三は百も承知して居たが、それを実行することが頗《すこぶ》る困難の様であった。妙な羽目に陥って蚊にさされながら暫くモジモジして居た。
「じゃどう言うたら宜いのですか？」と仕方なしに投げだす様に言った。
「己りゃ知らんない。お前の心に聞け！」
　今まで黙って居た母親は此時始めて口を出した。
「もう相手にならんと、蚊が食うさかい、早う蚊帳へ入らっしゃい。お父さんは酔うとるもんで、又いつもの愚痴が始まったのやわいの。」
「何じゃ！　おれが酔うとる？　何処に己りゃ酔うて居るかいや。」
「そうじゃないかいね、お前様、そんなね酔うて愚痴を言うとるじゃないかね。」
「何時愚痴を言うたい？　これが愚痴かい。人に手紙を読うでやるのに、あんな読方が何処の国にあろい？」
「あれで分ってるでないかいね、執拗《しつこ》い！」
「擲《たた》きつけるぞ！　貴様までが……」と父は恐しい権幕になった。枕でも投げようとしたのか、浅七は、
「父様《とうと》何するがいね、危い。……この母様《かあか》また黙って居らっされかア。」と仲裁する様に言った。
「まるでおかしうなったようやが。」と母は稍々《やや》小さな声で言った。奥の間の方から猫がニャンと泣いてのそのそやって来た。それで父親は益々癪《しゃく》に触ったと見えて、
「屁糞喰らえ！」と呶鳴《どな》りつけた。
　⑤母と弟とはドッと笑い出した。恭三は黙って居った。猫は恭三の前に一寸立ち止って、もう一度ニャンと啼いてすとすとと庭に下りて行った。父親は独言の様に、
「己りゃこんな無学なもんじゃさかい、愚痴やも知れねど、手紙というものはそんなもんじゃないと思うのじゃ。同じ暑さ見舞でも種々書き様があろうがい。大変暑なったが、そちらも無事か私も息災に居る。暑いさかい身体を大切にせいとか何とか書いてあるじゃろうがい、それを只《た》だ一口に暑さ見舞じゃ礼手紙じゃと言うた丈《だけ》では、聞かして貰う者がそれで腹がふくれると思うかい。お前等みたいに字の読める者なら、それで宜いかも知れねどな、こんな字の読めん者には一々詳しく読んで聞かして呉れるもんじゃわい。」大分優しく意見する様に言った。
　恭三も最早争うまいと思ったが、
「だってお父様、こんな拝啓とか頓首とかお定《きま》り文句ばかりですもの、いくら長々と書いてあっても何にも意味《わけ》のないことばかりですから、そんなことを一々説明してもお父様には分らんと思ってああ言ったのですよ。悪かったら御免下さい。」
「分らんさかい聞くのじゃないか。お前はそう言うがそりゃ[L]というものじゃ、六《むつ》かしい事は己等に分らんかも知れねど、それを一々、さあこう書いてある、ああ言うてあると歌でも読む様にして片端から読うで聞かして呉れりゃ嬉しいのじゃ。お前が他人に頼まれた時に、それで宜いと思うか考えて見い。無学な者ちゅう者は何にも分らんとって、一々聞きたがるもんじゃわい。分らいでも皆な読うで貰うと安心するというもんじゃわい。」と少し調

「うむ、何も読まん。」
「何をへザモザ言うのやい。浅七が見たのなら、何もお前に読んで呉れと言わんない!!　あっさり読めば宜《よ》いのじゃないか。」
父親の調子は荒かった。
②恭三はハッとした。意外なことになったと思った。が妙な行きがかりで其儘《そのまま》あっさり読む気にはなれなかった。それで、
「何処にありますか。」と大抵其在所《ありか》が分って居たが J 尋ねた。
父は答えなかった。
「炉縁《ろぶち》の上に置いてあるわいの。浅七が蚊帳に入ってから来たもんじゃさかい、読まなんだのやわいの。邪魔でも一寸読んで呉んさい。」と母は優しく言った。
恭三は洋灯を明るくして台所へ行った。炉縁の角の所に端書と手紙とが載って居た。恭三は立膝のままでそれを手に取った。生温い灰の香が鼻についた。蚊が二三羽耳の傍で呻《うな》った。③恭三は焦立った気持になった。呼吸がせわしくなって胸がつかえる様であった。腋《わき》の下に汗が出た。
先《ま》ず端書を読んだ。京都へ行って居る八重という本家の娘からの暑中見舞であった。手紙の方は村から一里余離れた富来《とぎ》町の清左衛門という呉服屋の次男で、つい先頃七尾《ななお》の或る呉服屋へ養子に行った男から来たのであった。彼は養子に行く前には毎日此《この》村へ呉服物の行商に来た男で、弟様といえば大抵誰にも通ずる程此村に出入して居た。恭三の家とは非常に懇意にして居たので、此処《ここ》を宿にして毎日荷物を預けて置いて、朝来てはそれを担って売り歩いた。今度七尾へ養子に行ったのについて長々厄介になったという礼状を寄越したのであった。
恭三は両方共読み終えたが、不図《ふと》した心のはずみで妙に間拍子《まびょうし》が悪くなって、何でもない事であるのに、優しく説明して聞かせることが出来にくいような気持になった。で何か言われたら返事をする積《つも》りで煙草に火をつけた。
蚊が頻《しき》りに攻めて来た。恭三は大袈裟《おおげさ》に、
「非道《ひど》い蚊だな!」と言って足を叩いた。
「蚊が居って呉れねば、本当に極楽やれど。」と母は毎晩口癖の様に言うことを言った。
恭三は何時《いつ》までも黙って居るので、父は、
「読んだかい?」
「え、読みました。」と明瞭《はっきり》と答えた。
「何と言うて来たかい。」
「別に何でもありません。八重さのは暑中見舞ですし、弟様のは礼状です。」
「それだけか?」
「え、それッ限《きり》です。」
「ふーむ。」
恭三の素気ない返事がひどく父の感情を害したらしい。それに今晩は酒が手伝って居る。それでも暫くの間は何とも言わなかった。やがてもう一度「ふーむ」といってそれから独言《ひとりごと》の様に「そうか、何ちゅうのー。」と不平らしく恨めし相《そう》に言った。
④恭三は父の心を察した。済まないとは思ったが、さて何とも言い様がなかった。
「もう宜い、もう宜い、お前に読んで貰わんわい、これから……。へむ、何だい。あんまり……。」
恭三はつとめて平気に、
「このお父さまは何を仰有《おっしゃ》るんです。何も別にそれより外のことはないのですよ。」
父は赫《かっ》と怒った。
「馬鹿言えッ!　それならお前に読うで貰わいでも、己《お》りゃちゃんと知っとるわい。」
「でも一つは暑中見舞だし、一つは長々お世話になったという礼状ですもの。他に言い様がないじゃありませんか。」
「それだけなら、おりゃ字が読めんでも知っとるわい。先刻《さきがた》郵便が

二〇一八年度　慶應義塾志木高等学校

【国　語】（六〇分）〈満点：一〇〇点〉

［注意］　字数指定のある設問においては、すべて句読点を一字分と数えること。

一　次の小説は、一九一〇（明治四十三）年に発表された、加能作次郎「恭三の父」の一節である。よく読んで、後の問に答えなさい。（なお、一部の表現を改めている。）

恭三は夕飯後例の如く村を一周して帰って来た。

帰省してから一カ月余になった。昼はもとより夜も暑いのと蚊が多いのとで、予《かね》て計画して居た勉強などは少しも出来ない。話相手になる友達は一人もなし毎日毎日単調無味な生活に苦しんで居た。仕事といえば昼寝と日に一度海に入るのと、夫々《それぞれ》故郷へ帰って居る友達へ手紙を書くのと、こうして夕飯後に村を一周して来ることであった。彼は以上の事を殆《ほとん》ど毎日欠かさなかった。中にも手紙を書くのと散歩とは欠かさなかった。方々に居る友達へ順繰《じゅんぐり》に書いた。大方端書《はがき》であった。彼は誰にも彼にも［　A　］を訴えた。そして日々の出来事をどんなつまらぬ事でも書いた。［　B　］でも彼の手紙の材料となった。何にも書くことがなくなると、［　C　］を書いて送ることもあった。斯《こ》んなことをするのは一つは淋しい平凡な生活をまぎらすためでもあるが、どちらかと言えば友達からも毎日返事を貰いたかったからである。友達からも殆ど毎日消息があったが時には三日も五日も続いて来ないこともあった。そんな時には彼は堪らぬ程淋しがった。郵便は一日に一度午後の八時頃に配達して来るので彼は散歩から帰って来ると来ているのが常であった。彼は狭い村を彼方《あちら》に一休み此方《こちら》に一休みして、なるべく時間のかかる様にして周った。そして帰る時には誰からか手紙が来て居ればよい、いや［　D　］という一種の予望を無理にでも抱いて楽しみながら帰るのが常であった。

今夜も矢張《やはり》そうであった。

①家のものは今ａ蚊帳の中に入った所らしかった。ｂ納戸の入口に洋灯《ランプ》が細くしてあった。

「もう寝たんですか。」

「寝たのでない、［　E　］に立って居るのや。」と弟の浅七が洒落《しゃれ》をいった。

「起きとりゃ蚊が攻めるし、寝るより仕方がないわいの。」と母は蚊帳の中でｃ団扇をバタつかせて大きな欠伸をした。

恭三は自分の部屋へ行こうとして、

「手紙か何か来ませんでしたか。」と尋ねた。

「お、来とるぞ。」と恭三の父は鼻のつまった様な声で答えた。彼は今日笹屋の土蔵のｄ棟上に手伝ったので大分酔って居た。

手紙が来て居ると聞いて恭三は胸を躍らせた。

「えッ、どれッ!!」慌てて言って直ぐに又、「何処にありますか。」と努めて平気に言い直した。

「お前のとこへ来たのでない。」

「へえい……。」

急に張合が抜けて、恭三は［　F　］広間に立って居た。一寸《ちょっと》間を置いて、

「家へ来たんですか。」

「おう。」

「何処から？」

「本家《おもや》の八重さのとこからと、清左衛門の弟様《おっさま》の所から。」と弟が［　G　］答えた。

「一寸読んで見て呉《く》れ、別に用事はないのやろうけれど。」と父が［　H　］言った。

「浅七、お前読まなんだのかい。」

恭三は［　I　］言った。

2018年度／慶應義塾志木高等学校

英語解答

I
問1　1　kill　2　discovered
3　disappeared　4　stood
5　took　6　recover
7　dressed　8　given
問2　through　問3　but
問4　4
問5　a…4　b…2　c…3
d…1
問6　ヘビがネズミを食べること。
問7　2
問8　1…×　2…×　3…○　4…×
5…×　6…○　7…○　8…×

II
行番号…1　前…can　後…be
行番号…6　前…can　後…follow
行番号…7　前…would　後…be
〔行番号…8　前…would　後…be〕
行番号…15　前…of　後…doing
行番号…18　前…is　後…a

III
1　イ　2　カ　3　ア　4　キ
5　ウ　6　ク　7　エ　8　オ

IV
1　ア　2　ア　3　ア　4　イ
5　ア　6　ア　7　ア　8　ア
9　イ　10　イ　11　ア

V
1　①…シ　②…エ　③…セ
2　④…キ　⑤…エ　⑥…カ
3　⑦…エ　⑧…ス
4　⑨…カ　⑩…ア　⑪…サ
5　⑫…コ　⑬…カ

I〔長文読解総合―物語〕

≪全訳≫❶ヘビの世界は音のしない世界だった。その世界は前面がガラスの箱だった。そのヘビは自分の次の餌をじっと見ていた。その餌，ネズミはじっと見つめ返していた。❷そのネズミは大きな箱の隅で恐怖で身動きできずに座っていた。そのネズミは静かな振動音を聞くと，恐怖の色を帯びた高い音を数回出して答えた。ヘビは空腹で，すばやく動いた。それは，ひとかみで数人を殺すのに十分な毒を持った，全長およそ2メートルの大きな北アメリカのガラガラヘビだった。ネズミはすぐに死に，ヘビはその餌を飲み込むためにあごを伸ばした。❸カール・ペントンは，スージーがネズミを食べているとき，座って，ガラス越しに見ていた。その光景を見て彼は少し心地悪くなった。いつもそうだった。しかし，彼はそれが自然の営みだと思った。また彼はヘビに心酔していた。彼はその美しい柄の皮を感心しながら見ていた。しかし何よりもヘビが耳が聞こえないことに感服していた。❹カールはその数年前にヘビは完全に耳が聞こえないということに気づいた。ヘビは非常に発達した嗅覚に大いに頼り，舌は実際に空気のにおい「の味を感じ取る」ことができた。これだけでなく，ヘビの目は他の動物の体が発する熱を見ることもできた。カールは，そのネズミがスージーののどの下の方へゆっくりと消えていくとき，深い尊敬の気持ちを持って見つめていた。❺ヘビは絶え間なく続く騒音のない世界に住んでいた。音のしない世界。カールにとって，ヘビは美しさと完璧さを象徴していた。彼はヘビを見ることが大好きでヘビに心酔していた。自分の世界がヘビの世界と同じくらい音のしないものであればいいのに。それが彼がスージーを捕まえた理由だった。より正確に言うと，彼は地元の庭師であるマルコに自分のためにスージーを捕まえてもらった。スージーはアリゾナの―そこにカールは住んでいたのだが―岩の多い乾燥した土地で捕まえられた。マルコは危険なヘビに触る方法に非常に無頓着だった。ときどき彼はヘビを食べさえしたものだった。「ヘビは食べられるし，無料だ」と彼は言ったものだ。このことでカールはうんざりした。彼がヘビを食料として用いるという考えが気に入らなかったからではなく，それはヘビを十分に敬っていないと思ったからだった。それにもかかわらず，彼はマルコがスージーを捕まえてくれたことがうれしかった。スージーは美しかった。❻カールは郊外で暮らすことが好きだった。彼は車で仕事に行かなければならなかったし，片道1時間以上かかった。騒々しく暑かったが，少なくとも家に着くと彼は静けさを手にした。静けさはカールにとってとても重要だった。若かったとき彼は兵士で，戦地で戦った。彼の心は大きくてひどい爆音によって傷つけられてしまい，回復するために自国の病院に入院しなければならなかった。彼はそこで妻のマーサに出会った。彼女は彼の世話をした看護師の一人だった。❼彼はまだ騒音を嫌っていた。「みんな公害について話をする」と，カールは彼の話に耳を傾ける誰にでも言ったものだった。「あれやこれやで私たちは環境を汚染しているが，本当の意味で私たちの生活の質を害する唯一のものは騒音だ。どこへ行っても人々が次から次へと騒音をたてているのが聞こえる。最近ではどこで鳥のさえずりを聞くことができる？　都市ではないよね，君。聞こえるものと言えば，交通や大音量のラジオ，それにうるさい機械を使う人々から出る音だけだ。1日24時間，騒音また騒音だ。c人の気を狂わせるのに十分だ」❽多すぎる騒音はカールを，心の中で，死と苦痛をもたらした大きな爆音を伴う戦争に連れ戻した。マーサは彼を狂気から救った。マーサと彼の仕事と薬が。❾カールは他の多くの59歳の男性と同じように見えた。平均的な身長で，かつて黒かった髪は今や白髪になっていた。彼は太ってもやせてもおらず，たいてい黒いズボン，青いシャツ，お気に入りのつば広帽子を身につけ，カジュアルな格好をしていた。彼のやせた顔は，その1年前にマーサがガンで亡くなってから，より困ったような様子を帯びていた。彼女は苦しいときもずっと彼のことを助け，落ち着かせておくために必要な薬を彼が飲み忘れないようにしてくれていた。❿しかし今やマーサはいなかった。⓫彼らには子どもがいなかった。カールのほとんどの時間は今や仕事に割かれていた。家にいるときでさえ，彼は仕事について考え，新しい考えをコンピュータに打ち込んだものだった。彼の仕事は彼の生活そのものだった。

問１＜適語選択・語形変化＞１．「数人を殺すのに十分な毒」とすると文意が通る。to不定詞なので原形の kill。　２．that 以下が目的語で，「数年前に～ということに気づいた」とすると文意が通る。'had＋過去分詞' の過去完了形なので，discovered とする。　３．「ネズミはゆっくりと消えていった」とする。過去形 disappeared にする。　４．stand for ～「～を象徴する」過去形にする。　stand－stood－stood　５．'It takes＋人＋時間…'「〈人〉に(時間が)～かかる」　過去形にする。　take－took－taken　６．カールが入院したのは，「回復するため」と考える。to不定詞なので原形の recover。　７．dress は「～に服を着せる」という意味の他動詞。dressed は過去分詞が形容詞化したもので，副詞を伴って「(～な)服装をした」という意味。８．Most of Carl's time が主語なので，「時間が仕事に与えられていた」と考える。　give－gave－given

問２＜適語補充―共通語＞第３段落の空所には，「(場所)を通して」という意味の前置詞 through が入る。第９段落の空所には，「(期間)の初めから終わりまで」という意味の through が入る。設問内にある英文の空所には，「(原因)のために」という意味の through が入る。　「有名なテニス選手は自分自身の不注意のためにけがをしたと報じられている」

問３＜適語補充＞'not *A* but *B*'「*A*ではなくて*B*」の形。ここでは，'not because ～ but because …' で「～だからではなくて…だから」という意味。

問４＜適文選択＞カールは騒音を相当嫌っている。都市で鳥のさえずりが聞こえないと言ってはいるが，都市での騒音だけを問題視しているわけではないので，１ではない。「人の気を狂わせるのに十分だ」というエが適切。　drive ～ crazy「～を狂わせる」

問５＜適語選択＞ａ．文の主語 That は，この前に書かれている内容，つまり彼がヘビに心酔していたことを指す。それが，カールがスージーを捕まえた理由だったということ。That is why ～で「だから～，それが～の理由だ」。　ｂ．at least「少なくとも」　ｃ．'All(＋that)＋主語＋動詞… is ～'「～する全ては…だ」⇒「…するのは～だけだ」の形にする。　(類例) This is all (that) I can do for you.「私があなたにしてあげられることはこれだけである」　d．die of ～「(病気)で死ぬ」

問６＜指示語＞直後の he thought は挿入語句で，この文は he thought that was the way of Nature. と書き換えられる。「自然の営み」と考えられるのは，前の文に書かれている「ヘビがネズミを食べること」である。

問７＜用法選択＞下線部(Ⅱ)の free は「無料の」という意味。　1.「ついに私は厳しい両親から自由だ！」　2.「この講演は無料ですか，それともお金を払う必要がありますか？」　3.「私は５時まで忙しいが，後はいつでも暇だ」　4.「どうぞ自由に必要なだけ時間をかけてください」　5.「あなたは明日の午後暇ですか？」

問８＜内容真偽＞１…×　「餌のネズミがすばやく動く音を聞いて」という記述はない。　２…×　「俊敏な動き」に魅了されていたという記述はない。　３…○　第５段落第５文参照。if only ～ で「～ならいいのに」と‘願望’を表す。could は仮定法。　４…×　第５段落に，マルコは食べたと書かれているが，カールが食べたという記述はない。　５…×　「退職後」「町中に出向くことなどすっかりなくなっていた」という記述はない。　６…○　第７段落第３文参照。ここでの the way ～ は接続詞的に用いられている。　７…○　第６段落第５，６文と第８段落第１文参照。　８…×　「自宅に引きこもる毎日」という記述はない。

Ⅱ　**〔長文読解―適所補充―説明文〕**

≪全訳≫❶イディオムとは，単語だけからでは理解することができない語句を意味している。では，wordという単語を使ったよく使われるイディオムをいくつか見てみよう。それらが役立つことがおわかりいただけると思う。❷ここにgive someone one's wordというイディオムがある。それは「約束」である。もしあなたがgive someone your wordすれば，あなたは誰かに何かを約束する，または何かをすると約束するということだ。ここに例がある。私はテレビを買った。店員はテレビは金曜日の午前中に配達されると私に約束した。ここに私自身の経験からのもう一つの例がある。私には決して時間どおりにやってこない友達がいる。彼らは悪い人ではない。ただ予定に従うことができないだけなのだ。私たちはどこか外で会うことになっていた。そして彼らは遅れない〔遅れる〕と約束した。彼らは時間どおりに来る〔来ない〕と私に約束したのだ。彼らは時間どおりにやってきて，私はうれしかった。それは実話である。私はあなたに約束する。❸もしあなたが誰かとhave a wordするなら，あなたはその人と短い会話をするということだ。例えば，教授が授業の後に私とhave a wordしたいと言った。長い話ではないだろうが，彼には話したいことがあるのだ。これはまた誰かに何かについて話すためにも使うことができる。小学校の先生が母親にその息子が宿題をしないと言っているのを想像してみてほしい。その先生は「息子さんに彼の態度，宿題をしないことのデメリットについて話をしていただきたいのですが」と言う。❹あなたがtake someone at their wordするとき，あなたはその人を信じるということだ。あの店員はテレビは金曜日の午前中に配達されると私に言った。私は彼の言うことを信じて，金曜日の午前中に家にいた。私は多くの人々が政府が私たちに言うことを信用しないことを知っている。たぶん私は世間知らずなのだろう。(たいてい naive は英語では良いことではない。世間知らずの人々はだまされやすい。)私はtake them at their wordする。私は彼らの言うことを信じるのだ。❺ところで，私は来週またあなたと少し話をしたいと思う。次回ここで会うのはどうだろう？　私はここに来るだろう。私はあなたに約束する。ではそのときに。さようなら！

＜解説＞行番号１．挙げられた例からもわかるように，イディオムとは個々の単語の意味からだけでは理解することが「できない」ものである。　**行番号６**．時間どおりに来ない友達は予定に従うことが「できない」。　**行番号７〔行番号８〕**．直後の文で言い換えているので，友達は「遅れない」

と約束した。また，少々奇抜な話と考えれば，ここではなく行番号8のwould beの間にnotを入れても話は成立する。　**行番号15.** 第3段落第5文から，その先生は宿題を「しない」ことのデメリットと言っていると考える。not doingは動名詞の否定形。　**行番号18.** 直後の文から，英語の単語naiveは良いことでは「ない」と考える。

Ⅲ〔長文読解―適文選択―説明文〕

≪全訳≫❶私たちがデジタル世界で暮らしていることは大きなニュースではない。家であろうと教室であろうと，1ほとんどの子どもたちは何らかの形の科学技術とつながっている。しかし生徒は，大学や将来の職業の準備をするためにその科学技術をつくる方法を知る必要があるだろうか。イエス，とコンピュータの専門家は言う。彼らは，2020年までにアメリカ合衆国の大学は，国内に140万あるコンピュータ関係の仕事の3分の1さえ埋めることができなくなるだろうと指摘する。❷「科学技術がどのように作用するのかやどのようにそれを利用することができるのかを学ぶことは，読み書きと同じくらい重要である」とスリニ・マンディアムは私たちに言った。2彼はティンカーという会社を始めた。その会社は子どもたちにコンピュータのコード，すなわちコンピュータにするべきことを伝える指示を書く方法を教えるためのプログラムをつくっている。「科学技術は生徒が自分たちが毎日使うものを理解する一つの方法なのです」とマンディアムは言う。❸全てのアプリケーション，ゲーム，コンピュータプログラムはコードで始まる。「コード化はただ科学技術を使うよりは，むしろそれをつくるという行為です」とハディ・パートヴィは言う。彼はCode.orgという名の非営利サイト―それは去年立ち上げられたのだが―の共同設立者である。最近の調査によると，3アメリカの10校に1校しかコンピュータサイエンスの授業を行っていない。Code.orgはその状況を変えたいと思い，全ての学校の全ての生徒がコンピュータプログラミングを学ぶ機会を持つべきだと提案する。その団体はアメリカの学校に，中国，ベトナム，英国―これらの国ではコード化の授業が早くも小学校で行われている―によって示された模範に従うことを望んでいる。❹コード化を学校に導入する方法として，Code.orgは去年Hour of Codeと呼ばれるキャンペーンを始めた。そのプログラムは世界中の学校にとって無料で使えるようになった。今年のHour of Codeは12月8日から14日のコンピュータサイエンス教育週間に行われる。4その任務は生徒の意欲をかき立て，1時間でコンピュータサイエンスの技術を身につけさせようとすることである。❺一連の活動を通して，5ユーザーは，それぞれ異なるコマンドを持つブロックをつなぐことによって自分自身のゲームをカスタマイズする方法を教えてもらう。この全てのコマンドを組み合わせることによって，ユーザーはゲームがたどる道をつくる。他の会社もまた，子ども向けのコード化プログラムを開発した。マンディアムは，ティンカーの目標の一つはコード化をSTEM(科学，科学技術，工学，数学)の授業と組み合わせることだと言う。ティンカーの活動から身につけた問題解決といった技術は，全ての一般教養科目に応用することができる。❻しかし誰もが小学校でのコード化の授業に準備ができているわけではない。教育者の中には，6コンピュータサイエンスは高校まで延ばすべき科目であると言う者もいる。「私たちがあまりにも多くの時間をコンピュータサイエンスに費やすと，他の活動に時間を費やすことができません」とメラニー・ライザーは言う。彼女は北米シュタイナー学校協会のプログラムや活動の指導者である。❼ライザーは，生徒はコンピュータプログラミングを学ぶ前に，まず科学技術に直接焦点を当てていない科目における技能を伸ばさなければならないと言う。「12歳未満の生徒は，どちらか一方に集中しないように，脳の両側を発達させる必要があります」と彼女は言う。「7つり合いがとれていることが子どもにとって非常に健全なのです」❽マンディアムと他のコード化の支持者は，子どもたちは将来に向けた準備をする必要があると考えている。デジタル世界はすばやく成長し続ける。そして8コード化を学ぶことはその進展に遅れずについていく一つの方法になりえる。「科学技術は，世界で起こっている全ての大きな変化の中心にあります」とマンディアムは言う。「子どもたちは，科学技術は私たちが世界を変えることを可能にするということを知る必要があるのです」

<解説>1．直後の文にある that technology に注目。直前に，私たちはデジタル世界に暮らしているとあり，「家であろうと教室であろうと」に続くものとして適切なのは，何らかの科学技術とつながっているという内容のイ。　2．カの he は直前の文の Srini Mandyam を，直後の文の It はカの a company called Tynker を指していると考えられる。　3．空所には，最近の調査の結果が入る。直後の文の内容から，コンピュータサイエンスに関する学校の現状を説明するアが入ると話がつながる。　4．第4段落では，コード化を学校に導入する方法として Hour of Code というキャンペーンが取り上げられている。キの its は直前の文の This year's Hour of Code を指していると考えられる。　5．直後の文にある these commands に注目。users や game という語が使われているウが文脈に沿う。　6．空所には，教育者の発言が入る。第6段落の冒頭に But とあるように，それまでと異なる考え方が述べられているので，コンピュータサイエンスを教えるのは高校からでいいというクが入ると話がつながる。　7．ライザーの発言。直前の「どちらか一方に集中しないように，脳の両側を発達させる必要がある」という内容からバランスについて述べているエが適切。　8．オの its は直前の文の The digital world を指していると考えられる。コード化の支持者の考えが入るので，コード化の学習の利点を述べているオが適切。　keep up with ～「～に遅れずについていく」

Ⅳ〔正誤問題〕

1．ア…×　exciting は主に主語が‘物’のときに「興奮させるような」という意味で使う。ここでは主語が犬なので「(人などが)興奮している」という意味の excited を用いる。　「彼女が帰宅すると，その犬は彼女を見ていつも興奮している」　イ…○　‘so that＋主語＋can …’「～が…できるように」　「私は，最終バスに間に合うように，バスの停留所までずっと走った」

2．ア…×　because of の後には名詞(句)がくる。ここでは‘主語＋動詞…’の文がきているので，接続詞 because を用いる。　「天気が良かったので，彼は傘を持っていかなかった」　イ…○　‘want＋人＋to ～’「〈人〉に～してほしい」。‘let＋目的語＋動詞の原形’「～に…させる」　「私たちの上司があなたに明日ここに来てほしいと思っていたら，今晩お知らせします」

3．ア…×　say は‘人’を目的語にとらない。‘tell＋人＋to ～’「〈人〉に～するように言う」の形で told にする。　「その医者は彼に1日につき1リットルの水を飲むように言った」　イ…○　which 以下は間接疑問文。　「私は祖母が何年に生まれたのか思い出せない」

4．ア…○　had started は過去完了形。‘完了’を表す。　「彼らがスタジアムに着いたとき，その試合はすでに始まっていた」　イ…×　関係代名詞 which を用いた文。about の目的語である the book が先行詞として前に出ているので，it は不要。　「これは私が昨日君に話した本だ」

5．ア…×　現在完了は明確に過去を表す語句とは一緒に使うことができない。ここでは，when I was a child とあるので，過去形 lived にする。　「私は子どものとき3年間ロンドンに住んでいた」　イ…○　‘taste＋形容詞’で「～の味がする」。　「食事は家で食べるより外で食べる方がよりおいしい」

6．ア…×　happy など人の‘感情’を表す形容詞は主語に必ず‘人’をとる。また，‘It is ～ for … to ―’の形式主語構文で用いることはできない。You are very happy to have time to read books. が正しい。　「あなたは本を読む時間が持ててとても幸せだ」　イ…○　what は先行詞を含む関係代名詞で「～するもの〔こと〕」という意味。　「私の兄〔弟〕は他の全ての少年が持っているものを持ちたがった」

7．ア…×　‘It feels＋形容詞＋to ～’または‘It feels like＋名詞＋to ～’で「～することが…と感

じられる」という意味を表す。How does it feel to have won the first prize？またはWhat does it feel like to have won the first prize？とする。 「一等賞をとったというのはどんな感じですか」 イ…○ 「私たちは第二次世界大戦は1945年に終わったと教えられた」

8．ア…× このdoesは前のlooks youngerを受ける代動詞なので，このままだと「実際に若く見えるよりも若く見える」となって意味が通らない。「実際(の年齢)より」とするには，… than she is (young)と，doesではなく現在の状態を示すbe動詞(この場合はis)にする必要がある。「彼女は実際より若く見える」 イ…○ if節が‘条件’を表す場合，未来のことでも現在形で表す。「明日早く着いたら，そこで待ってください」

9．ア…○ because ～ は主節の前にもくる。「おそらく彼女は，私に会いたくなかったから，ここに来なかった」 イ…× the number of ～「～の数」を使って相手に数を尋ねる場合，How manyは使えない。What is the number of people in Osaka？とする。 「大阪の人口は何人ですか」

10．ア…○ ‘Nothing ～ as＋原級＋as …’「…ほど～な物はない」 ‘as much＋数えられない名詞＋as …’「…と同じ量の～」「モーツァルトを聴くことほど多くの真の喜びを私に与えてくれるものはない」 イ…× holdは「(会合など)を開く」の意味の他動詞。「会合」は「開かれる」ものなので，受け身形にする。 hold－held－held 「来月の会合は水曜日の夜に開かれるだろう」

11．ア…× mannersと複数形なのでaが不要。mannersで「行儀，マナー」という意味。「そんなに行儀のいい若者に会うことはすばらしい」 イ…○ ‘命令形＋and ～’「…しなさい。そうすれば～」の形。 「少なくとも一度海外で生活しなさい。そうすればあなたはもっと興味深い人になるだろう」

V〔適語選択―熟語〕

1．「時代遅れであるものは，近代的でなく，もはや役に立たない」 out of dateで「時代遅れの〔で〕，旧式の〔で〕」という意味。（例）This kind of bag is getting out of date.「この種のかばんは時代遅れになってきている」

2．「あなたがまず何かをするときは，他の何かをする前にそれをする」 first of allで「まず，第一に」という意味。（例）First of all, we have to clean the room.「第一に，私たちはその部屋を掃除しなければならない」

3．「『もちろん』は，他の人々がおそらくあなたが言っていることが本当であるとすでに知っている，またはそれを聞くことを予期しているということを示すために使われる」 of courseで「もちろん」という意味。（例）Of course she'll come.「もちろん彼女は来るだろう」

4．「もし何かが突然起これば，それはあなたがそれを予期していないときに突然起こる」 all at onceで「突然，不意に」という意味。（例）All at once, it started to rain.「突然，雨が降り始めた」

5．「『何よりも』は『最も重要なことに』または『他の何よりも』を意味する。人々に最も気づいてほしいと思うことに注意を促すためにそれを使う」 above allは「何よりも，中でも」という意味。（例）Above all, you should take care of yourself.「何よりも体に気をつけるべきだ」

2018年度／慶應義塾志木高等学校

数学解答

1 ⑴ $\frac{1223}{11}$　⑵ $384 < x \leqq 800$

⑶ $\frac{9}{32}$

2 ⑴ 126通り　⑵ 18通り

⑶ 87通り　⑷ 24通り

3 ⑴ $6a^2+6a$　⑵ $\frac{1}{2}$

4 $x=9000$円，$y=200$個

5 ⑴ $y=ax-3a+27$

⑵ $S=\frac{1}{2}a^2-\frac{27}{2}a+81$

⑶ $T=\frac{9}{2}a$

6 ⑴ B(1，6)，$\triangle$OAB$=8$

⑵ $\left(\frac{k}{ap},\ ap\right)$

⑶ (i) $y=px$　(ii) $\sqrt{3}$，$\frac{\sqrt{3}}{3}$

1〔独立小問集合題〕

⑴＜数の性質＞$\frac{b}{a}$の平方根の小数部分を切り捨てると10になることより，$10 \leqq \sqrt{\frac{b}{a}} < 11$ である。これより，$\sqrt{100} \leqq \sqrt{\frac{b}{a}} < \sqrt{121}$，$100 \leqq \frac{b}{a} < 121$ となる。$a+b=1234$ より，$b=1234-a$ だから，$100 \leqq \frac{1234-a}{a} < 121$，$100 \leqq \frac{1234}{a}-1 < 121$ となり，それぞれに1を加えて，$100+1 \leqq \frac{1234}{a}-1+1 < 121+1$，$101 \leqq \frac{1234}{a} < 122$ となる。これを満たす自然数aは，$a=11$，12である。$a=11$ のとき，$b=1234-a=1234-11=1223$ となり，$\frac{b}{a}=\frac{1223}{11}$ は既約分数なので適する。$a=12$ のとき，$b=1234-12=1222$ となり，$\frac{b}{a}=\frac{1222}{12}$ は既約分数でないから適さない。以上より，求める既約分数は$\frac{1223}{11}$である。

⑵＜数量の計算―速さの範囲＞生徒は，２度バスとすれ違い，１度バスに追い抜かれるので，１回目に学校で折り返したバスとすれ違い，駅で折り返したバスに追い抜かれ，２回目に学校で折り返したバスとすれ違うことになる。よって，バスは，生徒が学校に到着する前に，２回目に学校を折り返し出発している。また，生徒が学校に到着すると同時に３回目に学校に到着するか，それより後に３回目に学校に到着している。生徒は，3.2km(3200m)離れた学校まで毎分80mで歩くから，かかる時間は $\frac{3200}{80}=40$(分)である。バスが２回目に学校を折り返し出発するのが，最初に駅を出発してから40分後とすると，この間に学校，駅，学校で５分の停車を３回し，駅と学校の間を３回走っているから，駅と学校の間を片道走るのにかかる時間は$(40-5\times3)\div3=\frac{25}{3}$(分)である。このときバスの速さは，$3200\div\frac{25}{3}=384$ より，毎分384mだから，バスの速さは毎分384mより速ければよい。一方，バスが３回目に学校に到着するのが，最初に駅を出発してから40分後とすると，この間に学校，駅，学校，駅で５分の停車を４回し，駅と学校の間を５回走っているから，駅と学校の間を片道走るのにかかる時間は$(40-5\times4)\div5=4$(分)である。このときバスの速さは，$\frac{3200}{4}=800$ より，毎分800mだから，バスの速さは毎分800m以下であればよい。以上より，$384 < x \leqq 800$ である。

⑶＜確率―色球＞操作が３回未満のときも操作を３回行うとすると，１回目，２回目，３回目の球の取り出し方がいずれも４通りであることより，球の取り出し方は，全部で$4\times4\times4=64$(通り)ある。

このうち，袋の中が全て白球になるのは，①1回目，2回目とも赤球を取り出す場合，②1回目に赤球，2回目に白球，3回目に赤球を取り出す場合，③1回目に白球，2回目，3回目に赤球を取り出す場合の3通りがある。①の場合，赤球が2個なので1回目は2通りの取り出し方があり，2回目は，赤球が1個になるので1通りの取り出し方がある。3回目は4個のどの球を取り出してもよいと考えればよいから，①の場合の球の取り出し方は $2\times1\times4=8$(通り)ある。②の場合，1回目は2通りあり，白球が3個になるので，2回目は3通り，赤球は1個だから，3回目は1通りとなり，取り出し方は $2\times3\times1=6$(通り)ある。③の場合は，$2\times2\times1=4$(通り)である。よって，袋の中が全て白球になる場合は $8+6+4=18$(通り)だから，求める確率は $\frac{18}{64}=\frac{9}{32}$ である。

2 〔場合の数―経路〕

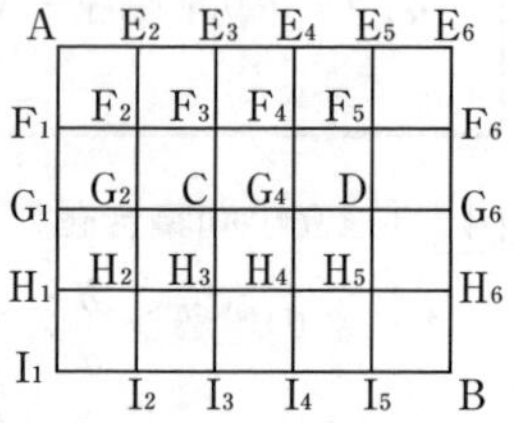

(1)**＜場合の数＞**右図のように，4点A，B，C，D以外の各点に記号を定める。点Aから点E_2，E_3，E_4，E_5，E_6，F_1，G_1，H_1，I_1までの経路はそれぞれ1通りである。点F_2までの経路は，点E_2からの経路と点F_1からの経路があり，点E_2，点F_1までの経路がそれぞれ1通りだから，点F_2までの経路は $1+1=2$(通り)ある。点F_3までの経路は，点E_3からの経路と点F_2からの経路があり，点E_3，点F_2までの経路はそれぞれ1通り，2通りだから，点F_3までの経路は $1+2=3$(通り)ある。以下同様に考えると，点Aから各点までの経路は，点F_4までが $1+3=4$(通り)，点F_5までが $1+4=5$(通り)，点F_6までが $1+5=6$(通り)，点G_2までが $2+1=3$(通り)，点Cまでが $3+3=6$(通り)，点G_4までが $4+6=10$(通り)，点Dまでが $5+10=15$(通り)，……，点H_6までが $21+35=56$(通り)，……，点I_5までが $35+35=70$(通り)となり，点Aから点Bまでの全ての経路は $56+70=126$(通り)となる。

(2)**＜場合の数＞**右上図で，(1)より，点Aから点Cまでの経路は6通りあり，点Cから点Dまでの経路は1通りである。点Dから点Bまでの経路は，点Aから点G_2までの経路と同じで3通りある。よって，点C，点Dをともに通る経路は $6\times1\times3=18$(通り)ある。

(3)**＜場合の数＞**右上図で，点Aから点Cまでの経路は6通りあり，点Cから点Bまでの経路は，点Aから点G_4までの経路と同じで10通りだから，点Cを通る経路は $6\times10=60$(通り)ある。また，点Aから点Dまでの経路は15通り，点Dから点Bまでの経路は3通りだから，点Dを通る経路は $15\times3=45$(通り)ある。点Cを通る経路，点Dを通る経路のそれぞれに，点C，点Dをともに通る経路18通りが含まれているから，点Cまたは点Dを通る経路は $60+45-18=87$(通り)ある。

(4)**＜場合の数＞**右上図で，1回目に曲がる点がE_2のとき，2回目，3回目に曲がる点は(2回目，3回目)$=(F_2, F_6)$，(G_2, G_6)，(H_2, H_6)の3通りある。1回目に曲がる点がE_3，E_4，E_5のときも同様にそれぞれ3通りあり，E_6のときは，ちょうど3回曲がる経路はない。1回目に曲がる点がF_1のとき，2回目，3回目に曲がる点は(2回目，3回目)$=(F_2, I_2)$，(F_3, I_3)，(F_4, I_4)，(F_5, I_5)の4通りある。1回目に曲がる点がG_1，H_1のときも同様にそれぞれ4通りあり，I_1のときは，ちょうど3回曲がる経路はない。以上より，ちょうど3回曲がる経路は $3\times4+4\times3=24$(通り)ある。

3 〔平面図形―直角三角形〕

(1)**＜面積＞**次ページの図で，△ABCは∠BAC＝90°の直角三角形だから，三平方の定理より，$CA=\sqrt{BC^2-AB^2}=\sqrt{5^2-3^2}=\sqrt{16}=4$ となり，$\triangle ABC=\frac{1}{2}\times CA\times AB=\frac{1}{2}\times4\times3=6$ である。よって，$\triangle ABC:\triangle APB=CA:AP=1:a$ より，$\triangle APB=a\triangle ABC=a\times6=6a$ と表せる。さらに，$\triangle APB:\triangle APQ=AB:AQ=1:(1+a)$ だから，$\triangle APQ=(1+a)\triangle APB=(1+a)\times6a=6a^2+6a$ と表せる。

(2)＜$\boldsymbol{a}$**の値**＞右図で，(1)と同様に考えると，$\triangle ABC : \triangle BQC = AB : BQ = 1 : a$より，$\triangle BQC = a\triangle ABC = a \times 6 = 6a$となり，$\triangle BQC : \triangle BQR = BC : BR = 1 : (1+a)$より，$\triangle BQR = (1+a) \times \triangle BQC = (1+a) \times 6a = 6a^2 + 6a$となる。さらに，$\triangle CRP = 6a^2 + 6a$となる。よって，$\triangle PQR = \triangle APQ + \triangle BQR + \triangle CRP + \triangle ABC = (6a^2+6a) \times 3 + 6 = 18a^2 + 18a + 6$と表せる。$\triangle PQR$の面積が$\dfrac{39}{2}$のとき，$18a^2 + 18a + 6 = \dfrac{39}{2}$が成り立ち，整理すると，$4a^2 + 4a - 3 = 0$となるので，$(2a)^2 + 2 \times 2a - 3 = 0$，$(2a-1)(2a+3) = 0$より，$a = \dfrac{1}{2}$，$-\dfrac{3}{2}$である。$a>0$だから，$a = \dfrac{1}{2}$である。

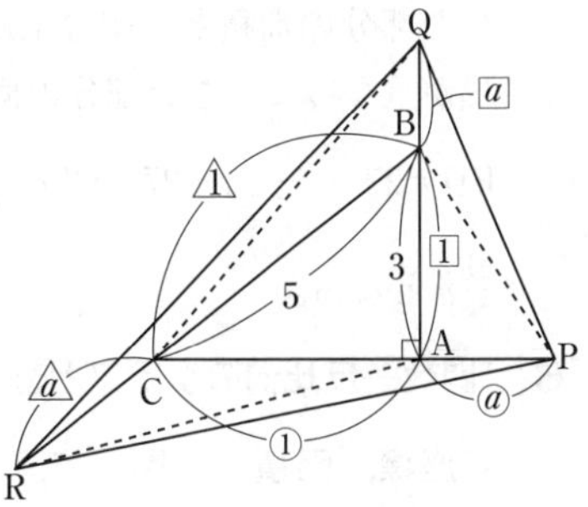

4〔**方程式—連立方程式の応用**〕

1ケースx円であんパンを10ケース仕入れ，運送料が6000円だから，支払った金額は$10x + 6000$円である。また，あんパンは1ケースにy個入っているから，仕入れたあんパンの個数は$10y$個である。1個64円で売って10％が売れなくても20％の利益があるので，$64 \times 10y\left(1 - \dfrac{10}{100}\right) = (10x + 6000) \times \left(1 + \dfrac{20}{100}\right)$が成り立つ。これを整理すると，$-x + 48y = 600$……①となる。実際は，125個が売れなくて25％の利益があったので，$64 \times (10y - 125) = (10x + 6000) \times \left(1 + \dfrac{25}{100}\right)$が成り立ち，$-5x + 256y = 6200$……②となる。①，②の連立方程式を解くと，$x = 9000$(円)，$y = 200$(個)となる。

5〔**関数—関数**$\boldsymbol{y = ax^2}$**と直線**〕

≪基本方針の決定≫(3)　斜線部分と面積が等しい図形を考える。

(1)＜**直線の式**＞右図で，直線BCは傾きがaだから，その式は$y = ax + b$とおける。また，2点A，Bは，放物線$y = 3x^2$上にあり，直線ABがx軸に平行だから，y軸について対称である。よって，点Aのx座標が-3より，点Bのx座標は3となり，$y = 3 \times 3^2 = 27$より，B(3，27)である。したがって，$27 = a \times 3 + b$より，$b = -3a + 27$となるので，直線BCの式は$y = ax - 3a + 27$である。

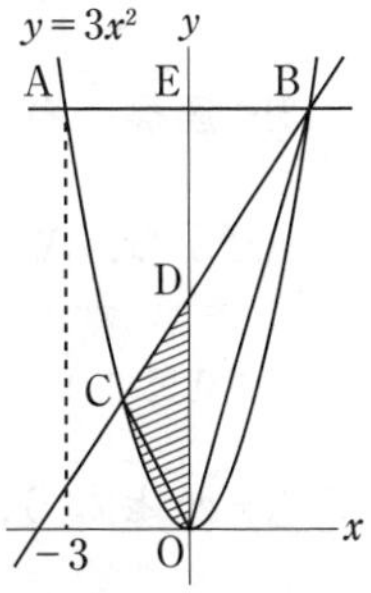

(2)＜**面積**＞右図で，直線BCとy軸の交点をDとすると，直線BCの切片より，D(0，$-3a + 27$)であり，$OD = -3a + 27$である。また，点Cは放物線$y = 3x^2$上の点だから，x座標をcとすると，C(c，$3c^2$)であり，直線BCの傾きについて，$\dfrac{27 - 3c^2}{3 - c} = a$が成り立つ。これより，$\dfrac{3(9 - c^2)}{3 - c} = a$，$\dfrac{3(3+c)(3-c)}{3-c} = a$，$3(3+c) = a$，$3 + c = \dfrac{1}{3}a$，$c = \dfrac{1}{3}a - 3$となり，点Cの$x$座標は$\dfrac{1}{3}a - 3$である。よって，辺ODを底辺と見ると，△OBDの高さは3，△OCDの高さは$0 - \left(\dfrac{1}{3}a - 3\right) = 3 - \dfrac{1}{3}a$だから，$\triangle BOC = \triangle OBD + \triangle OCD = \dfrac{1}{2} \times (-3a + 27) \times 3 + \dfrac{1}{2} \times (-3a + 27) \times \left(3 - \dfrac{1}{3}a\right) = \dfrac{1}{2}a^2 - \dfrac{27}{2}a + 81$となり，$S = \dfrac{1}{2}a^2 - \dfrac{27}{2}a + 81$である。

(3)＜**面積**＞右上図で，線分ABと曲線AOBで囲まれた図形を図形Pとする。直線BCは図形Pの面積を2等分しているから，線分BCと曲線COBで囲まれた部分の面積は図形Pの面積の$\dfrac{1}{2}$である。また，図形Pはy軸について対称だから，直線ABとy軸の交点をEとすると，線分EB，EOと曲線OBで囲まれた部分の面積も図形Pの面積の$\dfrac{1}{2}$である。よって，線分BCと曲線COBで囲まれた部分の面積と，線分EB，EOと曲線OBで囲まれた部分の面積は等しいから，この2つの図形が重なっていない部分の面積は等しくなり，斜線部分の面積は，△BEDの面積と等しい。EB=3，ED$=27-(-3a+27)=3a$だから，△BED$=\frac{1}{2}\times3\times3a=\frac{9}{2}a$となり，斜線部分の面積$T$は，$T=\frac{9}{2}a$となる。

6 **〔関数—反比例のグラフと直線〕**

(1)**<座標，面積>**右図1で，点Aは関数$y=\frac{6}{x}$のグラフ上にあり，x座標が3だから，$y=\frac{6}{3}=2$となり，A(3，2)である。直線lの傾きは-2だから，その式を$y=-2x+b$とおくと，点Aを通ることから，$2=-2\times3+b$，$b=8$となり，直線lの式は$y=-2x+8$である。点Bは直線$y=-2x+8$と関数$y=\frac{6}{x}$のグラフの交点だから，$-2x+8=\frac{6}{x}$より，$-2x^2+8x=6$，$x^2-4x+3=0$，$(x-1)(x-3)=0$　$\therefore x=1$，3

図1

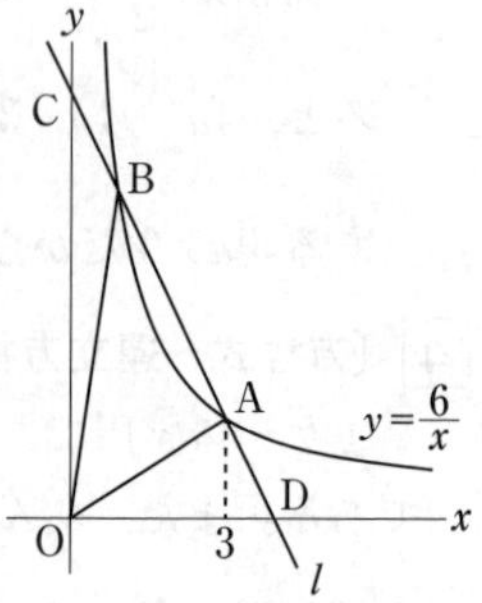

よって，点Bのx座標は1だから，$y=\frac{6}{1}=6$より，B(1，6)である。次に，図1のように，直線lとy軸，x軸の交点をそれぞれC，Dとする。直線lの切片より，C(0，8)だから，OC=8である。また，$0=-2x+8$より，$x=4$となるから，D(4，0)であり，OD=4である。△OBCは辺OCを底辺と見ると，点Bのx座標が1だから，高さが1となる。△OADは底辺を辺ODと見ると，点Aのy座標が2だから，高さが2となる。したがって，△OAB=△OCD−△OBC−△OAD$=\frac{1}{2}\times4\times8-\frac{1}{2}\times8\times1-\frac{1}{2}\times4\times2=8$である。

(2)**<座標>**右図2で，点Aは関数$y=\frac{k}{x}$のグラフ上にあり，x座標がaだから，A$\left(a,\ \frac{k}{a}\right)$と表せる。直線$l$の傾きが$-p$だから，直線$l$の式を$y=-px+b'$とおくと，点Aを通ることから，$\frac{k}{a}=-ap+b'$，$b'=\frac{k}{a}+ap$となり，直線$l$の式は$y=-px+\frac{k}{a}+ap$である。点Bは直線$y=-px+\frac{k}{a}+ap$と関数$y=\frac{k}{x}$のグラフの交点だから，$-px+\frac{k}{a}+ap=\frac{k}{x}$

図2

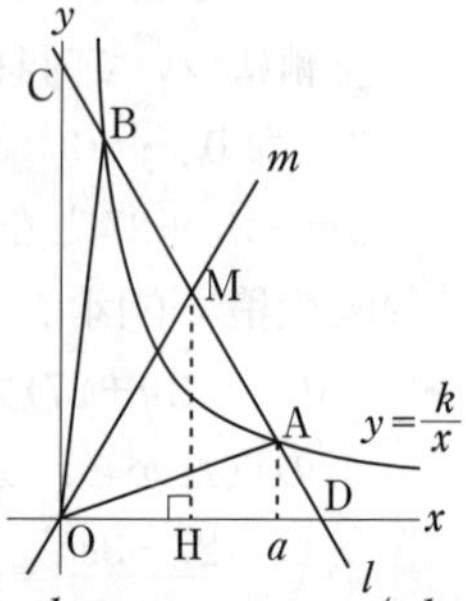

より，$-px^2+\frac{k}{a}x+apx=k$，$x^2-\left(\frac{k}{ap}+a\right)x+\frac{k}{p}=0$となる。ここで，$\frac{k}{ap}\times a=\frac{k}{p}$だから，$x^2-\left(\frac{k}{ap}+a\right)x+\frac{k}{ap}\times a=0$より，$\left(x-\frac{k}{ap}\right)(x-a)=0$となり，$x=\frac{k}{ap}$，$a$である。よって，点Bの$x$座標は$x=\frac{k}{ap}$だから，$y=k\div x=k\div\frac{k}{ap}=ap$より，B$\left(\frac{k}{ap},\ ap\right)$と表せる。

(3)**<直線の式，pの値>**(i)右上図2で，原点を通り△OABの面積を2等分する直線mと線分ABの交点をMとすると，点Mは線分ABの中点である。A$\left(a,\ \frac{k}{a}\right)$，B$\left(\frac{k}{ap},\ ap\right)$より，点Mの$x$座標は$\left(a+\frac{k}{ap}\right)\div2=\frac{a^2p+k}{2ap}$，$y$座標は$\left(\frac{k}{a}+ap\right)\div2=\frac{k+a^2p}{2a}$だから，M$\left(\frac{a^2p+k}{2ap},\ \frac{k+a^2p}{2a}\right)$である。よって，直線$m$の傾きは$\frac{k+a^2p}{2a}\div\frac{a^2p+k}{2ap}=p$となるから，直線$m$の式は$y=px$となる。　(ii)図2で，

点Mからx軸に垂線MHを引く。(i)より直線mの傾きはpだから，$\frac{MH}{OH}=p$である。また，直線lの傾きは$-p$だから，$-\frac{MH}{DH}=-p$より，$\frac{MH}{DH}=p$となる。よって，$\frac{MH}{OH}=\frac{MH}{DH}$より，OH＝DHとなるから，$\triangle OMH \equiv \triangle DMH$となる。直線$l$と直線$m$のつくる角が60°より，$\angle OMD=60°$とすると，$\angle OMH=\angle DMH=\frac{1}{2}\angle OMD=\frac{1}{2}\times 60°=30°$となるから，$MH:OH=\sqrt{3}:1$であり，$p=\frac{\sqrt{3}}{1}=\sqrt{3}$となる。$\angle OMC=60°$とすると，$\angle OMH=\angle DMH=\frac{1}{2}\times(180°-60°)=60°$となるから，$MH:OH=1:\sqrt{3}$より，$p=\frac{1}{\sqrt{3}}=\frac{\sqrt{3}}{3}$となる。以上より，求める$p$の値は$\sqrt{3}$，$\frac{\sqrt{3}}{3}$である。

国語解答

一 問一 a かや b なんど
c うちわ d むねあげ

問二 A…オ B…イ C…エ

問三 来て居るに相違ない

問四 (右下図参照) 問五 横

問六 F…エ G…オ H…ウ I…イ
J…ア

問七 ウ

問八 自分宛の手紙以外には興味がないという自己中心的な心情を見抜いている母に，優しく頼まれたので，読みたくもない手紙を読まざるをえなくなり，いら立った[から]
(72字)

問九 手紙を読んでもらうとうれしい

問十 イ

問十一 八つ当たりが高じて，猫が鳴いたのにさえもどなりつける父の姿が，滑稽に思えた[から]
(37字)

問十二 オ

問十三 興味のない手紙を読みたくないのに読まされて不快だったが，字の読めない父の手紙に対する気持ちを知って，自分の態度は傲慢だったかもしれないと反省している[から](74字)

二 問一 オ

問二 ① 型にはまり込んだ自己を形成できている[から]
② 型にはまった自己しか持っていない[から]

問三 カ 問四 オ 問五 卒業

問六 ア

問七 人を羨まずに，誰にでもある自分自身のよさを知り，それを大切にするという[こと](35字)

問八 (省略)

三 問一 1…ウ 2…オ 3…ケ 4…シ
5…セ 6…ツ

問二 日本国憲法

四 ア 下手の横好[き] イ 正鵠
ウ 河童の川流[れ] エ 苔
オ 巧言令色
カ 犬も歩けば棒に当たる

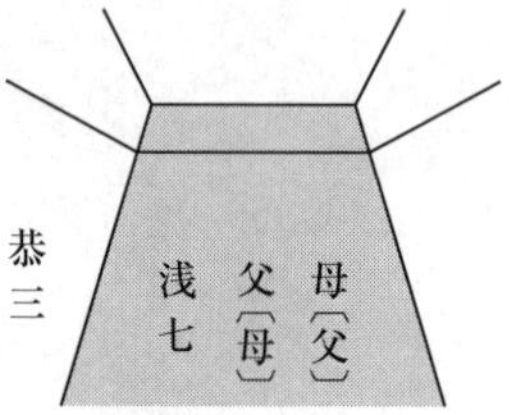

一 〔小説の読解〕出典；加能作次郎『恭三の父』「手紙」。

問一＜漢字＞a．蚊を防ぐために，部屋につり下げて，寝床を覆う道具。 b．衣服・道具などをしまっておく部屋。 c．あおいで，風を送るための道具。 d．家を建てるときに，骨組みができた後，屋根の一番上になる棟木を上げること。

問二＜文章内容＞A．帰省してから，恭三は，「毎日毎日単調無味な生活に苦しんで居た」ので，手紙で友達にその苦しさを訴えたのである。 B．恭三は，「隣家の竹垣に蝸牛が幾つ居た」というような「つまらぬ事」でも，手紙に書いた。 C．「何にも書くことがなくなると」，恭三は，意味もなく「熟語の様なもの」を「書いて送ること」さえあった。

問三＜心情＞毎晩の散歩から家に帰るとき，恭三は，「誰からか手紙が来て居ればよい」と思い，さらに一歩進んで，誰かから手紙が来ているに違いない，と無理にでも思い込んでいたのである。「予望」という熟語は一般的ではないが，あらかじめ期待すること，という意味だろう。

問四＜状況＞父と母と弟の浅七は，蚊帳の中に入っており，恭三は，蚊帳の外にいる。手紙は，「浅七が蚊帳に入ってから来た」と母が言っているので，浅七は，最後に蚊帳に入ったのだろう。したがって，浅七は，部屋の戸に最も近い所で寝ていると考えられる。父と母の位置関係はわからない。

問五＜文章内容＞もう寝たのかという恭三の問いに，弟の浅七は，寝たのではなく，横を向いて立っているのだという冗談で答えたのである。ここでの「洒落」は，いわゆる駄じゃれではなく，気の利いた文句，という意味。

問六＜表現＞Ｆ．手紙が来ていると聞いて，恭三は喜んだが，自分宛の手紙ではないと知って，「張合が抜け」た。恭三は，そのまま，何をするでもなく「広間に立って居た」のである。　Ｇ．恭三は，どこから来た手紙かと父に尋ねたが，弟が，父に代わって会話を引き継いで，その問いに答えた。　Ｈ．父は，穏やかな口調で，手紙を読んでくれと恭三に頼んだ。　Ｉ．浅七が手紙を読んでいれば，自分が読む必要はないのにと思い，恭三は，弟に手紙を読まなかったのかと不満げに尋ねた。　Ｊ．恭三は，手紙のありかはだいたいわかっていたが，わざとどこにあるのかと尋ねた。

問七＜心情＞手紙が自分宛ではないと知ると，恭三は，たちまち興味を失った。すると，父は，不機嫌になり，言葉の調子も荒くなった。恭三は，父がそこまで気分を悪くするとは思っていなかったので，「意外なことになった」と感じたのである。

問八＜心情＞恭三は，自分宛の手紙は楽しみに待っていたが，家に来た手紙には興味がなかった。それなのに，父に命じられて，その手紙を読まざるをえなくなり，いら立っていた。そんなときに，母が，「邪魔でも一寸読んで呉んさい」と言ったので，自分の自己中心的な気持ちが，母には見抜かれていることを知り，恭三は焦った。また，母から優しく頼まれてしまったからには，いやが応でも手紙を読まないわけにはいかなくなったので，恭三は，体調に変化が現れるほど，いら立ってきたのである。

問九＜心情＞字が読めない父は，手紙に「こう書いてある，ああ言うてあると歌でも読む様にして片端から読うで聞かして呉れりゃ嬉しい」のである。それなのに恭三が，葉書は暑中見舞いで，手紙は礼状だと言っただけだったので，父は，不満だったのである。

問十＜心情＞手紙をきちんと読み上げてくれない恭三に対して，父は，「大い御苦労でござった」とねぎらいの言葉をかけた。それは心からの言葉ではなく，当てこすりである。

問十一＜心情＞父は，つい先ほどまで恭三に腹を立てていたのに，母が口を出すと，「恐ろしい権幕」で，母をどなりつけた。さらに，次の瞬間，父は，奥の間から出てきた猫にまで怒りを向けたので，その八つ当たりぶりがおかしくて，母と弟は笑ってしまったのである。

問十二＜文章内容＞恭三は，「拝啓とか頓首とかお定り文句ばかり」の手紙を「一々説明してもお父様には分らんと思って」，手紙を読み上げなかったと言った。それに対して父は，恭三の言葉は自分の間違いを素直に認めようとしない言い訳だと言い返し，自分のような「無学な者」は，難しいことはわからなくても，いちいち読み上げてもらえれば，それだけでうれしいと説明したのである。

問十三＜心情＞恭三は，読みたくもない手紙を読み上げるよう命じられたことにいら立ちを感じた。

しかし，それがきっかけとなって，字の読めない父が手紙を読んでもらうことをどれほど楽しみにしているのかを知った。恭三は，そういうことなら父に頼まれたときに，素直に手紙を読んでいればよかったと反省した。とはいえ，これまでの行きがかりから，今さら手紙を読み上げるわけにもいかないと感じて，恭三は，「何とも言われぬ妙な気持」になったのである。

二〔随筆の読解─哲学的分野─人生〕出典；北大路魯山人『料理ばなし』「個性」。

≪**本文の概要**≫ある日の午後，「わたし」は，福井から来た小学校の先生と散歩をしていた。すると，道端で遊んでいた小学生が，その先生を見て頭を下げた。その先生は，自分はどこに行っても先生に見えるらしく，子どもにお辞儀をされると笑いながら言った。「わたし」は，その人が先生という型にしっかりとはまり込んでいると感じた。型にはまっていれば，間違うことはない。その一方で，型にはまったことしかできなくなってしまう。とはいえ，習ったことと自分で身につけたこととの間に，大きな違いがあるわけではない。字でいえば，習った「山」という字と，自分で研究して努力した「山」という字が違うわけではない。違いは，前者には個性がなく，後者には個性があるということである。型から始めることも悪くはないが，型の中で満足していてはいけない。型を抜け，型を越えて，自分自身で育っていかなければならない。個性とは，それぞれのよさのことであり，それぞれのよさはそれぞれに大切である。それぞれの個性を楽しく，美しく生かさなければならない。

問一＜心情＞自分を先生だと知らないはずの小学生が，自分を見て頭を下げたので，先生は，笑いながら，自分はどこへ行っても先生に見えるらしく，子どもがお辞儀をすると説明した。

問二＜文章内容＞「感心する」は，心に深く感じて，賞賛すべきだと思う，という意味。「寒心する」は，ぞっとする，という意味。「わたし」は，そこまで「先生，という型にはまりこんでしまったひと」を「立派だと思った」のである。その先生は，「型にはまりこん」だ自己というものを持っているのである。それと同時に，それほど型にはまってしまった先生は，「型にはまったことしかできない」と思って，「わたし」は，「大変さみしく思った」のである。その先生は，「型にはまりこん」だ自己しか持っていないのである。

問三＜文章内容＞「本当にやろうと思って努力するひとにとって，学校は不要」であり，「自分で努力し研究するひとなら，なにも別に学校へ行かなくともよい」のである。学校は，強制されなければ，「自分で努力し研究する」ことができない人のためにある。

問四＜文章内容＞「型にはまって習ったもの」は，「必ずしも楽しく美しいとはかぎらない」が，一応は，型通りの「正しさ」にたどり着くはずである。一方，「自分で失敗を何度も重ねてたどりつくところ」は，やはり「正しさ」である。しかし，その「正しさ」には，「おのずからなる，にじみ出た味があり，力があり，美があり，色も匂いもある」のである。

問五＜表現＞花は，どれもが異なっているが，「初めはみな同じような種から発芽した」のであり，発芽したら，「みなそれぞれ自分自身で育ってゆく」のである。人間も，同じような「型を卒業したら，すぐ自分の足で歩き始めねばならぬ」のである。

問六＜文章内容＞「型から始まるのも悪くはないが，自然に型の中にはいって満足してしまうことが恐ろしい」ので，「わたし」は，「習うな」というのである。型から始めたとしても，やがて型を抜け，型を越えて，「すぐ自分の足で歩き始めねばならぬ」のである。「習うな」ということは，型の中に安住することなく，自分の個性を発揮するために努力をし続けなければならないということである。

問七＜文章内容＞「うりのつるにはなすびはならぬ」は，平凡な親からは，平凡な子しか生まれない，という意味。「誰にも，よさはある」のであり，「それぞれのよさはそれぞれにみな大切」なのだから，他人のよさを羨ましがるよりも，自分自身のよさを知り，それを大切にするべきなのである。

問八＜俳句の技法＞食事に関する冬の季語としては，「おでん」「塩鮭」「湯豆腐」「寄せ鍋」などがある。

三〔**国語の知識**〕出典；石黒圭『文章は接続詞で決まる』「整理の接続詞」。

問一＜品詞＞1，4．「かつ(且つ)」は，「並列の接続詞」であり，「論理を重視した厳めしい感じのするもので，法律の条文や論文など，論理を明確にしたい文章に」使われる。「AかつB」は，「AもBも両方同時に満たすことを意味」する。　**2，5．**「および(及び)」は，「『AおよびB』で，AもBも両方満たすことには変わり」はないが，「同時に満たすといった強い制約」はない。そして，「居住，移転及び職業選択の自由」などのように，「比較的短い要素をいくつも並列するときに」使われる。　**3，6．**「ならびに(並びに)」は，「および」と同じ意味を表すが，内閣総理大臣は，「一般国務及び外交関係について国会に報告し，並びに行政各部を指揮監督する」などのように，「比較的長い要素を結ぶという点」で，「および」とは異なる。原文では，「竝びに」と表記されている。

問二．文中に挙げられている例は，いずれも日本国憲法の条文である。

四〔**国語の知識**〕出典；池田弥三郎・梅棹忠夫監修『百人百話』「対談　ことわざの周辺」。

問．ア＜慣用句＞「下手の横好き」は，下手なくせに，それをするのが好きなこと。「好きこそものの上手なれ」は，好きなことには努力するので，自然と上手になるものだ，という意味。　**イ＜慣用句＞**「正鵠を得る」は，物事の要点を正確に捉えていること。　**ウ＜ことわざ＞**「河童の川流れ」は，その道の達人も，ときとして失敗を犯すものだ，という意味。「猿も木から落ちる」「上手の手から水が漏る」「弘法にも筆の誤り」は，いずれも同じ意味のことわざ。　**エ＜ことわざ＞**「転がる石には苔がつかない」は，あちこちへと移動する人間は，常に生き生きしている，という意味。また，一カ所に落ち着くことのできない人間は，大成できない，という意味でも用いられる。**オ＜四字熟語＞**「巧言令色，鮮いかな仁」は，口がうまく，愛想のいい人で，真心を備えた者は少ない，という意味。　**カ＜ことわざ＞**「犬も歩けば棒に当たる」は，何かをしようとしていると，思いがけない災難，または幸運に出会うものである，という意味。

Memo

Memo

Memo

2025年度用

高校スーパー過去問

■編集人　声の教育社・編集部

■発行所　株式会社　声の教育社

〒162-0814 東京都新宿区新小川町8-15

☎03-5261-5061㈹ FAX03-5261-5062

https://www.koenokyoikusha.co.jp

※本書の内容についての一切の責任は当社にあります。内容・解説・解答その他の質問等は文書にて当社に御郵送くださるようお願いいたします。

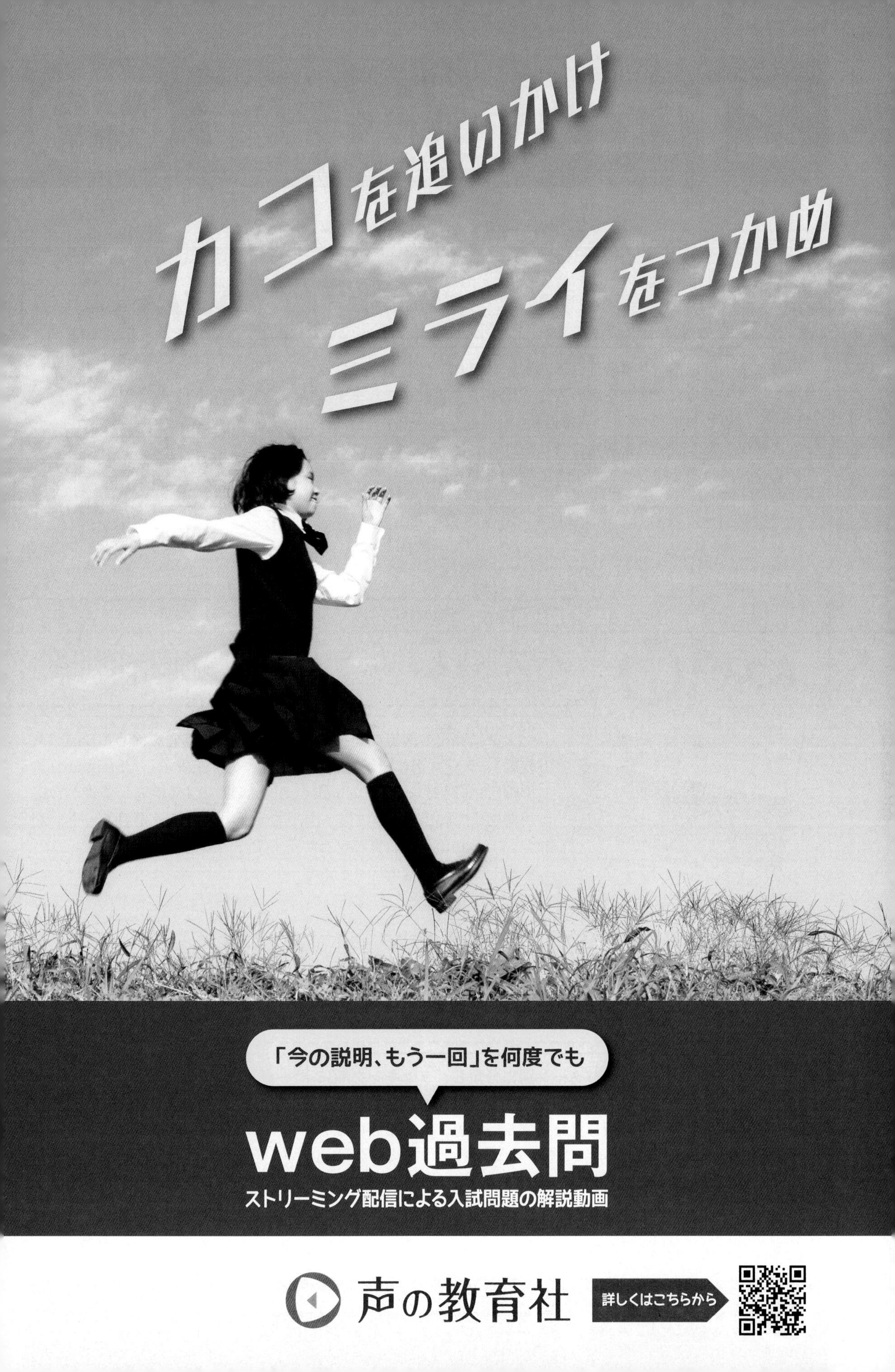

カコを追いかけ
ミライをつかめ
「今の説明、もう一回」を何度でも
web過去問
ストリーミング配信による入試問題の解説動画
声の教育社
詳しくはこちらから

慶應義塾志木高等学校

別冊解答用紙

丁寧に抜きとって、別冊としてご使用ください。

注意

○ 解答用紙は、収録の都合により縮小したものや、小社独自に作成したものもあります。
○ 学校配点は学校発表のもの、推定配点は小社で作成したものです。
○ 無断転載を禁じます。
○ 解答用紙を拡大コピーする場合、表示した拡大率に対応する用紙サイズは以下のとおりです。
101%～102%＝B5　103%～118%＝A4　119%～144%＝B4　145%～167%＝A3
（タイトルと配点表は含みません）

２０２４年度　慶應義塾志木高等学校

英語解答用紙　No. 1

番号		氏名	

評点	／100

I

問1	①	②	③
	④	⑤	⑥

問2
(Ⅰ) Dunstan [ ] the small living-room.
(Ⅲ) [ ] alive.

問3	ア	イ

問4

問5 his !

問6

II

問1	①	②	③

問2 Jay's [ ].

問3	A	B	C	D	E	F

問4	(Ⅱ)	(Ⅴ)

問5 h

問6

問7

問8 (10, 20, 30, 40)

問9

2024年度　　慶應義塾志木高等学校

英語解答用紙　No. 2

III

問1	

問2	1	2	3	4	5

IV

(ア)	(イ)	(ウ)	(エ)	(オ)	(カ)
(キ)	(ク)	(ケ)	(コ)	(サ)	(シ)

V

	番号	書き直したもの
1		
2		
3		
4		
5		
6		
7		

VI

I'm very glad you can express how you are feeling. However, I really think you should continue studying English

because

（　　　　　語）

（注）この解答用紙は実物を縮小してあります。A３用紙に145％拡大コピーすると、ほぼ実物大で使用できます。（タイトルと配点表は含みません）

推定配点		計
	Ⅰ 問１　各１点×６　問２，問３　各３点×３〔問３は完答〕　問４　２点 問５，問６　各３点×２ Ⅱ 問１～問３　各２点×10　問４　各１点×２　問５　２点　問６　３点 問７　２点　問８　３点　問９　５点 Ⅲ 問１　３点　問２　各２点×５　Ⅳ，Ⅴ　各１点×19　Ⅵ　８点	100点

２０２４年度　慶應義塾志木高等学校

数学解答用紙　No. 1

番号		氏名		評点	／100

〔注意〕 1. 3 以外の解答に際しては，当該の解答欄に考え方や途中経過をわかりやすくまとめ，解答は □ の中に記入すること．
2. 解答の分母は有理化すること．また，円周率は π とすること．

1 (1)

$V =$ □

(2)

$(x, y) =$ □

2 (1)

$a =$ □

$b =$ □

$c =$ □

(2)

$s =$ □

3 〔証明〕

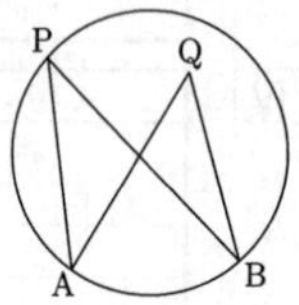

4 (1)

□ 通り

(2)

□ 通り

数学解答用紙　No. 2

5 (1)

四角形 DBCF＝

(2)

△DEG＝

6 (1)

直線 ℓ：y＝

P (　　,　　)

Q (　　,　　)

(2)

線分 BC＝

(3)

S_1＝

S_2＝

7 (1)

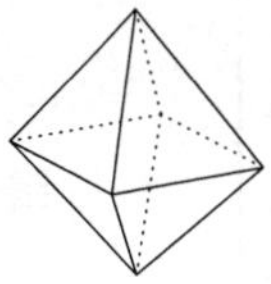

V_1＝

(2)

V_2＝

（注）この解答用紙は実物を縮小してあります。189% 拡大コピーすると、ほぼ実物大で使用できます。（タイトルと配点表は含みません）

推定配点		計
	1 各6点×2　2 (1) 各3点×3 (2) 6点 3 10点　4 各6点×2　5 各7点×2 6 (1) 各3点×3 (2) 6点 (3) 各4点×2 7 各7点×2	100点

二〇二四年度　慶應義塾志木高等学校

国語解答用紙　No.1

番号		氏名		評点	/100

〔注意〕　字数指定のある設問においては、句読点などの記号をすべて１字と数えること。字数指定のない設問においては、解答欄に収まるように書くこと。

一

問一　I　II　III

問二　い　ろ　は　に

問三　甲　乙

問四　　　　様子。

問五

問六

問七

問八

問九　ブリドワ　　　点。

母親　　　点。

問十

二

問一　a　す　b　った　c　す　d　e

問二

問三　〜　から。

問四

問五　B　C

二〇二四年度　慶應義塾志木高等学校

国語解答用紙　No. 2

問六 ～ ということ。

問七 D　E　F

問八

問九

問十 ア　イ　ウ　エ

問十一 言葉は（20字）できる。

三

問一

問二（15字）ということ。

問三

問四

問五（25字）だと思った。

四

問一 B　C　D

問二 E　G

問三 A　F　H

（注）この解答用紙は実物を縮小してあります。Ｂ４用紙に130％拡大コピーすると、ほぼ実物大で使用できます。（タイトルと配点表は含みません）

推定配点	
一 問一 各1点×3　問二 各2点×4　問三～問五 各3点×3　問六 各1点×2　問七、問八 各3点×2　問九、問十 各2点×3 二 問一～問五 各2点×10　問六 3点　問七、問八 各2点×4　問九 3点　問十 各2点×4　問十一 3点 三 問一、問二 各3点×2　問三、問四 各2点×2　問五 3点 四 各1点×8	
計	100点

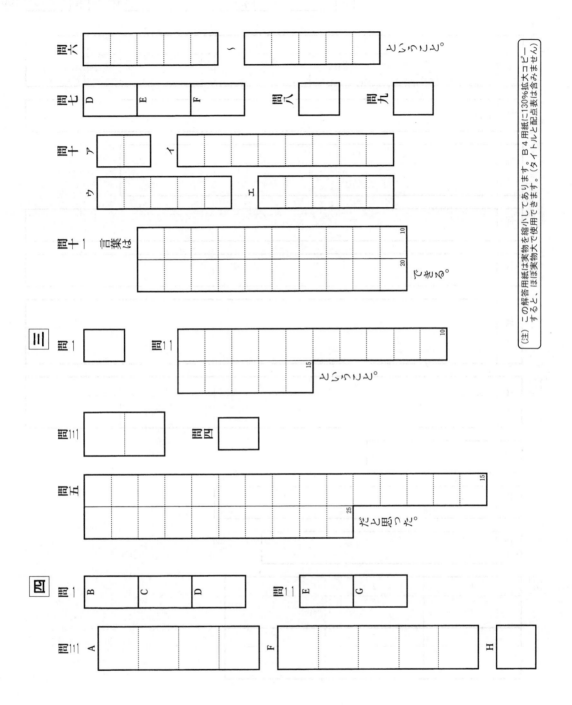

2023年度　慶應義塾志木高等学校

英語解答用紙　No.1

番号		氏名		評点	／100

I

問1	1	2	3	4	5

問2	There [ ].

問3	あ	い	う	え

問4	

問5	

問6	

II

問1	1	2	3	4	5

問2	

問3	

問4	

III

1	2	3
4	5	6

英語解答用紙　No. 2

Ⅳ

	①	②
1		
2		
3		
4		
5		
6		
7		
8		
9		
10		

Ⅴ

1	2	3	4	5
p	p	m	s	g

Ⅵ

1	2	3	4
5	6	7	8

Ⅶ

If I

語

（注）この解答用紙は実物を縮小してあります。Ｂ４用紙に141％拡大コピーすると、ほぼ実物大で使用できます。（タイトルと配点表は含みません）

推定配点		計
	Ⅰ　問１，問２　各２点×６　問３　各１点×４ 問４，問５　各２点×２　問６　５点 Ⅱ　問１～問３　各２点×７　問４　３点 Ⅲ～Ⅴ　各２点×21　　Ⅵ　各１点×８　　Ⅶ　８点	100点

２０２３年度　慶應義塾志木高等学校

数学解答用紙　No. 1

番号		氏名	

評点	／100

〔注意〕 1. 4 以外の解答に際しては，当該の解答欄に考え方や途中経過をわかりやすくまとめ，解答は □ の中に記入すること．
2. 解答の分母は有理化すること．また，円周率は π とすること．

1 (1)

(2)

$n=$

(3)

2 (1)

(2)

3 (1)

(2)

$R=$

4 〔証明〕

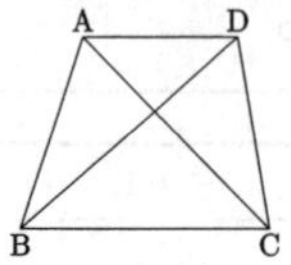

数学解答用紙　No. 2

5

6 (1)

(2)

(3)

$r=$

7 (1)

A (　　,　　)

B (　　,　　)

$n=$

(2)

C (　　,　　)

(3)

(注) この解答用紙は実物を縮小してあります。189%拡大コピーすると、ほぼ実物大で使用できます。(タイトルと配点表は含みません)

推定配点		計
	1～3　各６点×７　　4　10点　　5　６点 6　各７点×３　　7　(1)　各３点×３　(2), (3)　各６点×２	100点

二〇二三年度　慶應義塾志木高等学校

国語解答用紙　No. 1

番号　　氏名　　評点　/100

〔注意〕　字数指定のある設問においては、句読点などの記号をすべて１字と数えること。字数指定のない設問においては、解答欄に収まるように書くこと。

一

問一　い　ろ　は

問二　1　2

問三

問四　1　2

問五　1 (3, 5)　2 (3, 5)　3 (15, 20)

問六

問七

二

問一　a　b　c　d　e

問二　1　2

問三 (15, 20)　ということ。

問四

問五　3　4　5

国語解答用紙　No.2

問六

問七　7　8　9

問八　1　2　3

問九

三

問一

問二

問三　1　2

問四

四

問一　1　2

問二　3　4

問三

(注)この解答用紙は実物を縮小してあります。B４用紙に132%拡大コピーすると、ほぼ実物大で使用できます。(タイトルと配点表は含みません)

推定配点	
一	問一、問二　各2点×5　問三　3点　問四　各2点×2　問五　1、2　各2点×2　3　3点　問六　3点　問七　各2点×2
二	問一　各2点×5　問二～問四　各3点×4　問五～問九　各2点×12
三	問一　2点　問二　3点　問三　各2点×2　問四　3点
四	問一、問二　各2点×4　問三　3点
計	100点

2022年度　慶應義塾志木高等学校

英語解答用紙　No.1

番号		氏名	

評点	／100

I

問1	ア	イ	ウ

問2	A	B	C	D	E

問3	That　　　　in the world.

問4	

問5	

問6	

II

問1	Some inventors have patents that　　　　rich

問2	

問3	dollars

問4	

問5	

問6	ア	イ	ウ	エ	オ	カ

２０２２年度　慶應義塾志木高等学校

英語解答用紙　No. 2

Ⅲ

問1	1	2	3	4	5	6

問2	最　初	最　後

問3	

Ⅳ

	①	②
1		
2		
3		
4		
5		

Ⅴ

1			2		
3			4		
5			6		
7			8		
9	b		10	s	s

Ⅵ

	①	②
1		
2		
3		
4		
5		
6		
7		
8		
9		
10		

（注）この解答用紙は実物を縮小してあります。Ｂ４用紙に132%拡大コピーすると、ほぼ実物大で使用できます。（タイトルと配点表は含みません）

推定配点		計
	Ⅰ　問１～問５　各２点×11　問６　３点 Ⅱ　問１　２点　問２，問３　各３点×２　問４　２点 問５　３点　問６　各１点×６ Ⅲ～Ⅴ　各２点×23　Ⅵ　各１点×10	100点

2022年度　慶應義塾志木高等学校

数学解答用紙　No. 1

番号		氏名		評点	／100

〔注意〕 1. 7以外の解答に際しては，当該の解答欄に考え方や途中経過をわかりやすくまとめ，解答は□の中に記入すること．

2. 解答の分母は有理化すること．また，円周率はπとすること．

1 (1)

$t=$ □

(2)

$(x, y, z)=$ (　,　,　)

2 (1)

B (　,　)

P (　,　)

Q (　,　)

$S=$ □

(2)

直線 $y=$ □

3 (1)

PQ'＝ □

QQ'＝ □

QR＝ □

(2)

$x=$ □

数学解答用紙　No. 2

4 (1)

通り

(2)

通り

(3)

通り

5 (1)

%

(2)

円

6 (1)

(2)

7

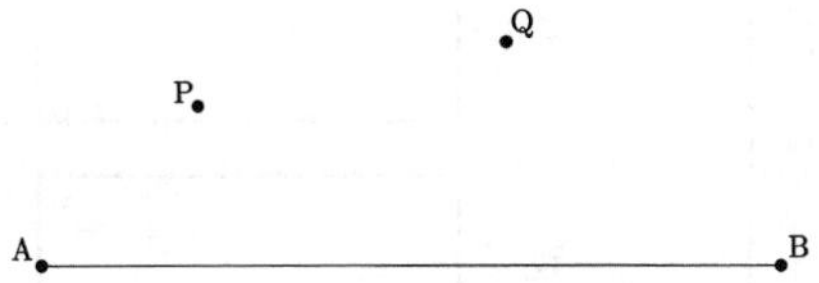

（注）この解答用紙は実物を縮小してあります。189%拡大コピーすると、ほぼ実物大で使用できます。（タイトルと配点表は含みません）

推定配点		計
	1 各７点×２　2 (1) 各３点×４　(2) ６点 3 (1) 各２点×３　(2) ６点　4 各６点×３ 5, 6 各７点×４　7 10点	100点

二〇二二年度　慶應義塾志木高等学校

国語解答用紙　No.1

番号

氏名

評点　/100

一

問一　1 す　2　3　4　5　6　7　8

問二　A　B

問三

問四

問五　D　F

問六

問七　甲　乙

問八

二

問一

問二

問三

問四

問五　A　B　C　D

〔注意〕字数指定のある設問においては、すべて句読点を１字分と数えること。

二〇二二年度　慶應義塾志木高等学校

国語解答用紙　No. 2

三

問一　（35）という遊び

問二　（10）ということ

問三　ツルは（18）から。

問四　(一)

(二)　甲（15）

乙（15）

問五　（10）

問六

四

問一　①　②　③

問二　①　②　③

問三　①　A　B　②　C　D　③　E　F

（注）この解答用紙は実物を縮小してあります。Ｂ４用紙に132%拡大コピーすると、ほぼ実物大で使用できます。（タイトルと配点表は含みません）

推定配点	
一　問一、問二　各2点×10　問三　3点　問四～問七　各2点×6　問八　3点 二　各2点×9 三　問一～問三　各3点×3　問四　各2点×3　問五　3点　問六　2点 四　各2点×12	計 100点

２０２１年度　慶應義塾志木高等学校

英語解答用紙　No.１

番号		氏名	

評点	／100

I

問1	1	2	3	4	5

問2	A	B	C	D	E	F	G	H

問3	
	(I) but　　the plants
	(II)　　.

問4	

問5	

II

問1	1	2	3	4
	5	6	7	8

問2	Then　　.

問3	

問4	

問5			

2021年度　　慶應義塾志木高等学校

英語解答用紙　No. 2

III

問1	最　初	最　後

問2					
					層

問3	1	2	3	4	5	6

IV

1	2	3	4	5	6	7	8	9	10

V

1	2	3	4	5	6	7	8

VI

1	She [ ] to the station.
2	I feel sorry that my grandmother is in hospital. [ ].
3	[ ] while he was playing football yesterday.
4	They are in the mountains now. [ ].
5	You [ ] in the train. You'll miss your stop.

(注)この解答用紙は実物を縮小してあります。Ｂ４用紙に132%拡大コピーすると、ほぼ実物大で使用できます。(タイトルと配点表は含みません)

推定配点		計
	I　問1　各1点×5　問2，問3　各2点×10　問4　4点　問5　3点 II　問1　各1点×8　問2，問3　各2点×2　問4，問5　各3点×4 III　各2点×8　IV，V　各1点×18　VI　各2点×5	100点

2021年度　慶應義塾志木高等学校

数学解答用紙　No. 1

番号		氏名		評点	／100

〔注意〕 1. 5以外の解答に際しては，当該の解答欄に考え方や途中経過をわかりやすくまとめ，解答は□の中に記入すること．
2. 解答の分母は有理化すること．また，円周率はπとすること．

1 (1)

(2)

□ 通り

2 (1)

□ : □

(2)

□ 本

3 (1)

□

(2)

□

4 (1)

E (,)

(2)

$a=$ □ ，$b=$ □

２０２１年度　慶應義塾志木高等学校

数学解答用紙　No. 2

5 ［証明］

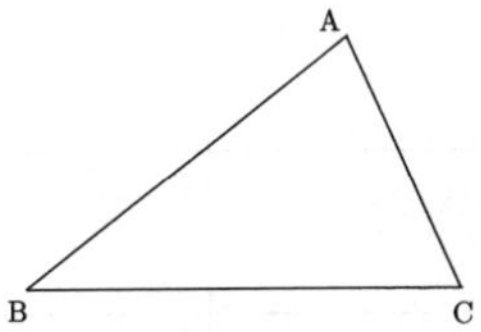

6 (1)

点 P の x 座標

(2)

点 Q の y 座標

(3)

直線 m : y =

7 (1)

(2)

(3)

(注) この解答用紙は実物を縮小してあります。189% 拡大コピーすると、ほぼ実物大で使用できます。(タイトルと配点表は含みません)

推定配点		計
	1～3　各６点×６　4 (1)　６点　(2)　各３点×２ 5　10点　6, 7　各７点×６	100点

二〇二二年度 慶應義塾志木高等学校

国語解答用紙 No. 1

番号
氏名
評点 /100

〔注意〕 字数指定のある設問においては、すべて句読点を１字分と数えること。

問一
1
2
3
4
5
6
7
8
9
10
11
12 き
13 つた
14 らんで
15 む

問二
a
b
c
d
e
f
g
h

問三
(一)
(二)
(三)

問四
a
b
c
d
e

問五

問六

問七
Ⅰ
Ⅱ
Ⅲ
Ⅳ

問八

問九
(一)
(二)

二〇二二年度　慶應義塾志木高等学校

国語解答用紙　No. 2

問十

問十一

問十二

問十三　X

f　g　h　i

問十四

問十五　(一)　(二)

問十六

問十七

推定配点	
問一、問二　各1点×23　問三　各3点×3　問四　各1点×5 問五、問六　各4点×2　問七　各1点×4　問八　3点 問九、問十　各4点×3　問十一　5点　問十二　4点 問十三　各1点×5　問十四　4点　問十五　各3点×3 問十六　5点　問十七　4点	
100点	計

（注）この解答用紙は実物を縮小してあります。Ｂ４用紙に139％拡大コピーすると、ほぼ実物大で使用できます。（タイトルと配点表は含みません）

２０２０年度　慶應義塾志木高等学校

英語解答用紙　No. 1

番号		氏名	

評点	／100

I

問1	1	2	3	4	5
	6	7	8	9	10

問2	a	b	c	d

問3	

問4	

問5	ア	イ

問6	He was a

問7	

問8		

II

1	2	3	4	5	6
7	8	9	10	11	12

III

1	2	3	4	5

２０２０年度　慶應義塾志木高等学校

英語解答用紙　No. 2

Ⅳ

1		2		
3		4		
5			6	
7			8	

Ⅴ

	A	B		A	B
1			2		
	A	B		A	B
3			4		
	A	B		A	B
5			6		
	A	B		A	B
7			8		

(注)この解答用紙は実物を縮小してあります。Ｂ４用紙に132%拡大コピーすると、ほぼ実物大で使用できます。（タイトルと配点表は含みません）

推定配点		計
	Ⅰ～Ⅲ　各２点×38〔Ⅰ問５は完答〕　Ⅳ　各１点×８　Ⅴ　各２点×８	100点

２０２０年度　慶應義塾志木高等学校

数学解答用紙　No. 1

番号		氏名		評点	／100

〔注意〕 1. 解答については，当該の解答欄に考え方や途中経過をわかりやすくまとめ，答は□の中に記入すること．

2. 答の分母は有理化すること．また，円周率はπとすること．

1 (1)

□ 通り

(2)

$m=$ □

2 (1)

$x=$ □

(2)

直線BQ：□

3

シュークリーム □ 個，プリン □ 個

4 (1)

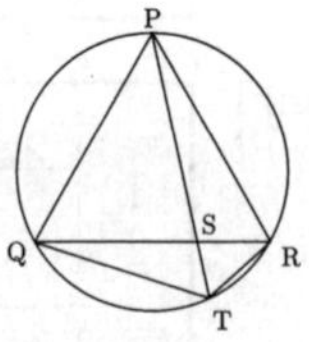

□

(2)

□

２０２０年度　　慶應義塾志木高等学校

数学解答用紙　No. 2

5 （1）

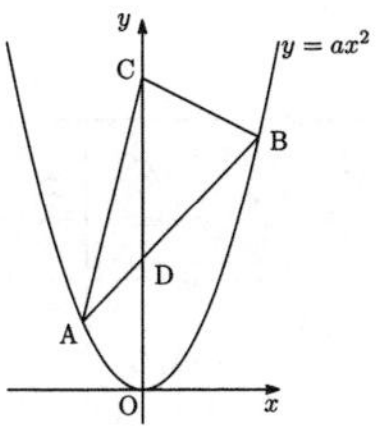

$a =$ ［　　　］

（2）

BE：EC＝［　　］：［　　］

（3）

E［（　　，　　）］

6 （1）

$V =$ ［　　　］

（2）

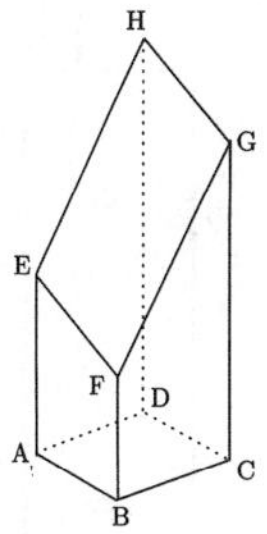

$S =$ ［　　　］

7 （1）

小数第 13 位から 15 位［　｜　｜　］

小数第 28 位から 30 位［　｜　｜　］

（2）

小数第［　　］位，5 個の数［　｜　｜　｜　｜　］

（注）この解答用紙は実物を縮小してあります。189％拡大コピーすると、ほぼ実物大で使用できます。（タイトルと配点表は含みません）

推定配点		計
	1～6　各６点×12〔3は完答〕　　7　各７点×４	100点

二〇二〇年度　慶應義塾志木高等学校

国語解答用紙　No. 1

番号		氏名	

評点	/100

一

問一

1	2	3	4	5
6	7	8 より	9	10
11	12 り	13	14	15
16 に	17 だしき	18	19	20
21	22 う	23	24	25

問二

あ	い	う	え	お

問三

x	y

問四

問五

I	II	III	IV	V

問六　甲　乙

問七

問八　(一)　朝　夕

(二)　人物名　書物名

(三)

問九　(一)

(二)

〔注意〕　字数指定のある設問においては、すべて句読点を１字分と数えること。

二〇二〇年度　慶應義塾志木高等学校

国語解答用紙　No. 2

問十

問十一

二

問一　祖国　故国

問二　Ⅰ　Ⅱ　Ⅲ　Ⅳ

問三

問四　a　b　c　d　e

問五

問六

問七

問八　f　g　h

（注）この解答用紙は実物を縮小してあります。Ｂ４用紙に141％拡大コピーすると、ほぼ実物大で使用できます。（タイトルと配点表は含みません）

推定配点	
一　問一～問八　各１点×46〔問八(三)は完答〕　問九　(一)　２点　(二)　６点 問十　２点　問十一　６点 二　問一　各１点×２　問二～問六　各２点×12　問七　６点　問八　各２点×３	計　100点

２０１９年度　　慶應義塾志木高等学校

英語解答用紙　No.１

番号		氏名		評点	／100

I

問1	1	2	3	4
	5	6	7	8
	9	10		

問2		問3		問4	

問5	

問6	[　　　　　　　　　　　　　　　　　]

問7	ア	イ	ウ	エ

問8	

II

問1	1	2	3	4
	5	6	7	8

問2	ア・エ	イ・オ

問3		問4	

英語解答用紙　No. 2

Ⅱ

問5	

問6	[　　　　]

問7	(Ⅳ)	(Ⅴ)

問8	

問9	

Ⅲ

ア	イ	ウ	エ	オ	カ	キ	ク

ケ	コ

Ⅳ

1	2	3	4	5	6	7

Ⅴ

1	2	3	4
5	6	7	8

（注）この解答用紙は小社で作成いたしました。

推定配点		計
	Ⅰ 問１　各１点×10　問２～問７　各２点×９　問８　３点 Ⅱ 問１　各１点×８　問２～問８　各２点×９　問９　３点 Ⅲ 各１点×10　Ⅳ, Ⅴ　各２点×15	100点

2019年度　　慶應義塾志木高等学校

数学解答用紙　No. 1

番号		氏名	

評点	／100

〔注意〕1. 3以外の解答については，当該の解答欄に考え方や途中経過をわかりやすくまとめ，答は□の中に記入すること。

2. 答の分母は有理化すること。また、円周率はπとすること。

1

(1)

□

(2)

□

(3)

□ 個

(4)

□

(5)

$(x,\ y)=$ □

2

(1)

$S=$ □

(2)

□

3〔証明〕

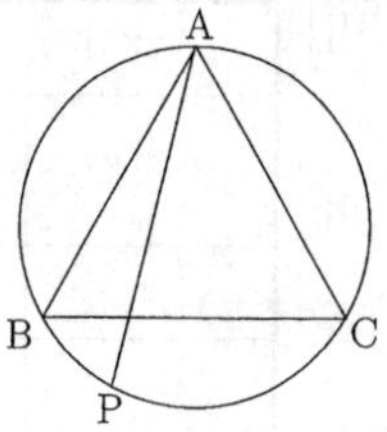

数学解答用紙　No. 2

4 (1)

(2)

(3)

(4)

5 (1)

(2)

6

（注）この解答用紙は小社で作成いたしました。

推定配点		計
	1, 2　各６点×７　　3　10点　　4　各７点×４ 5　各６点×２　　6　８点	100点

二〇一九年度　慶應義塾志木高等学校

国語解答用紙　No. 1

番号　氏名　評点 /100

一

問一　1　2　3　4　5

問二　a　b　c　d　e

問三　ア　イ　ウ　エ　オ

問四　↓

問五

問六

問七　V　W　X　Y　Z

（注）この解答用紙は小社で作成いたしました。

推定配点

一　問一、問二　各1点×10　問三、問四　各2点×6
問五、問六　各4点×2　問七　各3点×5
二　問一、問二　各2点×2　問三　各1点×10　問四　各2点×4
問五　各3点×2　問六　各2点×2　問七　3点　問八　各2点×4
問九～問十一　各4点×3

計　100点

二〇一九年度　慶應義塾志木高等学校

国語解答用紙　No. 2

二

問一

問二

問三
1
2
3
4
5
6
7
8
9
10

問四
私
母
美津
志賀子

問五
X
Y

問六
A
E

問七

問八
a
b
c
d

問九

問十

問十一

２０１８年度　慶應義塾志木高等学校

英語解答用紙

番号		氏名	

評点	／100

Ⅰ

問1	1	2	3	4
	5	6	7	8

問2	

問3	

問4	

問5	a	b	c	d

問6									

問7	

問8	1	2	3	4		5	6	7	8

Ⅱ

行番号	前	後
行番号	前	後
行番号	前	後
行番号	前	後
行番号	前	後

Ⅲ

1	2	3	4		5	6	7	8

Ⅳ

1	2	3	4	5	6
7	8	9	10	11	

Ⅴ

1	①	②	③

2	④	⑤	⑥

3	⑦	⑧

4	⑨	⑩	⑪

5	⑫	⑬

（注）この解答用紙は実物を縮小してあります。182％拡大コピーすると、ほぼ実物大で使用できます。（タイトルと配点表は含みません）

推定配点		計
	Ⅰ 問１　各２点×８　問２～問４　各３点×３　問５～問８　各２点×14 Ⅱ, Ⅲ　各２点×13　Ⅳ　各１点×11　Ⅴ　各２点×５	100点

２０１８年度　　慶應義塾志木高等学校

数学解答用紙　No. 1

番号		氏名		評点	／100

〔注意〕 1.　解答については，当該の解答欄に考え方や途中経過をわかりやすくまとめ，答は□の中に記入すること．

2.　答の分母は有理化すること．また，円周率はπとすること．

1

（1）

（2）

□ $< x \leqq$ □

（3）

2

（1）

□ 通り

（2）

□ 通り

（3）

□ 通り

（4）

□ 通り

3

（1）

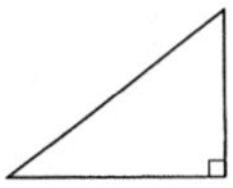

（2）

4

$x =$ □ 円　$y =$ □ 個

２０１８年度　　慶應義塾志木高等学校

数学解答用紙　No. 2

5 (1)

(2)

(3)

6 (1)

Bの座標 　　△OAB＝

(2)

(3) (i)

(ii)

(注) この解答用紙は実物を縮小してあります。189%拡大コピーすると、ほぼ実物大で使用できます。(タイトルと配点表は含みません)

推定配点		計
	1, 2　各５点×７　3　各６点×２　4　各５点×２ 5　各６点×３　6　各５点×５〔(1)は各５点×２〕	100点

二〇一八年度　慶應義塾志木高等学校

国語解答用紙　No. 1

番号　　氏名　　評点　/100

一

問一　a　b　c　d

問二　A　B　C

問三

問四　解答は下の欄に記入すること

問五

問六　F　G　H　I　J

問七

問八　から

問九

問十

問十一　から

問十二

二〇一八年度　慶應義塾志木高等学校

国語解答用紙　No. 2

問十三　から

二

問一

問二　①　から　②　から

問三

問四

問五

問六

問七　こと

問八

三

問一　1　2　3　4　5　6

問二

四

問　ア　き　イ　ウ　れ　エ　オ　カ

（注）この解答用紙は実物を縮小してあります。Ｂ４用紙に143%拡大コピーすると、ほぼ実物大で使用できます。（タイトルと配点表は含みません）

推定配点	
一 問一、問二 各２点×７ 問三、問四 各３点×２ 問五～問七 各２点×７ 問八 ４点 問九 ３点 問十 ２点 問十一 ４点 問十二 ２点 問十三 ４点 二 問一～問六 各２点×７ 問七 ４点 問八 ３点 三、四 各２点×13	
100点	計

Memo

Memo

スーパー過去問をお買い上げいただいた方に

声教からのお知らせ

どうしても使ってほしい3冊!!

声の教育社では，高校入試のスタンダード（定番）として，高校受験案内／学校別スーパー過去問／都立・公立高校スーパー過去問をご用意しています。知っておきたい学校情報や，解いておきたい珠玉の頻出問題が満載です!!

東京都高校受験案内：定価2310円（税込）
東京都立高校スーパー過去問：定価1100円（税込）
3～10年間スーパー過去問：定価2200～2530円（税込）

充実のラインアップ!!
受験案内＋公立過去問＋私立過去問

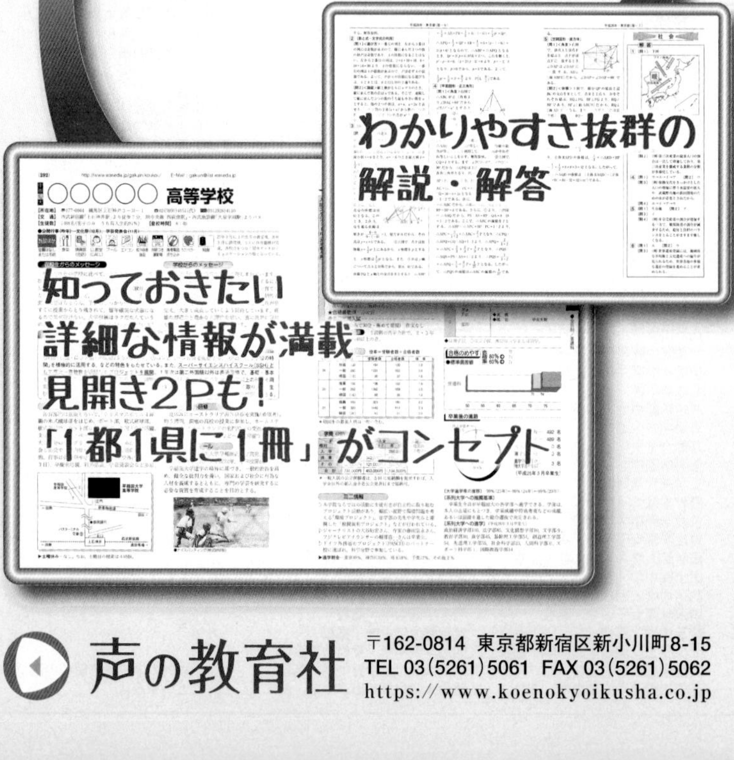

各県高校受験案内：定価2310円（税込）（茨城県は定価1650円）
各県公立高校スーパー過去問：定価1100円（税込）
3～10年間スーパー過去問：定価2200～2530円（税込）

声の教育社
〒162-0814 東京都新宿区新小川町8-15
TEL 03（5261）5061 FAX 03（5261）5062
https://www.koenokyoikusha.co.jp

高校後見返し